SÜDSCHWEDEN

Sabine Gorsemann

Text und Recherche: Sabine Gorsemann
Co-Autorinnen: Britta Jansen, Petra Burkhardt
Lektorat: Silke Möller, Brigitte Seitzer
Redaktion und Layout: Sven Talaron
Fotos: Fotos von Sabine Gorsemann, außer S. 129 (Petra Burkhardt), sowie S. 228, 232, 235, 239, 241, 247, 248, 253, 257 und 263 (Britta Jansen)
Cover: Karl Serwotka
Titelfotos: oben: auf dem Hausberg von Bengtsfors
unten: Slottet am Hamburgsund (beide: Sabine Gorsemann)
Karten: Susanne Handtmann, Hana Budka

Die Vorwahlnummern der im Text behandelten Städte/Orte sind jeweils zu Beginn des Informationsblocks unter den Ortsbeschreibungen aufgeführt. Sie gelten für alle Rufnummern des jeweiligen Informationsblocks, es sei denn, eine Rufnummer ist explizit mit einer davon abweichenden Vorwahlnummer versehen.

Sabine Gorsemann, Jg. 1956, studierte Deutsch, Englisch und Geschichte und promovierte mit dem Thema "Reiseliteratur". Sie arbeitet als Lehrerin und als wissenschaftliche Mitarbeiterin an der Universität Bremen und verfasste mehrere Reiseführer vor allem zu skandinavischen Gebieten. Den europäischen Norden kennt und bereist sie seit zwei Jahrzehnten.

Britta Jansen studierte Englisch und Deutsch als Fremdsprache in Bremen und hat seit ihrer frühesten Kindheit fast jede Ferien in Schweden verbracht. Persönliche Bindungen ziehen sie noch heute regelmäßig in ihr Lieblingsland. Für den vorliegenden Band verfasste sie das Kapitel zu Stockholm.

Petra Burkhardt studierte Deutsch und Biologie. Sie arbeitet seit Jahren immer wieder in der Vogelstation Falsterbo und kennt daher die Südwestecke Schwedens besonders gut. Für diesen Reiseführer beschrieb sie die Region zwischen Malmö und Ystad.

ISBN 3-89953-199-X

2. überarbeitete und aktualisierte Auflage 2005

INHALT

Kartenverzeichnis

Zeichenerklärung für die Karten und Pläne

- Autobahn
- Ferverkehrsstraße
- Hauptstraße
- Landstraße
- Gewässer
- Grünanlage
- bebaute Fläche
- Badeplatz
- Leuchtturm
- Aussichtspunkt
- Campingplatz
- Jugendherberge
- Sehenswürdigkeit
- Ruine
- Schloss/Burg
- Kirche
- Museum
- Parkplatz
- Bushaltestelle
- Apotheke
- Post
- Information

Was haben Sie entdeckt?

Haben Sie eine schöne Wanderroute gefunden, ein besonderes Restaurant oder eine freundliche Pension?

Wenn Sie Ergänzungen, Anregungen, aber auch Kritikpunkte haben, lassen Sie es uns wissen.

Schreiben Sie an:

Sabine Gorsemann
Stichwort „Südschweden"
Michael Müller Verlag
Gerberei 19
91054 Erlangen
Gorsemann@michael-mueller-verlag.de

Fast wie „Ferien auf Saltkrokan": Sommer in den Schären

Südschweden erleben

Dunkelgrüner Nadelwald, leuchtendrote Ferienhäuschen und azurblaue Seen – dazu noch ein Elch, und das Schwedenbild vieler Urlauber ist perfekt. Hierher reist man, um Natur und Ruhe zu genießen, die es weiter südlich schon allein wegen der Touristendichte pro Quadratmeter Küste kaum noch gibt. Die Vorstellung ist nicht falsch, aber doch unvollständig, denn Südschweden hat als Reiseland einiges mehr zu bieten.

... für Landschafts- und Naturgenießer

Die Natur spielt bei der Urlaubsgestaltung tatsächlich eine Hauptrolle, für viele Schweden ebenso wie für Touristen aus anderen Ländern. An der schonischen Küste mit ihren langen, feinsandigen Stränden und in den nördlich angrenzenden Schärengebieten mit ihrem Gewirr aus eiszeitlich geschliffenen, vom Meer umspülten Felsbuckeln tummeln sich im Sommer Badegäste und Wassersportler. Wem es dort zu belebt wird, der weicht auf einen der unzähligen Binnenseen aus. An den riesigen Seen Vättern und Vänern besteht der Unterschied zur Meeresküste nur im fehlenden Salzgehalt des Wassers. Während Segler und Windsurfer die offenen Reviere bevorzugen, zieht es Kanuten auf die schmaleren, verwinkelten Wasserflächen. Sanft dahinfließende Flüsschen und vielarmige, von kleinen Inseln gesprenkelte Seen bilden besonders in Dalsland, Småland und Östergötland ausgedehnte, ideale Paddelregionen. Trockenen Fußes lassen sich die Naturräume im Landesinneren auf zahlreichen Wanderwegen erkunden. Sanft gewellte Ebenen und felsige, gewölbte Hügelrücken prägen die Landschaft nördlich der „Kornkammer" Skåne. In den Flickenteppich aus Forst-, Acker- und Weideland sind ursprüngliche Laub- und Nadelwälder, Moor- und Heidegebiete eingewebt. Hier kommen Naturfreunde garantiert auf ihre Kosten, denn auf dem schier unendlichen Netz der gut markierten Fernwanderwege trifft man wirklich nur noch ab und zu auf Artgenossen, dafür aber vielleicht auf einen Elch.

... für Kulturinteressierte

Das Dramaten ist Stockholms klassische Bühne

Doch Südschweden ist keine menschenleere Einöde. Heute lebt die Mehrheit der 8,5 Millionen Schweden in Städten, eine Entwicklung, die nicht nur wirtschaftliche Gründe hat, sondern in der zweiten Hälfte des 20. Jh. auch staatlich gefördert wurde. Verwaltung und Versorgung im schwedischen „Wohlfahrtsstaat" basierten auch darauf, die Menschen aus den isolierten Regionen in urbane Zentren zusammenzuholen. Stockholm spielt dabei natürlich eine herausragende Rolle, sei es als politische, wirtschaftliche oder kulturelle Metropole. Ihre Anziehungskraft für Besucher verdankt die Hauptstadt neben so weltberühmten Attraktionen wie dem Vasa-Museum, dem Kungliga Slottet oder der Altstadt Gamla Stan auch ihrer wunderschönen Lage auf den Schären zwischen Ostsee und Mälar-See. Welche Stadt kann schon damit werben, je zu einem Drittel aus Wasser, Parks und bebauter Fläche zu bestehen.

Die ländlichen Räume sind dünn besiedelt, die Zahl der ständigen Bewohner ist vielerorts seit Jahrzehnten rückläufig. Doch im Sommer zieht es viele Schweden auf's Land, werden die alten bäuerlichen Anwesen der Eltern oder Großeltern zu neuem Leben erweckt. Mit Kind und Kegel wird das Sommerhaus der Familie bezogen oder für die Ferien eine einsame *Stuga* an einem Angelgewässer gemietet. Zahlreiche Zeugnisse verweisen auf die vergangene Bedeutung der ländlichen Regionen, von den frühesten Spuren menschlicher Besiedlung, den bronzezeitlichen Felsritzungen, über Runensteine der Wikingerzeit bis zu stattlichen Gutshöfen, malerischen Bauerndörfern und romantischen Schlösschen. So manche alte Hofanlage, die für Landwirtschaft und Kleinindustrie unrentabel geworden ist, wird als Heimatmuseum oder Kunsthandwerkerbetrieb weitergeführt, sodass die Fahrt über Land, abseits der Europastraßen, auch kulturell einiges zu bieten hat.

Aus der wechselvollen Geschichte des dänisch-schwedischen Machtkampfes sind Burgen und Befestigungen erhalten, unter denen die Vasa-Schlösser der schwedischen Großmachtzeit eine besondere Bedeutung besitzen und zu Besuchermagneten avanciert sind. Für deutschsprachige Touristen nimmt Schloss Gripsholm eine wichtige Rolle ein, zumal der gleichnamige Roman von Kurt Tucholsky gerade neu verfilmt wurde.

Auch die Frühzeit der Industrialisierung hat ihre Spuren hinterlassen, sei es durch Erzgruben, historische Hüttenanlagen oder Kanalbauten. Eine der klassischen Reiseformen in Südschweden ist eine Fahrt mit der „Diana“, „Juno“ oder „Wilhelm Tham“ auf dem Götakanal, dessen Treidelwege sich auch hervorragend für Radtouren eignen.

Schweden war zuletzt vor fast 200 Jahren in einen Krieg involviert, sodass sich die Baukultur seit der Zeit Napoleons in so mancher intakten Altstadt spiegelt. Herrschaftliche alte Parkanlagen und liebevoll herausgeputzte Gärten tragen zur Attraktivität vieler Orte bei.

... für Familien

„Barnvänlig“, kinderfreundlich, kann man Schweden bedenkenlos nennen, jedenfalls wenn es um die Ferien geht. Kinder sind eigentlich überall gern gesehen. Hotels bieten oft preiswerte Familienzimmer an, und in Cafés und Restaurants gehören Kindersitze, Wickeltisch und Nichtraucherbereich zur Standardausstattung. Die Campingplätze sind fast immer mit Bade- und Spielplatz, oft mit Minigolfbahn und Bootsverleih ausgestattet, sodass der kindliche Bewegungsdrang sich auch dann entfalten kann, wenn die Großen als Entertainer nicht zur Verfügung stehen.

Die Natur bietet zudem Raum für zahlreiche familienfreundliche Aktivitäten, vom Baden und Buddeln am Strand bis zum Felsengekraxel auf Ronja Räubertochters Spuren. Viele der ländlichen Freilichtmuseen sind auch für Kinder interessant, man kann ein paar Ziegen oder Kaninchen streicheln, einem Handwerker bei der Arbeit zusehen, und oft sind die Leute altertümlich angezogen. Anschaulichkeit wird in fast jedem Museum groß geschrieben. Freizeit-, Tier- und Themenparks sind in Südschweden recht verbreitet und locken trotz der oft hohen Preise unzählige Besucher an. In Vimmerby steht alles im Zeichen von Astrid Lindgren, man spaziert hier durch Bullerbü und die Villa Kunterbunt. Göteborgs Lisebergpark und Skara Sommarland sind die beliebtesten Rummelplätze mit wilden Karussels und Riesenrutschen. Spaßbäder finden sich in zahlreichen Orten, besonders bekannt sind die in Örebro und Halmstad. Bei Nordens Ark in Bohuslän und Eriksberg in Blekinge sind heimische Tiere in großen, schön gestalteten Naturparks zu beobachten, in Lysekil taucht man im Havets Hus in die Tierwelt des Atlantik ab, und bei Norrköping übt der riesige Zoo Kollmården eine magische Anziehungskraft auf Kinder aus.

Naturraum Südschweden

Der südöstliche Teil der skandinavischen Halbinsel weist nur ein sanftes Relief auf; die höchsten Erhebungen Südschwedens betragen kaum mehr als 300 m. Den Untergrund bildet der fenno-sarmatische Festlandssockel, bis zu einer Milliarde Jahre alte Granite und Gneise. Erst weiter nördlich und östlich faltete sich diese Landmasse zu den heutigen Skanden auf. Im Gebiet Südschwedens bauten sich hingegen im Erdmittelalter (Mesozoikum) Meeresablagerungen über diesem Urgestein auf. Für das heutige Erscheinungsbild spielten die **Eiszeiten** die wichtigste Rolle. Der kilometerdicke Eispanzer, der auf der skandinavischen Halbinsel lastete, band ungeheure Mengen Wasser, sodass der Meerespiegel zeitweilig 100 m niedriger lag als heute. Die Gletscherabflüsse formten entsprechend tiefe Täler und Rinnen, die sich später mit Seen und Flüssen füllten; der knapp 100 m tiefe Vättern ist der mächtigste derartige Rinnensee. Die Eismassen hinterließen außerdem vielerorts Gesteinsschutt, sei es als sanft gewellte Grundmoränen oder als dammartige End-

Die Eiszeiten haben Südschwedens Küsten geprägt

oder Seitenmoränen. Beide Varianten sind in der heutigen Landschaft noch vielfach erkennbar, etwa als hügeliges, fruchtbares Weideland und in Form von Querriegeln, die große Seen aufstauten, Landzungen oder trockene Bänder durch Moorgebiete bildeten. Das Eis hobelte auch frühere Sedimentschichten teilweise wieder ab, sodass die urzeitlichen Granite in unzähligen Rundhöckern, Schären und Felskuppen wieder zu Tage traten. Feine Schwebstoffe, von den Gletscherflüssen an den Küsten abgelagert, wurden vom Wind zu Flugsanddünen aufgeworfen. Nach dem Ende der Eiszeiten blieben auf wasserundurchlässigem Felsgrund unzählige, oft flache Seen zurück, die im Laufe der Jahrtausende zu großen Moorgebieten verlandeten, während auf dem Moränengelände riesige Laub- und Mischwaldgebiete entstanden. Neben Buchen sind im südlichen Laubwaldgürtel Eichen, Eschen, teils auch Birken und Linden vertreten, der nördlich angrenzende Mischwald enthält neben Waldkiefern- und Fichtenbeständen vor allem Espen und Birken. Die letzten noch erhaltenen dieser ursprünglich artenreichen Wälder stehen heute ebenso unter Naturschutz wie die wenigen nicht abgetorften Moore. Meist sind diese Naturreservate für Wanderer und Naturfreunde gut erschlossen.

Seit dem Abschmelzen der Eiskappe vor etwa 10.000 Jahren hebt sich die skandinavische Halbinsel. Für Südschweden beträgt die Hebung etwa einen halben Meter pro Jahrhundert. Dies hatte zur Folge, dass verschiedene Seewege von der Ostsee ins Hinterland, die während der Wikinger- oder Hansezeit schiffbar waren, später unterbrochen wurden; der Mälaren wurde Binnensee. Mit der Besiedlung Südschwedens veränderte sich die Landschaft zunehmend. Ackerbau, Weide- und zuletzt Forstwirtschaft drückten den Naturräumen ihren Stempel auf.

Im wahrsten Sinne des Wortes herausragend in Südschwedens **Tierwelt** ist der Elch. Die mit etwa 2 m Schulterhöhe wahrhaft riesigen, hirschartigen Waldbewohner sind besonders in der Dämmerung gut zu beobachten, wenn sie sich aus dem Schutz des Dickichts auf die umliegenden Wiesen oder Äcker wagen. Ihre vorwie-

Kanadagänse brüten regelmäßig in Südschweden

gend aus Blättern bestehende Nahrung finden sie sowohl in Wald- wie Moorgebieten, während Rotwild und Fuchs sich vor allem in den Mischwäldern aufhalten. Die Vogelwelt ist besonders an den Küsten, Seeufern und in Feuchtgebieten interessant. Zur Zeit der Vogelzüge im Frühjahr und besonders im Herbst finden sich Ornithologen an den neuralgischen Punkten ein, etwa an der Südspitze Ölands, am Hornborgasjön und Tåkern, auf Falsterbo oder den vorspringenden Landzungen Hallands, um Gänse- und Entenarten, Limikolen, Raub- und Seevögel zu beobachten.

Geschichte im Überblick

Man geht davon aus, dass bald nach dem Abschmelzen des Eises vor 10.000 Jahren die ersten Jäger- und Sammlerkulturen dem jagdbaren Wild nach Norden folgten und im südschwedischen Raum heimisch wurden. Vor etwa 6000 Jahren entwickelten sich erste Ackerbaugesellschaften, die Wald zu roden begannen und Haustiere hielten. Von dieser Megalith-Kultur sind die riesigen, aus Findlingen errichteten Hünengräber erhalten. Ihr folgten andere prähistorische Gesellschaften, die Pferde domestizierten und von denen Steinkistengräber und Bautasteine zeugen.

1500–500 v. Chr.: Die Bronzezeit ist in Südschweden u. a. durch die zahlreichen Felsritzungen belegt, in denen die damaligen Menschen auch verschiedene Kult- und Gebrauchsgegenstände abbildeten, darunter Luren, Äxte, Jagdspeere, Pflüge und zweikufige Fellboote. Diese Zeit war von relativ mildem Klima mit günstigen Bedingungen für die Landwirtschaft geprägt.

500 v. Chr.–800 n. Chr.: Die Eisenzeit ging mit einer allmählichen Abkühlung des Klimas einher. Die Beherrschung des neuen Werkstoffes ermöglichte die Anpassung an die sich verändernden Lebensbedingungen, Hausbau und Landnutzung wurden verbessert. Die um 100 n.Chr. entstandene „Germania“ des römischen Geschichtschreibers Tacitus erwähnt den Stamm der Svear, die im Gebiet des heutigen Uppsala lebten; von ihnen leitet sich der Name Svearriket, später Sverige ab.

800–1100: Zeit der *Wikingerzüge*. Von der schwedischen Ostküste drangen die skandinavischen Seefahrer nach Russland und über die dortigen Flüsse bis nach Konstantinopel vor, erbeuteten und handelten mit Sklaven und Pelzen. Nach Westen überquerten ihre Langschiffe die Nordsee, die Wikinger handelten, plünderten und siedelten auf den Britischen Inseln und im Frankenreich. Von Westen her gelangte das Christentum nach Skandinavien, zunächst nach Norwegen, dessen Herrscher Olav Tryggvason im Jahr 1000 in der Schlacht bei Svolder jedoch gegen die „Heiden" aus den Gebieten Dänemark und Südschweden unterlag. Bis ins 12. Jh. konnte sich weder die Kirche noch eine dauerhafte Zentralmacht über die rivalisierenden Stammesfürsten und Regionalkönigtümer im heutigen Südteil Schwedens erheben.

1130–1250: Konsolidierung des Königreiches Sverige. Nach dem Tod *Eriks des Heiligen* 1160 wurde Uppsala der erste Erzbischofsitz des Reiches. Schweden bestand in seinem Kernland nun aus dem Götaland im Westen und dem ehemaligen Gebiet der Svear im Osten. Der Süden gehörte zu Dänemark. Missionierung und Kolonisierung wandten sich bald Finnland zu.

1250–1389: Unter der von *Birger Jarl* begründeten Folkunger-Dynastie stieg Schweden erstmals zum mächtigsten Reich Skandinaviens auf, das in ständige Machtkämpfe in Finnland und gegen Dänemark verwickelt war. Erste Gesetzeswerke wurden verfasst, die feudale Gesellschaftsstruktur mit einem dem König ergebenen Ritterheer entstand, Kirche und Aristokratie wurden tragende Säulen der Herrschaft. Ein Teil der freien Bauernschaft wurde in Pachtverhältnisse gezwungen, sie bearbeiteten das Land der Krone, der Kirche und des Adels. Die Hanse dehnte ihre Aktivitäten auf die schwedische Küste aus und errichtete Handelsstützpunkte. Konkurrenzkämpfe unter den Folkungern führten 1318 zu einer ersten Machtkrise, die der Adel zur Durchsetzung größerer Rechtssicherheit gegenüber der Krone nutzen konnte. Um 1350 erschütterte die Pest ganz Skandinavien. In Schweden starb ein Drittel der Bevölkerung, das Land blutete ökonomisch aus. Zwistigkeiten mit der Hanse und dem Dänenkönig Valdemar Atterdag um die Provinzen Skåne, Blekinge und Halland schürten den innerschwedischen Streit zwischen Krone, Klerus und Adel um die drastisch gesunkenen Staatseinnahmen. In den letzten Regierungsjahren von *Magnus Eriksson* zerbrach das Reich weitgehend, der Adel holte den deutschen Herzog *Albrecht von Mecklenburg* als neuen Herrscher ins Land, vermutlich durch Einfluss der mächtigen Hanse. Albrechts Eigenmächtigkeiten bei der Vergabe von Lehen an Mecklenburger machten ihn jedoch bald unbeliebt beim schwedischen Adel, der daraufhin mit dem dänisch-norwegischen Thronfolger Olav sympathisierte. Als der noch unmündige Olav 1387 starb, ließ sich seine Mutter *Margarethe* als Regentin bestätigen und begann einen Feldzug gegen den unbeliebten Schwedenkönig. Bei Fallköping wurden die Truppen Albrechts 1389 vernichtend geschlagen, und Margarethe wurde Herrscherin über alle drei skandinavischen Reiche.

1397–1523: Zwei Gründe begünstigten diese Union, die 1397 in Kalmar besiegelt wurde: Der Kampf gegen die mächtige deutsche Hanse machte die skandinavische Einigung notwendig. Innerhalb der skandinavischen Gesellschaft standen sich außerdem länderübergreifend Adel und Zentralgewalt konkurrierend gegenüber, sodass Koalitionen zwischen Adeligen verschiedener Länder nicht ungewöhnlich waren. Dennoch war die Kalmarer Union von Beginn an brüchig und von dauernden Kriegen begleitet. Nach Margarethes Tod 1412 wurde die Opposition gegen die dänische Dominanz in Schweden und Margarethes Nachfolger Erik von Pommern größer. Unter *Engelbrekt Engelbrektsson* erhob sich 1434 die bäuerliche Bevölkerung und erreichte die Vertreibung zahlreicher dänischer Verwalter. Zwar bekam das Land nun wieder einen schwedischen Regenten und einen Reichsrat, doch die Steuerlast für die Bauern blieb, und ihr Anführer erlag einem Mordanschlag, der dem Hochadel gerade recht zu kommen schien. 1520 ließ der dänische Unionskönig *Christian II.* schwedische Oppositionelle in einer Überraschungsaktion gefangen nehmen und im Blutbad von Stockholm über 80 von ihnen hinrichten. In den daraufhin ausbrechenden Aufständen tat sich einer der Anführer, *Gustav Eriksson Vasa* hervor. Unter seiner Führung wurden König und Erzbischof abgesetzt, der pro-dänische Hochadel trat auf Gustav Vasas Seite über, der Einfluss der Hanse wurde zurückgedrängt.

1523–1648: Mit Gustav Vasas Machtantritt begann Schwedens Aufstieg zur Großmacht. Der König setzte den lutherischen Glauben im Lande durch und zog die Besitztümer der Kirchen und Klöster ein. Mit dieser „Finanzreform" ging eine Verwaltungsänderung einher, das Land wurde fortan zentralistischer regiert. Gustav Vasas Enkel, *Gustav II. Adolf*, baute Schweden zu einer Militärmacht aus, die in den 30-jährigen Krieg eingriff und im Westfälischen Frieden zu den Gewinnern zählte: Schweden konnte sich Gebiete in Mecklenburg und Pommern, dazu Bremen und Verden aneignen, auch ehemals dänische Gebiete im heutigen Südschweden wechselten den Besitzer.

1648–1814: Ab 1654 erzwang *Karl X. Gustav* im Reichstag die Reduktion der Adelsprivilegien, ein wichtiger Schritt, um den durch teure Kriegsführung angeschlagenen Staatshaushalt zu konsolidieren. Das Ziel, die Großmachtposition Schwedens zu halten, äußerte sich in der Eroberung der letzten dänischen Besitzungen auf dem heutigen Gebiet Schwedens: Blekinge, Skåne und Bohuslän gingen 1658 im Frieden von Roskilde endgültig an Schweden. Im Nordischen Krieg 1700–1721 verlor Schweden dann gegen das aufsteigende russische Zarenreich seine deutschen und baltischen Besitzungen, 1751 in einem erneuten Vorstoß weite Teile Finnlands. Dies schwächte die Macht der Krone, und Adel und Bürgertum konnten ihre Rechte wieder stärken. Aus den Wirren der Napoleonischen Kriege ging Schweden 1814 mit einem neuen Herrscherhaus (den aus Frankreich stammenden *Bernadottes*), einem hinzugewonnenen Reichsteil (Norwegen) sowie einem verlorenen (Finnland) und einer zeitgemäßen Verfassung hervor.

1814–1905: Eine Phase der Industrialisierung setzte ein, die Infrastruktur des Landes wurde ausgebaut, was neue Gebiete wirtschaftlich interessant machte. Erzabbau, Eisenindustrie und Maschinenbau, Forstwirtschaft, Holzverarbeitung und Papierindustrie prosperierten. Das wirtschaftlich aufsteigende Bürgertum errang auch politischen Einfluss, das anwachsende Proletariat blieb davon ausgeschlossen. 1869 wurde die erste Gewerkschaft, 1889 die Schwedische Arbeiterpartei gegründet. Der Reichstag blieb im dänisch-deutschen Krieg um Schleswig-Holstein neutral, und als Norwegen sich 1905 von Schweden unabhängig erklärte, verzichtete Schweden ebenfalls auf eine kriegerische Entscheidung.

1905–1945: Im Ersten Weltkrieg führte Schweden seine begonnene Neutralitätspolitik fort; schwedische Industriegüter, besonders Metallerzeugnisse, besaßen inzwischen Weltrang und wurden vor allem nach Deutschland exportiert. 1921 wurde das allgemeine Wahlrecht eingeführt. Ab 1932 bildete die sozialdemokratische Arbeiterpartei unter *Per Albin*

Hansson die Regierungsmehrheit im Parlament. Das Abkommen von Saltsjöbaden regelte ab 1938 die Tarifkonflikte zwischen Arbeitern und Unternehmern. Auch im Zweiten Weltkrieg blieb Schweden neutral, ließ allerdings deutsche Truppentransporte nach Narvik zu. Zahlreiche Verfolgte des Nazi-Regimes flüchteten nach Schweden.

1945–1995: Unter der sozialdemokratischen Regierung *Tage Erlanders* (1946–1969) entstand der schwedische „Wohlfahrtsstaat", der die Idee des sozialen Ausgleichs durch staatliche Eingriffe beinhaltete. Aufgrund einer jahrzehntelangen Phase ökonomischen Wachstums wurde das schwedische Modell finanzierbar. In den 80er Jahren kam das System in die Krise, die Wirtschaft verzeichnete das neue Phänomen der Arbeitslosigkeit, in den Vorortsiedlungen, die rings um die Großstädte hochgezogen wurden, wuchsen soziale Probleme. Ein Schock für die Nation war 1986 der nie aufgeklärte Mord am Ministerpräsidenten *Olof Palme*, ein zweiter die Verwicklung des menschenrechtlichen „Musterlandes" in dubiose internationale Waffengeschäfte. Die seit 1932 fast ununterbrochene Regierungszeit der Sozialdemokraten ging 1991 zu Ende, die bürgerliche Regierung Carlsson löste sie ab. Schweden ist seit 1990 Mitglied der EG und seit 1995 Mitglied der EU. Um die extrem hohe Staatsverschuldung abzubauen, verordnet seitdem jede Regierung dem Land ein strenges Sparprogramm, dem vor allem Sozialleistungen zum Opfer fielen. Inzwischen ist mit *Göran Persson* wieder ein sozialdemokratischer Regierungschef am Ruder, doch auch dessen Umbaumaßnahmen des Sozialstaates treffen auf Unmut in der Bevölkerung. Es mehren sich die europakritischen Stimmen, die von weitergehender Privatisierung sozialer Bereiche und dem EU-weit praktizierten Abwälzen aller Lebensrisiken auf den Einzelnen nichts halten.

Zeugnis bronzezeitlicher Besiedlung: Felsritzungen

Die Regierung Persson wurde 2002 mit knapp 40% der Wählerstimmen wiedergewählt, doch formiert sich inzwischen eine starke Mitte-Rechts-Koalition für die Wahl im kommenden Jahr, die laut Umfragen gute Chancen zur Regierungsübernahme hat.

Große Erschütterung löste im September 2003 die Ermordung der sozialdemokratischen Außenministerin Anna Lindh aus. Die Befürworterin der schwedischen EU-Mitgliedschaft war besonders durch ihre Werbung für die Übernahme des Euro in Schweden umstritten; ein entsprechendes Referendum kurz nach ihrer Ermordung machte deutlich, dass die Mehrheit der Schweden den Euro nicht wollen. Zu groß sind die Befürchtungen, damit die nationale Wirtschaft und noch übrig gebliebene Wohlfahrtspolitik - das traditionelle Markenzeichen der schwedischen Gesellschaft - vollends aufs Spiel zu setzen.

Anreise

PKW

Die meisten Urlauber kommen mit dem eigenen Fahrzeug nach Südschweden, sei es mit dem PKW, Camper oder Motorrad. Auch nachdem die spektakuläre Straßenverbindung über den Öresund im Juli 2000 eröffnet wurde, bleiben die Fährlinien interessant. Welche Variante man wählt, hängt vor allem vom Wohnort und der angesteuerten Reiseregion ab. Preislich macht es keinen großen Unterschied, ob man die Brücke oder die Fähre über den Öresund benutzt; längere Schiffsfahrten werden tendenziell natürlich teurer. Die folgenden Preise gelten für PKW + max. 5–9 Pers., einfache Fahrt in der Hochsaison. Es gibt außerdem Kombitickets und z. T. Ermäßigung bei Hin- und Rückreise auf derselben Strecke.

Fährverbindungen

Die Fährfahrten sind über jedes Reisebüro zu buchen.

Scandlines (Servicenr. ☎ 01805-7226354637, Servicecenter Puttgarden, ☎ 04371-865161) bietet folgende Strecken an:

Puttgarden–Rødby (45 Min.) + **Helsingør–Helsingborg** (30 Min.), beide Überfahrten sind ohne Vorbuchung möglich, die Schiffe pendeln im Stundentakt und öfter, ca. 75 €.

Rostock–Gedser (2 Std., 7- bis 8-mal tgl.) + **Helsingør–Helsingborg**, ab 87 €.

Rostock–Trelleborg (3- bis 4-mal tgl., 5.45 Std.), ab 115 €.

Sassnitz–Trelleborg (5-mal tgl. 5 Std.), ab 90 €.

TT-Line (☎ 0410-56200) fährt folgende Touren:

Travemünde–Trelleborg (4-mal tgl., 7 Std.), ab 130 €.

Rostock–Trelleborg (2- bis 3-mal tgl., 5.30 Std.), ab 125 €.

Stena Line (☎ 0431-9099):

Grenå–Varberg (2- bis 3-mal tgl., 4 Std.), ab 100 €.

Fredrikshavn–Göteborg (4-mal tgl., 3.30 Std.), ab 100 €.

Kiel–Göteborg (1-mal tgl., 13.30 Std.), ab 500 € (4-Bett-Kabine).

Die Öresundsbron zu überqueren ist ein Erlebnis für sich. Die Brücke ist von Seeland zuverlässig beschildert; südlich von Kopenhagen vereinen sich die E 20 von Odense, die E 47 von Rødby und die E 55 von Gedser zu einer dreispurigen Autobahn. Die E 20 passiert dann den Flughafen Kastrup, taucht für die ersten Kilometer in den Tunnel unter dem Sund ab und führt anschließend auf der Brücke zur schwedischen Seite nach Malmö hinüber. Dort werden an der Mautstation dann 280 SEK für eine einfache Überfahrt fällig; Zahlung per Kreditkarte ist möglich.

Bahn

Die Anreise per Bahn via Kopenhagen ist die gängigste Verbindung nach Südschweden und schließt eine Fährfahrt Puttgarden-Rødby ein. In der dänischen Hauptstadt hat man Anschluss zum Fährhafen Helsingør und zum Öresundståg, der alle 20 Min. über die Brücke nach Malmö pendelt. Der **ScanRail Pass**, der zu unbegrenztem Bahnfahren in Skandinavien berechtigt, muss vor Einreise gekauft werden. Man kann bei der Gültigkeitsdauer zwischen verschieden langen Zeiträumen wählen. Von Berlin besteht eine Bahnverbindung über Sassnitz und Trelleborg nach Malmö. Nur auf dieser werden Fahrräder transportiert. Infos und Tickets bei der Deutschen Bahn und bei Reisebüros mit DB-Agentur.

Bus

Mit den Eurolines-Bussen kommt man von zahlreichen deutschen Städten preiswert nach Göteborg/Oslo und nach Stockholm, 3- bis 5-mal pro Woche. Ein Fahrplanheft (Travel Guide) ist in Reisebüros erhältlich oder bei Eurolines Scandinavia, ZOB Adenauerallee 78, 20097 Hamburg, ✆ 040-247106. Infos auch unter www.eurolines.com.

Die Öresundbro verbindet Malmö mit Kopenhagen

Flugzeug

Stockholm und Göteborg werden täglich von SAS von etwa einem Dutzend Flughäfen im deutschsprachigen Raum aus direkt angeflogen. Die Preise liegen je nach Saison und Abflughafen in der Economy Class bei etwa 300-375 € für Stockholm, etwa 25 € teurer ist der Flug nach Göteborg. Frühbucherrabatte ab 200 Euro. Rail & Fly ist in den Flugpreisen inbegriffen. Weitere Verbindungen gibt es über Kopenhagen. Folgende Billigflieger verbinden deutsche Flughäfen mit Stockholm: Hapag-Lloyd Express, Ryan Air, German Wings und Germania Express. Deutsche Reiseveranstalter bieten außerdem Flug- und Mietwagenpakete an, die besonders für einen Kurzurlaub interessant sind. 1 Woche Fly & Drive für Stockholm kostet ab 475 € p.Pers. (bei 2 Pers. in der „Golfklasse").

Unterwegs in Südschweden

PKW

Wenn man in Schweden mit dem Auto unterwegs ist, sollte man einige Regeln beachten: Man fährt immer mit Abblendlicht, auf Landstraßen gilt maximal Tempo 90, auf Autobahnen 110. Die gelbe Linie am Fahrbahnrand bedeutet Halteverbot, ist sie gezackt, besteht Parkverbot. Auf Schnellstraßen dient der schmalere rechte Streifen zum Ausweichen, wenn man überholt wird. Achtung: Er kann ohne besondere Ankündigung enden, also nicht dauerhaft darauf fahren. Anfahrende Linienbusse und Straßenbahnen haben Vorfahrt, bei Einfahrt in die unzähligen Kreisel gilt ebenfalls: Vorfahrt achten. Wildwechsel wird bezeichnenderweise mit dem Elchsymbol im rotumrandeten Dreieck angezeigt und sollte ernst genommen werden. Die an sich scheuen Tiere sind gern frühmorgens sowie abends unterwegs und werden dann zur Gefahr für Autofahrer. Weißes Blinklicht an unbeschrankten Bahnübergängen bedeutet „Grün", kommt ein Zug, ist das Licht rot. Die Promillegrenze liegt bei 0,2. Streng geahndet werden Fahren mit mehr Promille im Blut und Geschwindigkeitsüberschreitungen.

Fähren wie die über den Gullmarn ersparen weite Umwege ins Hinterland

Im Übrigen ist das Autofahren in Schweden meist recht entspannend, denn es wird vergleichsweise rücksichtvoll gefahren. Die Straßen sind gut ausgebaut und nur selten überfüllt. Umgekehrt haben ausländische Reisende nicht gerade den besten Ruf bei schwedischen Autofahrern, die diese nicht selten als Verkehrsrowdys empfinden. Also: Immer die Ruhe, es ist schließlich Urlaub!

Bensin wird nach der Oktanzahl unterschieden: 92 entspricht Normal-, 95 Super- und 98 Super plus Benzin, bleifrei heißt *blyfri*, Diesel heißt *diesel*. An vielen kleineren Tankstellen gibt es Automaten an der Zapfsäule, wo man mit *Kort* oder *Sedel* – Kreditkarte oder Geldscheinen – zahlt (seltener für Diesel).

Die (kostenpflichtige) Pannenhilfe – *Assisancekåren/Väghjälp* – erreicht man unter ✆ 020-912912 im ganzen Land, ebenso FALK, ✆ 087-679000.

Reparaturwerkstätten werben mit *Bilservice* oder *Bilverkstad*, Camper finden Hilfe beim *Husvagnstjänst*, und auf Reifenprobleme ist der *Däckservice* spezialisiert.

Autovermietungen („Hyrbiler") findet man in allen größeren Orten, es gibt die bekannten internationalen Firmen wie auch lokalen Anbieter, oft bei Tankstellen und Werkstätten. Kleinwagen werden ab ca. 70 € inkl. Vollkasko und unbegrenzten Kilometern angeboten, bei längerer Mietdauer sind Rabatte üblich.

Bahn

Das Schienennetz der Schwedischen Eisenbahn (SJ=Statens Järnvägar) verbindet alle größeren Orte, dazwischen aber klaffen Lücken. Es gibt die schnellen, komfortablen X2000- und die normalen Inter City-Züge. Wer hauptsächlich mit dem Zug unterwegs ist, fährt auch hier mit dem **ScanRail Pass** (s. Anreise) am günstigsten. Ein R im Fahrplan bedeutet, dass eine Platzkarte nötig ist. Fahrräder müssen aufgegeben werden (expressgods), kommen dann im Gepäckwagen mit. Die Züge, die Fahrräder transportieren, sind ebenfalls im Fahrplan mit einem Fahrradsymbol gekennzeichnet. Wer auf Nummer Sicher gehen will, sollte sich am besten noch einmal jeweils vor Ort erkundigen.

Bus

Die überregionalen Schnellbusse von Swebus (✆ 0200-218218) eignen sich für längere Strecken, fahren aber zum Teil nicht täglich. Eine Fahrt von Göteborg nach Stockholm kostet etwa 360 SEK.

Die Busse von Länstrafiken sind regional organisiert und fahren im entsprechenden Landesteil fast überall hin, oft recht häufig und meist zeitlich gut mit den Anschlüssen abgestimmt. Überregionale Linien verkehren in die angrenzenden Landesteile, Stadtbusse und Flughafenbusse werden ebenso von Länstrafiken betrieben wie einige Fährlinien zu bewohnten Inseln. Fahrpläne sind bei den Touristeninformationen (TI) und an Bahnhöfen erhältlich.

Übernachten

Es kommt vor, dass ausländische Urlauber in der Hochsaison in der TI eines Küstenbadeortes nach einem netten Ferienhäuschen in Strandlage fragen, das sie noch für denselben Tag mieten möchten. Das ist dann einer der seltenen Fälle, in denen man garantiert abgewiesen wird. Im Prinzip ist das Angebot an Unterkünften aber groß und breit gestreut, sodass es selten zu wirklichen Engpässen kommt und man beim Herumreisen oft spontan dort bleiben kann, wo es einem gefällt.

Hotels und Pensionen

Der Sommer ist für die großen Hotels Nebensaison. Das eigentliche Geschäft wird im Rest des Jahres mit Konferenzen und Geschäftsreisenden gemacht. Das wirkt sich entsprechen auf die Preise aus, und Nobelherbergen, die sich sonst kaum ein Privatmensch leisten könnte, werden zwischen Mittsommer und Mitte August plötzlich erschwinglich. Auch an Wochenenden außerhalb des Sommers gelten oft Sonderpreise. Einige internationale Hotelketten bieten außerdem Hotelschecks an, mit denen man dann in jedem angeschlossenen Haus bezahlen kann (Infos bei Next Stop Sweden, Adresse s. Information). Da diese Unterkünfte aber weit verstreut liegen, oft eher in geschäftlich als touristisch interessanter Lage und zudem bei allem Komfort doch ziemlich gesichtslos sind, bilden sie nicht die interessanteste Wahl bei den gehobenen Unterkünften.

Wesentlich schwedischer sind privat geführte Häuser, oft mit langer Tradition und persönlichem Stil, teils als *Gästgivaregård* oder *Pensionat* bezeichnet. Im Reiseteil werden vor allem solche Hotels genannt. In der preiswerteren Kategorie können Ausstattung und Lage allerdings sehr unterschiedlich sein; vom schlichten Motelzimmer bis zum urigen Kämmerchen im alten Gasthaus reicht die Palette, oft wird nur Frühstück serviert, manchmal gibt es Etagenbäder, nicht alle haben ganzjährig geöffnet. Viele Hotels bieten Familienzimmer an, die nur unwesentlich teurer sind als ein Doppelzimmer, für Einzelzimmer muss man im Schnitt 75 % des DZ-Preises rechnen. In den Informationsblöcken des Reiseteils wird jeweils der Sommer-Preis für ein DZ genannt, Frühstück inbegriffen.

Privatzimmer

Bed & Breakfast, Rum ledig, Gästhem, Lägenhet att hyra, solche Schilder an der Straße weisen auf freie Zimmer oder privat vermietete Ferienwohnungen hin. Wer es nicht dem Zufall überlassen will, wo er unterkommt, wendet sich am besten an die regionale TI, die solche Unterkünfte ebenso wie Ferienhäuser gegen eine mäßige Gebühr vermittelt. Standard und Preise können jedoch recht verschieden sein, manchmal bekommt man den „Familienanschluss" gratis dazu. Erkundigen sollte man sich, ob Bettwäsche und Frühstück im Preis enthalten sind oder eine Selbstversorgerküche vorhanden ist.

Jugendherbergen

In Schweden kann jeder in einem *Vandrarhem* übernachten, egal wie alt er ist. Die Herbergen sind populär und preisgünstig, oft in interessanten alten Gebäuden untergebracht, meist mit 2–6-Bett-Zimmern, Etagendusche und immer mit Selbstversorgerküche. Viele haben nur im Sommer geöffnet, bei den sehr beliebten Häusern muss man schon vor Saisonbeginn reservieren, einige nehmen auch den Rest des Jahres Gäste bei Vorbuchung auf (im Reiseteil erwähnt). Die JHs des STF gewähren Mitgliedern Rabatt (ca. 40 SEK), bei den privaten, teils im SVIF – Sveriges Vandrarhem i Föreningen – zusammengeschlossen, zahlt jeder dasselbe. Beide Organisationen geben kostenlose Broschüren ihrer Unterkünfte heraus, erhältlich über die TIs.

Camping

Die meisten Campingplätze sind dem Schwedischen Campingverband angeschlossen, und man braucht einen Campingausweis, den man bei der ersten Übernachtung auf einem der Plätze erwirbt (ca. 90 SEK). Die Plätze sind in einem jährlich erscheinenden Verzeichnis aufgeführt und beurteilt, erhältlich auch auf Deutsch über Next Stop Sweden. Die meisten sind landschaftlich schön gelegen, von Wald umgeben, mit Zugang zum Meer oder zum Seeufer, oft grenzen sie an Naturreservate oder Wanderrouten und man kann Fahrräder sowie Boote leihen. An den Küsten sind die Plätze im Hochsommer oft recht voll, es kommt sogar vor, dass einige ausgebucht sind. Der Stellplatz für ein Zelt oder einen Camper kostet etwa 100–150 SEK. Viele Campingplätze vermieten auch feste Unterkünfte, allen voran Ferienhäuser (*Stugor*). Diese können einfache Hütten sein, mit Kochgelegenheit und Kühlschrank, aber ohne eigenes Bad, oder komplett ausgestattete Häuser. Auch Miet-Wohnwagen und Gästehäuser finden sich auf manchen Plätzen. Campinggas bekommt man überall, allerdings sind die schwedischen und deutschen Flaschen nicht kompatibel. Nur auf wenigen SweCamp-Plätzen ist es möglich, passende zu bekommen.

Ferienhäuser

Etliche Reiseveranstalter haben inzwischen schwedische Ferienhäuser im Programm, Kataloge gibt es in Reisebüros. Auch die TIs bieten Sommerhäuser an, doch vor Ort kann es in der Hauptreisezeit schwer werden, eine freie *Stuga* zu finden. Die Häuser werden meist wochenweise vermietet, sodass man sich vorher überlegen muss, in welcher Region es liegen sollte und was sich von dort besichtigen und unternehmen lässt. Für einen richtig relaxten, typisch schwedischen Ferienhausurlaub braucht man aber eigentlich nur den Wald drumherum, einen See in der Nähe, Badezeug, Angel und ein gutes Buch.

Gästgivaregård oder Pensionat heißen die traditionellen Unterkünfte

Wissenswertes von A bis Z

Diplomatische Vertretungen

Deutsche Botschaft, Skarpögatan 9, 11593 Stockholm, ☎ 08-6701500, 📠 6701572, info@german-embassy.

Österreichische Botschaft, Kommendörsgatan 35, 11458 Stockholm, ☎ 08-6651770, 📠 6626928, stockholm-os@bmaa.gr.at.

Schweizer Botschaft, Birger Jarlsgatan 64, 10041 Stockholm, ☎ 08-6767900, 📠 211504, vertretung@sto.rep.admin.ch.

Einkaufen

Die Öffnungszeiten der Geschäfte sind mit denen in Deutschland vergleichbar, d. h. prinzipiell gilt: Mo–Fr bis 18 Uhr, Sa bis 14 Uhr. In den Ferienorten und größeren Städten gibt es aber meist Lebensmittelgeschäfte, die länger und auch am Sonntag geöffnet haben.

Einreise

Außer einem gültigen Personalausweis braucht man als EU-Bürger keine Dokumente, Kinder unter 16 müssen im Ausweis der Eltern vermerkt sein oder einen Kinderausweis haben. Autofahrer benötigen ihren Führerschein und Fahrzeugschein, außerdem ist die grüne Versicherungskarte sinnvoll.

Zollfrei einführen darf man alle Lebensmittel zum Eigenbedarf, auch alkoholische Getränke. Haustiere mitzunehmen erfordert eine etwa halbjährige Vorausplanung. Ein Impfpass muss ausgestellt, eine Gesundheitsprüfung durchgeführt und ein Einfuhrantrag genehmigt werden. Die genauen Infos gibt es bei: Statens Jordbruksverk, Smittskyddsenheten, 55182 Jönköping, ☎ 036-155000, 📠 115114.

Essen und Trinken

Gravad Lax, Sill, Kjöttbullar, Pytt i Panna und natürlich das *Smörgåsbord* sind mittlerweile auch deutschen Gaumen nicht mehr fremd. In demselben Maße, wie sich Klassiker der schwedi-

Ein Badplats findet sich immer

schen Küche bei uns etabliert haben, sind in Schweden südlichere, besonders mediterrane Einflüsse aufgegriffen worden. Das gastronomische Angebot hat sich in den letzten Jahren stetig erweitert, und man findet mittlerweile in jedem kleineren Ort ein Restaurant, in jedem Heimatmuseum oder Strandbad im Sommer ein Café. Oft herrscht Selbstbedienung, ohne dass die Atmosphäre deshalb an Fastfood-Stätten erinnern würde. Auch in gediegenen kleinen Kaffeestuben geht man oft zum Bestellen an den Tresen, und der Kaffee steht nicht selten auf der Anrichte im Gastraum, wo sich jeder selbst nachschenken kann. Auch in vielen Restaurants mit Bedienung wird zum mittäglichen „Lunch" ein Salatbuffet aufgebaut. Im Preis für das Tagesgericht „Dagens rätt" (ca. 60–80 SEK) ist Salat, Brot, ein Softdrink und Kaffee üblicherweise enthalten. Angeboten wird es von allen mittags geöffneten Restaurants, meist von 11.30–14 Uhr, nicht selten auch länger. Abends (etwa 18 bis 21 Uhr) wird verwirrenderweise das „Middag" eingenommen, im Schnitt doppelt so teuer wie das Dagens rätt, entweder à la carte oder zu bestimmten Zeiten – z. B. an den Sommerwochenenden oder in der Adventszeit – vom *Smörgåsbord*, dem skandinavischen Buffet. Trinkgeld war ursprünglich eher ungewöhnlich in Schweden, inzwischen ist es etwas üblicher und wird natürlich immer gern genommen!

Seitdem Schweden EU-Mitglied ist, wurden die strengen Alkoholgesetze etwas verwässert, sodass man Bier oder Wein inzwischen nicht nur überall zum Menü bestellen kann, sondern auch in den neu entstandenen Pubs ohne den früher üblichen Verzehrzwang bekommt. Die Preise sind noch immer höher als weiter südlich, aber deutlich gesunken: Das „Stor Stark" kostet nur noch etwa 30 SEK.

Außerhalb der Lokale ist Alkohol nur in den Läden des staatlichen Monopolhandels „Systembolaget" zu bekommen, die sich in jedem größeren Ort und zumeist in zentraler Lage befinden (Mo–Fr 10–18 Uhr). Einzig Leichtbier (Lättöl) wird in den Supermärkten verkauft.

Feiertage und Ferien

Neben Ostern, Pfingsten, 1. Mai, Weihnachten und Neujahr sind der 6. Januar (Dreikönigstag) und der Mittsommertag (wechselndes Datum, ein Freitag um den 21.6.) arbeitsfrei. *Midsommar* sind alle Büros, auch die meisten TIs geschlossen, Hotels, Sommerhäuser und Campingplätze ausgebucht, die Lokale voll. Überall in Schweden wird ein Wochenende lang gefeiert, wenn möglich außerhalb der Städte, denn mit diesem Datum beginnt die Feriensaison, und viele Familien ziehen um aufs Land, in die eigene Stuga oder aufs Boot. Wer arbeiten muss, pendelt zumindest an den Wochenenden, während die Kinder oft das Glück haben, mit einem Eltern- oder Großelternteil bis zum Schulanfang Mitte August die schwedische Natur zum Abenteuerspielplatz zu haben.

Geld

Schweden führt den Euro nicht ein, es gilt weiterhin die Schwedische Krone (SEK). Eine SEK ist knapp 11 Cent wert (1 € =9,2 SEK). Mit einer EC-Karte bekommt man an den Geldautomaten der Banken Bares, in vielen Geschäften werden die üblichen Kreditkarten akzeptiert. Euroschecks werden nicht mehr genommen, Reiseschecks nur bei den Banken. Mo–Fr 9.30–15 Uhr, in den Zentren auch Do bis 18 Uhr, vor Feiertagen oft kürzer, an Bahnhöfen teils länger.

Gesundheit

In jedem größeren Ort gibt es ein staatliches Ärztezentrum – *Vårdcentral/Primärvården* – oder ein Krankenhaus mit Ambulanz – *Sjukhus/Lasarett, Akutmottagning* -, im Reiseteil jeweils unter „Adressen“ genannt. Kassenpatienten sollten sich vor Abreise das E 111-Formular geben lassen, mit dem sie schwedischen Patienten gleich gestellt sind, d. h. man zahlt einen geringen Eigenanteil von etwa 250 SEK. Zahnärzte – *Tandläkare/ Tandvården* – sind nur teilweise dem staatlichen Gesundheitswesen angeschlossen und heißen dann *Folk-* bzw. *Jourtandläkare*. Hier ist der Eigenanteil für schwedische Patienten höher und nach den Behandlungskosten gestaffelt, man sollte zu Hause seine Kasse nach Erstattungen fragen. Dasselbe gilt für Bürger der Schweiz, für die es kein Sozialversicherungsabkommen gibt, und für alle Privatversicherten.

Auf Körperbehinderte ist man in der schwedischen Öffentlichkeit besser eingerichtet als hierzulande; rollstuhlgerechte Zugänge und Toiletten gehören zum Standard in öffentlichen Einrichtungen und sind eher die Regel als die Ausnahme in Unterkünften, Lokalen und Verkehrsmitteln. Informationen: De Handikappedes Riksförbund, Katrinebergsväg 6, 11734 Stockholm, ✆ 08-189100, 📠 181078. Auch die TIs können weiterhelfen.

Information

Next Stop Sweden, Lilienstr. 19, Postfach 105927, 20095 Hamburg, 📠 330599, info@swe tourism.de. Wichtigste Anlaufstelle für den deutschsprachigen Raum, vertreibt umfangreiches Infomaterial und hilft bei allen Spezialfragen weiter. Telefonisch erhält man kostenlose Auskunft auf Deutsch unter ✆ 00800-30803080. Offizielle Homepage des schwedischen Fremenverkehrsamtes: www. visit-sweden.com/de

In Schweden kann beim *Turistbyrå* in jedem größeren oder touristisch wichtigen Ort nachgefragt werden, im Reiseteil unter „Information“ genannt. Die mit dem grünen „I“ gekennzeichneten Büros geben Auskunft über die betreffende Region, die blau-gelben für ganz

Schweden. Diese gibt es vor allem in Großstädten und an wichtigen Ein- und Durchreisestationen, z. B. Malmö, Trelleborg, Helsingborg, Kungälv, Göteborg, Vänersborg, Jönköping, Örebro, Stockholm, Nyköping, Västervik, Värnamo und Karlskrona.

Landkarten

In Deutschland gibt der Verlag *freytag & berndt* gute Autokarten für Schweden heraus; Blatt 1 (Schweden Süd, Malmö), Blatt 2 (Schweden Südwest) und Blatt 3 (Schweden Südost, Stockholm) decken Südschweden im Maßstab 1:250.000 ab. Der *R&V Verlag* gibt die schwedischen Esselte-Karten mit deutscher Legende heraus. Außerdem haben die TIs kostenlose und recht brauchbare Regionalkarten, sodass man auch damit – und natürlich diesem Buch – gut zurecht kommt.

Notruf

112, landesweit, kostenlos.

Post

Mo–Fr 9–18 Uhr, Sa 9–12 Uhr. Die Zahl der Postämter geht in Schweden stetig zurück, seit andere Geschäfte deren Dienste übernehmen. Briefmarken bekommt man teils auch an Zeitungskiosken, Hotelrezeptionen und dort, wo Postkarten verkauft werden. Vom deutschen Postsparbuch lässt sich in Schweden kein Geld mehr abheben.

Reisezeit und Wetter

Südschweden hat relativ warme, sonnenreiche und trockene Sommer und recht kalte Winter, wobei das Klima im Westen maritimer ist, also mehr Niederschläge verzeichnet als weiter östlich. Dies gilt zwar im Prinzip, aber dennoch kann man mehr oder weniger Glück haben. Die Schweden selbst sind ausgesprochen anspruchsvoll, was das Wetter in der Urlaubszeit angeht. Wenn sich Mitte Juli eine Regenphase länger als zwei Tage hält, hört man allerorten die Befürchtung, nun sei dieser Sommer wohl vorbei: Offenbar ist man besseres gewöhnt.

Hauptsaison ist von Mittsommer bis Mitte August. Alle touristisch interessanten Stellen sind dann geöffnet, die Schweden stellen die weitaus größte Gruppe der Urlauber im Lande dar. Früh- und Spätsommer sind als Reisezeit ebenfalls interessant, es ist überall ruhiger, doch sind die Öffnungszeiten etlicher Museen, Freizeitparks und Lokale eingeschränkt. Fährt man gar um die Osterzeit, so findet man die im Sommer vor Menschen überquellenden Ferienorte oft gänzlich ausgestorben. Der Winter ist in Südschweden eigentlich keine Hochsaison, obwohl es nördlich von Skåne im Landesinneren vielerorts kleinere Skihänge und Langlaufmöglichkeiten gibt, die aber vorwiegend von den Bewohnern der Umgebung genutzt werden. Ein Aufenthalt im „eigenen" Ferienhaus an der rauen Küste oder einem stillen See kann gerade außerhalb der Hauptferienzeit seinen Reiz haben.

Rechte und Pflichten in der Natur

Das schwedische „Jedermannsrecht" (*Allemansrätt*) stammt aus der Zeit, als Reisen noch nicht gleich Tourismus war und die Menschen in dem dünn besiedelten Land darauf angewiesen waren, zu wandern, unterwegs überall zu rasten und sich von der Natur zu ernähren. Zwar haben sich die Voraussetzungen des Reisens inzwischen grundlegend geändert, aber noch heute hat jeder in Schweden das Recht, die Natur zu nutzen, ohne ihr zu schaden, frei zu campen, wilde Beeren und Pilze zu sammeln, zu baden und mit dem Boot anzulegen. Dabei sind einige Einschränkungen zu beachten:

Hausgrundstücke, Felder und Schonungen nicht betreten. Weidegatter wieder schließen, Zäune nicht beschädigen.

Nicht mit Motorfahrzeugen im Gelände fahren.

Campen nicht in Sichtweite von Häusern und nicht länger als 24 Stunden an einem Platz. Gruppen dürfen nicht ohne Erlaubnis des Grundbesitzers wild campen. Abfall mitnehmen.

Boote nicht an privaten Anlegern festmachen. Mit Motorbooten Geschwindigkeitsbegrenzung und Zutrittsverbote beachten.

Kein Feuer machen in Naturreservaten, Gebieten mit Brandgefahr (Wälder, bes. im Sommer) und nicht auf Felsen (sie zerspringen). Nur Totholz verfeuern.

Wild- und Weidetiere nicht stören. Hunde im Sommer anleinen. Markierte Vogelschutzgebiete während der angegebenen Schonzeit nicht betreten (*fågelskydd – tillträde forbjuden*), mit dem Boot mindestens 100 m Abstand halten.

Das Jedermannsrecht funktioniert nur, wenn jeder rücksichtsvoll mit der Natur umgeht. Wo das nicht der Fall ist, werden die Verbote mehr und der Urlaubsgenuss für alle weniger.

Für Paddler ist Südschweden ein Land der unbegrenzten Möglichkeiten

Sport und Freizeit

Angeln darf man entlang der Küsten, an Vänern, Vättern, Hjälmaren und Mälaren kostenlos (Handangel), für alle übrigen Gewässer braucht man eine *Fiskekort*, die in TIs und Sportgeschäften erhältlich ist. Die Preise beginnen bei wenigen Kronen pro Tag und variieren je nachdem, wie vielversprechend das Revier ist. Sportfiskarnas Förbund, Box 2, 16321 Spangå, ✆ 08-7953350.

Baden kann man im Sommer an unzähligen Plätzen an den Küsten und Seeufern, das Gelände variiert vom Sandstrand über Wiesenstreifen bis zur Schärenklippe. Schilder entlang der Straßen weisen die Badestellen aus, ebenso die gängigen Landkarten und von den TIs herausgegebene Faltblätter. Parkplatz, Trockentoilette, Mülleimer, Grillstellen, Picknicktische und ein mit schwimmenden Pontons abgetrennter Nichtschwimmerbereich gehören zur Grundausstattung eines *Badplats*, oft ist ein Kiosk oder Café vorhanden. Campingplätze und Feriensiedlungen liegen häufig in der Nähe schöner Strände, die dann in der Hauptsaison teils recht belebt sein können. So voll wie am Mittelmeer wird es aber an Schwedens Badeplätzen kaum, dafür gibt es einfach zu viele.

Fahrradfahren: Das flache bis relativ sanft gewellte Südschweden ist gut geeignet für Radtouren, die TIs geben zahlreiche Routenvorschläge heraus, und fast jede Region hat Radstrecken beschildert, die auf wenig befahrenen Nebenstraßen durch landschaftlich reizvolle Gebiete führen. Svenska Cyckelsällskapet, Box 6006, 16406 Kista, ✆ 08-7516204, 📠 7511935.

Golf ist in Schweden mittlerweile sehr populär, es gibt gerade im Süden des Landes zahlreiche landschaftlich schöne Plätze. Infos bei Svenska Golfförbundet, Box 84, 18211 Danderyd, ✆ 08-6221500, 📠 7558439 oder den TIs.

Kanufahren: Südschwedens Seen, Flüsse und Schärenreviere sind ideal für diese Sportart. Oft paddelt man nur ein paar Stunden und fühlt sich schon wie in einer anderen Welt; nur Wald, Felsen, Wasser und Einsamkeit. Für Anfänger bieten sich die schmaleren Binnenseen und Kanäle an, auf denen weder Strömung noch Wind zu Problemen führen können. Ambitioniertere kommen auf Flussläufen und in den Küstenrevieren auf ihre Kosten. Kanuverleihstationen sind im Reiseteil unter „Aktivitäten" aufgeführt. Dort gibt es auch Karten und Informationen zum jeweiligen Revier. Svenska Kanotförbundet, Idrottens Hus, 12387 Farsta, ✆ 08-6056000, 📠 6056565 oder Next Stop Sweden geben weitere Auskünfte.

Segeln und **Motorbootfahren** wird in jeder Bootsklasse und massenhaft betrieben. Wer kleinere Boote leihen will, wendet sich an die Marinas oder die TI vor Ort, für Yachtcharter an Svenska Seglarförbundet, Idrottens Hus, 12387 Farsta, ✆ 08-6056000, 📠 6056565 oder Next Stop Sweden. Dort erhält man auch den nützlichen Gästhamnens Guiden.

Surfen: An den Küsten gibt es zahlreiche gute Spots zum Windsurfen, vor allem in Halland und Skåne, wo sich die langen Sandstrände und weiten Buchten befinden. Die Binnenseen eignen sich ebenfalls vielerorts für diesen Wassersport, die kleineren sind eher für Anfänger interessant, die noch keine Starkwindreviere suchen. Swedish Windsurfer AB, Box 1329, 18125 Lidingö, ✆ 08-7655400.

Tauchen lohnt sich besonders in Bohuslän an der Westküste, wo im salzhaltigen Skagerak die Artenvielfalt besonders groß ist, und im Vättern, wo glasklares Wasser für ungewöhnlich gute Sichtverhältnisse sorgt. Unter „Aktivitäten" sind im Reiseteil Tauchschulen aufgeführt. Infos ansonsten bei: Svenska Sportdykkarförbundet, Idrottens Hus, 12387 Farsta, ✆ 08-6056000, 📠 6056565.

Wandern: Es gibt zahlreiche markierte Wanderrouten, von der einstündigen Kurztour bis zu Fernwanderwegen wie dem gut 1000 km langen *Sörmlandsleden*. Südschweden ist ein eher beschauliches Wandergebiet, es fehlt das Dramatische, das die Bergwelt weiter nördlich bietet. Das macht Wandern in Südschweden aber zu einer familienfreundlichen Angelegenheit, und die Attraktionen sind oft eher die kleinen Dinge, ein idyllischer Waldsee, ein mächtiger Felsblock, flechtenüberzogene Äste und moosgepolsterte Steine, eine Bachkerbe oder Uferklippen. Nur selten ragen die Hügelkuppen aus bewaldeten Regionen hervor, doch für die Fernsicht sind hier und da Aussichtstürme errichtet. Entlang der Fernwanderwege gibt es verschiedene Unterkünfte, eine unverschlossene Hütte oder ein romantischer Windschutz mit Feuerstelle davor, an Etappenpunkten weisen Karten auf Trinkwasserstellen, Busanschlüsse und Einkaufsmöglichkeiten hin. Weitere Informationen gibt Svenska Turistföreningen (STF), Box 25, 10120 Stockholm ✆ 08-4632100, 📠 6781958.

Sprache

Schwedisch gehört außerhalb Skandinaviens nicht zu den häufig gelernten Fremdsprachen, auch wenn die Volkshochschulen vieler deutscher Städte Schwedischkurse im Programm haben. Die meisten Schweden sprechen Englisch, in der Tourismusbranche häufig auch Deutsch, Prospekte sind oft mehrsprachig, Museen bieten meist Erläuterungen in mehreren Fremdsprachen an. Probleme wird man also auch ohne Kenntnis der Landessprache nicht haben. Wichtige Begriffe, auf die man beim Reisen trifft, werden bei den jeweiligen Themen erwähnt.

Telefonieren

Televerket vertreibt Telefonkarten, erhältlich an Zeitungskiosken (*Pressbyrån*) und TIs. Die meisten öffentlichen Telefone funktionieren mit Karte, nur noch wenige mit Münzen.
Vorwahl nach Schweden: 0046, nach Deutschland 0049, nach Österreich 0043 und in die Schweiz 0041 (danach jeweils die 0 der Ortsvorwahl weglassen!). Mit dem Mobiltelefon lässt sich in den D-Netzen telefonieren. Schwedische Handynummern beginnen mit der Vorwahl „070".

Zeitungen

Deutschsprachige Zeitungen und Zeitschriften gibt es an Bahnhöfen, in Großstädten und in touristischen Zentren, meist am Tag nach Erscheinen.

Umkämpfte Westküste

Zwischen Malmö und Göteborg trifft man entlang der schwedischen Westküste auf zahlreiche historische Festungsanlagen. Skåne und Halland waren seit der Reichsgründung im 11. Jh. dänisches Territorium und blieben es mit Unterbrechungen bis 1658. Immer wieder und zeitweilig mit Erfolg griffen schwedische Machthaber nach diesen Ländereien. Kein Wunder, denn der einfachste Weg nach Westen führte durch Öresund und Kattegatt, nicht durch das unwegsame südschwedische Binnenland, das im Mittelalter aus dünn besiedeltem Moor- und Waldgebiet bestand. Dänisch kontrollierte Küsten beiderseits der Meerenge zwischen Nord- und Ostsee jedoch bedeuteten Hindernisse und Kosten für schwedische Handels- und Kriegsschiffe. Ab dem 13. Jh. bauten dänische Könige und Adelige zahlreiche Burgen und befestigte Städte in dieser Region. Varberg, Halmstad, Helsingborg und Malmö entstanden. Birger Jarl verschaffte Schweden um 1250 zumindest einen schmalen Korridor nach Westen entlang dem dänisch-norwegischen Grenzfluss Götaälv. Zum Schutz des schwedischen Hafens Lödöse wurde Älvsborg, die erste von mehreren schwedischen Festungen auf dem Gebiet des heutigen Göteborg errichtet und später wieder zerstört. Auch die Hanse war in verschiedenen Küstensiedlungen vertreten und brachte den Seehandel mit Südskandinavien im 14. Jh. weitgehend unter ihren Einfluss. Valdemar Atterdag widersetzte sich dieser fremden Handelsmacht auf dänischem Territorium, doch ein Jahrzehnt der Hansekriege endete 1369 mit Dänemarks Niederlage. Helsingborg und Malmö fielen an die Hanse. Gleichzeitig griffen Norwegen und Schweden nach der Provinz Halland, die nacheinander zu beiden Königreichen gehörte, bevor Dänemark sie zurückeroberte. Mit der Kalmarer Union von 1397 wurden die drei skandinavischen Länder zwar auf dem Papier geeint, doch unter dänischer Dominanz. Aufbegehrende Bauernheere unter Engelbrekt Engelbrektsson erreichten 1434 auch Halland und brandschatzten die Festungen dänischer Adeliger, darunter Falkenberghus. Nach dem Ende der Union blieb Norwegen dänisch, sodass Dänemark nun die gesamte Südwestküste bis zum Oslofjord kontrollierte. Gustav Vasas Truppen kämpften 1535 in Halland, im nordischen 7-jährigen Krieg von 1563–70 war die Provinz ein Hauptschauplatz, und auch im 17. Jh. riss das Machtgerangel um die Westküste nicht ab. 1658 verlor Dänemark seine Provinzen östlich der Meerenge an Schweden, und alle folgenden Versuche, dort wieder Fuß zu fassen, schlugen fehl. Das Schweden mit seiner heutigen Ausdehnung war entstanden.

Von Helsingborg nach Göteborg

Strand und Burgen in Halland

Die Westküste vom nördlichen Skåne bis Halland ist geprägt von langen Sandstränden und flachen Buchten, unterbrochen nur hier und da von vorspringenden Halbinseln aus Fels oder Moränen. Im Hinterland spielt Ackerbau die Hauptrolle, Waldwirtschaft wird erst nach Norden hin bedeutender. Wasserreiche Flüsse münden im Kattegatt und bieten Anglern und Paddlern ideale Bedingungen.

Zwischen Helsingborg und Göteborg ist fast jeder Küstenort in seiner Vergangenheit von den dänisch-schwedischen Machtkämpfen berührt worden; die Provinz Halland kam erst 1645 dauerhaft unter schwedische Herrschaft. Urlauber kommen hierher aber nicht vorrangig wegen der Historie, sondern vor allem wegen der Strände, die zum unbeschwerten Baden ebenso wie zum Surfen einladen. Das Baden hat hier Tradition, und das zeigt sich auch in so mancher altehrwürdigen Kuranlage.

Helsingborg

Als Fährhafen kennt wohl jeder Schwedenurlauber die Stadt an der schmalsten Stelle des Öresunds. Kommt man mit einer der ständig pendelnden Fähren vom dänischen Helsingør herüber, so führen einen die breiten Ausfallstraßen geschickt um das eigentliche Stadtgebiet herum. Außer Häfen und Industrie kriegt man so nichts zu sehen. Auch wenn von Helsingborgs gut 900-jähriger Geschichte heute nicht mehr allzu viel zeugt, hat das Städtchen doch einige für Besucher interessante Ziele zu bieten.

Blickfang ist der trutzige **Burgturm Kärnan** aus dem 14. Jh., einziges Überbleibsel der einstigen Festungsanlage. Auch wenn er selbst nur 34 m hoch ist, lässt ihn sein erhabener Standplatz auf den Hügeln des heutigen Schlossparks (Slottshagen) wesentlich höher aufragen. Vom zentralen Platz Stortorget, der eingerahmt wird vom neogotischen Rathaus und dem fast ebenso monumentalen Grand Hotel, führt die breite, geschwungene Treppe „Terrassen“ hinauf. Von der Turmkrone hat man dann eine weite Aussicht über den Öresund (Juni bis Aug. tgl. 11–19 Uhr, April, Mai und Sept. Di–Fr 9–16 Uhr, Sa+So 11–16 Uhr, übrige Zeit Di–So 11–15 Uhr). Unweit des Stortorget an der Södra Storgatan liegt, umgeben von schmalen, ruhigen Gassen, die älteste Kirche der Stadt, **Mariakyrkan** aus dem 14. Jh., im Stil der dänischen Backsteingotik errichtet (tgl. 9–16, Mitte Juni bis Mitte Aug -18 Uhr). In der anderen Richtung sind an der Nordra Storgatan einige der ältesten Häuser der Stadt zu finden: Nr. 9, Gamlegården, ist ein repräsentatives Bürgerhaus aus dem 18. Jh., Nr. 12, Henckelska Gården, ein 1681 gebautes Kaufmannshaus mit schönem Innenhof, von der Seitenstraße aus zugänglich. Das auffallende Fachwerkgebäude Nr. 21, das Jakob Hansens Hus, ist von 1641. Davor erinnert auf einem kleinen Platz der Tycho Brahe Brunnen an den bedeutenden schwedischen Astronomen. Richtung Hafen trifft man auf den Sundstorget und das neue **Dunkers Kulturhus** (✆ 107400, Di–So 10–17, Do –20 Uhr). Der architektonisch interessante Gebäudekomplex beherbergt neben verschiedenen Kunstausstellungen eine Sammlung zur Stadtgeschichte, Studios und Aufführungsstätten für Ballett, Theater und Konzerte.

Helsingborg: am Norra Hamnen

Das Kulturzentrum grenzt an die Kaipromenade des **Norra Hamnen**, im Sommer Helsingborgs eigentliche Hauptstraße. Postmoderne Fassaden in Stahl, Holz und Glas säumen den Uferweg des Yachthafens, unterbrochen vom ebenfalls neu gestalteten Henry-Dunkers-Platz. Geschäfte und Cafés profitieren von dem geschmackvollen Ensemble, das im Sommer zahlreiche Flaneure anlockt.

Sehenswertes außerhalb der City

Fredriksdal Friluftsmuseum: Zu dem weitläufigen Freilichtmuseum gehört ein Herrenhaus aus dem 18. Jh., das im Stil dieser Zeit eingerichtet ist. Küchen- und Obstgarten umgeben es, Gartenbaugeschichte wird im Engelska- und Franska Parken lebendig, und der Botanische Garten ist mit seiner Artenvielfalt und Rosenzucht einzigartig in Schweden. Vergangenes bäuerliches Leben wird in einem typischen Dorf wiedererweckt, und städtische Szenen aus Alt-Helsingborg spielen sich auf kopfsteingepflasterten Gassen rings um das beliebte Freilichttheater ab.

Geöffnet Juni bis Aug. tgl. 10–19.30 Uhr, April, Mai und Sept. tgl. 10–16 Uhr, übrige Zeit tgl. 11–16 Uhr; Hävertgatan, ✆ 104500, Stadtbusse 1 oder 7.

Sofiero Slott och Slottspark: Das Sommerschloss wurde 1864 im Auftrag des späteren Königs Oskar für seine Frau Sofia auf dem Gelände eines Gutshofes errichtet. 1905 vermachte der König das Anwesen seinem Enkel Gustav Adolf und dessen Frau Margareta als Hochzeitsgeschenk. Das spätere Königspaar, beide Gartenenthusiasten und -spezialisten, legten die Parks und Gärten an, für die Sofiero berühmt ist. Besonders die Rhododendronblüte zieht Besucher in Scharen an: Mit 10.000 Rhododendren in 500 verschiedenen Arten hat Sofiero eine der führenden Sammlungen Europas zu bieten. Buchenwäldchen, Englischer Garten und Herbarium, Skulpturen-, Aroma-, Gewürzgarten und Viktorianischer Küchengarten sind weitere Anziehungspunkte. Im Schloss ist die Geschichte des Anwesens, das seit dem Tod Gustav Adolfs 1973 von einer Stiftung verwaltet wird, dokumentiert. Das Terrassencafé und ein wechselndes Kulturprogramm ergänzen das Angebot.

Information Geöffnet April bis Mitte Sept. tgl. 11–17 Uhr; Park Mitte Mai–Aug. 10–18 Uhr. Sofierovägen, ✆ 137400, Regionalbus 219. Der 7 km lange Spazierweg Landborgspromenaden führt vom Yachthafen entlang der Standbäder und durch hübsche Parkanlagen bis hierher.

Ramlösa Brunnspark: Fast 300 Jahre ist es her, dass hier das „Brunnentrinken“ zu gesundheitlichen Zwecken begonnen wurde. Eingeweiht am 17. Juni 1707, wurde die eisenhaltige Quelle Ramlösa Järnkällan bald zum Zentrum einer vornehmen Kureinrichtung. Nach damaliger Auffassung sollte das Wasser gegen so manches Leiden helfen: Rheumatismus und tränende Augen, Ischias und Kurzatmigkeit, Herzinfarkt und Nierensteine. Der zeitgenössische Arzt und Initiator des hiesigen Kurbetriebs, *Johan Jacob Döbelius*, hielt die Quelle für eine wahrhafte Gottesgabe.

Die alte Kuranlage, die bis 1973 in Betrieb war, lohnt einen Spaziergang. Beginnt man am Vattenpavillon, in dem die Trinkkurtradition 1993 wiedererstanden ist, so trifft man als erstes auf die Järnkällan. Der Sandsteinfelsen, aus dem das Wasser rinnt, ist deutlich rostrot gefärbt, ein bronzener Löwenkopf ziert die Quelle. Parkeinwärts liegt nicht weit entfernt die Alkaliska Källan, Ende des 19. Jh. entdeckt. Sie speist seitdem die Mineralwasserproduktion von Ramlösa, zunächst in einer inzwischen abgerissenen Abfüllanlage hier im Kurpark, heute in einer neuen Fabrik in einem Industriegebiet, wohin das Wasser geleitet wird. Vorbei an einem mächtigen, 1750 zur Verschönerung des Parks hierher gebrachten Runenstein spaziert man den Filosofiska Gången entlang durch den bewaldeten Teil des Parks. Über den Bach Lussebekken hinweg erreicht man inmitten romantischer Gartenarchitektur die Villen einiger reicher und adeliger Kurgäste, im 19. Jh. gebaut und noch heute in Privatbesitz. Gleich daneben liegt das Varmbadhus, das inzwischen aber nur noch Büros beherbergt. Vorbei an der kunstvollen Steingutvase Höganäsurnan kommt man zum 1879 gebauten Brunnshotellet, einem Holzgebäude von beeindruckenden Ausmaßen, mit kunstvoll verzierten Veranden und Pavillons. Es dient heute als Klinik und Verwaltungssitz. Zurück Richtung Vattenpavillon passiert man die Läkarvillan, ab 1800 Wohnsitz des leitenden Arztes des „Gesundbrunnens“. An einigen Stellen im Park lassen sich außerdem exotische Baumarten entdecken. An der Södre Brunnsgatan 70 liegt das passende Lokal zum Kurprogramm: Ramlösa Wärdshus von 1830, ✆ 296257, bekannt für schonische Küche.

Information Vattenpavillon: Mitte Mai bis Mitte Aug. So 14–19 Uhr geöffnet, Park immer zugänglich. ✆ 070–9220788; Folke Bernadottes Väg, Stadtbus 11.

Information (Vorwahl Helsingborg: 042)

First Stop Sweden, Bredgatan 2, 25225 Helsingborg, ✆ 104130, 📠 104135, Mitte Juni bis Mitte Aug. tgl. 9–21 Uhr, übrige Zeit Mo–Fr 8–17 Uhr. Direkt am Fährkai gelegen, ist dies die beste Adresse für alle, die hier in Schweden ankommen.

Helsingborgs Turistbyrå, Rådhuset, 25189 Helsingborg, ✆ 104350, 📠 104355, turistbyran@helsingborg.se, Mitte Juni bis Mitte Aug. Mo–Fr 9–20 Uhr, Sa+So 9–17 Uhr, übrige Zeit Mo–Fr 9–18 Uhr, Sa 10–14 Uhr, im Mai auch So 10–14 Uhr.

Verbindungen

Knutspunkten ist zentraler Haltepunkt für die Stadtbusse und Überlandlinien, Zug- und Fährbahnhof.

• *Bus* Die **Stadtbusse** fahren meist im 20-Minuten-Takt. *Kontant* zahlt man im Bus (16 SEK), eine *Rabattkort* (200 SEK) lohnt sich, wenn man auch ins Umland fahren will. **Fernbusse** von SweBus fahren direkt nach Oslo und Stockholm, ca. 2- bis 4-mal

Übernachten
- 2 Råå Vallar Camping
- 3 Hotel Sir James
- 6 Hotell Linnéa
- 8 Hotell Viking
- 9 Helsingborgs Vandrarhem
- 11 Hotel Högvakten
- 13 Villa Thalassa

Essen & Trinken
- 1 Gastro
- 4 Telegrafen
- 5 Niklas
- 10 Anna Kock
- 14 Restaurang Oskar
- 15 Café Ro
- 17 Dunker Bar & Matsal
- 18 Roy's Fiskhandel & Servering

Cafés
- 7 Fahlmans Café
- 12 Café Alexandra

Nachtleben
- 16 Tivoli

tgl. Die **Regionalbusse** von Skånetrafiken verkehren in die umliegenden Küstenorte: Linie 219 ca. stdl. nach Höganäs, Linie 12 nach Ängelholm, Förslöv und Båstad, Mo–Fr ca. 2-stdl. Sa+So 2-mal tgl.

• *Bahn* Direkte Verbindung mit Göteborg/Oslo, Stockholm, Malmö/Kopenhagen, Karlskrona, alle mehrmals tgl. Die Regionalzüge (Pågatågen) verkehren auf den Strecken in Skåne.

• *Schiff* Fährverbindung mit Scandlines bestehen im Viertelstundentakt mit Helsingør auf der anderen Seite des Sundes, außerdem direkt nach Kopenhagen (Tragflügelboot) und nach Oslo mit Scandinavian Seaways.

• *Flug* Der nächstgelegene Flughafen liegt 30 km nördlich der Stadt bei Ängelholm (Zubringerbus), von dort ca. alle 1–2 Std. Flugverbindung nach Stockholm.

Adressen

Ärztliche Hilfe: Akutmodtagelse og sygehus, S. Vallgatan 5, ✆ 434444. dort auch Apotheke Kärnan, ✆ 148402, Mo–Fr 8.30–21 Uhr, Sa 15–20 Uhr, So 11–21 Uhr. Apothek Björnen, Drottninggatan 14, ✆ 211033, übliche Geschäftszeiten.

Postamt am Stortorget, Mo–Fr 9–18 Uhr, Sa 10–13 Uhr. Polizeistation in der Carl Krooksgatan 24, ✆ 174000.

Auto: Abschlepp-und Pannendienst Larmtjänst, ✆ 120900, rund um die Uhr.

Parken: Beschilderte Parkplätze findet man überall im Stadtgebiet; je zentrumsnäher, desto teurer werden sie. Günstig und relativ zentral parkt man am Fährhafen beim First Stop Sweden.

Übernachten/Camping (s. Karte S. 31)

• *Übernachten* **Hotell Viking (8),** Fågelsångsgatan 1, ✆ 144420, ℻ 184320. Stilvolles Hotel im ältesten Stadtkern, gemütliche Zimmer. DZ ab 765 SEK.

Hotell Linnéa (6), Prästgatan 4, ✆ 372400, ℻ 372429. Nettes, kleineres Hotel im Zentrum, familiär und gemütlich. DZ ab 800 SEK.

Hotel Högvakten (11), Stortorget 14, ✆ 120390, ℻ 120399. Zentral gelegen, geschmackvoll eingerichtet. DZ ab 750 SEK.

Hotel Sir James (3), Bruksgatan 40, ✆ 219202, ℻ 212584. Ordentlich ausgestattetes Stadthotel, auch wenn die Einrichtung teils etwas zusammengewürfelt wirkt. In der Dependance Lady Ruuth auch App., mit Parkblick, allerdings an verkehrsreicher Hauptstraße gelegen. DZ ab 800 SEK.

Villa Thalassa (13), Dag Hammarskjölds väg, ✆ 380660, ℻ 128792, Stadtbus 6 oder Regionalbus 219. In herrlichem Park und strandnah gelegenes Landgut, wenige Km vom Zentrum entfernt auf der Strecke nach Sofiero. Im Haupthaus DZ, 480 SEK, in Nebengebäuden einfache DZ ab 400 SEK/2 Pers. und JH, 170 SEK.

Helsingborgs Vandrarhem (9), Järnvägsgatan 39, ✆ 145850, ℻ 290960. Zentral gelegen, schräg gegenüber vom Knutspunkten. Mit Abstand die preiswerteste Adresse in der City. Ab 155 SEK.

• *Camping* **Råå Vallar Camping (2),** Kustgatan, ✆ 107680, ℻ 107681, Buslinie 1. Hinter dem Hafen im Außenbezirk von Helsingborg an der Küste gelegen. Großer, von vielen Durchreisenden benutzter Platz, ordentlich ausgestattet, Hütten ab 450 SEK/ 4 Pers.

Essen & Trinken (s. Karte S. 31)

Helsingborg ist eine Gourmet-Hochburg; folgende drei der besten 10 Restaurants des Landes befinden sich hier:

Niklas (5), N.Storgatan 16, ✆ 280050, Mo–Sa 18–22 Uhr. Hier kocht der Chef; Niklas Eksted ist berühmt für seine Kreativität, mit der er mediterrane und schwedische Küche verbindet.

Gastro (1), S. Storgatan 11–13, ✆ 243470, tgl. 19–22 Uhr. Interessante Menüs, beliebte Bar.

Am *Norra Hamnen* ist das gastronomische Angebot umfangreich; darunter:

Café Ro (15), Båthusgatan 11, ✆ 211029, April bis Sept. Tgl. ab 11.30 Uhr bis spät, übrige Zeit bis 16.30 Uhr. Typischer „Kvarterskrog" im älteren Teil des Hafens, gute schwedische Esskneipe.

Roy's Fiskhandel & Servering (18), Kaipromenaden 21, ✆ 133131, tgl. 12–21 Uhr, im Laden Di–Fr 9.30–18, Sa bis 13 Uhr. Gutes „dagens" (bis 14 Uhr), Snacks und kleine, feine à la carte-Auswahl.

Dunker Bar & Matsalar (17), Dunkers Kulturhus, ✆ 322996. Im Bistro und am Pier Mi–Sa 11–22, So+Mo –18 Uhr Snacks, Lunch und Kuchen, So –15 Uhr üppiges Brunchbuffet, im Restaurant und auf dem Balkon Mo–Fr 11.30–14 Uhr, Di–Sa auch 17.30–22 Uhr, interessante Kreationen mit Fisch, mediterraner Einfluss.

Telegrafen (4), N. Storgatan 14, ✆ 181450, Mo–Do 11.30–24 Uhr, Fr+Sa bis 1 Uhr, So 14–22 Uhr. Gehobene Küche und Preise im Restaurant, der urgemütliche Pub im plüschig-altenglischen Stil serviert auch Snacks. Sa abends Live-Jazz.

Restaurang Oskar (14), Sundstorget 7, ✆ 212521, Mo–Fr 11.30–14 + 17.30–22.30 Uhr, Sa 17.30–22.30 Uhr. Gute Adresse für Fisch, im Herbst auch für Wildgerichte.

Anna Kock (10), Järnvägsgatan 23, ✆ 181300, Mo–Fr 11–14 Uhr + 17–22 Uhr, Sa ab 12 Uhr. Saisonale und regionale Küche zu moderaten Preisen.

Fahlmans Café (7), Stortorget, ✆ 113060, Mo–Fr 8–18 Uhr, Sa 8.30–16 Uhr, So 11–17 Uhr. Bekannte Konditorei, die klassische Adresse für den Kaffeeklatsch, gegenüber vom Grand Hotel.

Café Alexandra (12), St. Jörgens Plats/ Kullagatan, Mo–Fr 9–19 Uhr, Sa 9–18 Uhr, So 11–18 Uhr. Gemütlich-altertümliches Flair auf zwei Etagen, gute Kuchenauswahl und Snacks.

Tivoli (16), Hamntorget, ✆ 187171. Wichtige Bühne für Livekonzerte; Disco, Kneipe und Restaurant unter einem Dach. Vinylbaren Di–Fr ab 18, Sa+So ab 13 Uhr, wechselndes Musikprogramm von Blues bis Hip Hop.

Kullen- und Bjärehalvön

Im Kullaberg schiebt sich ein Teil des alten skandinavischen Grundgesteins aus der Küstenlinie vor, nördlich der Bucht Skälderviken bildet der Moränenrücken Hallandsåsen die nächste Halbinsel. Landschaftliche Abwechslung ist hier garantiert.

Kullen-Halbinsel

Malerisch ducken sich niedrige, teils reetgedeckte Häuschen entlang verwinkelter Gassen zusammen, überragt von der Sophiamöllan; **Viken**, einst Fischerdorf und vom saisonalen Heringsfang und Nebenerwerbslandwirtschaft abhängig, ist heute längst vom Fremdenverkehr entdeckt. Die Grundstückspreise schnellten wie in jeder Urlaubsidylle hoch, und die Bewohner wechseln. Beim Hindurchschlendern fällt das nicht unangenehm auf, alles scheint liebevoll gehegt und gepflegt. Am Hafen überwiegen die Boote der Freizeitskipper, Fischlokale und Sommercafés haben sich auf die Feriengäste eingestellt.

Immer in Ufernähe geht es durch Lerberget, ebenfalls recht idyllisch gelegen, aber nicht ganz so touristisch, nach **Höganäs**. Der Hauptort von Kullen ist für seine Keramik berühmt; die Fabriken an der Hauptstraße, die mit Werkverkauf und Ausstellung locken, sind nicht zu übersehen. Auch wenn Höganäs eher ein Industriestädtchen ist, der Hafen mit angrenzendem Badeplatz ist ein beliebtes Ausflugsziel und im Sommer gut besucht.

Am Kullaberg: Himmelstorps Hembygdsgård

Weiter Richtung Norden bei **Lerhamn** liegt das **Schlösschen Krapperup** in einem herrlichen, für die Öffentlichkeit zugänglichen Park. Im Sommer wird in den Stallungen Kunst präsentiert und Kaffee serviert (✆ 344190, Mitte Juni bis Mitte Aug. tgl. 13–18 Uhr).

Mölle, in einer Bucht unterhalb des Kullaberg, ist ein traditionsreicher Badeort mit einigen schönen, alten Villen. Besonders das hoch über der Küste gelegene, mondäne Grand Hôtel zieht die Blicke auf sich. Um 1880 begann in der kleinen Fischersiedlung der Badebetrieb und sorgte bald für Skandale: Man badete hier nicht nach Geschlechtern getrennt. Als ein Brand 1890 die alte Bebauung teilweise zerstörte, bauten die Bewohner ihre neuen Häuser möglichst mit Keller. Dorthin zog dann im Sommer die Familie, wenn die zahlenden Sommergäste kamen. Nachdem 1910 die Eisenbahnlinie von Höganäs hierher verlängert worden war, zählte man neben diesen Privatquartieren auch zehn Hotels, drei Pensionate und sechs Cafés im Ort. Auch das Mölle Turisthotell und das am Hafen gelegene Hotell Kullaberg stammen noch aus dieser Epoche.

Das Naturreservat Kullaberg

Das Naturreservat Kullaberg erkundet man am besten zu Fuß. Wanderwege erschließen die nach Norden steil aufragende Klippenhalbinsel, die sich im Håkull 187 m erhebt. Bis zu 60 m hohe, senkrechte Felswände, teils mit Klüften und Höhlen durchzogen, umgeben den äußersten Zipfel bei Kullens Fyr. Dieses wilde Stück Küste ist zu jeder Jahreszeit ein Erlebnis, doch die meisten der jährlich 500.000 Besucher kommen natürlich im Sommer. Dann sind die Zugänge zu den Grotten am Fuß der Felsen am ungefährlichsten zu erreichen, die Ausflugslokale sind geöffnet und an einigen Stellen lässt sich sogar baden.

Folgende Wandertour gibt einen guten Einblick in das Naturreservat (ohne Abstecher ca. 2,5 Std., mit das Doppelte):

Von der Vaktstugan (Mautstelle für Kfz, wenig Parkplatz, besser in Mölle parken) am oberen Ortsrand von Mölle verläuft der rot markierte Wanderpfad den bewaldeten Rücken entlang, kreuzt die Straße zur Badebucht Ransvik und umgeht das Grünland eines Golfplatzes, bevor die ersten Steilklippen unterhalb des nun offenen Heidelandes erreicht werden. Kurze, aber steile Abstiege führen zum Fuß der Klippen und den ersten Höhlen. Bei Kullens Fyr treffen alle Wege zusammen; ein kurzer Abstecher vom Leuchtfeuer und Naturum führt zum äußersten Punkt der felsigen Landzunge. Dann folgt man dem nun blau markierten Pfad die steil abstürzende Nordküste entlang, gegen die das Meer anbrandet. Lohnende Abzweige zur Visitgrottan und Josefinelust sind markiert. Wenn die blaue Route sich von der Küste entfernt, bestehen erste Querverbindungen nach Mölle zurück. Es lohnt sich jedoch, der Route noch bis zum Abzweig auf den Ljungås zu folgen: Dort hat man aus 175 m Höhe einen unverstellten Ausblick über die Halbinsel.

An der Kreuzung in Brunnby geht es, vorbei an der weiß getünchten, mittelalterlichen Dorfkirche Richtung **Arild**, einem hübschen Fischer- und Ferienort an der Nordküste. Bei Skäret liegen in schönem Waldgelände gleich zwei traditionsreiche Ausflugslokale, bei Farhult die ersten geschützten Badestrände, die nun die Strecke entlang der inneren Skälderviken und bis **Ängelholm** prägen. Dieses Städtchen liegt etwas abseits der Küste und des dortigen Ferientrubels. Die Altstadt rund um den Stortorget ist umgeben von einer Flussschleife der gewundenen Rönneå, am Tingstorget beherbergt das trutzige, alte Gefängnis heute ein Handwerksmuseum (Mai bis Sept. Sa 10–14 Uhr, So 13–16 Uhr, Juni bis Aug. auch Di–Fr 11–16 Uhr), einige ältere Häuschen nahe der Kirche strahlen kleinstädtische Gemütlichkeit aus, aber die großen Attraktionen fehlen. Für Familien mit Kindern hat der etwas außerhalb gelegene Hembygdsparken einen kleinen Zoo, einen großen Spielplatz sowie das Freilichtmuseum mit dem technischen Museum und dem Schulmuseum zu bieten (Mai bis Mitte Sept. tgl. 13–17 Uhr).

Information/Verbindungen/Adressen

Vorwahlen: Höganäs + Kullen: **042**
Ängelholm: **0431**

• *Information* **Höganäs Turistbyrå,** Centralgatan 20, 26382 Höganäs, ✆ 337774, ✆ 337762, turistbyran@hoganas.se, Juli Mo–Fr 9–18, Sa 10–14, So 11–15 Uhr, Juni und Aug. Mo–Fr, 9–17 Uhr, im Aug. auch Sa 10–14 Uhr, übrige Zeit Mo–Fr 9–16 Uhr.

Ängelholms Turistföreningen, Gamla Rådhuset, Stortorget, 26232 Ängelholm, ✆ 82130,

☏ 19207, info@turist.engelholm.se, Juni bis Aug. Mo–Fr 9–18 Uhr, Sa 10–14, Juli –15 Uhr, Juli auch So 11–15 Uhr, übrige Zeit Mo–Fr 9–17 Uhr, Mai und Sept. auch Sa 10–13 Uhr.

• *Verbindungen* **Bus:** Mitte Juni bis Mitte Aug. Badbus von Ängelholm Stortorget zu den Strandbädern, 10–16 Uhr stdl. Linie 219 fährt von Helsingborg bis Höganäs, Linie 222 weiter bis Mölle. Ängelholm liegt an der Überlandstrecke Malmö-Göteborg, Linie 506 fährt nach Helsingborg, Skåneexpressen nach Kristianstad.

Zug: Von Ängelholm Verbindung nach Helsingborg, Malmö und Göteborg.

• *Adressen* **Ärztliche Versorgung** in Höganäs: Vårdcentralen Delfinen, Järnvägsgatan 9, ☏ 103350. In Ängelholm: Vårdcentralen Laxen, Laxgatan 2, ☏ 86402. **Apotheke** in Ängelholm: Kronan, Laxgatan 6.

Auf dem Stortorget von Ängelholm

Übernachten/Camping

• *Übernachten* **Hotell Köpmansgården,** Köpmansgatan 7, Höganäs, ✆ 331005, 📠 361930. Zentral gelegen, repräsentatives Wohnhaus von 1865, jüngst zum behaglichen Hotel umgebaut. DZ ab 900 SEK.

Höganäs Vandrarhem Margareteberg, Kullagatan 135, Höganäs, ✆ 331133, 📠 331719. Zwischen Strand und Hauptstraße gelegen, zum Ort muss man allerdings das Industriegebiet umgehen. Freundlich-helle Räume, Fahrradverleih. Ab 125 SEK, DZ ab 600 SEK.

Grand Hôtel Mölle, Bökebolsvägen 11, Mölle, ✆ 362230, 📠 362231. Das traditionsreiche Haus ist die beste Adresse im Ort und für sein preisgekröntes Gourmet-Restaurant bekannt. DZ ab 1000 SEK.

Rusthållargården, Utsikten 1, Arild, ✆ 346530, 📠 346793. Der Gasthof aus dem 17. Jh. ist heute ein Konferenzhotel, die Zimmer verteilen sich über mehrere moderne Nebengebäude. Im historischen Haupthaus befindet sich das Restaurant, bekannt für ausgezeichnete regionale Küche (tgl. 12–21 Uhr). DZ ab 1150 SEK.

Klitterhus Pensionat, Havsbaden, Ängelholm, ✆ 13530, 📠 13531. Traditionelles Gästehaus direkt am Strand, Zimmer teils mit fantastischem Meerblick, im Erdgeschoss beliebtes Restaurant mit großer Sonnenterrasse. DZ ab 1000 SEK.

Hotel Lilton,Järnvägsgatan 29, ✆ 442550, 📠 442569. Nettes, kleineres Hotel im Zentrum von Ängelholm. DZ ab 790 SEK.

Lägenhetshotell River Queen, V. Kyrkogatan 1, Ängelholm, ✆ 21851, 📠 21802. Zentral und hübsch am Fluss gelegenes Apartmenthotel, ab 585 SEK.

STF Vandrarhem Magnarps Strand, Vejbystrand, Ängelholm, ✆/📠 452364, April bis Aug. Große, in Strandnähe gelegene Herberge. 175 SEK.

• *Camping* **Möllehäsle SweCamp,** ✆ 347384, 📠 347729, an der Straße 111 zwischen Lerhamn und Mölle, zum Strand knapp 2 km. Gut ausgestatteter Campingplatz am Fuß des Kullabergs, Verleih von Tauch- und Angelgerät und Fahrrädern. Hütten ab 380 SEK/2 Pers., FeHa 800 SEK/ 4 Pers.

Råbocka Familiecamping, Råbockavägen, Ängelholm, ✆ 10543, 📠 16144, Mai bis Aug. Schön gelegener, großer Platz, teils baumbestanden, direkt hinter dem Dünengürtel und nah zum Sandstrand.

Essen & Trinken

Hamnkrogen i Viken, Böóse Backe 6, Viken, ✆ 237303, Juni bis Aug. tgl. 12–22 Uhr, gut für Fisch und kleine Gerichte, die Verandabaren schenkt bis Mitternacht aus, mehrmals wöchentlich Live-Musik.

Prinsess Hamnkrog, Höganäs Hamn, ✆ 343838, Mai bis Aug. tgl. 11–23 Uhr. Nettes Lokal an der Promenade des Yachthafens von Höganäs.

Himmelstorps Hembygdsgård, Kullaberg, ✆ 346006, Mitte Juni bis Mitte Aug. tgl. 13–17 Uhr, Mai bis Aug. Sa+So 13–17 Uhr. Hausgebackener Kuchen im Ambiente des historischen Bauernhofes, dem höchstgelegenen auf Kullaberg; ideales Ausflugsziel. Unterhalb des Hofes an der Küste liegen die skurrilen Kunstwerke von Lars Vilks, Nimis, ganz aus Treibholz gebaut, und Arx, sein Pendant aus Steinen, auf markiertem Wanderpfad erreichbar (von oben sind sie nicht einzusehen).

Ranviks Café, Kullabergs Naturreservat, ✆ 347666, Mai bis Aug. tgl. 11–20 Uhr. An herrlichen Badeklippen mitten im Naturreservat, ideal, um nach der Felsenkletterei zu Kaffee und Waffeln einzukehren.

Rut på Skäret, Skäret, ✆ 346188, April bis Jan. tgl. 12–21 Uhr, bekannt für schonische Spezialitäten.

Flickorna Lundgren, Skäret, ✆ 346044, Mai+Aug. tgl. 10–18, Juni – 19, Juli bis 21 Uhr. Seit die sieben Schwestern Lundgren 1938 begannen, auf dem elterlichen Hofgelände Kaffee, Saft und Selbstgebackenes zu verkaufen, hat sich das idyllische Gartencafé zum populären Ausflugslokal entwickelt. Eine der Schwestern, die bis 1988 das Café führten, begründete das benachbarte Restaurant Rut på Skäret.

Nilssons Skafferi, Stortorget, Ängelholm, ✆ 87206, Mo–Fr 9–19 Uhr, Sa 9–14 Uhr. Smörgåsar, Lunch und Kaffee im Bibliotheksgebäude und auf dem Balkon über Ängelholms zentralem Platz.

Aktivitäten

Wandern: Kullaberg Strövomrade, beschilderter Abzweig zwischen Krapperup und Campingplatz: nicht so stark frequentierter Einstieg in die Wanderwege am Kullaberg.

Bootsverleih in Höganäs bei Statoil, Rondellen, ✆ 342898.

Angeltouren mit Möllebåten, ✆ 136448. In Ängelholm Bootstouren auf dem Rönneå, Kanu- und Bootsverleih bei Skåne Marin an der Hamnbro, ✆ 20300.

Tauchen beim SweCamp Möllehäsle und bei Ängelholms Dykcenter, Via Marina 3, ✆ 20370.

Kletterkurse und Ausrüstungsverleih in Höganäs bei Äventyrskolan, Kullabergsvägen 110, ✆ 332300 und in Mölle bei Special Sport School, Mölle Hamn, ✆ 347725. Außerdem dort Surfbrettverleih und Tauchkurse.

Golf: Mölle Golfklubb, Kullagården, ✆ 347520, in besonders schöner Lage auf Kullaberg.

Einkaufen: Werksverkauf von Keramik in Höganäs bei Höganäs Keramik AB Boda Nova, Norregatan 4, ✆ 361100 (Mai bis Aug. Mo–Fr 9–19, Sa+So –17 Uhr, übrige Zeit Mo–Fr 10–18, Sa+So –17 Uhr) und bei Höganäs Saltglaserat, Bruksgatan, ✆ 338333. Mo–Fr 9–16 Uhr.

Bjärehalvön

Vejbystrand ist der Startpunkt des Skåneleden, einer der zahlreichen Fernwanderwege, die Südschweden gut beschildert durchziehen. Wer ihm bis Torekov, einem hübschen Fischerdorf, exponiert auf einer kleinen Landzunge gelegen, folgt, sieht mehr von der Küste als mit dem Auto.

Die Häuser in **Torekov** sind nicht aus Holz, wie landeinwärts. Dem salzigen Wind halten die weiß verputzten oder rot verklinkerten Steinmauern länger Stand. Rings um den Hafen erstreckt sich der Ortskern mit schmalen, kopfsteingepflasterten Straßen. Ein kleiner Platz, auf dem früher die Kirche stand, weist heute nur noch deren Grundmauern auf; gegenüber fällt das herrschaftliche Gasthaus Kattegatt ins Auge. Um das geschützte Hafenbecken brandet im Sommer der Besucherstrom.

Man macht Halt an den Gallionsfiguren, die das originelle, kleine Schiffsmuseum flankieren, kauft Fisch, frisch aus dem Netz oder Rauch, am Kai, kehrt zu Kaffee oder Bier vor dem Hamnkrog ein oder sitzt eisessend auf dem grasigen Deich, wo im kleinen Warmbadhus heute in Tangbädern und Algenpackungen gekurt werden kann. Auch der Fähranleger zieht Interessierte an, denn von hier starten die lohnenden Fahrten zur vorgelagerten, unbewohnten Insel Hallands Väderö, wo man auf schönen Spazierwegen von Sandhamn mit Anleger und Café über die Landenge zu Felsklippen auf der Westseite und im Südteil durch ursprünglichen, üppigen Mischwald laufen kann.

Båstad ist vor allem als Mekka des Tennissports bekannt und ein trubeliges, fast mondänes Ferienstädtchen, in dem sich auch Segler, Surfer und Golfer tummeln.

Information/Adressen (Vorwahl Bjärehalvön: 0431)

• *Information* **Båstad Turism**, Torget, 26921 Båstad, ✆ 75045, ℻ 70055, turistbyran@bastad-tourism.se, Mitte Juni bis Mitte Aug. Mo–Fr 10–17, Sa+So –15 Uhr, übrige Zeit Mo–Fr 9–12 + 13–15 Uhr.

Torekov Turistbyrå, Hamnplan, 26093 Torekov, ✆ 363180, ℻ 364553, ttbf@torekovturism.net Juni bis Aug. tgl. 10–18 Uhr, Mo–Fr 9–12 + 13–15 Uhr.

• *Adressen* **Apotheke** in Båstad: Svanen, Köpmansgatan 72, ✆ 71156.

Übernachten/Essen & Trinken

• *Übernachten* **Krono Camping,** Båstadsvägen, Torekov, ✆ 364525, ℻ 364625, Mitte April bis Mitte Sept. Gut ausgestattet und gelegen, baumbestanden und küstennah. FeHa/4 Pers 3300 SEK/Woche.

Värdshus Hovs Hallar, Segeltorp, ✆ 448370, ℻ 448492. Gasthaus mit eigenem Hüttendorf, direkt oberhalb der Steilklippen. Ab 530 SEK/4 Pers.

Hotel Riviera, Rivieravägen 33, Båstad, ✆ 369050, ℻ 76100. Bewährtes, großes Hotel in schöner, strandnaher Lage, vergleichsweise günstig: DZ ab 810 SEK.

Pensionat Hjorten, Roxmansvägen 23, Båstad, ✆ 70124, Juni bis Aug. Gemütliches Hotel am Malenbadet, im angeschlossenen Lokal gute Fischgerichte. DZ ab 800 SEK.

Drivan Vandrarhem, Korrödsvägen, Båstad, ✆ 68500, ℻ 70619. Am Ortsrand nahe der Sportanlagen, dem Tenniscenter angeschlossen. 150 SEK.

• *Essen und Trinken* **G. Svenson's Krog & Café,** Pål Romares Gata 2, Torekov, ✆ 364590, Mitte Mai bis Mitte Sept. 12–2 Uhr. Das Traditionsgasthaus von 1907 zieht Einheimische und Besucher an. In der weinlaubberankten Veranda ist auch bei stürmischem Wetter Sommer, im Restaurant wird hohe Kochkunst bewiesen.

Hamnkrogen i Torekov, Torekov, ✆ 364400, Mai bis Aug. tgl. 11–1 Uhr. Uriges Ambiente am Hafen; die Fischsuppe ist bekannt – orangerot in blauem Teller serviert.

Café Utsikten, Duvinge Gård, ✆ 70800, April bis 3. Woche Sept. tgl. 11–21 Uhr. Hoch über Båstad und Küste, nahe der Wanderroute Skåneleden, für hausgemachte Waffeln bekannt.

Aktivitäten

Tennis in Schwedens Tenniszentrum Båstad bei Drivan, ✆ 68500.

Kutterfahrten von Torekov nach Hallands Väderö und zu Seehundsklippen mit Väderöbåtarna, ✆ 363020, Mitte Juni bis 1. Woche Aug. tgl. 8 Abfahrten, ab Mitte April und bis Sept. Sa+So 4 Abfahrten.

Norrvikens Trädgårdar, Båstad, ✆ 369040, Mai bis Aug. tgl. 10–17 Uhr. Italienisch inspirierte Gartenanlage von Barock bis Renaissance, nördlich des Ortes am bewaldeten Hang oberhalb der Küste gelegen, ein herrliches Ausflugsziel. Wintergarten-Café, Galerien.

Boarp Hembygdspark, ✆ 73073, Juni bis Aug. tgl. 13–18 Uhr. An der Straße 115 oberhalb von Båstad hinter dem unübersehbaren Servicezentrum Boarpskorset gelegen. Eigentlich ein Heimatmuseum wie viele andere auch, aber jüngst durch eine neue Attraktion erweitert: Im Rahmen des Programms *European Cultural Paths* ist hier

Ein Bummel durch Torekov führt unweigerlich zum Hafen

ein bronzezeitlicher Bauernhof entstanden. Boarp ist eine von mehr als 20 Etappen auf der Zeitreise in die Vorgeschichte, die man auf der Bjäre-Halbinsel mit Hilfe der beiden mehrsprachigen Prospekte unternehmen kann, die von dem EU-Projekt herausgegeben werden. Infos auch bei: Foreningen Bronstid in Båstad, ✆ 366350 oder über die TI.

Lugnarohögen, Hasslöv, ✆ 15172, Mitte Juni bis Mitte Aug. Mi 19–21 Uhr, Do–So 14–18 Uhr, ab Mitte Mai + bis Mitte Sept. Sa+So 14–18 Uhr. Von Båstad auf der 115 etwa 8 km landeinwärts liegt dieses interessante, bronzezeitliche Hügelgrab. Es wurde 1926 ausgegraben und restauriert, eine für diese Region ungewöhnliche Schiffssetzung wurde dabei ebenso gefunden wie verschiedene Gebrauchsgegenstände. Statt den Grabhügel einfach wieder mit Erde und Steinen zu bedecken, ersetzte man ihn durch ein Betongewölbe, das originalgetreu mit Gras überwachsen ist. Ein unterirdischer Gang führt nun von der angrenzenden Hütte, in der die Grabung dokumentiert ist, hinein.

Mehrtageswanderung um die Bjärehalvön

Etappen: Vejbystrand–Torekov, 20 km, 4–5 Std. / Torekov–Båstad, 22 km, 5 Std. / Båstad–Vejbystrand, 25 km, 5–6 Std.

Übernachten: z. B. JH in Magnarps Strand, 2 km sdl. von Vejbystrand, in Båstad Drivan Vandrarhem, in Torekov Hütten bei Krono Camping und in Hovs Hallar (s. Übernachten), Wander-Camps entlang der Route mit Unterstand, Trinkwasser und Toilette (Schlafsack und Proviant mitnehmen!) jeweils kurz hinter den drei Startpunkten.

Bus: Linie 523 Ängelholm–Torekov hält in Vejbystrand, Linie 525 verbindet Torekov mit Båstad, von dort nach Ängelholm via Förslöv verkehrt die Linie 513 sowie Expressbus und Züge.

Wegverlauf

Etappe 1: Von Vejbystrand geht es die flache Küste entlang, zunächst noch in Sichtweite der lang gezogenen Siedlung, um die schmale Leirvik und am ersten Wander-Camp vorbei, dann durch Wiesen- und Heideland mit Blick auf die vorgelagerten Inselchen Gryteskär nach Ranarpsstrand, wo ein Badestrand zu einer ersten Rast verlockt. Entlang dem kleinen Hafen geht es wieder aus der Bebauung

Die Felsklippen Hovs Hallar sind ein beliebtes Ausflugsziel

hinaus, durch das Strandbad Ölövsstrand und dann wieder durch Weideland nach Glimminge. Ein Naturreservat schließt sich an, und bei Dagshög liegt ein bronzezeitlicher Grabhügel am Wege. Man passiert die Ausläufer von Torekov und erreicht den freundlichen Ort und seinen geschützten kleinen Fischereihafen, der im Sommer Ausflugsziel zahlreicher Strandurlauber ist.

Etappe 2: Am anderen Ende von Torekov passiert man das in einer kleinen Waldlichtung gelegene Wander-Camp (beschilderter Abzweig), durchquert gleich darauf den Campingplatz und läuft dann zwischen Küste und Golfgelände wieder in einsamere Gefilde. Durch zumeist flaches, nur hier und da von Felsbuckeln und Moränenhügeln sanft gewelltes Terrain geht es nun an der rauen Nordküste entlang. Bei Gröthögarna liegen weithin sichtbare, bronzezeitliche Grabhügel am Weg, dann trifft man bei der kleinen Landzunge Sänkudde auf eine Badestelle, gleich dahinter auf eine winzige Hafenbucht mit einer Handvoll Schuppen und Boote, bevor man der allmählich ansteigenden Küste aufwärts folgt. Mit weitreichender Aussicht geht es auf Hovs Hallar zu, knapp 40 m hohe Gneisklippen, vor denen sich Felstrümmer in wildem Tohuwabohu in der Brandung türmen. Nur ein kurzes Stück führt der Skåneleden nahe der dramatischen Küste entlang, und es empfiehlt sich deshalb, den Rundwegen vom Parkplatz (mit Café und Kiosk) durch das spannende Gebiet von Hovs Hallar zu folgen, bevor man die Streckenwanderung wieder aufnimmt. Der Skåneleden wendet sich bald landeinwärts, hält auf die Kuppe des Knösen zu und schlängelt sich unterhalb des 154 m hohen Moränenhügels den bewaldeten Hang entlang nach Süden. Ab und zu hat man nun schon Aussicht auf die weite Laholmsbukten, die sich im Norden an die Halbinsel anschließt. Die Straße wird in kurzer Folge zweimal gequert, ein paar Häuser passiert, dann ein Fahrweg ein Stück verfolgt; es geht bergab und auf das Parkgelände von Norrvikens Trädgårdar (s. Aktivitäten) in Apelryd zu. Hier lohnt sich ein Parkspaziergang mit anschließender Kaffeepause. Dann ist es, entlang der hier wieder sandigeren Küste, nicht mehr weit bis Båstad, das sich weit um die Bucht zieht. Vorbei am Hafen geht es auf dem Tennisvägen landeinwärts. Jenseits der Hauptstraße Köpmansgatan erreicht man das Ortszentrum. Den Skåneleden trifft man am Vandrarhem Drivan wieder.

Etappe 3: Vorbei an den benachbarten Plätzen der Tennisschule geht es auf dem Lyavägen über die Bahngleise, dann aufwärts zum Wander-Camp Korröd. Nicht weit entfernt liegt das Ausflugslokal Utsikten, das sich für eine Pause anbietet. Weiter führt die Route bergan, bis zum Dörfchen Lya entlang schmaler Fahrwege, dann wieder auf Pfaden. Mit 180 m hat man nun den höchsten Abschnitt der Wanderung auf dem Hallandsåsen erreicht. Hier oben geht es nun abwechselnd durch Heide-, Moor- und Mischwaldgelände, bis der Pfad sich bei Örlid gabelt: Man hält sich rechts und wandert nun den alten Postreiterweg entlang, der bis Simonstorp meist durch Wald führt. Dort wendet sich die Route nach rechts und hält, wieder auf alten Verbindungswegen, allmählich abwärts auf Forslöv zu. Das kleine Naherholungsgebiet Hålehall mit Rastplatz wird passiert, dann geht es deutlich bergab. Durch Forslöv hindurch wird man nun auf Nebenstraßen hinunter zur Küste bei Vejbystrand geführt, wo die Runde sich schließt.

Laholmsbukten

Sonne, Sand und Meer locken zwischen Laholm und Varberg die Urlauber an. In der Laholmsbukten reiht sich Sommerhaus an Sommerhaus, wenn nicht ein Stück küstennahe Natur unter Schutz gestellt wurde.

Um die Mündung des Lagan rasten und nisten zwischen Dünen und Heide zahlreiche Vogelarten, darunter im Mai Tausende von Sterntauchern. Angler versuchen entlang der Ufer ihr Glück, wenn auch der einstige Lachsreichtum seit Beginn des 20 Jh. der Energiegewinnung weitgehend zum Opfer fiel; weiter als bis zum Stauwerk bei Laholm, dem ersten von elf, kommt der König der Fische nicht mehr. Das große Wasserkraftwerk Karsefors liegt noch ein paar Km weiter flussaufwärts. Der neoklassische Bau stammt von 1930. Oberhalb seiner Staumauern hat sich der vielarmige Hjörneredsjön gebildet, ein herrliches Paddelrevier.

Das Städtchen **Laholm**, dessen Ursprünge in der mittelalterlichen dänischen Festung Lagaholm auf einer Insel im Fluss liegen, trägt den Lachs als Wappentier im Stadtsiegel. Von der alten Burg sind nur noch Grundmauern übrig, unweit davon übernehmen heute Zuchtbassins die Aufgabe der Lachsvermehrung, die man in einer Begleitausstellung studieren kann (Juni bis Aug. Mo–Fr 13.30–15.30 Uhr).

Halmstad

Verwaltung, Industrie- und Hafenanlagen, reger Geschäfts- und Fremdenverkehr prägen Hallands Hauptstadt. Nahe der Slottsbron, die die beiderseits des Nissan gelegene City verbindet, gibt es (teure) Parkmöglichkeiten, Zug- und Busbahnhof sind nicht weit. Auf der östlichen und neueren Seite erhebt sich vor der Kulisse repräsentativer Gründerzeitgebäude, dem Theater und der Bibliothek ein überdimensionaler Nachbau von Picassos Skulptur „Frauenkopf". Nicht weit entfernt springt nahe der Slottsbron der Lachs in der Brunnenskulptur „Laxen går upp" von Walter Bengtsson. Gegenüber fällt das alte **Segelschulschiff Najaden** ins Auge (Juni bis Aug. Di+Do 17–19 Uhr, Sa 11–15 Uhr), dahinter liegt der große Schlosskomplex, verputzt und rot gestrichen, heute Sitz der Kommunalverwaltung und des Touristbüros. Er stammt aus der Regierungszeit des Dänenkönigs Christian IV. (1588–1648). Dieser prägte das Stadtbild wie kein anderer. Gegen die schwedische Konkurrenz ließ er ab 1600 aus dem einstigen Handelsplatz am Nissan einen befestigten Grenzposten mit Wällen, Gräben, Toren und Schanzen rings um die heutige Altstadt errichten. Von den Stadtbefestigungen sind nur noch Reste erhalten, darunter die Norra Porten am Nordende der Storgatan. Auch das rechtwinklige Straßennetz stammt aus dieser Zeit, nach einem Stadtbrand 1619 angelegt, doch sind nur noch wenige der alten Ziegel- und Fachwerkhäuser in dem Karré zwischen Vall- und Kyrkogatan erhalten, darunter das Eckhaus am Stora Torg mit der Condi-

torei Tre Hjärtan. In der Nachbarschaft erhebt sich die große **Nicolaikirche** aus dem 15. Jh., in der die kunstvoll geschnitzte Kanzel von 1634 und die modernen Glasmalereien von Einar Forseth (im Chor) und Erik Olson (Westseite) zu den Kostbarkeiten gehören (tgl. 8.30–18 Uhr). Am Stora Torg liegt auch das Rathaus von 1938, in dessen strenge Klinkerfassade ein Relief von Stig Blomberg und ein Glockenspiel eingefügt wurden. Mitten auf dem Marktplatz erhebt sich Carl Milles' monumentaler Springbrunnen „Europa und der Stier" von 1926.

Ausflugsziele ab Halmstad

Mjällby: Auf dem Weg von Halmstad zu den Stränden von Tylösand lohnt sich für Kunstinteressierte bei Söndrum ein Abstecher nach Mjällby, wo im **Mjällby Konstgård** die Werke der 1929 gegründeten, surrealistischen Halmstadgruppe um *Eric und Axel Olson* ausgestellt werden. Auch innerhalb der Stadt gibt es Zeugnisse dieser Kunstrichtung zu entdecken, das **Länsmuseum** stellt neben älterer Volkskunst auch Werke der Halmstadgruppe aus. Außerdem wurden Räume im Rathaus und der Bibliothek von den Surrealisten mitgestaltet.

Öffnungszeiten Mjällby Konstgård: Juli Di–So 11–17, April bis Okt. 13–17 Uhr, übrige Zeit Mi 17–20, Sa+So 13–17 Uhr. ✆ 31619. Länsmuseum: Mitte Juni bis Aug. tgl. 12–16, Mi bis 20 Uhr, übrige Zeit Mo geschlossen, Tollsgatan, ✆ 162300.

Tylösand ist einer der bekanntesten Badeorte Schwedens, sein Ruf gründet sich auf den langen, wunderbar weißen und feinen Sandstrand, der sich nach Norden schier unendlich an die vorspringende Halbinsel anschließt. Seit Jahrzehnten zieht Tylösand Sommerfrischler aus allen Schichten der schwedischen Gesellschaft an. Nicht nur die Reichen und

Schönen machen hier seit jeher Ferien, sondern seit der Einführung des gesetzlichen Urlaubsanspruchs Anfang der 1930er Jahre auch das arbeitende Volk. Nahe der Bucht Tjuvahålan auf der Südseite der Halbinsel entstand die „Zeltstadt", in der im Sommer Arbeiterfamilien auf Bretterböden ihre Zelte aufschlugen. Heute ist daraus eine Kolonie dicht gedrängt stehender Parzellenhäuschen geworden. Eleganter geht es im Villenviertel zu, das am Hang bei der kleinen Olafskapelle liegt.

Information/Verbindungen/Adressen

Vorwahlen: Halmstad + Tylösand: **035** Laholm + Mellbystrand: **0430**

- *Information* **Halmstads Turistbyrå,** Slottet, 30102 Halmstad, ✆ 132320, 📠 158115, info@tourist.halmstad.se, Mo–Fr 9–17, Mai+Aug. bis 18, Juli bis 19 Uhr, Juni bis Aug. Sa 10–15 Uhr, Juli Sa 9–19, So 11–18 Uhr. **Turistbyrå Laholm,** Stortorget, 31230 Laholm, ✆ 15450, 📠 16642, Mitte Juni–Aug. Mo–Fr 10–18 Uhr, Sa+So 10–15 Uhr, übrige Zeit Mo–Fr 10–14 Uhr.
- *Verbindungen* Laholm und Halmstadt sind mit den Expressbussen Malmö-Göteborg zu erreichen, zu den Stränden verkehren von dort Regionalbusse.
- *Adressen* **Ärztliche Versorgung** in Halmstad bei den Vårdcentraler, z. B. Nyhem, Långgatan 32, ✆ 134504. Nach 17 Uhr, Sa+So hilft die Jourcentralen im **Krankenhaus** Länssjukhus, Lasarettsvägen, ✆ 131000. **Apotheken** in Halmstad: Vakteln, Storgatan 14, ✆ 104230, Sjukhusapoteket, Länssjukhuset, ✆ 131983. **Polizeistation** in Halmstad in der Norra Källgatan 3, ✆ 171000.

Übernachten/Camping

- *Übernachten* **Vandrarhem Laholm,** Tivolivägen 4, ✆ 13318, 📠 15325. Große, gut ausgestattete Herberge, zentral gelegen, Fahrradverleih. 185 SEK, DZ ab 370 SEK. **Hotel Temperance,** Stationsgatan 34, Halmstad, ✆ 109910, 📠 107107. Neueres Stadthotel der mittleren Preisklasse, in Bahnhofsnähe. DZ ab 800 SEK. **Halmstadt Vandrarhem,** Skepparegatan 23, ✆ 120500, Mitte Juni bis Mitte Aug. Geräumige Herberge gegenüber vom Schulzentrum in funktionalem Wohnblockmilieu, dicht zur City. Gute 2–4 Bett-Zimmer, teils mit eigenem Bad; eine echte Alternative zu den Hochpreishotels der Stadt. Ab 150 SEK, DZ 420 SEK. **Hotel Tylösand,** Tylöhusvägen, ✆ 30505, 📠 32439. Großes, modernes Ferien- und Konferenzhotel in Tylösand mit allem, was der Gast so braucht, vom Tennisplatz über das Beauty Center bis zum abendlichen Partyprogramm. Wer hier wohnt, braucht nicht einmal mehr zum Strand. DZ ab 1350 SEK.
- *Camping* **Marias Camping,** Mellbystrand, ✆ 28585, 📠 27321, Mai bis Aug. Am Nordende des Feriengebietes von Laholm strandnah gelegen, Hütten ab 400 SEK/4 Pers. **Gullbrannagården Camping,** Eldsberga, ✆ 035-42180, 📠 46180, Feb. bis Nov. Auf halber Strecke zwischen Laholm und Halmstad gelegen. Gut ausgestatteter, strandnaher Platz, teils unter Bäumen. Hütten ab 470 SEK/2 Pers., Kanu- und Fahrradverleih. **Krono Camping Tylösand,** Kungsvägen 3, ✆ 30510, 📠 32778, Mai bis Aug. Etwas nördlich von Tylösand gelegener, kinderfreundlicher Platz. Hütten / 4 Pers ab 525 SEK.

Essen & Trinken

Fiskkrogen, Klammerdammsgatan 21, Halmstad ✆ 124050, Mo–Fr 11.30–14 Uhr, Mo–Sa 18–21 Uhr. Gutes Fischlokal in der City.

Fridolfs Krog & Bar, Brogatan 26, Halmstad, ✆ 211666, Mo–Sa 18–24 Uhr, So 17–23 Uhr. Gemütliches Lokal mit großer Auswahl. An Sommerabenden sitzt man herrlich im kleinen Innenhof.

Skånska Hembageriet, Storgatan 40, Halmstad, ✆ 212407, Mo–Fr 8.15–18 Uhr, Sa 9–15 Uhr. Süßes kleines Café im Fachwerkhaus, eingerichtet wie vor hundert Jahren.

Konditori Regnbågn, Karl XI:s Väg 37, Halmstad, ✆ 122900, Mo–Fr 7–19 Uhr, Sa 7–17 Uhr, So 11–17 Uhr. Preisgekrönte Torten-, Kuchen- und Smörgås-Auswahl, die man in dem etwas unscheinbaren Café in Wohnblockumgebung nicht unbedingt erwarten würde.

Der Brunnen „Europa und der Stier" in Halmstad

Aktivitäten

Dampfboot Sofiero fährt von Laholm den Lagan entlang, Juli bis Mitte Aug. Mo–Fr 14 + 16 Uhr, Sa 14 Uhr, Buchung bei der TI.

Fahrradverleih in Halmstad bei Arvid Olsson Cykel & Sport, Norra Vägen 11, ✆ 212251.

Halmstad ist eine Hochburg des **Golfsports**, es gibt 7 Plätze mit insgesamt 138 Löchern in der Kommune. Die beiden 18-Loch-Plätze in Tylösand sind besonders bekannt; Halmstad Golfklubb, ✆ 176800.

Der **Einkaufsbummel** lohnt sich besonders in Halmstad: Fischmarkt an der Österbro (Mi, Fr+Sa vorm.), Shopping entlang der Storgatan, Blumen- und Gemüsemarkt (Mo–Sa vorm.) auf dem Stora Torget, Kunsthandwerk im historischen Fattighuset (Armenhaus), Delikatessen und Käse am Lilla Torget (Lilla Ostboden).

Von Halmstad nach Tylösand führt der abwechslungreiche **Wanderweg** Prins Bertils Stig immer an der Küste lang, Start an der TI im Schloss, Länge 13 km, beschildert.

Spaßbad Sannarpsbadet in Halmstad, Växjövägen, ✆ 139655, Juni bis Aug. Mo–Fr 11–18 Uhr, Sa 11–17 Uhr, übrige Zeit Mo 12–20, Di+Do 10–19, Mi+Fr 10–20, Sa+So 11–17 Uhr. Eine Alternative, wenn tagelang kein Strandwetter ist.

Halmstad für Kinder: Miniland, Tylösandsvägen 1, ✆ 30241, Mai bis Aug. Mo–Fr 10–16 Uhr, Sa+So 10–18 Uhr: Schweden in Miniatur.

Nach Falkenberg und Varberg

Für die Weiterfahrt nach Falkenberg bietet sich die alte Küstenstraße an. In Frösakull führen immer wieder Stichwege zwischen Ferienhäusern zum langen Sandstrand. Zwischen Vilsherad und Haverdal ist dann der Siedlungsstreifen entlang der Küste durch das **Naturreservat Haverdal** unterbrochen; bei Lynga führt eine Straße zum Parkplatz des Reservats. Von hier aus erschließen markierte Wege den mit knorrigen Kiefern bewaldeten Dünengürtel, aus dem sich der Stora Sandkullen mit 37 m erhebt (vom orangefarben markierten Rundweg führt eine Treppe hinauf). Zum Meer hin werden die Kiefern geduckter, Heide geht in Strandhafer und Dünengras über, am Strand entlang der weiten, unbebauten Bucht bleibt sogar im Hochsommer viel Platz für Spaziergänger.

Auch nördlich von Haverdal gibt es immer wieder naturnahe Küstenabschnitte. Bei Steninge wechseln sich im **Naturreservat Stensjöstrand** flache Klippen, Kies- und Sandbuchten, Heide und Strandwiesen ab. Bei Grimsholmen ragt die Kuppe **Smörkull** gut 50 m über der Küste auf und bietet herrliche Aussichten.

Falkenberg

Das alte Städtchen erhielt seinen Namen im 13. Jh. zwar durch den Handel mit Jagdfalken, doch spielt auch hier längst der Lachs die Hauptrolle. Der Ätran, an dessen Mündung der Ort mit der malerischen Altstadt liegt, ist bevorzugtes Angelgewässer und beheimatet sogar heute noch einen großen Wildlachsbestand. Unterhalb der alten, gemauerten Zollbrücke von 1760 stehen ab dem Frühjahr zahlreiche Angler im seichten Fluss. Lachsfischerei und -handel waren seit dem 18. Jh. wichtige Erwerbszweige des Ortes und zogen im 19. Jh. betuchte Briten als Sportangler an.

Stadtspaziergang

Rings um die Laurentii Kirche liegt das Viertel **Gamla Stan** mit seiner um 1800 entstandenen, fast unveränderten Holzbebauung. Die Kirche wurde schon um 1300 errichtet, später aber mehrfach erweitert und verändert, die Wandmalereien stammen vermutlich aus dem 16. Jh. Die niedrigen Wohnhäuser der damaligen Händler, Fischer und Handwerker ziehen sich lang gestreckt die holperigen Straßen entlang. Dahinter liegen, oft unsichtbar, Hofgärten und Nutzgebäude. An manchen Stellen lässt ein geöffnetes Holztor einen Blick hinter die Kulissen zu. Das **Heimatmuseum** an der Kyrkogatan 8 liegt mitten in diesem Ensemble in einem der alten Höfe und gibt weitere Einsichten in die Stadtgeschichte (Juni bis Aug. Mi–So 12–16 Uhr). Gleich daneben hat Sjöbergs Laxrökeri von 1857 ihren Sitz, heute Teil des Museums. Folgt man der Storgatan unter dem Eisenbahngleis hindurch, liegt links um die Ecke hinter einem der wenigen modernen Wohnhäuser in Gamla Stan die alte **Töpferei Tjörngren**. Seit 1789 besteht dieser Familienbetrieb, wo man in historischer Werkstatt dem Herstellungsprozess zuschauen kann (Krukmakaregatan 4, ✆ 10354, Mo–Fr 9.30–12 + 13–16 Uhr). Weiter auf der Storgatan trifft man mit Nr. 69 auf das älteste Haus des Viertels, Hinströms Gård von 1736. Ein paar Schritte weiter ist am Flussufer das **Falkenbergs Museum** in einem alten Speicher am Hafen untergebracht. Hier wurde ab 1865 Getreide gelagert, inzwischen wird die wirtschaftliche Entwicklung der Stadt auf mehreren Etagen gezeigt, und ein Café präsentiert sich im Stil der 50er Jahre (Juni bis Aug. Di–So 12–16 Uhr, übrige Zeit Sa geschl.). Gleich hinter dem Lagerhaus beginnt der moderne Seehafen des Ortes. Zurück auf der Hamngatan erreicht man, vorbei an dem verlockenden Eis- und Waffelverkauf von Slottshagens Glasscafé (12–17 Uhr), bald wieder die markante Zollbrücke.

Nördlich von Falkenberg

Ein Stichweg führt zum Leuchtturm von **Morups Tånge**. Dort und bei der südlich angrenzenden, kleinen Bucht Korshamnsviken gibt es ausgezeichnete Stellen zur Beobachtung zahlreicher See- und Watvogelarten. Das benachbarte **Glommen** ist eine kleine, aber lebendige Fischereisiedlung, am Hafen wird im Sommer werktags der Fang ab Fabrik verkauft.

Träslövsläge, der nächste Hafenort schon fast bei Varberg, lebt nicht nur vom Fisch. Die hübsch verwinkelten Dorfstraßen locken auch Touristen aus Varberg und den umgebenden Strandbädern an. Die unzähligen Eissorten von Tre Toppar haben sich herumgesprochen, und im Restaurant Kajutan werden aus dem frisch gefangenen Fisch leckere Gerichte zubereitet.

Varberg

Apelviken ist schon ein Trabant von Varberg. Der Name der weiten, sandigen Bucht hat in Surferkreisen einen guten Ruf. Die nördlich angrenzende Landzunge **Subbe** beherbergt Varbergs Kurort, heute ein luxuriöser Hotelkomplex, ehemals ein Sanatorium mit mehr als 500 Betten. Und dessen Name hatte bei vielen ärmeren Schweden überhaupt keinen guten Klang, denn hierher wurden Anfang des 20. Jh. Tuberkulosekranke aus allen Landesteilen geschickt. Das bedeutete oft jahrelange Trennung von Familie und Freunden. Wer trotz guter Pflege und viel Sonne die Seuche der Armen nicht überlebte, fand seine letzte Ruhestätte mit einiger Wahrscheinlichkeit auf dem angrenzenden Friedhof. Viele Familien hatten nicht einmal das Geld, ihre verstorbenen Angehörigen nach Hause zu holen.

Der weniger ernste Teil des Kurbetriebs spielte sich schon im 19. Jh. in Varbergs Zentrum ab. Hier steht zwischen der mächtigen Festung, Zeugnis von Varbergs strategischer Bedeutung seit dem 13. Jh., und dem Hafen das weiß gestrichene **Kallbadhus** mit seinen Zwiebeltürmchen auf hölzernen Stelzen im seichten Meerwasser. Innen steigen noch heute streng nach Männlein und Weiblein getrennt die Badegäste über die Badebrücken ins salzige Nass hinunter. Und das zu jeder Jahreszeit. Man muss allerdings hinzufügen, dass oben im Inneren des Kallbadhus heute eine Sauna für die nötigen Hitzegrade sorgt, um auch im Winter das Meerwasserbad verlockend erscheinen zu lassen (✆ 17396, Mo–Do 7.30–21, Fr bis 19 Uhr, Sa 9–16.30, So 14–18.30 Uhr). Das verschnörkelte Kurhaus von 1883 in dem kleinen Societätsparken liegt gleich dahinter, das klassizistische Warmbadhus von 1925 grenzt landeinwärts an, bevor jenseits der Bahngleise die betriebsame Innenstadt beginnt.

Richtung Norden ragt gleich hinter Varbergs ausgedehnten Hafenanlagen die **Halbinsel Getterön** aus der Küstenlinie vor. Auf ihrer Nordseite bietet flaches Sumpfland unzähligen Wat- und Seevögeln Rastplatz und Brutgebiet. Das Getteröns Naturcentrum bietet Beobachtungsplätze und eine informative Ausstellung zum Vogelreservat (✆ 87510, tgl. 10–16 Uhr). Gubbanäs, die felsige Spitze der Halbinsel, ist von schönem Granitgestein geprägt und eignet sich gut für kurze Streifzüge.

Information/Verbindungen/Adressen

Vorwahlen: Falkenberg: **0346**
Varberg: **0340**

• *Information* **Falkenbergs Turistbyrå,** Holgersgatan 11, 31134 Falkenberg, ✆ 886100, 📠 14526, info@falkenbergs tourist.se, Mittsommer bis Mitte Aug. Mo–Sa 9.30–18, So 14–18 Uhr, übrige Zeit Mo–Fr 10–17 Uhr.

Varberg Turistbyrå, Brunnsparken, 43224 Varberg, ✆ 88770, 📠 11195, tourist@ varberg.se, Mittsommer bis 1. Woche Aug. Mo–Sa 9.30–19, So 13–18 Uhr, Mai bis Mittsommer und ab 2. Augustwoche Mo–Fr 9.30–18, Sa 10–14 Uhr, übrige Zeit Mo–Fr 10–17 Uhr, April auch Sa 10–14 Uhr.

• *Verbindungen* **Bus/Zug:** Linie 351 Halmstad-Falkenberg, von dort nach Varberg Linie 652. Zugverbindung Malmö-Göteborg. **Fährverbindung:** 2-mal tgl. mit Stena Line von Varberg nach Grenå (DK), ✆ 690900.

Parken: In Falkenberg nahe der Zollbrücke (Tullbron) an der Hamngatan, kostenlos. In Varberg zentral und gebührenfrei (mit Parkscheibe): Prästgatan/Västra Vallgatan und am Hafen.

• *Adressen* **Apotheke Lejonet** in Falkenberg, Nygatan 38, ✆ 10154.

Apotheke Kronan in Varberg, Torggatan 19, ✆ 10032.

Arzt: Vårdcentalen Falkenberg, Lasarettvä-

Das alte Kallbadhus beherbergt heute eine Sauna. Das Tauchbecken ist das Meer

gen, ✆ 56210. Vårdcentralen Varberg, Västra Vallgatan 14, ✆ 482100.
Ärztl. Notdienst im Krankenhaus Varberg, ✆ 482200.

Postamt in Falkenberg in der Nygatan, in Varberg in der Kungsgatan, Ecke Engelbrektsgatan.

Übernachten/Camping

• *Übernachten* **Steninge Vandrarhem,** Kustvägen, Haverdal, ✆ 035-52054, 📠 52361, Juni bis Aug., Mai+Sept. nach Anmeldung. Sehr nette JH südlich von Falkenberg in gemütlichem alten Pensionat von 1930, durch die Bäume blitzt das Meer. Naturreservate in der Nähe – weit und breit die idyllischste Unterkunft. 200 SEK.

Nya Pallas Hotel, Åke Tottsgatan 5, Falkenberg, ✆ 10700, 📠 83346. Neu, zentral und ruhig, schöner Garten, Sauna, Whirlpool. DZ ab 840 SEK.

Hotell Steria, Arvidstorpsvägen 28, Falkenberg, ✆ 15521, 📠 10130. Einfaches Frühstückshotel, etwas außerhalb der Innenstadt, auch Mehrbettzimmer. DZ ab 550 SEK.

Falkenbergs Vandrarhem, Hansagårdsvägen, ✆/📠 17111, Juni bis Aug., nach Absprache auch Mitte März bis Mitte Okt. Gemütliche Herberge, strandnah in Skrea gelegen, ca. 3 km zum Zentrum. Ab 160 SEK, DZ 380 SEK.

Vandrarhem Eja-Märtas Gård, Laxvägen 20, Träslövsläge, ✆ 41488, 📠 259583, Juni bis Aug. JH 6 km südlich von Varberg, schön, ruhig und strandnah, am Rande des Fischerdorfes. 180 SEK.

Varbergs Kurort och Kusthotell, Apelviken, ✆ 629800, 📠 629850. **Das** Kurhotel: teuer, luxuriös und gediegen. DZ ab 1100 SEK. Kuranlagen und Restaurant stehen auch Besuchern offen.

Hotell Gästis, Borgmestaregatan 1, Varberg, ✆ 18050, 📠 13850, zentral gelegener Altbau, innen geschmackvoll renoviert (bis auf's Treppenhaus). DZ/ÜF 975 SEK.

Hotell Strandgården, Getterön, Valvikavägen, Varberg, ✆/📠 16855. Gemütliches Pensionat in Strandnähe. DZ 600 SEK, Juli bis Mitte Aug. auch JH, DZ ab 400 SEK.

Fästningens Vandrarhem, ✆ 88788. Wohnen im ehemaligen Gefängnistrakt der Festung ist sehr beliebt, in der Hauptsaison ist Vorbuchen trotz der 70 Betten ratsam. Ab 190 SEK. Wer nicht in der Festung unter-

Societätshus

kommt, findet eine zweite große JH in Varberg: Skeppsgården, Krabbes Väg 4, ✆ 13035. Ab 180 SEK.

• *Camping* **Hansagårds Camping**, Falkenberg, ✆ 16944, ✆ 10945, Mai bis Aug. Strandnaher Platz am Südrand von Skrea gelegen. Hütten ab 400 SEK/4 Pers.

Apelvikens Camping, ✆ 14178, ✆ 87538, April bis Okt. An der gleichnamigen Bucht gelegener, großer Wiesenplatz, knapp 2 km zum Zentrum. Hütten ab 300 SEK/2 Pers.

Getteröns Camping, ✆ 16885, ✆ 10422, Mitte April bis Sept. 4 km nördlich von Varberg auf der gleichnamigen Halbinsel. Schöne Badebuchten, Naturreservat. Hütten ab 400 SEK/4 Pers.

Essen & Trinken

• *In Falkenberg* **Gustav Bratt,** Brogatan 1, ✆ 10331, tgl. 17–23 Uhr. Bekannt für gute Küche, darunter Lachsgerichte.

Värdshuset Hwitan, Storgatan 24, Falkenberg, ✆ 82090, Mo–Fr 11.30–14 + 18–21 Uhr, Sa ab 13, So ab 12 Uhr. Schön gelegener Gasthof von 1703. Im Garten buntes Kulturprogramm, teils etwas trubelig.

Falkmanska Cafeet, Storgatan, Mo–Fr 9–18 Uhr, Sa9–14 Uhr. In dem Gebäude von 1690 gab es schon immer einen Gasthof; das Café bewahrt die Tradition.

Stålboms Konditori, Arvidstorpsvägen 20, ✆ 13092, Mo–Fr 7–18 Uhr, Sa+So 8–17 Uhr. Schönes altes Café gleich oberhalb der Stadtkirche.

• *In Varberg* **Silvis Kök & Bar,** Brunnsparken, ✆ 14390, Mo–Fr ab 14, Sa+So ab 12 bis spät. Schlicht und gut in Einrichtung und Küche.

Wärdshuset, Kungsgatan 14, ✆ 80111, Mo–Fr 18–23 Uhr, Sa 12–23 Uhr. Traditionsreiches Gourmetrestaurant, bekannt für ausgezeichnete Fisch- und Wildgerichte.

Mignon Café, Drottninggatan 23, ✆ 10959, tgl. 7.30–19 Uhr. Gemütliches Lokal für tagsüber, ob zum Frühstücken, Lunch oder hausgemachten Kuchen.

Societeten, Societetsparken, ✆ 676500, Mo–Fr 11.30–23, Sa bis 1 Uhr. Ess- und Tanzlokal im alten Kurhaus. Vergangene Größe spiegelt sich im gediegenen Charme der Einrichtung und den riesigen Kristalllüstern an der Decke.

Borggården, Varbergs Fästning, ✆ 10866, Juni bis Aug. tgl. 12–15 Uhr. Im Ambiente der alten Burganlage werden auch mittelalterlich inspirierte Bankette veranstaltet.

Café Kadetten, Varbergs Fästning, ✆ 83594, tgl. 10–18 Uhr. Kleines, gemütliches Café neben der JH, hausgebackene Kuchen, Smörgåsar.

Café Fästningsterrassen, Varbergs Fästning, ✆ 10581, Juni bis Aug. tgl. 12–22, wetterbedingt. Kaffeetrinken auf den Mauern der Festung, mit weitem Blick über die Küste.

Kafé Blå Dörren, Norrgatan 1, ✆ 673566, Mo–Fr 7–18 Uhr, Sa 7–16 Uhr, So 9–17 Uhr. Eine Institution in Varberg, bei Einwohnern und Besuchern gleichermaßen beliebt.

Apelviksgården, ✆ 19660, Mitte Juni bis Mitte Aug. tgl. 10–18 Uhr. Wunderschön in einem alten Bauernhof gelegenes Café mit Kunsthandwerk, zwischen Kurhotel und Campingplatz.

Café Klöven, Getterön, Småbåthamn, ✆ 87520, Mitte April bis Aug. Mo–Fr 11–17, Sa+So –21 Uhr. Angenehm schlichtes Lokal an der Marina, an Sommerwochenenden wird manchmal Jazz gespielt.

Aktivitäten

Länsmuseum, Varbergs Fästning, ✆ 82830, Mitte Juni bis Mitte Aug. tgl. 10–18 Uhr, übrige Zeit Mo–Fr 10–16 Uhr, Sa+So 12–16 Uhr. Die im 17. Jh. fertig gestellte, mächtige Festungsanlage ist die Hauptattraktion der Stadt und frei zugänglich. Bereichert wird ein Bummel durch die Tore, Gänge und entlang der hoch aufragenden Wehrmauern durch einen Besuch im Länsmuseum, das im ältesten Teil der Anlage, der aus dem 13. Jh. stammenden Burg untergebracht ist. In den mittelalterlichen Gemäuern wird – neben wechselnden Kunstausstellungen – die Geschichte der Festung, der Stadt und der Region thematisiert. Bekannt ist auch der „Bockstensmann", eine Moorleiche aus dem 14. Jh., die man mit fast unversehrter Kleidung fand.

Hamnmagasin, Hamnplan, Varberg. Das ehemalige Lagerhaus beherbergt verschiedene Kunsthandwerker, darunter Keramiker und Silberschmiede (Mo–Fr 10–18, Sa bis 16 Uhr, So 12–16 Uhr) und Glasbläser (tgl. 10–20 Uhr), denen man bei der Produktion zusehen kann. Haupteinkaufsstraße Varbergs ist der Ströget.

Surfkurse und Brettverleih in Varberg: Surfers Paradise, Södergatan 22, ✆ 677055, Mo–Fr 13–18 Uhr, Sa 10–14 Uhr, So 12–16 Uhr.

Kanuverleih Fritidsboden in Falkenberg, ✆ 12609, organisiert Fahrten auf dem Ätran.

Fahrradverleih bei Apelvikens und Getteröns Camping.

Von Varberg nach Göteborg

Nördlich von Varberg wird das AKW Ringhals auf der Halbinsel bei Bua als Touristenziel angepriesen – mit dem Superlativ, Schwedens größtes zu sein. Ein Grund mehr, einen Abstecher ins Hinterland zu machen, wo eine ältere Form der Energiegewinnung zur Erkundung lockt:

Auf der Straße 41 zweigt bei Veddige ein Fahrweg nach rechts Richtung **Kullagård** ab. Auf diesem erreicht man nach knapp 4 km in einer Rechtskurve die Zufahrt zu den **Wassermühlen im Kvarnadalen** (Schilder: Skvaltkvarnar), wo man einen kurzen Spaziergang entlang des schmalen Ulvatorpsbäcken machen kann. Auf einigen hundert Metern verteilten sich im 19. Jh. insgesamt 14 Wassermühlen. Die Hälfte ist noch erkennbar, drei wurden vollständig restauriert. Vorbei am Lilla Dämm mit der eingeritzten Jahreszahl 1876 und dem Zusatz O II (= König Oskar II.) gelangt man zum Stora Dämm, 1800 in der Regierungszeit Gustav IV. Adolf errichtet. Dahinter liegt ein verwunschener Stauteich, mit dessen Wassermenge man damals drei Tage lang Energie zum Mahlen hatte.

Von Veddige Richtung Väröbacka/Bua erreicht man kurz vor der E 6 den kleinen Ort Sunnvära, von wo sich ein Abstecher zur **Felskluft Borrås Skåra** anbietet – die Anfahrt ist deutlich beschildert, der Einstieg nicht: Hat man die bewaldeten Felskuppen erreicht, liegt ein großer Schotterplatz rechts des Fahrwegs. Ein paar Meter davor sind Fußwege rechts hangaufwärts zu erkennen. (Wenn der Fahrweg von

Wahrhaft beklemmend: in der Felskluft Borås Skåra

Asphalt zu Schotter wechselt, ist man zu weit gefahren!) Nach kurzem Aufstieg steht man am Eingang zu der teils nur schulterbreiten Spalte, an deren oberen Ende ein mächtiger Felsbrocken bedrohlich eingeklemmt hängt. Wer sich traut, darunter durchzulaufen, kann dahinter auf die aussichtsreiche Kuppe klettern.

Weiter nördlich auf der E 6 bei Torpa lohnt sich ein Ausflug zum Kungsbackafjord, wo auf einer Landzunge das englisch anmutende **Schloss Tjolöholmen** inmitten eines weitläufigen Gutsgeländes liegt (Mitte Juni bis Aug. tgl. 11–16 Uhr, April–Sept. Sa+So, Okt. So 11–16 Uhr, ✆ 0300–544200). Errichtet wurde es um 1900 im Auftrag der aus Schottland stammenden Göteborger Kaufmannsfamilie Dickson. Für die riesige Anlage, zu der auch ein Dorf für die Gutsarbeiter und weite Ländereien gehören, sollte man etwas Zeit einplanen.

Landeinwärts liegt am Westende des lang gestreckten, fjordähnlichen Sees Lyngern bei Fjärås eine geologische Besonderheit. **Fjärås Bräcka** ist ein Moränenrücken von 3 km Länge, der den See vom Tiefland am Kungsbackafjord trennt. Vor etwa 13.000 Jahren, als die letzte Eiszeit zu Ende ging, muss ein mächtiger Gletscher hier über Jahrhunderte sein Zehrgebiet gehabt und so den imposanten Querriegel aufgebaut haben. Schon in vorhistorischer Zeit verlief ein wichtiger Verbindungsweg auf dieser Endmoräne und umging das angrenzende Sumpfland. Das große, bronzezeitliche Gräberfeld Li am Fuß der Moräne zeugt von der damaligen Bedeutung. Kurze Spazierwege erschließen den Höhenzug und das Gräberfeld mit seinen über hundert Bautasteinen, verschiedenen Schiffssetzungen, Steinkreisen und Grabhügeln. Infotafeln informieren über die Trinkwassergewinnung für Kungsbacka, für die hier das Wasser des Lyngern durch den „Moränenfilter“ geschickt wird. Ein Naturum soll im Sommer 2005 seine Pforten öffnen und Ausstellung, Café und TI beherbergen.

Kungsbacka ist ein betriebsamer Ort mit hübschen Holzhäusern rings um den Stortorget, zahlreichen Einkaufsmöglichkeiten, darunter das jüngst eingeweihte Shoppingcenter Kungsmässan, sowie einem Sport- und Kulturhaus, insgesamt also eher ein Städtchen zum Leben als zum Besichtigen. Das Turistbyrå ist allerdings rührig und bietet Reisenden zahlreiche Vorschläge für Urlaub in der Region an (s. Aktivitäten). Das **Heimatmuseum** dokumentiert in wechselnden Ausstellungen die Geschichte, darunter auch die des Badetourismus in Halland (Västergatan 17, ✆ 10844, Mo+Do 10–15 Uhr, Sa 10–13 Uhr).

Wer nicht den Umweg um die Onsala-Halbinsel mit ihren Bade- und Hafenorten machen will, trifft auf der Hauptstraße nördlich von Kungsbacka bei **Särö** wieder auf die Küste. Der kleine, feine Badeort ist noch heute von den vornehmen Villen reicher und adeliger Gäste geprägt, die schon im 19. Jh. hier den Sommer verbrachten. Mit dem Anschluss an die Eisenbahnlinie 1904 wurde das Seebad ein mondäner Vorort von Göteborg. Im alten, roten Bahnhofsgebäude ist inzwischen ein nobles „Värdshus" eingezogen und bietet einen herrlichen Meerblick von der Veranda. Nicht weit davon beginnt das kleine **Naturreservat Särö Västerskog** mit herrlichem Mischwald, den ein Strandweg und ein Waldweg erschließen.

Information/Verbindungen/Adressen

Vorwahlen: Kungsbacka, Särö + Fjärås Bräcka: **0300**

• *Information* **Kungsbacka Turistbyrå,** Storgatan 41, 43432 Kungsbacka, ✆ 834595, ℻ 834599, tourist@kungsbacka.se, Mittsommer bis Mitte Aug. Mo–Fr 9.30–18 Uhr, Sa+So 9.30–14 Uhr, 2. Hälfte Aug. Mo–Fr 10–18 Uhr, Sa 10–14 Uhr, übrige Zeit Mo–Mi+Fr 9.30–17, Do –18, Sa 10–14 Uhr.

Fjärås Bräcka Turistinformation ab 2005 im neuen Naturum.

• *Verbindungen* **Bus/Zug**: Kungsbacka liegt auf der Überlandroute Malmö-Göteborg der Fernbusse und der Züge.

Parken: In Kungsbacka beiderseits der Storgatan in Höhe Bahnhof und Touristinformation mehrere gebührenfreie Plätze.

• *Adressen* **Arzt**: Husläkarna Kungsbacka, Nygatan 10, ✆ 566766,

Apotheke Kronan schräg gegenüber, Kyrkogatan 6, ✆ 17080.

Polizeistation Borgmästaregatan 5, ✆ 566000.

Übernachten/Essen & Trinken

• *Übernachten* **Vandrarhem Åsa,** Kuggaviksgården, ✆ 0340-651285, ℻ 651242, Mitte Mai bis Mitte Aug. Strandnahe, freundliche JH. 175 SEK, DZ ab 390 SEK.

Åsa Familiecamping, ✆/℻ 0340-651774, Mai bis Aug. An herrlicher Badebucht gelegener, ordentlicher Wiesenplatz.

Hotell Halland, Storgatan 35, Kungsbacka, ✆ 77530, ℻ 16225. Zentral gelegenes, alteingesessenes Stadthotel mit gutem Restaurant . DZ ab 800 SEK.

• *Essen & Trinken* **ViÅNi,** Norra Torggatan 1, Kungsbacka, ✆ 71840. Café, Restaurant, Bar und Disco – irgendwas hat immer offen.

Café Trubaduren, Borgmästaregatan 6, Kungsbacka, ✆ 10055, Juni bis Aug. Mo–Do 12–19, Do bis 16 Uhr, übrige Zeit ab 10 Uhr, Sa 11–14 Uhr, Café im architektonisch interessanten Kulturhuset Fyren.

Blomstermåla Värdshus, Säröhusvägen 1, Sarö, ✆ 936920, April bis Sept. Mo–Fr 11.30–23 Uhr, Sa 12–23 Uhr, So 12–21 Uhr. Im ehemaligen Bahnhof des Kurbades sind Küche und Aussicht gleichermaßen erfreulich.

Aktivitäten

„KungsRike" nennt sich ein abwechslungsreicher Tourenvorschlag der TI Kungsbacka (Prospekt), auf dem zahlreiche Sehenswürdigkeiten südlich der Stadt zusammengestellt sind. Neben Schloss Tjolöholmen und Fjärås Bräcka zählt das kleine Bauerndorf **Äskhult** im Süden des Lyngern zu den Hauptattraktionen. Seine vier Gehöfte sind original aus dem 18. Jh. erhalten, im Sommer wird das Landleben von damals wiederbelebt, im Café hausgemachter Kuchen serviert (Juni bis Aug. tgl. 10–18, Mai –17 Uhr).

Boot- und Kanuverleih: Lyngerns Båt & Kanotuthyrning, Fjärås Bräcka, ✆ 541508, Juni bis Aug. tgl. 9–20 Uhr.

Fahrradverleih in der JH Åsa.

Der Turm Utsikten erhebt sich über Göteborgs Häfen

Göteborg – Zentrum der Westküste

Mit ihrer Lage an der Westküste ist die 1621 von Gustaf II. Adolf als „Pforte nach Westen" gegründete Stadt längst das unbestrittene Hauptportal des Landes.

Schwedens zweitgrößte Stadt hat heute eine halbe Million Einwohner, etwa jeder zehnte davon ist nicht in Schweden geboren. Die Stadt hat ein internationales, weltoffenes Image, und das von Beginn an, denn für den Aufbau der auf dem Reißbrett entworfenen Gründung wurden schon im 17. Jh. zahlreiche Ausländer angeworben, darunter Holländer für die Entwässerung des Marschlandes am Götaälv und als Händler, später Kaufleute aus Großbritannien und Deutschland. Schwedens Asienhandel lief seit der Gründung der Ostindiska Kompanie 1731 über die Göteborger Häfen. Die wirtschaftlichen Bande zu den Britischen Inseln wurden in der Zeit der napoleonischen Kriege gefestigt, als die Göteborger die Kontinentalsperre gegen England erfolgreich unterliefen. Wie lukrativ diese Kollaboration war, zeigt der große Aufschwung dieser Zeit: Im Verlauf des 19. Jh. stieg die Stadt zum wichtigsten Industrie- und Handelszentrum der Westküste auf. Dazu trug auch der Bau des Götakanals bei, der ab 1800 den Warentransport ins Hinterland verbesserte und seit 1832 eine Verbindung nach Stockholm herstellte, die nicht durch die Meerenge bei Kopenhagen verlief.

Nähert man sich dem Stadtzentrum auf einer der Haupteinfahrtsstraßen, so wirken die weitläufigen Industrie- und Hafenanlagen ringsherum geradezu erschlagend. Auf über 20 km erstreckt sich der bedeutendste Hafen Skandinaviens; Güterumschlag und Passagierverkehr sind hier gleichermaßen wichtig. Zur Landseite umschließt ein Ring von modernen, gesichtslosen Vorortsiedlungen das eigentliche Stadtgebiet. Die Altstadt innerhalb des alten Festungsringes und die angrenzenden

Viertel sind jedoch für Bewohner wie Besucher gleichermaßen attraktiv. Breite Boulevards, schöne Grünanlagen, alte Grachten und Gassen, sehenswerte Prachtbauten, einladende Straßencafés und verlockende Einkaufsstraßen bilden ein urbanes Mosaik, das man am besten auf einem ausgedehnten Rundgang entdecken kann.

Stadtspaziergang

Vom Hauptbahnhof Centralstationen durchquert man das riesige Shoppingcenter Nordstan, um die Altstadt zu erreichen. An der Östra Hamngatan liegen verschiedene Gebäude aus dem 19. Jh., darunter das Stadthaus und die Börse. Von der Kronhusgatan erreicht man durch ein Portal den ältesten Profanbau der Stadt in einem Innenhof, das **Kronhuset** von 1643, ehemals Sitz des Reichstags, dann des Militärs, heute Ausstellungsstätte. Die umliegenden, niedrigen Gebäude aus dem 18. Jh. beherbergen originelle, kleine Geschäfte, ein Café und Kunsthandwerk. Richtung Hamnkanalen erreicht man das **Ostindiska Huset**, das heute das Stadsmuseum beherbergt (Norra Hamngatan 12, ✆ 612770, Mai–Aug. tgl. 10–17 Uhr, übrige Zeit Di–So 10–17, Mi –20 Uhr). Das Renaissancegebäude repräsentiert wie kein zweites den Aufschwung der Göteborger Kaufmannschaft im 18. Jh., als die Handelskompanie der Ostindienfahrer hier ihren Stützpunkt errichtete. Vorbei an der Kristine Kyrka und dem Rathaus trifft man auf den **Gustaf Adolfs Torg**, auf dem der Stadtgründer in Bronze gegossen aufragt. Über den Hamnkanalen hinweg verläuft die geschäftige, von Läden und Lokalen gesäumte Östra Hamngatan zum Kungsportsplatsen mit Turistinformation und der **Saluhallen**. Die Markthalle von 1886 ist einen Besuch wert, egal ob zum Einkaufen, Essen oder Schauen (Mo–Do 9–18 Uhr, Fr 8–18 Uhr, Sa 8–15 Uhr). In den Wallanlagen links liegt der älteste Park der Stadt, **Trädgårdsforeningens Park** von 1842 mit wunderschönen, alten Gewächshäusern, darunter ein Rosarium sowie ein Palmen- und Schmetterlingshaus. Die gesamte Anlage steht heute unter Denkmalschutz (Mai bis Aug. tgl. 7–21 Uhr, bis 10 und ab 18 Uhr kostenlos; März/April, Sept./Okt. 7–19.30 Uhr, übrige Zeit 7–18 Uhr).

Jenseits der Wallanlagen beginnt der prachtvolle, breite Boulevard **Kungsportsavenyn**, gesäumt von den herrschaftlichen Fassaden verschiedener Gründerzeitbauten. Auf Straßenniveau schieben sich die großen Veranden der zahlreichen Lokale auf die breiten Bürgersteige vor. Der Boulevard führt auf den Götaplatsen zu, um den sich verschiedene Kultureinrichtungen gruppieren, darunter das **Konstmuseum** mit seiner bedeutenden Sammlung nordischer Kunst (Götaplatsen, ✆ 612980, Di+Do 11–18, Mi 11–21, Fr–So 11–17 Uhr).

Alltäglicher wird es entlang der Engelbrektsgatan, die vorbei an der Universität durch den kleinen Vasaparken und den wohnlichen Stadtteil **Vasastaden** führt. Kleine Eckläden und gemütliche Kellerkneipen haben sich in den gutbürgerlichen Wohnblocks angesiedelt. Am Hagaplan beginnt die **Haga Nygatan**, einst Arbeitergegend, heute durch die studentische Szene geprägt. Etliche der restaurierten Häuser bestehen im Erdgeschoss aus Stein, darüber aus Holz, ein Kompromiss, den die Stadtverwaltung im 19. Jh. einging: Stein war brandsicher, aber teuer, Holz erschwinglich, aber gefährlich, wie zahlreiche Stadtbrände bewiesen haben.

Vom Järntorget führt die belebte Prachtstraße **Linnégatan** stadtauswärts Richtung Slottsskogsparken, Göteborgs grüne Lunge und bei Jung und Alt beliebt. Kombinieren lässt sich ein Ausflug dorthin mit einem Besuch des **Naturhistoriska Museum.** Besonderer Publikumsmagnet ist das Skelett eines 1865 gestrandeten Blauwals (Linnéplatsen, ✆ 7752400, Juni bis Aug. tgl. 11–17 Uhr, übrige Zeit Di–Fr 9–16, Sa+So 11–17 Uhr).

Stadteinwärts liegt jenseits des Rosenlundskanalen die Fischhalle **Feskekörkan**, bekannt für eine riesige Auswahl an frischem Meeresgetier, mit verschiedenen Lokalen, in denen der Fang köstlich zubereitet wird (Di–Do 9–17, Fr –18, Sa –14 Uhr.). An der Stelle, an der der Kanal in den Götaälv mündet, hält auch das Fährboot Älvsnabben, das durch den Hafen pendelt und u. a. bei Lilla Bommens Torg anlegt. Entlang der Skeppsbrokajen und Packhuskajen passiert man per Schiff oder zu Fuß den Anleger der Göta Kanal Rederiet bei Stenpiren, Göteborgs **Maritima Centrum**, in dem verschiedene Wasserfahrzeuge – zivile wie militärische – ausgestellt werden (Packhuskajen 8, ✆ 105960, Mai bis Aug. tgl. 10–18 Uhr), und die moderne Oper, bevor mit dem unübersehbaren rot-weißen Hochhaus **Utkiken** der Lilla Bommens Hamn erreicht ist. Vom obersten Stock des Hauses hat man eine hervorragende Aussicht über Häfen und Stadt (Juni bis Aug. tgl. 11–16 Uhr). Ein Fußweg führt zurück zum Zentrum.

Information/Verbindungen (Vorwahl Göteborg: 031)

• *Information* **Göteborgs Turistbyrå,** Kungsportsplatsen 2, 41110 Göteborg, ✆ 612500, ℻ 612501, turistinfo@gbg-co.se, Juli bis Mitte Aug. tgl. 9.30–20 Uhr, Juni + 2. Hälfte Aug. tgl. 9.30–18 Uhr, Mai Mo–Fr 9.30–18 Uhr, Sa+So 10–14 Uhr, übrige Zeit Mo–Fr 9-17 Uhr, Sa 10–14 Uhr. **Filiale in Nordstan:** ganzj. Mo–Fr 10–18 Uhr, Sa 10–16 Uhr, So 12–15 Uhr.

Bei der TI ist die Göteborgskortet erhältlich, die zahlreiche Vergünstigungen bietet, 24 h Gültigkeit: 175 SEK, Kinder 95 SEK; 48 h Gültigkeit: 295 SEK, Kinder 190 SEK.

• *Verbindungen* **Bus/Straßenbahn:** Västtrafik unterhält die Stadtbus- und Straßenbahnlinien sowie zwei Fährlinien zu den städtischen Schären, für die man Einzelkarten beim Fahrer kaufen kann. Übersichtspläne und günstige Tagestickets gibt es an Pressbyrån-Kiosken und in den Büros von TidPunkten, ✆ 801235, am Brunnsparken (zentrale Staßenbahnstation), Drottningstorget und Nils Ericson Terminalen. Dort starten gleich neben dem Hauptbahnhof auch der Flybus zum Flughafen Landvetter und die Überlandlinien.

Bahn: Göteborg ist ein wichtiger Knotenpunkt der schwedischen Eisenbahn mit entsprechend guten Verbindungen.

Fähre: Stena Line, ✆ 704 0000, verkehrt nach Fredrikshavn und Kiel, DFDS Seaways, ✆ 650650, unterhält Fährverbindungen nach England und Norwegen.

Parken: Parkhaus Nordstan oder Parkplätze am Packhuskajen, beide gebührenpflichtig, aber zentral.

• *Adressen* **Apotheke Vasen,** Nordstan, tgl 8–22 Uhr. Medizinischer Notdienst rund um die Uhr: ✆ 703 1500. Polizeizentrale: ✆ 739 2000.

Übernachten/Camping

• *Übernachten* **Eggers Hotel (2),** Drottningtorget, ✆ 806070, ℻ 154243. Im herrschaftlichen Gründerzeitgebäude zentral in Bahnhofsnähe gelegen. DZ ab 1040 SEK.

Viktors Hotel (6), Skepsbroplatsen 1, ✆ 174180, ℻ 139610. Mitten im Zentrum und direkt am Fluss gelegenes, gehobenes Hotel. DZ ab 950 SEK.

Hotel Excelsior (13), Karl Gustavsgatan 7, ✆ 175435, ℻ 175439. Zentral in Vasastaden gelegen. DZ ab 850 SEK.

Hotel Vasa (14), Victoriagatan 6, ✆ 173630, ℻ 7119597. Nah zum Vasaplatsen und zum Rosenlundscanalen. DZ ab 825 SEK.

Hotel Lilton (17), Foreningsgatan 9, ✆ 828808, ℻ 822184. Gemütliches, kleines Hotel in Vasastaden, in Laufweite zur City. DZ ab 850 SEK.

Barken Viking (1), Gullbergskajen, ✆ 635800, ℻ 150058. Wohnen auf einer Viermastbark am Lilla Bommen Torg. Man kann zwischen Offizierskajüten und Mannschaftslogis wählen, alle auf modernen Standard gebracht. DZ ab 700 SEK.

Hotel Flora (9), Grönsakstorget 2, ✆ 138616, ℻ 132408. Preiswerte, zentrale Adresse, freundlich-schlicht eingerichtet. DZ ab 620 SEK.

Maria Erikssons Pensionat (15), Chalmersgatan 27 A, ✆ 207030, ℻ 166463. Ruhig, zentral gelegen. DZ ab 700 SEK.

City Hotel (10), Lorensbergsgatan 6, ✆ 708 4000, ℻ 708 4002. Nettes älteres Haus in einer tristen Parallelstraße zur Kungsportsavenyn. DZ ab 500 SEK.

Essen & Trinken

- 3 Café Kronhuset
- 4 Gamle Port
- 5 Rosenkafeet
- 7 Fiskekrogen
- 11 Räkan
- 12 Ljunggrens Café
- 16 Hos Pelle

Übernachten

- 1 Barken Viking
- 2 Eggers Hotel
- 6 Viktors Hotel
- 8 Hotel Robinson
- 9 Hotel Flora
- 10 City Hotel
- 13 Hotel Excelsior
- 14 Hotel Vasa
- 15 Maria Erikssons Pensionat
- 17 Hotel Lilton

Göteborg

Hotel Robinson (8), Palacehuset, Södra Hamngatan 2, ✆ 802521, ✆ 159291. Preiswerte Unterkunft im alten Prachtbau in Bahnhofsnähe. DZ ab 700 SEK.

STF Vandrarhem, Stigbergsliden 10, ✆ 241620, ✆ 246520, ganzj. Straßenbahnlinien 3, 4+9 bis Stigbergstorget, zu den Fährterminals 300 m. Wohnen im alten, denkmalgeschützten Sjömanshus. Ab 165 SEK.

Masthuggsterrassens Vandrarhem, Masthuggstorget, ✆ 424820, ✆ 424821, ganzj. Straßenbahnlinien 3,4+9 bis Masthustorget, Eingang von Andra Långgatan. Wohnen über dem Fluss, mit Aussicht auf die Häfen. DZ 400 SEK, JH 160 SEK.

STF Vandrarhem Slottskogen, Vegagatan 21, ✆ 426420, ✆ 142102, ganzj. Straßenbahnlinie 1+2 bis Olivedalsgatan. Schön gelegene, aber riesige JH, vom Schlafsaal bis DZ ist alles zu haben. Ab 155 SEK.

Kvibergs Vandrarhem & Stugby, Kvibergsvägen 5, ✆ 435055, ✆ 432650, Straßenbahnlinien 6+7 bis Kviberg, ganzj. Naturnahes Gelände bei Gamlestaden, nördlich der City. Ab 120 SEK, Hütten/5 Pers. 920 SEK.

• *Camping* **Göteborgs Camping,** Lilleby Havsbadet, Torslanda, ✆ 565066, ✆ 560867, Mai bis Aug. Straßenbahn 23, Lilleby. Nördlich der Stadt an schöner Fels- und Sandküste.

Lisebergs Camping & Stugbyar Kärralund, Olsbergsgatan 1, ✆ 840200, ✆ 840500, ganzj. Straßenbahnlinie 5, Torp. Am städtischen Naherholungsgebiet gelegen und entsprechend beliebt. Hütten/5 Pers. ab 750 SEK.

Lisebergs Camping & Stugby, Askim Strand, Marholmsvägen, ✆ 286261, ✆ 681335, Mitte Mai bis Aug. Südlich der Stadt an schöner Badebucht. Verbindungen mit Expressbus. Hütten/5 Pers. 750 SEK.

Essen & Trinken (s. Karte S. 55)

Fiskekrogen (7), Lilla Torget 1, ✆ 101005, Mo–Fr 11.30–14+17.30–22 Uhr, Sa 13–22 Uhr. Gut, aber nicht billig.

Sjömagasinet, Klippans Kulturreservat (nahe Älvsborgsbron), ✆ 775 5920, Mo–Sa 12– 24 Uhr, So 15–24 Uhr. Originelles Ambiente im alten Lagerhaus der Ostindischen Kompanie. Gehobene Küche und Preise.

Räkan (11), Lorensbergsgatan 16, ✆ 169839, Mo–Fr 17–22 Uhr, So 15–22 Uhr. Bekannt geworden für sein skurril-maritimes Interieur – Modellboote schippern die Krabben zum Tisch.

Hos Pelle (16), Djupedalsgatan 2, ✆ 121032, tgl. 18–22 Uhr, bekannt für beste schwedische Küche.

Gamle Port (4), Östra Larmgatan 18, ✆ 7110702, Mo–Fr 11.30–23 Uhr, Sa+So 12–23 Uhr. Gemütliche Kneipe und angenehmes Restaurant unter einem Dach.

Ljunggrens Café (12), Kungsportsavenyn 37, ✆ 161751, Mo–Fr ab 8, Sa+So ab 9 Uhr, So–Do bis 23, Fr+So bis 24 Uhr. Die Smörgåsar sind berühmt.

Rosenkafeet (5), Trädgårdsforeningen Park, ✆ 809780, Sa+So 11–18 Uhr. Café im romantischen Ambiente des Rosariums, nicht weit vom Bahnhof.

Café Kronhuset (3), Kronhusbodarna, Postgatan 6–8, ✆ 711 0832, Mo–Fr 10–17 Uhr, Sa+So 11–17 Uhr. Gemütlich und schön gelegen im Innenhof des historischen Gebäudekomplexes Kronhuset.

Aktivitäten

Lisebergs Nöjesparken, ✆ 400100, Mai bis Aug. tgl., wechselnde Öffnungszeiten. Der größte Vergnügungspark Schwedens und ein Magnet für große und kleine Kinder.

Universeum, Korsvägen, ✆ 3356450, Juli–Mitte Aug. tgl. 9–19 Uhr, übrige Zeit Di–So 11–18, Mi –20 Uhr. Naturwissenschaft wird hier anschaulich gemacht, verschiedene Biotope sind erfahrbar, und man kann viel selbst ausprobieren. Ein erfolgreiches Konzept.

Bootstouren durch Stadt und Hafen mit Paddan, Kungsportsplatsen, ✆ 609670, Mai bis Sept. tgl. ab 10 Uhr, mehrmals stündlich.

Vom Anleger Lilla Bommen **Bootstouren zur Festung Elfsborg** aus dem 17. Jh., Mai bis Aug. tgl. ab 9.30 Uhr, 5–6 Abfahrten. Zur Außenschäre **Vinga** Juli bis Mitte Aug. tgl. 9.30 + 12.10, Mai, Juni + 2. Hälfte Aug. bis Sept. nur So. Nach **Marstrand** Juli bis Mitte Aug. tgl., Mai, Juni + 2. Hälfte Aug. bis Sept. nur So, 9.30 Uhr (s. Ausflug nach Marstrand). Börjessons Utfluktsbåtar, ✆ 609660.

Fährlinie 81 verkehrt fahrplanmäßig ab Saltholmen (Straßenbahnlinie 4) in den Schären, 12 Inselchen sind mit einem Ticket des

Kultur und Kaffeeklatsch am Kronhuset

Göteborger Stadtbusnetzes zu erreichen. Västtrafik, s. Bus/Straßenbahn oder Styrsöbolaget, ✆ 696400.

Schiffstouren auf dem Götakanal, Tagesfahrten oder Kreuzfahrten bis nach Stockholm: Göta Kanal Rederi, ✆ 806315, ✆ 158311.

Ausflug von Göteborg nach Marstrand

Per Bus über Kungälv oder mit dem Passagierboot vom Anleger Lilla Bommen erreicht man das Städtchen Marstrand, auf zwei Schäreninseln gelegen und autofrei. Welche Strecke man auch wählt, schon die Anfahrt durch den Schärengarten ist ein Erlebnis. Die Seglerhochburg ist im Sommer denn auch ein äußerst beliebtes Ausflugsziel der Göteborger. Marstrand, das auf eine Gründung des norwegischen Königs Håkon im 13. Jh. zurückgeht, verdankte wie so viele Westküstenorte seine Existenz lange Zeit der Heringsfischerei. Im 19. Jh. begann dann seine Karriere als exklusiver Ferienort, der er auch heute noch ist. Attraktive Holzgebäude, teils mit Schnitzereien geschmückt und von herrschaftlichen Ausmaßen, prägen das Ortsbild, und in den Marinas liegen zur alljährlichen Regattasaison im Juli Tausende von Yachten. Überragt wird das Städtchen von der 1667 gebauten **Festung Carlsten**, die jahrhundertelang als Gefängnis diente. Ihre exponierte Lage nutzte man später für einen anderen Zweck: Der Festungsturm beherbergte ab 1781 ein Leuchtfeuer. (Juni bis Aug. tgl. 12–16 Uhr). Ein etwa einstündiger, lohnender Rundwanderweg führt zwischen Felskuppen und Badebuchten um die kleine Insel Marstrandsön.

Information/Verbindungen (Vorwahl Marstrand: 0303)

• *Information* **Marstrands Turistbyrå,** Hamngatan 25, 44030 Marstrand, ✆ 60087, ✆ 60018, turist@tele2.se. Mitte Juni bis 1. Woche August Mo–Fr 9.30–18, Sa 10–17, So 12–16 Uhr, übrige Zeit Di–Fr 9.30–17, Mo –18 Uhr, Juni auch Sa+So 12–16 Uhr.

• *Verbindungen* **Bus:** Linie 302/312 ab Göteborg Bus-Terminal, Mitte Juni bis Mitte

Aug. ca. stdl., übrige Zeit 2- bis 4-mal tgl. **Passagierboot:** Im Sommer tgl. mit dem Schärendampfer ab Lilla Bommen nach Marstrand, Buchung über die TI in Göteborg oder Sällskapet Ångbåten, ✆ 031-7017754. Auch die „MS St. Erik" fährt Marstrand an, s. Göteborg/Aktivitäten. Von Marstrand verkehren zwischen Mitte Juni und Mitte August Passagierfähren nach Rönnäng auf Tjörn. Gunnars Båtturer, ✆ 0304-672680. Marstrands Sjötransporter, ✆ 61822, unterhält ganzjährig Taxiboote. Nach Rönnäng zahlt man z. B. p. Pers. ca. 60 SEK. Zwischen den beiden Ortsteilen von Marstrand pendelt eine Fähre im Viertelstundentakt. Parkplätze am Hafen.

Übernachten/Essen & Trinken

• *Übernachten* **Hotell Nautic,** Långgatan 6, ✆ 61030, ✆ 61200. Renovierte alte Strandvilla, Zimmer teils mit Meerblick. DZ ab 1050 SEK.

Villa Maritime, Hamngatan, ✆ 61025, ✆ 61620. FeWo in großer Anlage mit moderner Einrichtung, Garten, Pool, Sauna. 2 Pers. ab 1650 SEK.

Marstrands Varmbadhus/Båtellet, Badhusplan, ✆ 60010, ✆ 60607. Im alten Warmbadehaus gelegene, originelle Unterkunft, auch mit Mehrbettzimmern. Das neue Schwimmbecken im verglasten Anbau erinnert an die frühere Funktion. DZ ab 600 SEK, JH 245 SEK.

Marstrands Familjecamping, Koön, ✆ 60584, ✆ 60440. Strandnaher und gut ausgestatteter Platz, unweit des Fähranlegers auf Koön. Bäume, Büsche und Schärenkuppen geben Windschutz. Campinghütten ca. 350 SEK. Mitte April bis Mitte Sept., in der Hochsaison oft voll.

• *Essen & Trinken* **Restaurant Tenan,** Rådhusgatan, ✆ 60322, tgl. 12–22 Uhr. Einem Grand Hotel angemessen, ist das Niveau der Speisen und Preise ebenso gehoben wie das Interieur.

Drott Restaurang, Båtellet, ✆ 60010. Beliebtes Esslokal mit breitem Angebot. Mai bis Sept. tgl. 12–23 Uhr, übrige Zeit Fr–Sa abends und So 13–19 Uhr.

Marstrands Värdshus, Hamngatan, ✆ 60369, Juni bis Aug. 12–23 Uhr. Am Hafen gelegen, serviert das gemütlich-rustikal eingerichtete Värdshus alles, was das Meer an kulinarischen Verlockungen zu bieten hat.

Societätshus, Kungsplanen, ✆ 60600, Juni bis Aug. tgl. 12–1 Uhr. Im alten Kurhaus wird in zwei Restaurants, Café und Brasserie gespeist, Bar, Disco und Casino ergänzen das Angebot.

Die Festung von Marstrand ist für Segler eine markante Landmarke

Im Frühjahr herrscht noch Ruhe im Bootshafen von Skärhamn

Von Stenungssund nach Strömstad

Inselhüpfen in Bohuslän

Zwischen Göteborg und der norwegischen Grenze erstreckt sich die Schärenküste von Bohuslän, eine beliebte Ferienregion bei In- wie Ausländern. Die Eiszeitgletscher haben aus Gneis und Granit Rinnen, Mulden und Rundhöcker modelliert, das ansteigende Meer sie in Buchten, Sunde, Landzungen und Inseln jeder Größe verwandelt.

Bohusläns Nord-Süd-Ausdehnung von knapp 170 km wäre auf der E 6 in ein paar Stunden abzufahren, verwandelt sich abseits der Hauptverkehrsachse jedoch zum urlaubsfüllenden Programm. Darin spielt das Wasser eine Hauptrolle: Die geschützten Meeresarme im inneren Schärengarten sind ein beliebtes Segelrevier, und Marinas finden sich allerorten. Auch ohne eigenes Boot erreicht man zahlreiche der wind- und wellenumtosten Außenposten auf kleinen Fähren oder Ausflugsbooten, und auf manchen verzeichnet die Wetterstatistik allsommerlich noch mehr Sonnenstunden als auf dem Festland. Schöne Badestellen findet man sowieso überall. Unter Wasser sorgt der relativ hohe Salzgehalt des Skagerrak für eine artenreichere Tierwelt als an den übrigen Küsten Südschwedens. Krabben und andere Schalentiere sind die Hauptfänge der heutigen Fischereiflotte.

Tjörn und Orust

Die beiden großen, miteinander verbundenen Inseln erreicht man via Stenungssund auf Brücken, die spektakuläre Blicke auf den von Holmen übersäten Meeresarm freigeben. Meerwärts ist die Küste gespickt mit malerischen Fischer- und Feriendörfern.

Tjörn

Rönnäng ist der südlichste Küstenort und mit Zwischenstation in Marstrand auch von Göteborg aus mit Passagierfähren zu erreichen. Überhaupt ist das Inselhüpfen von Rönnäng aus besonders lohnend. **Dyrön** mit seinem geschützt liegenden Dörfchen und beiderseits hoch aufragenden Felskuppen eignet sich für aussichtsreiche Spaziergänge. Unterwegs kann man nach den hier wild lebenden Muflonschafen Ausschau halten. **Åstol** ist ein kleinerer Felsenholm, fast unbewachsen, dafür aber umso dichter bebaut. Zwischen den Holzhäuschen liegen schmale Gassen, und zum offenen Meer hin weisen die Granitklippen besonders vielfältige Bänderungen auf. Auf der anderen Inselseite liegt geschützt der Hafen mit der Räucherei. Das angeschlossene Restaurant lockt nicht nur mit Lachsforelle frisch aus dem Rauch, sondern an Sommerwochenenden auch mit wechselndem Kulturprogramm.

Tjörnekalv ist ein heute recht einsamer Außenposten von Rönnäng mit einigen Fischerhütten an der Ostseite der Insel, die aus zwei kleinen Schärenbuckeln und einer schmalen Landzunge dazwischen besteht. Straßenanschluss über eine Brücke gibt es nach **Klädesholm**, dessen kleine, farbenfrohe Siedlung sich auf mehreren Schärenbuckeln eng um verschiedene Fischkonservenfabriken schart. Hier wandern Hering und Anchovis kräftig gewürzt vom Fass in die Blechbüchsen, die man direkt ab Fabrik erstehen kann. Das Museum Sillbua ist in einem der alten Betriebe auf dem äußersten – und autofreien – Schärenbuckel Holmen eingerichtet und zeigt anschaulich, wie hier zwischen 1920 und 1960 produziert wurde. (Mittsommer bis Mitte Aug. tgl. 15–19 Uhr, übrige Zeit nach Absprache, ✆ 673361).

Skärhamn ist der malerisch gelegene Hauptort von Tjörn und heute ein typischer Hafen für Freizeitskipper. Schön verwinkelt ziehen sich die Gassen um die Kirche herum die Felskuppen hoch, und gleich neben der Straße machen Kutter am Pier fest. Das kleine Seefahrtsmuseum im Hafen (Juli: Mo–Fr 17–20 Uhr, Juni bis Mitte Aug. Sa+So 15–18 Uhr) hat kulturelle Konkurrenz bekommen, seit das Nordiska Akvarellmuseum im Sommer 2000 seine Pforten geöffnet hat. Hier sollen sich neben der permanenten Ausstellung in Zukunft auch wechselnde Gastkünstler einfinden und die Sammlung ergänzen. Ein Atelier, in dem Besucher selbst mit Wasserfarben experimentieren können, rundet das Angebot ab. (Mitte Mai bis Sept. tgl. 11–18 Uhr, übrige Zeit Di–So 12–17, Do – 20 Uhr.)

Information/Verbindungen (Vorwahl Tjörn: 0304)

• *Information* **Bästkystens Turistbyrå,** Kulturhuset Fregatten, Stenungstorg, nahe der Orustbrücke, 44431 Stenungsund, ✆ 0303-83327, ✆ 68049, info@baest kusten.se, Juni bis Aug. Mo–Sa 9.30–18 Uhr, Juli+Aug. Auch So 11–15 Uhr, übrige Zeit Mo–Fr 9–17, Do –18 Uhr.

Filiale in Skärhamn am Södra Hamnen, neben dem Akvarellmuseum, ✆ 671040, ✆ 671670. Juni bis Aug. Mo–Sa 9.30–18 Uhr, So 11–15 Uhr, übrige Zeit Mo–Fr 12–17, Sa 11–15 Uhr.

• *Verbindungen* **Bus:** nach Rönnäng und Skärhamn mit Tjörn-Expressen und Linie 350 ab Göteborg Bus-Terminal, ca. 5–10 Abfahrten tgl. **Schiff:** Zu den autofreien Inseln Dyrön, Åstol und Tjörnekalv mit Personen-Fährlinie 361 ca. stdl. ab Rönnäng.

Übernachten/Camping

• *Übernachten* **Hotell Bergabo,** Kyrkvägen, Rönnäng, ✆ 677080. Hotel, JH und FeWo. Hübsch gelegenes, älteres Holzgebäude am oberen Dorfrand, FeWo im Neubau, beide mit guter Aussicht über die Inselwelt. DZ ab 1000 SEK., 4 Pers.-FeWo/ 1000 SEK, JH ab 150 SEK.

Bohuslän-Südteil:
Region Tjörn-Orust

Rönnängs Vandrarhem, Nyponvägen, ✆ 677198, ✆ 677674, ab 180 SEK. Gemütliche Herberge am Ortseingang, nah zu Strand und Klippen.
B&N Huset, ✆ 674705, ✆ 670119. Neben der TI in Skärhamn gelegenes, kleines Hotel, die Zimmer haben teils Meerblick. Beliebtes Lunchcafé im Haus, im Sommer Kulturveranstaltungen. DZ ab 750 SEK.
Hotell Nordevik, Hamngatan 60, Skärhamn, ✆ 670311, ✆ 670335, DZ ab 80 SEK. Relativ schlichtes, familiäres Hotel mit ordentlich ausgestatteten Zimmern. Im angeschlossenen *Matsal* wird guter Fisch serviert, zur Lunchzeit haben die Angestellten der umliegenden Betriebe hier ihre Stammtische; Mo–Fr 8–18 Uhr.
• *Camping* **Mossholmens Marina,** Bleket, ✆ 675255, ✆ 675021. Campingplatz (ungeeignet für Zelte) mit Hüttenvermietung, beim Yachthafen nahe der Klädesholm-Brücke. Gepflegte Anlage, Plätze direkt am Ufer mit Schärenblick, allerdings mit etwas „Industrieflair" durch Bootshalle und Öltank.
SIK Sportcenter, ✆ 670537, ✆ 671905. Campingwiese und einfache JH bei den Sportanlagen von Skärhamn, ca. 2 km vom Ortszentrum entfernt, ab 130 SEK.

Essen & Trinken

Skärgår'n, Rönnängs Brygga, ✆ 672201, serviert Lunch, Snacks und Kaffee. Treffpunkt für Insulaner und Ausflügler direkt am Fährkai, tgl. 10–18 Uhr.
Vadbinderiet på Dyrön, ✆ 677977, Mittsommer bis Aug. tgl. 11–23 Uhr, sonst nach Absprache. Die alte Netzmacherei am Fähranleger von Dyrön ist heute eine gemütliche Gaststätte.
Åstols Rökeri, ✆ 677260, Mittsommer bis Aug. 10–22 Uhr. Originelles Ambiente im ehemaligen Gefrierhaus am Kai von Åstol. Wenn donnerstags der Trawler Nordhavet anlegt, gibt es die Räkor frisch gekocht. Geräuchert sind sie, neben anderen Meeresfrüchten, täglich im Angebot. Livemusik mehrmals pro Woche.
Salt & Sill, Klädesholmen, ✆ 673480, Mitte Mai bis Mitte Aug. tgl. 12–1 Uhr. Am Ortseingang und Yachthafen gelegen. Im Stil der typischen rostroten Fischerbuden, aber doch etwas überdimensioniert, mit beliebter Terrasse zum Meer. Hier zählt „sehen und gesehen werden".
Pater Noster Fiskrestaurang, Skärhamn, ✆ 671901, nahe Akvarellmuseum und TI auf der Landzunge, Mitte Juni bis Aug. tgl. 12–23 Uhr. Auch wenn die namensgebenden Pater Noster Schären nicht zu sehen sind, die Aussicht aus dem ersten Stock auf Wasser und Inseln ist herrlich und passend zum leckeren Meeresgetier auf dem Teller.
Restaurant Fregatten, Hamnen, Skärhamn, ✆ 670195, Juni bis Aug. tgl. 12–22 Uhr, übrige Zeit Mo–Fr 15–22 Uhr, Sa+So 12–22 Uhr. Zentral zwischen Hafen und Ortszentrum gelegen, zieht das maritim eingerichtete Lokal nicht nur Touristen an.
Restaurang Vatten Gourmet och Café, Skärhamn, Nordiska Akvarellmuseet, ✆ 670087, Mitte Juni bis Aug. tgl. 10–23 Uhr. Lichtdurchflutetes Museumsrestaurant im kühlen, nordischen Design mit gehobenem Speisenangebot und Blick auf das Segelrevier.

Aktivitäten

Bootstouren durch den Schärengarten und zu den Pater Noster Schären vermittelt die TI in Skärhamn.
Motorboote verleiht Mossholmens Marina, s. *Unterkünfte*.
Nördlich von Skärhamn lohnt sich ein Ausflug zur fast unbewohnten Insel **Härön**. Von Kyrkesund verkehrt eine Passagierfähre, Wanderrouten führen durch das raue Naturreservat, am Anleger bietet das Magasinet Härön Verpflegung im urigen Lagerhausmilieu.
Segelkurse werden in Skärhamn bei Tjörns Segelsällskap, ✆ 670151, angeboten.
Segelboote und offene Motorboote verleiht Ellen Yachting in Klädesholmen, ✆ 031-133629 und Aqualand, Skärhamn, ✆ 0708-194342.
Aqualand, s. o., und Blue Planet Adventure, Klädesholm, ✆ 674154, führen **Tauchgänge** und Kurse durch.

Orust

Um nach Orust zu kommen, fährt man zunächst ein Stück landeinwärts zur Straße 160 und gelangt dann über die kleine Insel Mjörn nach Orust hinüber (in Kållekärr links Richtung Röra Strand). Wieder an der Außenküste, lohnt sich ein Umweg

Mollösund ist noch heute von Fischerei geprägt

durch Nösund, idyllisch in einer schmalen Senke zwischen Felsen gelegen. Reizvoll ist auch ein Abstecher nach **Mollösund** am Südwestzipfel. Am Aussichtspunkt oberhalb der Kirche hält eine hölzerne Fischerfrau besorgt nach heimkehrenden Booten Ausschau. Wen nicht der „Blanke Hans" holte, fand auf dem idyllischen kleinen Friedhof zu Füßen der Felsen seine letzte Ruhe. Die zahlreichen Fischerbuden rings um den Hafen sind augenscheinlich noch in Betrieb, und manchmal baumeln hier und da Dorsche an Holzgerüsten in der salzigen Brise und verwandeln sich bis zum Sommer in den steinharten, schier unbegrenzt haltbaren Stockfisch. Um ihn wieder genießbar zu machen, muss er gewässert werden und kommt dann als *Lutfisk* Weihnachten auf so manchen skandinavischen Tisch. Mollösunds **Hembygdsmuseum**, in einer Fischerkate von 1850 beheimatet, stellt erwartungsgemäß Gerätschaften aus der traditionellen Fischerei aus (Mittsommer bis 1. Woche Aug. tgl. 11–13 und 17.30–19.30 Uhr).

Von Hälleviksstrand verkehrt eine Passagierfähre zur Insel **Käringön**, besiedelt seit dem 16. Jh. Mitten in der rauen, felsigen Landschaft überrascht der baumbestandene Garten des alten Pfarrhofes. Der Pfarrer, der ab 1849 hier residierte, gebot den Insulanern, bei jeder ihrer Fahrten zum Festland einen Beutel Mutterboden für den Friedhof mitzubringen. Da der gestrenge Gottesmann zugleich auch alle Kneipen der Insel schließen ließ, hat es wohl einen so regen Pendelverkehr gegeben, dass die gute Erde auch noch für den priesterlichen Garten reichte. Im Sommer ist der pittoreske Fischerort ein beliebtes Besuchsziel, und auch die Gastronomie hat sich seit den Tagen des Pastors Simon deutlich erholt. Wichtig ist das weit draußen vor der Küste gelegene Eiland außerdem als Stützpunkt der Seenotrettung.

Ein anderer Außenposten ist Härmanö mit **Gullholmen**. In dem seit dem 13. Jh. bestehenden Ort lohnt sich ein Bummel durch die alten Gassen und entlang der Strandlinie Richtung Norden zur Stenstugan. Die unscheinbare Steinhütte aus dem

19. Jh. zeigt die damaligen Wohnverhältnisse der Armen (Juli bis Mitte Aug. Di+Do 16–18 Uhr, übrige Zeit nach Absprache, ✆ 57330). Die Bewohner des Skepparhuset hingegen standen auf der Sonnenseite: Das Kapitänshaus von 1893 kann ebenfalls besichtigt werden (Mittsommer bis Mitte Aug. Di–So 16–19.30 Uhr, Einlass bis 19 Uhr, übrige Zeit nach Absprache, ✆ 57070). Das **Naturreservat Härmanö** bietet sich für ausgedehnte Streifzüge an. Immer wieder ist das Gneisgestein von Klüften und Gängen durchzogen. Zugvögel machen zahlreich auf der Insel Station, und Rotwild durchstreift das Gelände. Der Gegensatz zwischen der Wiesen- und Laubwaldlandschaft der geschützten Ostküste und der felsig-rauen Westseite, an die das Meer ungebremst brandet, könnte nicht stärker sein. Am Südende steigt die 6 km lange Insel zum schönen Aussichtspunkt Härmanö Huvud an. Zurück auf Orust sollte man hinter dem Hafenstädtchen **Ellös** einen Halt an der Kirche von Morlanda einlegen, die als einzige auf der Insel noch ihr mittelalterliches Erscheinungsbild erhalten hat. Nahe der Kirche zweigt die küstennahe Route über Målö und Flatön Richtung Lysekil ab.

Information/Verbindungen (Vorwahl Orust: 0304)

• *Information* **Bästkystens Turistbyrå,** siehe Tjörn. **Filiale in Henån**, Norra Strandvägen 3, ✆ 31140, 📠 31401. Juni bis Aug. Mo–Sa 9.30–18 Uhr, Juli + Aug. Auch So 10–14 Uhr, übrige Zeit Di–Sa 10–14 Uhr, Do bis 18 Uhr.

• *Verbindungen* **Bus** mit Orust Expressen und Linie 370 ab Göteborg Bus-Terminal bis Henån, ca. 6–12 Abfahrten tgl.; Linie 375 nach Tuvesvik (Gullholmen), Hälleviksstrand und Mollösund, jew. 2–6 Abfahrten tgl. **Personenfähren**: Von Hälleviksstrand nach Käringön, Linie 381, ca. 5-mal tgl. und von Tuvesvik nach Gullholmen, Linie 382, ca. stdl.

Übernachten/Camping

• *Übernachten* **Mollösunds Wärdshus,** ✆ 21108, 📠 21607, Juni bis Aug. Beliebtes Traditionshaus im Stil der alten Pensionate, DZ ab 1000 SEK.

h'Emma, ✆ 21175, 📠 21500. JH in Mollösund direkt am Pier, 220 SEK. In einem renovierten Lagerhaus eingerichtet, strahlt die nette Herberge viel Hafenatmosphäre aus.

Handelshuset Käringön, ✆/📠 56330, Hotel im restaurierten ehemaligen Handelsstützpunkt. Die roten Holzgebäude liegen in schönem Hafenambiente. DZ ab 1000 SEK.

Cap Caprifol, ✆ 56198, 📠 56030. Kleines, originelles Vandrarhem auf Käringön, das eher an ein Ferienhaus erinnert. 150 SEK

STF Tofta Gård, Stocken, ✆ 50380, JH in einem stilvollen alten Gutshof, von schönem Garten umgeben. Ab 220 SEK

Gullholmsbaden, ✆ 57327, 📠 57187. Nahe der Wasserkante in Gullholmen liegen die Ferienhütten, dahinter im Hotel und zur Straßenseite die Zimmer. Ab 400 SEK p. P.

Sjögården, ✆ 51030, Ellös. Hotel und JH, DZ ab 900 SEK, in der JH 170 SEK. Guter Stützpunkt für Bootstouren, s. *Aktivitäten*.

• *Camping* **Stocken Camping,** ✆ 51100, 📠 51130, April bis Sept. Großer, belebter Platz auf strandnahem Wiesengelände, einfache Hütten/4 Pers. ab 390 SEK.

Målö Camping, ✆ 51102, hübsch gelegener und nicht so überlaufener Platz auf der Strecke nach Norden.

Essen & Trinken

Nösunds Värdshus, ✆ 20925, tgl. 13–22 Uhr. Ausgezeichnetes Restaurant im gleichnamigen Konferenzhotel, herrliche Lage am Wasser, in der Orangerie südliches Flair.

Café Emma, Mollösund, ✆ 21175, im roten JH-Holzgebäude am Hafen. Gut und günstig. Juni bis Aug. tgl. von 11–22 Uhr, übrige Zeit Sa+So 12–17 Uhr.

Knuts Brygga, Mollösund, ✆ 21400, Juni bis Aug. tgl. 12–24 Uhr. Nette Ess-Kneipe im Lagerhaus Skeppshandel am Pier, die hölzerne Brücke ist im Sommer Terrasse.

Peterson's Krog, ✆/℻ 56019, Käringön. Direkt an der Küste gelegen und für guten Fisch bekannt. Tgl. 13–1 Uhr.

Bryggcafé Stocken, ✆ 51215, Mitte Juni bis Mitte Aug. Di–So 14–21 Uhr. Mit Blick auf das Treiben im Yachthafen.

Restaurant Skottarn, ✆ 57560, Gullholmens Konferenzcenter, ist auf Fisch spezialisiert. Mitte Juni bis Aug. tgl. 14–24 Uhr.

Ellös Brygga, ✆ 50993, serviert Fisch und Schalentiere in maritimer Atmosphäre.

Handelsman Flink, Flatön, ✆ 55051. Auf dem Weg nach Norden lohnt hier ein Halt, entweder für einen Kaffee am Wasser, ein gutes Dagens oder einen Blick in den altertümlichen Kramladen.

Aktivitäten

Seekajakverleih bei Handelsman Flink und Stocken Camping, dort werden in der benachbarten Marina auch offene Motorboote verliehen, ✆ 070-556 0863. Kleinere Boote, teils mit Außenbordern bei Gullholmsbaden und über die JH in Mollösund.

Tauchen beim Aqualand Dykcenter auf Käringön, ✆ 56335.

Ausflugs- und Angelfahrten aufs Meer mit dem Motorsegler Mary Josefina starten in Ellös, Mittsommer bis 1. Woche Aug. Di–Sa, bis Ende Aug. nur Fr+Sa, Buchung über das Hotel Sjögården.

Lysekil

Nördlich von Orust ist die Küste bis weit ins Hinterland durch Fjordarme aufgefächert. Um sie auf festem Boden zu umrunden, müsste man bis zur E 6 ausweichen. Die Alternativen führen über's Wasser, z. B. von Ellös nach Rågardsvik und von Bokenäs nach Finnsbo.

Lysekil liegt am Eingang zum Gullmaren, einem weit ins Land reichenden Fjordarm, auf der äußersten Landspitze. Die Nähe zu den Fischfanggründen und der gute Transportweg ins Hinterland zogen schon im 16. Jh. Fischer aus verschiedenen nordeuropäischen Regionen an. Auch heute noch ist Lysekil einer der wichtigsten Häfen an der bohusländischen Küste, nicht nur für die Fischerei. Der große Containerterminal und Ölraffinerien sind weitere ökonomische Standbeine der gut 15.000 Einwohner zählenden Gemeinde. Dazu will auf den ersten Blick nicht passen, dass auch die „weiße Industrie“ Tourismus in Lysekil traditionell eine wichtige Rolle spielt. Entlang der ausgedehnten Küstenlinie räumlich getrennt, lassen sich die so verschiedenen Wirtschaftszweige aber durchaus vereinbaren, was die hohen Besucherzahlen allsommerlich beweisen.

Sehenswertes in Lysekil

Havsbadet: Der Ortsteil um die Badhusgatan und den Yachthafen entstand in der zweiten Hälfte des 19. Jh., als der Badetourismus unter betuchten Skandinaviern beliebt wurde. Man kam zur Sommerfrische, nahm im Warm- und Kaltbadehaus seine Meerwasseranwendungen, spazierte entlang der Ufer und besuchte Kulturveranstaltungen im Societätshaus. An der Strandpromenade ließ der Badearzt Carl Curmann um 1880 die auffälligen Villen Storstugan und Lillstugan nach eigenen Entwürfen errichten. Die reich mit Ornamenten aus der nordischen Mythologie verzierten Holzgebäude erinnern an die norwegischen *Stabbur* (Holzhäuser in Stabbauweise) und sind in Privatbesitz (im Sommer gelegentliche Führungen durch das TI).

Havets Hus: Wo der Strandvägen von der Badhusgatan abzweigt, liegt das moderne Meeresaquarium, in dem die Flora und Fauna des Meeres auf hohem Informations- und Unterhaltungsniveau präsentiert werden. Man spaziert durch Plexiglasröhren unter Großfischen hindurch und erlebt verschiedene Unterwasserbiotope vom Riff über Fjorde bis zum Strand, alles in geräumigen Tanks untergebracht. Kinder dürfen, was Taucher tunlichst lassen sollten: alles anfassen, was im Streichelaquarium

Die Kirche von Lysekil steht auf erhabenem Standort

wohnt. Meeresbiologische Forschung hat am Gullmarsfjorden Tradition und wird in einer Ausstellung und Filmsequenzen anschaulich gemacht.
Geöffnet tgl. 10–16 Uhr, Mitte Juni bis 3. Woche Aug. bis 18 Uhr, ✆ 19671.

Vikarvets Museum: Nur ein paar Schritte weiter liegt an der Turistgatan eine zweite Sammlung mit Bezug zum nassen Element. Schiffsmodelle, ein altes Fischerboot und eine bunte Mischung von allem, was mit der Arbeit auf See zu tun hat, wird hier ausgestellt.
Geöffnet Mitte Juni bis Mitte Aug.Di–So 15–17Uhr, übrige Zeit So 14–16 Uhr, ✆ 13720.

Stångehuvud: Das Naherholungsgebiet auf den Granitklippen beginnt da, wo die Turistgatan den Pinneviksvägen quert. Spazierwege überziehen die seit 1980 unter Naturschutz stehende Westspitze der Halbinsel, die vor einem Jahrhundert noch als Steinbruch genutzt wurde. Von korallenrot bis sandgelb leuchtet das Gestein bei Sonne. Die Frau des Badearztes Curmann setzte sich für den Erhalt der interessanten Felsenlandschaft ein und kaufte das Gebiet nach und nach auf. Badeklippen und schöne Aussichtspunkte finden sich seewärts, Infotafeln klären über vorkommende Pflanzen auf.

Gamle Stan: Nordwärts trennt der Industriehafen entlang der Verkstadsgatan diesen ältesten Ortsteil Lysekils von Stångehuvud. Jenseits der belebten Drottninggatan finden sich in der Gamle Strandgatan und der Bansviksgatan zahlreiche niedrige, alte Holzhäuser. Viele stammen aus der Zeit, als Lysekil noch vorrangig eine Fischersiedlung war. Etliche der Häuschen sind inzwischen von Sommergästen als urige Ferienhütten entdeckt worden, aber noch wohnen auch Einheimische hier.

Kirche und Aussichtsturm: Südlich der Drottninggatan liegt auf einer Kuppe der *Utsiktstornet,* der hält, was sein Name verspricht. Gleich daneben steht ebenfalls erhöht die Kirche von 1901, aus dem rötlichen Granit von Stångehuvud errichtet. Das Kircheninnere ist mit farbenprächtigen Malereien ausgestattet. Besonders wertvoll ist die Kanzel von 1670.

Fiskebäckskil: Mit der Passagierfähre erreicht man das malerische Örtchen auf der anderen Seite des Gullmaren. Zwischen alten Fischerhäusern finden sich zahlreiche Sommerwohnsitze aus der Frühzeit des Tourismus. Der moderne Ortsteil ist auf die andere Fjordseite nach Östersidan verbannt, und so stört kein Neubau das einheitliche Bild. Schneeweiße Holzvillen wechseln mit Wohnhäusern in zarten Pastellfarben ab, und am Ufer liegen die Nutzgebäude der Fischer im typischen Falunrot. Die Kirche stammt von 1772, aus der Phase des Heringsbooms, was sich in ihrer reichen Innenausstattung mit wertvollem Altaraufsatz und kunstvoller Wandmalerei widerspiegelt.

Information/Verbindungen/Adressen (Vorwahl Lysekil: 0523)

• *Information* **Lysekils Turist och Informationsbyrå,** Södra Hamngatan 6, 45323 Lysekil, ✆ 13050, 📠 13059, turistinfo @lysekil.se, Juni bis Aug Mo–Sa 9–19, So 11–15, übrige Zeit Mo–Fr 9–17 Uhr.

• *Verbindungen* **Bus:** Linie 870 ab Göteborg via Uddevalla, ca. 8 Abfahrten tgl.; ab Orust Linie 375 nach Uddevalla, s. o. **Fähre:** Von Süden via Bokenäs auf der Straße Nr. 161 zur Autofähre Skår-Finnsbo, die über den Gullmaren pendelt. Die Passagierfähre Lysekil-Östersidan/ Fiskebäckskil verkehrt ca. stdl. ab Södra Hamnen.

• *Adressen* **Bezirkskrankenhaus** Lysekils Lasarett in der Lasarettsgatan , ✆ 18000. **Zahnärztlicher Dienst** Folktandvården am Kungstorget, ✆ 18210. **Einkaufen** rings um Kungs- und Rosvikstorget.

Übernachten/Camping

• *Übernachten* **Stadshotellet,** Kungstorget, Lysekil, ✆ 14030, 📠 12740. Zentral gelegenes Traditionshaus; man wohnt im verschnörkelten Ambiente der Frühzeit des Badetourismus; DZ ab 850 SEK.

Lysekil Havshotell, Turistgatan 13, ✆ 79750, 📠 14204. Schön gelegenes, kleineres Hotel im Viertel Havsbadet, ein Teil der Zimmer mit herrlichem Seeblick. DZ ab 1200 SEK.

Strand Vandrarhem och Kusthotell, Strandvägen 1, ✆ 79751, 📠 12202. Preiswerte Unterkunft in charmanter alter Holzvilla nahe Havets Hus. Ab 200 SEK.

Gullmarsstrand Hotell och Konferens, Strandvägen, Fiskebäckskil, ✆ 22260, 📠 22805. Moderne Ferienanlage der gehobenen Kategorie, direkt am Wasser und nahe dem Golfplatz gelegen. DZ ab 1050 SEK.

• *Camping* **Gullmarsbadens Camping,** ✆ 611590, Mitte Mai bis Aug. Schön gelegener Platz an weiter Felsenbucht, nahe der Straße 162. Gleich angrenzend:

Löfgrens Camping, ✆ 12415, Mai bis Aug. Etwas weiter zum Strand, viele Hütten: ab 300 SEK/2 Pers.

Siviks Camping, ✆ 611528, 📠 12727, Mai bis Mitte Sept. Gut ausgestattet, geschützte Lage an Sand- und Felsenküste, 4 km nördlich von Lysekil. Gut ausgestattete Wohnwagen 750 SEK.

Trellebystrands Camping, ✆ 12183, Mai bis Aug. Familienfreundlicher Platz auf Wiesengelände nahe der Felsküste. Badeplatz und Schwimmbecken. Der benachbarte Freizeitpark Leklandet bietet kommerzielle Kinderbelustigung, was richtig ins Geld gehen kann! Hütten ab 350 SEK/2 Pers.

Essen & Trinken

Havsbadrestaurangen, Gästhamnen, Juni bis Aug. 12–23 Uhr. Stilvoll in den alten Kuranlagen gelegen, ✆ 10073.

Jönssons Katt, Södra Hamngatan 18, Mo–Fr ab 7, Sa ab 8, So ab 10 bis 22 Uhr, Küche Mo–Fr bis 18, Sa+So bis 16 Uhr. In Hafennähe gelegen, zieht das urige Lokal nicht nur Touristen, sondern auch Einheimische an, die hier ihre Kaffee- oder Mittagspause verbringen oder sich abends auf ein Bier treffen.

Pråmen, Södra Hamngatan, ✆ 13452, Mai bis Aug. tgl. ab 12 Uhr bis nachts. Restaurant und Bar auf dem gleichnamigen Schiff. Meeresfrüchte dominieren das Speisenangebot, und in der Bar schlagen abends die Wogen hoch.

Café Ferdinand, Gamla Strandgatan, Juni bis Aug. tgl. 9–19 Uhr. Hübsches Café in Gamla Stan, in dem man die Atmosphäre der alten Fischersiedlung auf sich wirken lassen kann.

Café Kungsgatan, ✆ 16001, Mo–Sa 10.30–20 Uhr, So 12–20 Uhr. Überwiegend junges Publikum trifft sich im leicht alternativ angehauchten, gemütlich-rustikalen Café in der Einkaufsstraße.

Brygghuset, Fiskebäckskil, ✆ 22222, Juni bis Aug. tgl. 12–1 Uhr, übrige Zeit Sa 12–1, So 12–18 Uhr. Nahe der Kirche gelegener Krog, nette Einkehrmöglichkeit auf dem Ortsbummel.

Aktivitäten

Baden im Meer kann man zwar auch anderswo, aber im historischen Rahmen nur im Kaldbadhus, Juni bis Aug. tgl. 7–21 Uhr.

Tauchen: Dive in, Verkstadsgatan 19, ✆ 15233 und Oxygene Dive Traning, Norra Hamngatan 20, ✆ 15666. Beide mit Unterkunft für Taucher.

Angelfahrten mit MS Oberon, und Bootsausflüge mit der „Ran" können über TI gebucht werden.

Von Lysekil nach Fjällbacka

Die Straße 162 führt nun schnurstracks nach Norden. Kurz vor **Brodalen** lohnt sich ein erster Abstecher nach rechts zu den Hällristningar: Die bronzezeitliche Felsritzung zeigt u. a. eine metergroße Gestalt, die eine Axt schwingt (Zentrum der Felsritzungen ist Tanum, s. dort), den sogenannten Skomakaren. Hinter Bro geht es auf der 171 wieder Richtung Meer, und bei Åby liegt der außergewöhnliche **Tierpark Nordens Ark**. Hier werden bedrohte Tierarten besonders der nördlichen Regionen nachgezüchtet, darunter auch viele alte Haustierrassen (Åby Säteri, Hunnebostrand, ✆ 79590, tgl. Juli 10–18 Uhr, Mai, Juni+Aug. bis 17 Uhr, übrige Zeit bis 15 Uhr).

Ein Abstecher zur Spitze der Landzunge Sotenäs endet in **Smögen**, einem der meistbesuchten Hafenorte der Westküste. Wer nicht vorher im Stau steckenbleibt, kann sich im Sommer mit den übrigen Besuchermassen über die zugegebenermaßen malerische Hafenbrücke drängeln oder die Fischauktionen (Mo–Do 17+19 Uhr) besuchen. Wer außerhalb der Hauptsaison herkommt, hat die Szenerie fast für sich allein. Wenige Besucher verirren sich hierher, und die Bewohner kommen höchstens zum Fisch kaufen. Ansonsten bildet für sie das angrenzende Kungshamn das Zentrum, wo Verwaltung, Geschäfte und Betriebe ihren Sitz haben.

Bei **Hunnebostrand** führt das Stenhuggarmuseum in einem alten Steinbruch in diesen ehemals so bedeutenden Industriezweig ein (Mitte Juni bis Mitte Aug. Di–Fr 15–18 Uhr, ✆ 55380). Das Städtchen zieht sich malerisch um die weite Bucht, Promenadenwege führen an roten Bootshäuschen vorbei und bis zu den Badeplätzen auf Store Göransö.

Bis **Bovallstrand**, dem nächsten hübschen Fischerort, folgt die Straße 174 oft der felsigen Küstenlinie. In **Gerlesborg** wird Kunst und Kunsthandwerk ausgestellt (Gerlesborgskolan, Konsthall, ✆ 51710, KKV Håndverksbyn Skärholmen, ✆ 51634, beide im Juli tgl. 12–17 Uhr). In der Nähe, etwa 1 km hinter Bottna Kyrka (rechts Richtung Binghult, „Fornstugan"), liegt **Rambergskyrkan**, eine Felsformation aus mächtigen Blöcken mit Klüften und Höhlen dazwischen. Bei der Svenneby Gamla Kyrka führt ein Abstecher landeinwärts zum vorzeitlichen Gräberfeld von **Vrångstad** mit fast hundert Grabhügeln und Dutzenden von Bautasteinen. In anderer Richtung gelangt man zur Küste und zum Naturreservat **Valön**: Vom Parkplatz führen Spazierwege über die landschaftlich abwechslungsreiche Halbinsel zu Felsklippen und kleinen Buchten.

Ein kurzer Umweg führt über Heestrand die Küste entlang, Stichwege führen zu herrlichen Badestellen, und bei **Slottet** erreicht man den schmalen, geschützten Hamburgsund. Ein Schild wirbt für die Hornborg, doch lohnt der Weg dorthin kaum, denn auf der Kuppe finden sich nur spärliche Überreste der mittelalterlichen Festung. Kurz dahinter ist das nachgebaute **Wikingerdorf Hornboreby** deshalb die heute wichtigere Attraktion (nach Mittsommer bis Mitte Aug. tgl. 11–18 Uhr).

Im Hamburgsund finden Segler und Fischer geschützte Liegeplätze wie hier in Slottet

Der Ort **Hamburgsund** ist touristisch weniger durchgestylt, obwohl er nicht selten gerade deutsche Reisende anzieht – des Namens wegen. Jener hat seine Wurzeln jedoch nicht, wie gern vermutet wird, in einer Verbindung mit der Hansestadt, sondern in Kommunikationsproblemen zwischen den Bohusländern und den Stockholmern: So notierten die vom König gesandten Kartographen das im Westküstendialekt vorgebrachte Hornborgsund schlichtweg falsch. Der so umbenannte Meeresarm bietet zu jeder Jahreszeit sicheren Schutz für Fischer- und Segelboote, und die Ausblicke hinüber nach der mit einer Fähre erreichbaren Insel **Hamburgö** sind reizvoll: Sommerhäuser sind zwischen Felskuppen gebettet, meerwärts liegen Badeplätze ohne den typischen Westküstentrubel, der einen spätestens in Fjällbacka wieder einholt.

Information/Verbindungen (Vorwahl: Sotenäs 0523, Hamburgsund 0525)

• *Information* **Sotenäs Turistinbyrå,** Hamngatan 6, 45622 Kungshamn, ✆ 665550, 📠 665559, info@sotenasturism.se, Mo–Do 9–17, Fr bis 15 Uhr; im Sommer Filiale in Smögen, Brunnsgatan, ✆ 37544.
Turistinformation Hamburgsund, Färjeläget, ✆ 33895. Sommerfiliale von Tanum Turist.

• *Verbindungen* **Bus**: Der Kustlänken verbindet die Küstenorte von Strömstad bis Smögen (div. Linien, Mo–Fr 2x tgl.) Von Smögen nach Lysekil mit Linie 865 + 850 (über Halliden). **Fähren:** Die Autofähre von Hamburgsund nach Hamburgö pendelt ganztägig 1- bis 4-mal stdl.

Übernachten/Camping

• *Übernachten* **Makrillvikens Vandrarhem,** Makrillgatan, Smögen, ✆ 31565, 📠 30655. Unweit des markanten Wasserturms an einer idyllischen Schärenbucht gelegene, gemütliche Herberge mit Badesteg und Kanuverleih. Vom Trubel im Ort ist man weit entfernt. 200 SEK, DZ ab 500 SEK.

Sjösportgården, Nordmannshuvud 1, Smögen, ✆ 70302, 📠 70602. Auf einem Schärenbuckel am Nya Hamnen gelegen. Herrlicher

Blick auf den inneren Hafen, freundlich-schlichte Zimmer, im Sommer gutes Fischrestaurant, Tauchbasis. Ab 265 SEK, DZ 700 SEK.

Kustnära Pensionat & Vandrarhem, Heestrand, ✆ 53636, ℻ 53626, Mitte Mai bis Mitte Aug. Jüngst renovierte Herberge nahe der Küste mit schönen Badestellen südlich von Hamburgö. Das Haus hat eine wechselvolle Geschichte als Schule, Unterkunft für Steinmetzfamilien sowie Nähfabrik hinter sich und wird heute auch von Kunsthandwerkern genutzt. Ab 200 SEK.

Hamburgö Gamla Skola, ✆/℻ 34500. JH und Gästezimmer. Im alten Schulhaus der Insel, idyllisch inmitten von Wiesen, baumbestandenen Mulden und Felshügeln gelegen. Guter Stützpunkt für die Inselerkundung. Ab 175 SEK.

• *Camping* **Rörviks Familjecamping,** Hamburgsund, ✆ 33573, ℻ 33530, Mai bis Sept. Ordentlich ausgestatteter Platz mit Badestrand, einige Stellplätze unangenehm nah an der Hauptstraße. Hütten/2 Pers. ab 330 SEK, DZ ab 700 SEK. Direkt neben dem Wikingerdorf gelegen.

Essen & Trinken

Bella Gästis, Tullgatan 5, Hunnebostrand, ✆ 50000, tgl. 11.30–24 Uhr. Die Speisekarte, aufgemacht wie eine Zeitung, ist kaum zu überblicken; hier ist garantiert für jeden was dabei. Klassiker des Traditionshauses an der Wasserfront: Rotzunge mit Krabben.

Skalhusets Butik och Restaurang, Slottet, ✆ 33944, Mai bis Aug. Di–So 16–22 Uhr, Küche bis 20 Uhr, Laden ganzjährig Mo–Fr ab 13 Uhr. Kleines, ausgezeichnetes Fischlokal am eigenen Anleger, 2 km südlich von Hamburgsund, berühmt für seine köstlichen Patés.

Skäret, Strandvägen, Hamburgsund, ✆ 34580, Mittsommer bis Mitte Aug. Mo–Sa 17–23 Uhr, So 13–20 Uhr. Im rustikalen Ambiente einer alten Werkshalle werden gute Fischgerichte serviert.

Nolhåtten Krog, ✆ 33083, tgl. 12–18 Uhr. Uriges Lunch-Lokal am Fähranleger in Hamburgsund. Das gleichnamige Boot macht im Sommer Touren durch den Sund (tgl. 12+18 Uhr).

Pipers Glasscafé, ✆ 34612, im Sommer tgl. 10–20 Uhr. Oberhalb vom Fähranleger in Hamburgsund gibt es das berühmte Traditionseis, für das man sonst nach Stockholm fahren müsste.

Bohuslän-Nordteil und Dalsland
Nössemark
Norwegen
Stora Le
Lyssjö
Lelång
Egersknatten
262
Svärdlång
Baljåsen
301
Ömmeln
Bodals Viken
Orshöjden
275
172
Edslan
164
Bengtsfors
Edsleskog
Åmål
Dalslands Kanal
Tresticklan Nationalpark
Laxsjön
Billingsfors
Gutshof Baldersnäs
Grann
Dals Långed
Ärrsjön
Skottesj.
Lilla Le
Steneby
Tisselkog
Sörknatten
166
Ed
164
Iväg
Dalslands Kanal
Ånimmen
Råvarpen
S. Kornsjön
Marsjön
Snäckle Slus
45
Bäckefors
Håverud
Upperud
Yttre Bodane
Kynnefjäll
Köpmannebro
Vaktar-Kullen
Dalsland
166
Järbo
Dals Rostock
Sannesj.
Mellerud
Högsäter
Örsjön
Ragnerudssj.
Kroppefjäll
Granan
Vänern
Kärnsj.
Sundals Ryr
Brålanda
173
45
Munkedal
172
Ö. Hästefj.
St Hästefjorden
Uddevalla
Vänersborg
Halleberg
Lidköping
Vargön
Dättern
161
44
44
Havstensfj.
E6
Hunneberg
154
Trollhättan
Öresjö
7 km
enån
Göteborg

Fjällbacka

Der Ferienort Fjällbacka fasziniert vor allem durch seine Lage, eng unter die Steilklippen des Vetteberget geduckt. Vom Stora Kajen, unweit des nördlichen Abzweigs in den Ort, hat man einen guten Blick über den schmalen, eng bebauten Streifen Unterland, auf dem die Hamngatan seewärts von den Pfahlbauten etlicher Lagerhäuser gesäumt wird. Der **Ingrid Bergmans Torg** bildet das Zentrum; die Schauspielerin war wohl prominentester Stammgast in Fjällbacka. Eine Treppe führt die Felsen hinauf zur **Kungsklyftan**, einer schmalen Schlucht im **Vetterberget**. Am anderen Ende hängt ein mächtiger Felsklotz eingeklemmt zwischen den Seitenwänden. Anschließend kommt man an der Brandgatan wieder heraus. Ein Weg auf die 76 m hohe Aussichtskuppe zweigt landeinwärts nahe der Smedgatan von der Föreningsgatan ab. Der Blick vom Vetterberget über den Schärengarten ist großartig: Unzählige Holme und Inseln bilden nahe der Küste ein verwirrendes Muster, weiter draußen liegen die abgeschiedenen **Väderöarna**, die in zwei Gruppen noch einmal rund 370 Eilande bilden. Die meisten sind nur winzige Felsbuckel, die größten richtige Inseln, doch außer Lotsen und Leuchtturmwärtern gab es dort früher kaum feste Bewohner. Heute ziehen sie vor allem Taucher und Vogelkundler an. Ein Ausflug zur Insel Storö ist ein abenteuerliches Erlebnis.

Etwas nördlich von Fjällbacka lohnt ein weniger aufwändiger Abstecher zur Halbinsel **Veddö**, einem kleinen Naturreservat mit Rundwanderweg zu netten Badebuchten. Das Innere ist von glatten Felskuppen geprägt und von einer moorigen, birkenbestandenen Schlucht durchschnitten.

Information/Verbindungen/Adressen

Vorwahl Fjällbacka: **0525**

• *Information* **Turistinformation Fjällbacka,** Ingrid Bergmans Torg, 45071 Fjällbacka, ✆ 32120, fjallbacka.turist@svipnet.se, Juni bis Aug. 10.30–12.30 + 14.30–19.30 Uhr, Juli –20 Uhr.

• *Verbindungen* **Bus:** Zwischen Lysekil und Strömstad fährt der KustPendeln, Linie 868 alle Küstenorte sowie Tanumshede an, 3–5 Abfahrten tgl. **Fähren:** Das Postboot fährt Mo–Fr tgl. je Richtung 2-mal durch den Schärengarten von Fjällbacka, Reservierung einen Tag im Voraus notwendig, ✆ 070-8421474.

Parken: Kurzfristig am Hafen (Parkscheibe), Langzeitparken am Ortseingang gegenüber der Vårdcentral.

• *Adressen* **Ärztlicher Dienst Vårdcentralen,** ✆ 32020 und **Apotheke,** ✆ 20005, Mo 8.30–18 Uhr, Di–Fr bis 17 Uhr, Nestorsvägen. **Bank, Geschäfte und Post** auf der Allégatan und rings um den Ingrid Bergmans Torg.

Übernachten/Camping

• *Übernachten* **Stora Hotellet,** Gälarbacken, ✆ 31003, 📠 31093. Ausgesprochen originelle Unterkunft: Jedes der 22 Zimmer ist im Stil einer anderen Weltgegend eingerichtet, so als hätte ein betuchter und weit gereister Seefahrer seine Erinnerungen darin vergegenständlicht. Man kann wählen, ob man im Buenos Aires oder Bombay wohnen möchte, im Stile Amundsens oder Marco Polos. DZ ab 1200 SEK. Mit Restaurant Klassen; der Name spielt auf den Käpten an, dessen Erlebnisse die Idee für das Hotelkonzept gaben. Der Pub Gälaren ist bei Urlaubern wie Einheimischen beliebt.

Oscar II Café & Pensionat, Ingrid Bergmans Torg, ✆ 32210. Das Eckhaus, das sich unter die überhängenden Felswände zwängt, fällt sofort ins Auge. Gemütlich eingerichtet und in aussichtsreicher, zentraler Lage. DZ ab 1000 SEK. Im gemütlichen Café werden Lunch, Snacks und Kuchen serviert, Mai bis Sep. tgl. 8–24, übrige Zeit 11–24 Uhr.

Fjällbacka Vandrarhem & Pensionat, Falkevägen 2, ✆/📠 32880. Freundliche, schlichte

Unterkunft, zentral und ruhig auf den Felsbuckeln oberhalb der Hafenbucht gelegen. Arrangiert Bootstouren. 200 SEK, DZ 600 SEK.

Åsleröds Vandrarhem & Camping, Caravan Club, ✆ 31277. Herrlich gelegener Gutshof, ab Tankstelle Fjällbacka Richtung Skistad (2 km). Ab 150 SEK.

Badholmens Vandrarhem, ✆ 32150, auf der Badeschäre von Fjällbacka im alten Badehaus gelegen, traumhafter Blick auf den Ort unter den Felsen. Mittsommer bis Mitte Aug., 200 SEK.

Väderöarnas Pensionat, Storö, ✆ 32001. Gemütliche Herberge auf den abgeschiedensten Inseln der Westküste, Voranmeldung ist ratsam, da auch Gruppen die Unterkunft buchen. Café, Restaurant und Kiosk im Haus. 350 SEK, hauseigenes Fährboot ab 4 Pers. 270 SEK p. P.

STF Vandrarhemmet, Valö, ✆ 31234, Mai bis Mitte Sept. Auf der größten Schäre vor Fjällbacka liegt die kleine Herberge im Nebengebäude auf einem herrlichen Gartengrundstück. Das Haupthaus wird an Gruppen und Schulklassen vermietet. 195 SEK.

• *Camping* **Fjällbacka Camping,** ✆ 31490, 📠 31496, Mai bis Mitte Sept. Am südlichen Ortsrand bei Sälvik hübsch zwischen Felskuppen an der Küste gelegen. Hütten ab 400 SEK/2 Pers.

Långsjö Familjecamping, ✆ 12116, 📠 12310, Mai bis Mitte September, 3 km nördlich von Fjällbacka. Weitläufiger Platz mit kinderfreundlichem Strand und Spielplatz. Hütten ab 1700 SEK/Wo, FeWo ab 3700 SEK/Wo, DZ 450 SEK.

Fjällbacka

Essen & Trinken

Kapten Falk, Allégatan, ✆ 32655, Fr+Sa 12–22 Uhr, übrige Zeit bis 20 Uhr. Auch wenn Pizzerien eigentlich kaum erwähnenswert sind, diese bietet besonders phantasievolle Kreationen, etwa „Väderö" mit Krebsen und Hummersoße oder „Ingrid Bergman" mit Rinderfilet und Krabben. Auch Salate, Fisch und Fleischgerichte stehen auf der Karte.

Café Bryggan, Ingrid Bergmans Torg, ✆ 31060, Juni bis Aug. tgl. 9–2 Uhr. Eigentlich schon zu groß, um gemütlich genannt zu werden, aber mit maritim-rustikalem Charme. Draußen kann man dem bunten Treiben am Hafen folgen, abends ist der skurrile Bartresen beliebt, aus dem Heck eines alten Fischerbootes bestehend.

Aktivitäten

Bootstouren: Preiswert kommt man mit dem **Postboot** herum, s. o. unter Verbindung/Fähren. Zu den Väderöarna mit Ingarö Båtturer & Fisk, Buchungen über TI oder ✆ 32120. Rundfahrten durch die Schären mit der MS Mira Juni bis Aug tgl. 12 Uhr, Juli auch 15 Uhr: Väderö Fisk, ✆ 31043. Dort auch **Boots- und Kajakverleih**.

Fahrrad- und Bootsverleih bei Långsjö Camping. Fahrräder auch beim Fjällbacka Vandrarhem & Pensionat.

Reittouren auf Fjordpferden, 1 Std. bis 3 Tage: Rimfaxe, ✆ 0524-12403.

Rund um Tanum

Bei Tanum lohnt es sich besonders, Bohuslän abseits der Küsten kennen zu lernen. Berühmt sind die hier besonders zahlreich erhaltenen Felsritzungen „hällristningar„ aus der Jungsteinzeit und Bronzezeit. Gleich zwei Museen, eins touristisch-unterhaltsam, eins hintergründig-informativ, sind diesen zum UNESCO-Weltkulturerbe erhobenen prähistorischen Kulturzeugnissen gewidmet.

Steuert man Tanumshede von Süden an, so trifft man einige Kilometer vor dem Ort auf die ersten Hällristningar: Litsleby ist für seinen „Speerwerfer" bekannt.

Aspeberget

Bei Aspeberget erschließt ein lohnender Rundweg vom Parkplatz das Gebiet. Die Felsritzungen liegen auf den flachen Felskuppen und -hängen, immer etwas erhöht über dem heutigen Wiesen- und Ackerland, aus dem die Granithügel wie Inseln herausragen. Man weiss, dass zur Entstehungszeit der Felsritzungen – etwa 1500 bis 500 v. Chr. – der Meeresspiegel etliche Meter über dem heutigen lag: Die damaligen Menschen brachten die Bilder immer in Wassernähe an, und Schiffsabbildungen spielten offenbar eine wichtige Rolle. Hier bei Aspeberget findet man zahlreiche Abbildungen von Schiffen, Jagd- und Nutztieren, daneben stilisierte Menschendarstellungen und Sonnenscheiben. Die Interpretation, manchmal auch die Identifizierung selbst ist oft schwierig, denn die prähistorischen Urheber dieser Bilder kannten noch keine Schrift und haben daher ihre Vorstellungen nicht überliefert.

Felsritzungen kennt man auch aus anderen Regionen Europas, doch nirgendwo sind sie so gut erhalten geblieben wie auf den harten Granitfelsen Skandinaviens. Dennoch ist auch hier ihr Fortbestand unsicher; der saure Regen setzt dem Stein zu und lässt die Ritzungen zunehmend unschärfer werden. In Aspeberget hat man deshalb begonnen, einen Teil der Bilder mit Erdschichten wieder abzudecken, um sie so lange zu erhalten, bis man besucherfreundlichere Methoden für die Konservierung gefunden hat. Der Versuch, die Felsbilder zu überdachen, schlug fehl: Bei Hitze zersprang der Felsen unter den Dächern.

Vitlykke

Nur ein paar hundert Meter weiter liegt das bekannteste Hällristnings-Gebiet. Ein Museum wurde gleich daneben errichtet. Vom Parkplatz aus liegen die Felsbilder der **Vitlykke-Platte** auf der anderen Straßenseite; ein paar Meter den Hang hinauf steht man vor einer beeindruckenden Ansammlung von Ritzungen der unterschiedlichsten Motive, zum größten Teil mit roter Farbe ausgemalt, um sie besser erkennbar zu machen. Diese Methode wird an einigen Stellen angewendet, da Besucher sonst in der sommerlichen Mittagssonne die Umrisse der flach in den Stein gekerbten Motive nur schwer erkennen könnten. Ob die Vertiefungen ursprünglich auch mit Farbe hervorgehoben wurden, ist nicht sicher.

Verschiedene Motive der Vitlykke-Platte haben zu Interpretationen und fantasievollen Namen Anlass gegeben, darunter das bekannte „Liebespaar", offenbar eine Darstellung des Geschlechtsaktes, sowie „Götter" in Menschengestalt, darunter der sogenannte „Thor", mit einem Hammer dargestellt. Als „Adoranten" werden Menschendarstellungen interpretiert, die wie zur Anbetung die Hände erheben oder einen rituellen Tanz zu vollführen scheinen. Immer wieder vorkommende Fußumrisse werden als Zeugnisse magischer Vorstellungen gewertet: Eine Gottheit war hier anwesend und hat den kultischen Platz damit geweiht. Andere Bilder sind einfacher zu deuten, so wird z. B. sofort klar, dass die dargestellten Menschen überwiegend Männer sind. Ein besonders häufig gefundenes Motiv ist die kreisrunde Mulde, bei Vitlykke in langen Ketten angeordnet. Diese Schalengruben, die sich teils auch in Verbindung mit Menschen und Nutztieren finden, werden als Fruchtbarkeitssymbol gedeutet, könnten aber auch eine viel weitergehende und allgemeinere Bedeutung gehabt haben.

In einem rekonstruierten Bronzezeithof im Vitlykke-Museum

Bei einer Infotafel folgt man dem Vitlykke-Pfad, der zu weiteren Ritzungen führt. Sie sind weniger spektakulär und nicht halb so umlagert wie die Platte. Von dem kurzen Rundweg zweigt ein Pfad auf den Gipfel einer breiten Felsenkuppe ab. Der mit Pflöcken markierte Abstecher endet bei zwei mächtigen Grabhügeln, die hier oben in aussichtsreicher Lage aufgeschichtet wurden.

Das **Vitlykke-Museum** bereitet das Thema Hällristningar in unterhaltsamer Weise auf. Eine Ausstellung im Hauptgebäude präsentiert assoziative Deutungen, teils mit recht esoterisch-mythischen Verklärungen. Ein Videoclip jongliert im wahrsten Sinne des Wortes mit den Motiven der Ritzungen. So wird aus einer Schalengrube plötzlich der Ball spielender Kinder. Im Außengelände des Museums wird auf anschauliche Weise das damalige Alltagsleben der bronzezeitlichen Menschen dargestellt. Man wandert durch ein Hofgelände mit zwei Langhäusern, entdeckt Geräte und Techniken der Landwirtschaft und Jagd sowie im Wald eine nachgebaute Fanggrube für Rotwild und Elche.

Geöffnet April bis Sept. tgl. 10–18 Uhr, ✆ 20950.

Fossum

Die Straße nach Tanumshede trifft wenige Kilometer weiter bei der Kirche auf eine Kreuzung. Nach rechts geht es über die E 6 hinweg auf der 163 ein kurzes Stück Richtung Bullarebygden, bis rechts wieder ein Schild auf Hällristningar aufmerksam macht. Fossum ist für seine Jagd- und Kampfdarstellungen bekannt, außerdem findet man Schiffe, Hirsche und Frauenabbildungen. Nicht alles ist auf Anhieb zu erkennen, aber es lohnt sich, hier am Waldrand auf Entdeckungstour zu gehen. Der Pfad geht bis zu den Ritzungen von Balken weiter, berühmt für die von einem Pferd gezogene Sonnenscheibe.

Underslös

Wenige Kilometer weiter trifft man auf das Felsbildmuseum von Underslös. Anders als im neueren bei Vitlykke wird hier schon seit Jahrzehnten Forschungsarbeit zu den Hällristningar betrieben und dokumentiert. Im Sommer sind oft Spezialisten aus verschiedenen Ländern zu Gast, und es werden Kurse und Exkursionen für interessierte Laien angeboten. Karten zeigen die bisherigen über 4000 Fundstätten, alle oberhalb von 20 m über n. N. gelegen. Die nummerierten Orte geben die touristisch interessantesten, da ausgemalten Bilder wieder. Auch das Problem der Verwitterung wird thematisiert. Man geht davon aus, dass die meisten Bilder innerhalb der nächsten 20–30 Jahre zerstört sein werden und macht hierfür zwei Ursachen verantwortlich: die Übersäuerung infolge der Luftverschmutzung und die Aufforstung mit Nadelbäumen.

Mit der Interpretation der Felsbilder ist man hier genauer als in Vitlykke. So wird besonders darauf geachtet, ob Motive, die als Gruppe erscheinen, aus derselben Zeit stammen. Oft überlagern sich Bilder und geben damit auf den ersten Blick einen falschen Eindruck. Am Beispiel eines älteren Lurenspielers, der vermeintlich neben einem anderen Mann auf einem später entstandenen Schiff steht, wird das verdeutlicht. Auch das Bild eines pflügenden Bauern bekommt eine andere Wendung, wenn man den vermeintlichen Sack für das Saatgetreide als ältere Schalengrube identifiziert. Die Pflugszene ist eher symbolisch zu verstehen, denn die Gesichtsmaske kennzeichnet den „Bauern“ als Schamanen, der – immergrüne – Nadelbaum in seiner erhobenen Hand und die phallische Darstellung des Mannes sind Symbole für Fruchtbarkeit. Außerdem sind die dargestellten Gegenstände mit archäologischen Funden verglichen worden. So scheint die häufig abgebildete Streitaxt gar kein Kampf-, sondern ein rituelles Instrument gewesen zu sein. Sie bestand nämlich aus Ton und war nur mit einer dünnen Schicht Bronze überzogen, zum Kämpfen also völlig ungeeignet. Auch ein anderes Rätsel wurde archäologisch gelöst: Viele Darstellungen enthalten Schiffe mit einem kufenähnlichen Unterbau. Damals waren Fellboote gebräuchlich, die einen Kiel aus Holz erhielten, um sie im untiefen Fahrwasser zu schützen.

Geöffnet Tanums Hällristningsmuseum: Das Museum hat keine festen Öffnungszeiten, da es von Freiwilligen unterhalten wird. Es hat aber von Juni bis Aug. meist zwischen 10 und 18 Uhr geöffnet; ✆ 0525-29555.

Zurück zur Küste

Auf dem Weg nach Grebbestad lässt sich der Ausflug in die Vorgeschichte fortsetzen: Bei **Greby** liegt ein beeindruckendes Gräberfeld aus der Völkerwanderungszeit an der Straße 163. Etwa 200 Grabhügel finden sich hier. Am Ortsrand von Grebbestad führt der 3 km lange, markierte Rundweg Falkerödsleden vom Falkeröds Hembygdsgård zu weiteren prähistorischen Relikten.

Grebbestad ist ein Fischerei- und Touristenzentrum. Am Ende der Bucht dominiert Hafenindustrie im Kleinen, fjordauswärts übernehmen die Freizeitskipper das Ruder. Am Yachthafen promenieren sommertags die Massen, entsprechend hat sich jedes Gebäude entlang der Brücke auf Urlaubsgäste eingestellt. Im alten Ortskern, etwas oberhalb auf den felsigen Kuppen, verläuft sich der Besucherstrom ein wenig in den verwinkelten Gassen. Richtung Norden lohnt sich ein Abstecher nach **Havstensund**, auf zerfransten Schärenbuckeln gelegen. Unterwegs passiert man vor Ulmekärr eines der besterhaltenen Steinlabyrinthe der Bronzezeit. Seine Funktion

Grabhügel bei Tanum

ist nicht bekannt. Etwas weiter zweigt ein Fahrweg zum Naturreservat Tjurpannan ab, einer besonders exponierten Halbinsel mit Wanderwegen zu Tümpeln, Mooren und Felsbuchten, in die bei stürmischem Wetter die See ungebremst brandet.

Information/Verbindungen/Adressen (Vorwahl Tanum: 0525)

• *Information* **Tanum Turistkontoret,** Bygdegårdsplan, 45781 Tanumshede, ✆ 18380, ✆ 18360, turistkontoret@tanum.se, Mo–Fr 8–12+12.30–16.30 Uhr. Zentral gelegen in der Kommunalverwaltung an der Kreuzung E 6 und 163 (Busbahnhof). Infomaterial liegt im Sommer auch schräg gegenüber im Museums-Café Sokkenmagasinet aus, s. u., außerdem auch in der Tankstelle an der Kreuzung E6/Stora Oppen.

Grebbestads Turistinformation, Torget, 45772 Grebbestad, ✆ 10080, Juni bis Aug. tgl. 12–17 Uhr, übrige Zeit Mo–Fr 10–14, Sa+So 11–15 Uhr.

• *Verbindungen* **Bus:** Tanumshede liegt an der Strecke der Bahn- und Buslinie Göteborg–Strömstad. Vom Busbahnhof, Str. 163/Ecke Apotheksvägen, Linie 877/878 nach Grebbestad, 4–6-mal tgl., nach Fjällbacka Linie 875, 3–5-mal tgl. Juni bis Aug. auch Bus von Tanumshede nach Vitlykke, Infos bei der TI.

Parken: In Grebbestad auf dem Hamnplan bei den Supermärkten, in Tanumshede beim Busbahnhof.

• *Adressen* In Tanumshede: **Ärztlicher Dienst** Vårdcentralen, Ringvägen, ✆ 18500, nahe der Einkaufsstraße und Supermärkte, **Apotheke** Kronan ebenfalls dort, Affärsvägen, ✆ 20005, Mo–Fr 9–18 Uhr, Sa bis 13 Uhr, **Polizei** am Riksvägen, ebenfalls im Zentrum. In Grebbestad: **Apotheke** im Supermarkt ICA, wie **Bank** am Hamnplan gelegen, **Post** bei Grebbestads Spel&Tobak, Torget.

Übernachten/Camping

• *Übernachten* **Tanums Gjestgifveri,** Apotheksvägen, Tanumshede, ✆ 29010. Das Gebäude von 1663 ist für sich genommen eine Attraktion. Hier führte früher die Postkutschenroute vorbei. Noch heute wohnt man im Stil dieser vergangenen Zeit, ergänzt durch modernen Komfort. DZ ab 1180 SEK. Das angeschlossene Restaurant ist ein bekannter „Gourmettempel" und gilt als eines der besten im Lande.

Bohusläns Bed & Breakfast, Olseröd, ✆ 10635, 📠 61460. Ruhig gelegenes Landhaus zwischen Tanumshede und Grebbestad, nette Zimmer, Aufenthaltsräume, darunter ein Billardzimmer. DZ 650 SEK.

Grebbestadt Vandrarhem & Minihotell, Nedre Långgatan 15, ✆/📠 61414, Mai bis Sept., übrige Zeit nach Absprache. Zentral gelegene, gut ausgestattete Herberge direkt am Hafen mit 2–4-Bett-Zimmern. Ab 250 SEK.

Charlottenlund, Lundenväg, Grebbestad, ✆ 14221+10780, 📠 10628. Etwas außerhalb des Zentrums nahe der Kirche im alten Kurpark gelegenes, kleines Vandrarhem mit angeschlossenen Hütten. Reservierung ratsam. JH 200 SEK, Hütten/4 Pers. 650 SEK.

Tanum Strand, Hotel und FeHa in riesigem, trubeligem „Resort", 2 km südlich von Grebbestad. Erinnert an eine Mischung aus Club Med und Center Park und hat vor allem skandinavisches Publikum. Guter Standard in der gesamten Anlage, die Hütten stehen allerdings ziemlich dicht, aber für Ruhesuchende ist das Feriendorf ohnehin nichts. Die „Animation" reicht vom Spaßbad und Freizeitcenter über Tauchen und Tennis bis zum wechselnden Unterhaltungsprogramm zwischen Afterbeach und Danskvällar. Kinderbetreuung. DZ ab 1450 SEK, Hütten ab 1140 SEK/4 Pers.

• *Camping*. **Tanums Camping,** ✆ 20002, 📠 29386, Mai bis Mitte Sept. Wiesenplatz bei Vitlykke, guter Stützpunkt für die Besichtigung der Hällristningar und nie so voll wie an der Küste. FeHa/4 Pers. 660 SEK, Hütten/2 Pers. ab 200 SEK.

Grebbestad Camping, ✆ 61211, 📠 14319, ganzjährig. 1 km südlich des Zentrums in Standnähe gelegen, einige Stellplätze sehr straßennah, wenig Schatten, gute Ausstattung, darunter Sauna und Whirlpool. Im Sommer recht voll. Das angeschlossene, neue Pensionat Fjorden bietet DZ ab 800 SEK, auch JH-Zimmer, 200 SEK p. P.

Saltviks Camping, Långeby, ✆ 21387 + 21249, April bis Mitte Sept., 5 km nördlich von Grebbestad nahe dem Naturreservat Tjurpannan, an grasiger, geschützter Bucht. Im Hochsommer wie alle Küstenplätze voll. Gut eingerichtete FeHa/6 Pers. 800 SEK.

Essen & Trinken

Entlang der Hafenbrücke von Grebbestad reiht sich ein Lokal ans andere, frisches Meeresgetier bekommt man überall; immerhin werden hier die Mehrzahl aller Austern, Krebse und Hummer Schwedens aus dem Wasser geholt. Besonders originell ist darunter:

Grebys Rökeri & Skaldjurscafé, Bryggan, ✆ 10716, Mitte März bis Dez. Sa+So 12–23 Uhr (berühmt ist das Weihnachtsbüffet, bestehend nur aus Meeresfrüchten, das an jedem Adventswochenende serviert wird!), Juni bis Aug. tgl. 11–23 Uhr. In der alten Konservenfabrik von „Abba" hat sich Grebys mit verschiedenen Lokalen auf mehreren Etagen eingerichtet, noch ganz im Stil der ehemaligen Werkhallen. Das Gebäude von 1901 steht teils auf Pfählen im Hafenbecken, und auf der hölzernen Brücke davor kann man im Sommer gut draußen sitzen. Im Skaldjurscafé ist mittags der Hauptbetrieb, abends verlagert sich das Geschehen in den zweiten Stock, wo die Restaurants Sjösalen und Konserven mit Meeresfrüchten und Livemusik aufwarten. Ergänzt wird das Angebot durch die Tångbrödsbakeriet, in der u. a. Brot aus Seetang angeboten wird.

Restaurang Telegrafen, Nedre Långgatan 28, ✆ 10167, Juni–Aug Di–So 12–22 Uhr, übrige Zeit Di–Fr 12–14.30, Fr auch 18–22 Uhr, Sa 12–22, So –18 Uhr. Bekannt gute Hausmannskost, daneben viel Fisch.

Restaurang Hertigen, Nedre Långgatan 21, ✆ 61531, tgl. 11–1 Uhr. Bewährter „Matkrog", wie die international bekannten, meist südländisch inspirierten Esskneipen auf Schwedisch heißen. Die Karte bietet das mediterrane Spektrum von Pizza bis Kebap in guter Qualität, daneben ist der Brunch, im Sommer tgl. 11–14 Uhr, sehr beliebt.

Skafferiet, Torget, ✆ 61284, Mitte Juni bis Aug. tgl. 8–23 Uhr. Mitten in Grebbestad gelegenes, nett eingerichtetes Café mit empfehlenswertem Frühstücksbuffet (bis 11 Uhr) und großer Auswahl hausgemachter Kuchen- und Eissorten.

Restaurang Nautic, Nedre Långgatan 33, ✆ 66677, Mo–Do ab 16, Sa+So ab 12 Uhr bis spät; das angeschlossene Kino sorgt für Nachfrage. Angenehmes Lokal im ersten Stock, vorn mit Lounge-Charakter, hinten mit Blick zum Hafen. Auf der Karte finden sich Snacks, Salate, Fast-Food, Fleisch- und Fischgerichte.

Außerhalb von Grebbestad ist die Lokalszene auf die Cafeterien der Campingplätze und wenig aufregende Pizzerien in Tanumshede begrenzt. Feinschmecker reisen allerdings von weit an, um in **Tanums Gjestgiferi** (s. Unterkunft) zu speisen. In ebenso historischem Ambiente, aber deutlich billiger isst man gegenüber:

Sockenmagasinet, s. Aktivitäten. Die kleine Cafeteria mit begrenztem Angebot an Smörgåsar und Kuchen ist im Erdgeschoss des Heimatmuseums untergebracht.

Aktivitäten

Heimatmuseum Sockenmagasinet, tgl. 12–18 Uhr, ✆ 29991. Am Busbahnhof von Tanumshede gelegenes Bezirkslagerhaus von 1869. Auf drei Etagen sind liebevoll die unterschiedlichsten Exponate zur Regionalgeschichte zusammengetragen, darunter eine historische Schulstube. Das Gebäude ist für sich sehenswert, ebenso im Erdgeschoss das Café.

Tauchzentren: in Tanum Strand West Point Divers, ✆ 19496, und in Grebbestad Dyk & Äventyr, Nedre Långgatan 28, ✆ 61496.

Bootstouren in die Schären ab der Grebbestad Brücke mit der „Donalda", ✆ 61102. Nach Fjällbacka fährt die MS Rulle, ✆ 0705-263306.

Bootsverleih bei Grebbestads Båtuthyrning, Hamnplan, ✆ 0730-385600, **Kajakverleih** beim KajakCenter, Svinnäs, ✆ 10930 (im Bootshafen) und in Tanum Strand.

Badestellen entlang der Strandpromenade und dem anschließenden Spazierweg von Grebbestad nach Tanum Strand.

Fahrradverleih in Grebbestad bei Kranman, Torget, ✆ 10080 und in Tanum Strand.

Der zweite Samstag im Juli ist in Grebbestad der **Karnevalstag**. Gefeiert wird von mittags, wenn der Umzug beginnt, bis in die Nacht.

Strömstad

Die kleine Hafenstadt verbindet wie nur wenige Westküstenorte urbanes Alltagsleben mit sommerlichem Fremdenverkehr. Der Hafen mit den Fischereianlagen bildet seit eh und je Strömstads Wirtschaftszentrum, verschiedene Fährlinien, darun-

Freilichtmuseum Fiskatorpet

ter eine ins norwegische Sandefjord, unterstreichen die verkehrstechnische Bedeutung der Stadt. Ihre Lage dicht an der Grenze zieht denn auch zu verlängerten Wochenenden wie Ostern oder Pfingsten Zehntausende von Norwegern für einen Kurzbesuch an. Was sie lockt, ist nicht nur die schöne Schärenküste, die man ja im Süden des Nachbarlandes auch fände, sondern vor allem das niedrige Preisniveau. Doch auch umgekehrt funktioniert der kleine Grenzverkehr, denn nicht wenige Bewohner Strömstads und Nord-Bohusläns arbeiten im benachbarten Norwegen, wo die Löhne wie die Preise wesentlich höher sind als in Schweden.

Auch in historischer Hinsicht sind die Verbindungen eng, denn Strömstad gehörte, wie weite Teile Bohusläns, bis 1658 zu Norwegen. Erst nachdem der Ort schwedisch geworden war, wuchs seine Bedeutung als konkurrierender Handelsplatz zu den norwegischen Küstenstädten Halden und Fredrikstad. Dennoch blieb der Ort recht klein, bis der beginnende Badetourismus im 19. Jh. zusätzliche Impulse gab.

Stadtspaziergang

Vom Udden, dem großen Parkplatz vor dem Krankenhaus, hat man einen guten Überblick über den Norra Hamnen, wo die Passagierfähren zu den Koster-Inseln und nach Norwegen ablegen. Verschiedene Buchten und Schären umrahmen das Hafenbecken, und zum Stadtzentrum hin schiebt sich die kleine Halbinsel **Laholmen** mit dem gleichnamigen Hotel in die Hafenregion vor. Auf der Norra Hamngatan und über eine Brücke geht es zur anderen Seite des Strömsån hinüber. Beiderseits des kurzen Flussarms, der den Stadtsee mit dem Meer verbindet, liegen die Haupteinkaufsstraßen. Auf der Landenge von Laholmen, zwischen Norra und Södra Hamnen, liegt die Tourist Information, kurz dahinter das markante alte Badehaus **Badanstalt**, das einen Besuch wert ist. Wer nicht im geheizten Meerwasser schwimmen will, findet im Untergeschoss, zum idyllischen kleinen Oskarsplatsen gelegen, eine Bäckerei und zur Strandpromenade allerlei maritime Einrichtungen, darunter Bootsverleih und Hafenkneipe. Auch die Ausflugsboote zu Schären und Badeplätzen starten hier. Auf der Promenade geht es vorbei am ehemaligen **Societätshaus**, das heute mehrere Gaststätten beherbergt, zum Jernvägtorget mit dem Stationshuset von 1903. Der Sackbahnhof ist noch in Betrieb. Er liegt inmitten der ältesten Gebäude des Ortes, zahlreiche kleinere, bunte Holzhäuser, die den Platz und die angrenzenden Gassen säumen. Am Gästehafen vorbei geht es in den Fischereihafen auf **Torsholmen**. Zwischen Lagerschuppen und Kai haben sich auch hier Fischverkauf und Gastronomie auf Sommerbesucher eingestellt. Am Ende der Kais legt die Autofähre nach Sandefjord ab. Ein Abstecher führt daran vorbei ein kurzes Stück den Uddevallavägen weiter zum Lokstallet, der ehemaligen Werkshalle der Eisenbahn, in der heute eine Galerie für wechselnde Ausstellungen eingerichtet ist (✆ 19228, Juli bis Aug. tgl. 11–21 Uhr).

Zurück am Järntorget, geht es die Buktegatan entlang, vorbei an der kleinen Galleri Olivia (Mo–Fr 12–18 Uhr, Sa 11–15 Uhr), dann ein Stück die Karlsgatan entlang, bis links der Fußweg Gällarstigen zum Stadtsee Strömsvattnet abzweigt. Auf diesem erreicht man das malerische Freilichtmuseum **Fiskatorpet**, das aus verschiedenen, alten Fischerhütten, teils aus dem 17. Jh. besteht und in einem herrlichen Bauerngarten liegt. Das Café bietet hausgebackene Kuchen, im Sjöboden wird zeitweilig Kunst aus der Region ausgestellt, eine Freilichtbühne wird im Sommer dann und wann für Kulturveranstaltungen genutzt (Mitte Juni bis Mitte Aug. Mo–Fr. 11–19 Uhr, Sa+So –18 Uhr). Zurück Richtung Zentrum bleibt man auf dem ufernahen Weg und trifft auf die Södra Hamngatan. Ein paar Meter weiter liegt das **Strömstadsmuseum**, das über die Geschichte des Fischer- und Badeortes informiert (Mitte Juni bis Mitte Aug. Mo–Fr 11–18, Sa bis 14 Uhr, Juli auch So bis 14 Uhr, übrige Zeit Mo–Fr 11–16 Uhr). Entlang der Einkaufsstraße und über die Brücke erreicht man wieder den Ausgangspunkt.

Ausflüge ab Strömstad:

Nach **Tjärnö** und **Saltö** geht es auf der 176 nach Süden bis zum Campingplatz Daftö. Hier beginnt eine wunderschöne Strecke, die sich besonders zum Radfahren eignet. Über vier Inseln, teils durch hohe Brücken, teils durch Dämme verbunden, führt sie bis zum Straßenende bei einem kleinen Bootshafen. Auf Tjärnö hat das Marinbiologiska Laboratorium seinen Sitz, in dem man das Aquarium besichtigen und einen Kaffee trinken kann (4. Woche Juni bis 1. Woche Aug. Mo–Sa 14–17 Uhr). Unterwegs liegen attraktive Badestellen, Aussichtspunkte und das Naturreservat Saltö mit Spazierwegen durch ursprünglichen Wald zur Küste.

Anleger auf Saltö

In **Skee**, nahe der E 6 gelegen, lohnt die romanische Kirche aus dem 12. Jh. einen Besuch. Wenige Kilometer weiter nördlich liegt dann bei **Blomsholm** eine bekannte Schiffssetzung, mit über 40 m Länge eine der größten des Landes und etwa aus dem 6. Jh. n.Chr. Hügelgräber und Steinkreise finden sich in der Nähe des Blomsholmskeppet.

10 km vor der Küste liegen die **Koster-Inseln**, ein beliebtes Ausflugsziel ab Strömstad. Die beiden bewohnten, autofreien Hauptinseln werden mehrmals täglich, in der Hochsaison fast stündlich angesteuert. Die meisten der etwa 400 Insulaner wohnen auf dem lieblicheren und landwirtschaftlich besser nutzbaren Süd-Koster. Hier liegen vier kleine Siedlungen verteilt, dazwischen Weideland und Wald, etliche Feriendörfer sowie an der Ostküste schöne Strände. Nord-Koster ist rauer, vom schmalen Sund, über den im Sommer eine Seilfähre pendelt (2. Woche Juni–Aug.), zieht sich ein kleines Siedlungsgebiet zur nahen Vettnet-Bucht, dahinter steigen die kahlen Gneiskuppen an, Wanderpfade durchziehen den Norden. Badeplätze, Unterkünfte und Lokale gibt es auf beiden Inseln, Süd-Koster eignet sich besonders zum Fahrradfahren. Wer die Inseln länger als für einen Tag besuchen will, sollte die Unterkunftsfrage unbedingt vorab klären.

Information/Verbindungen/Adressen (Vorwahl Strömstad: 0526)

• *Information* **Strömstad Tourist,** Tullhuset, Norra Hamnen, 45222 Strömstad, ✆ 62330, 📠 62335, info@stromstad tourist.se, Mitte April bis Aug. tgl. 8–17, Juli bis 20 Uhr, übrige Zeit Mo–Fr 9–12+13–17, Sa 10–14 Uhr.

• *Verbindungen* **Bus:** Der Stömstad Expressen fährt ab Göteborg hierher, auch der Svebus Express Malmö-Oslo hält hier, je ca. 4–6-mal tgl. **Zug:** Zugverbindung mit Göteborg, 3- bis 5-mal tgl. **Schiff:** Autofähre Color Line vom Terminal Torsholmen nach Sandefjord, Südnorwegen, ca. 5 Abfahrten tgl.

Parken: Im Stadtbezirk gebührenpflichtig von Juni bis Aug. Großer, zentraler Parkplatz am Krankenhaus, vom Oslovägen immer geradeaus bis zum Wasser, dort rechts. Kostenloser Park & Ride Service am Ringvägen beim Schulzentrum – vom Oslovägen links abbiegen – und am Uddevallavägen nahe dem Campingplatz.

• *Adressen* **Ärztlicher Dienst** Primärvården, ✆ 18000, im Krankenhaus, Västra Hamngatan. **Zahnärztlicher Dienst** Folktandvården, Klockaregatan 2, ✆ 12575. **Apotheke** Snäckan, gegenüber der TI, ✆ 14050, Mo–Fr 9–18 Uhr, Sa 9–13 Uhr. Naturmedizin Biopati, Östra Klevgatan 1, ✆ 61433. **Postamt** in der Skolgatan, **Polizeistation** in der Vestra Klevgatan. Die Haupteinkaufsstraßen liegen beiderseits des Kanals, große Supermärkte auf der grünen Wiese am Ortseingang, Oslovägen.

Übernachten/Camping

Hotel Laholmen, ✆ 19700, 📠 10036. Auf der gleichnamigen Halbinsel zwischen den beiden Hafenbecken gelegen, besticht dieses „erste Haus am Platze" vor allem mit der hervorragenden Aussicht. Geschmackvolle Zimmer, hoher Standard in Service und Küche. DZ ab 1500 SEK.

Hotel Krabban, Södra Bergsgatan 15, ✆ 14200, 📠 14204. Zentral gelegenes, kleineres Stadthotel. DZ ab 890 SEK.

STF Vandrarhem Strömstad, Crusellska Hemmet, Norra Kyrkogatan 12, ✆ 10193, 📠 66140, März bis Nov. Vorbuchung in der Saison erforderlich. Gemütliche JH in ruhiger, zentraler Lage. Gutes Frühstücksbuffet. Ab 205 SEK

Vandrarhemmet och Gästhuset „Roddaren", Fredrikshaldsvägen 26, ✆ 60201, 📠 61159. Gut ausgestattete Herberge mit 2–6-Bett-Zimmern in schlichtem 60er Jahre-Bau, nahe der Zufahrtsstraße zum Zentrum gelegen. Ab 200 SEK.

Pensionat Hällekindsbaden, ✆ 10035, 📠 61106. Traditionsreiches altes Gästehaus in großem Garten auf einer kleinen Halbinsel, 3 km nördlich von Strömstad, teils einfache Zimmer, gute Küche. DZ ab 700 SEK, viele Spezialangebote.

Ekenäs Skärgårdshotell, Süd-Koster, ✆ 20250, 📠 20194, Mai bis Sept. Traditionsreiches, jüngst renoviertes Hotel, das sich seine herrliche Lage allerdings recht teuer bezahlen lässt: DZ 1350 SEK. Fahrradverleih.

Rings um Strömstad gibt es etliche Campingplätze und Ferienanlagen, die alle gut ausgestattet und im Sommer stark frequentiert sind, darunter:

Strömstads Camping, ✆ 61121, 📠 61349, Mitte Mai bis Sept. Nur ein paar hundert Meter vom Zentrum entfernt auf einer bewaldeten Felsklippe gelegen. Schöne Blicke über Stadt, Buchten und Meer. Hübscher öffentlicher Badeplatz auf der ortsabgewandten Seite. Hütten ab 450 SEK/2 Pers.

Silverhornet, Hällestrand, Dynekilsvägen, ✆ 10095 + 08-781 1403, Mai bis Sept., Hütten ganzjährig. Feriencenter 7 km nördlich von Strömstad am Fjordufer des Dynekilen, Badestrand, Sauna. Waldreiches Gelände mit Hütten (4 Pers. ab 825 SEK), Pension und Vandrarhem (ab 200 SEK p. P.).

Capri, ✆ 13970, 📠 13941, Feb. bis Okt. 6 km nördlich von Strömstadt hinter Seläter an der offenen Küste gelegene, riesige Anlage mit Strand, Pool und Sauna. Die komfortabel ausgestatteten FeHa stehen dicht an dicht. Im Juli 6 Pers. ab 7000 SEK/Wo, ab Mitte Aug. nur noch die Hälfte. Im Hauptgebäude auch DZ ab 350 SEK.

Bofors Camping, ✆ 25005, Mai bis Sept. Naturnaher, ruhiger Platz an einer schönen Bucht auf Tjärnö (dort Richtung Lindholmen fahren). Hütten in der Hochsaison nur wochenweise: 3800 SEK/4 Pers.

Daftö Feriecenter, ✆ 26040, ✆ 26250, 5 km südlich von Strömstad am Abzweig nach Saltö, ganzjährig. Großer, kinderfreundlicher, gut ausgestatteter Platz am Wasser. Schwimmbad. Hütten ab 450 SEK/2 Pers., FeHa ab 950 SEK/4 Pers.

Miltons Stugby, Nord-Koster, ✆/✆ 20018, Mai bis Mitte Sept. Hütten und FeWo für 1–5 Pers., teils recht klein. In der Hochsaison nur wochenweise: 3020 SEK/2 Pers.

Reservatet Nordkoster, ✆ 20466, ✆ 20620. Einfacher Zeltplatz, schön und einsam an der geschützten Haslevik gelegen. Hütten 5200 SEK/4 Pers. pro Woche.

Kostergården Stugby, Kilesand, Süd-Koster, ✆ 20123, ✆ 20465, Mai bis Mitte Sept. Hütten und FeWo unweit des südlichsten Fähranlegers der Insel. Fahrradverleih. Ab 450 SEK/2 Pers.

Essen & Trinken

Restaurang Gusto, Norra Hamngatan 9A, Strömstad, ✆ 60062, tgl. 11.30–22 Uhr. Vielseitiges Lokal in der Haupteinkaufsstraße mit Blick auf den Kanal, der Hafen und Stadtsee verbindet. **Pråmen,** Södra Hamnen, ✆ 13509, Juni bis Mitte Aug. tgl. 12–2 Uhr. Restaurantschiff zwischen Gäste- und Fischereihafen, auf mehreren Decks wird alles serviert, was das Meer hergibt und mit so manchem Drink runtergespült. Am Wochenende Livemusik. Nur geeignet, wenn einen die Massenabfertigung nicht stört.

Göstases, Badhuset, ✆ 10812, geöffnet nach Wetter und Nachfrage. Im Keller der Schwimmhalle mit der Front zum Wasser liegt die schön altmodisch eingerichtete Hafenkneipe mit dem großen Wintergarten davor, in der man tagsüber bei Muschelsuppe oder Krabben den anlegenden Fährbooten zusehen kann. Abends trifft man sich am rettungsberingten Bartresen.

Kaffeedoppet, Järnvägstorget, ✆ 10115, Juni bis Mitte Aug. Mo–Do 8–20, Fr –19 Uhr, Sa 9–16, So 11–17 Uhr. Bäckerei mit angeschlossenem Café und entsprechend gutem Kuchenangebot, im alten Ortskern gelegen. Von der ersten Etage hat man den besten Überblick über den Hafen.

Park Restaurant, Skolgatan 3, ✆ 14450, Mo–Do 11–24, Fr –1 Uhr, Sa 12–1, So 13–24 Uhr. Rustikales Restaurant und zugleich beliebter Pub mit etlichen Biersorten vom Fass. Das Kino im selben Haus sorgt mit für den regen Zuspruch.

The Cod, Torskholmen, ✆ 61500, Mitte Juni bis Mitte Aug. tgl. 12–3 Uhr. Mittags wird am Kai serviert, abends im ersten Stock des weitläufigen Hafenschuppens getanzt, das alles in der Atmosphäre des Fischereihafens. Wer hier bis zum Schluss durchhält, kann gleich bis zur Fischauktion aufbleiben.

Kosters Rökeri, Långangärde, Süd-Koster, ✆ 20073, direkt am Hafenkai gelegen und für taufrische Meeresfrüchte bekannt. Je nach Anlandung wechselnde Öffnungszeiten.

Aktivitäten

Bootstouren: nach Furholmen mit Badestränden und Restaurant ab Badanstalt alle 30 Min., zu den Koster-Inseln Passagierfähre ab Norra Hamn, 4–10 Abfahrten tgl.

Fischauktion, Torskholmen, Di–Fr 7 Uhr, nur bei „Fangwetter".

Bootsverleih: Segel- und Motorboote bei Göstases, Seekajak- und Motorboote bei Lagunen Camping und Daftö Camping, Motor- und Ruderboote beim Feriencenter Capri.

Tauchen beim Strömstad Dykcenter, Canning, ✆ 14918, auf Nord-Koster bei Trident Divers, ✆/✆ 20514.

Badestellen liegen nahe der Campingplätze, auf Saltö und Råssö sowie zahlreich auf den vorgelagerten Inseln.

Schwimmen und „Spinning" in der Badanstalt, Badhusgatan, ✆ 19307, Mo 8–20, Di+Mi –19, Do+Fr –20 Uhr, Sa 10–16 Uhr, So 12–17 Uhr im Schwimmbereich, Mo–Do je 1 Std. länger im Trainingsbereich. Das renovierte Badehaus ist selbst sehenswert, im 1. Stock blickt man vom Schwimmbecken oder der Sonnenterrasse direkt auf den Hafen.

Fahrradverleih bei Cyckelhandlarn, Oslovägen 53, ✆ 60770, bei Silverhornet und Capri, auf Süd-Koster bei Cykel & Mekaniska in Långagärde und Ekenäs, ✆ 20443 und bei Kostergården Stugby.

Zwischen Skagerrak und Vänern

Wald und Wasser in Dalsland

Im Gegensatz zur bohusländischen Küste bietet Dalsland auch im Hochsommer viel Platz für Bewohner und Besucher; das waldreiche Gebiet war nie dicht besiedelt.

Landwirtschaft wird vor allem in der fruchtbaren Ebene am Südostrand des Vänern betrieben. Holzverarbeitung und Wasserkraft spielen noch heute eine wichtige wirtschaftliche Rolle, während die traditionelle Eisenverhüttung im Zuge der Industrialisierung längst in zentralere Regionen abzog. Lange Seenketten durchziehen Dalsland in Nord-Süd-Richtung, Spuren der Eiszeitgletscher, die hier schon vorhandene Risse im Grundgestein weiter vertieften. Die Rinnenseen, die bis nach Norwegen hinüberreichen, stellen natürliche Transportwege dar, die durch den Bau des Dalslandkanals im 19. Jh. mit dem Vänern und damit mit einem Großteil des Landes verbunden wurden. Heute wird allerdings kein värmländisches Erz mehr verschifft, sondern unzählige Freizeitboote bevölkern das vielarmige, unendlich erscheinende Netz von Wasserwegen.

Zum Stora Le

Bullarebygden, wie die Ortschaften Naverstad und Östad am lang gestreckten See Bullaren zusammenfassend bezeichnet werden, ist ein Knotenpunkt verschiedener Straßen, die von der Westküste landeinwärts führen. Der über 30 km lange Wasserzug liegt genau zwischen den Provinzen Bohuslän und Dalsland, und nur bei Bullarebygden führen zwei Straßen hinüber.

Jenseits des Sees liegt der sanft gewellte Hügelrücken **Kynnefjäll**, ein beliebtes Wandergebiet. Von Sundshult ist der Parkplatz Kynnefjäll bei Mickelskogen schon mit dem Wandersymbol beschildert. Dort informiert eine Tafel über den Fernwanderweg Bohusleden und kürzere Etappen. In 2,5 Std. lässt sich folgende beschauliche Runde über den Vaktarkullen laufen:

Wandern im Kynnefjäll

Man folgt dem Forstweg und den orangeroten Markierungen zu einer ersten Gabelung. Beide Wege führen zum Vaktarkullen, man folgt aber dem rechten. Durch Wald, unterbrochen von kleinen Moortümpeln, steigt er nach einer Weile an und endet. Die Markierungen schwenken in einen Wanderpfad ein, und wieder vorbei an zwei kleinen Weihern erreicht man die Wanderhütte am Vaktarkullen. Ein Aussichtsturm ist auf der flachen Hügelkuppe errichtet worden, aber die Bäume ringsherum sind inzwischen über ihn hinausgewachsen und versperren die erhoffte Aussicht. Weiter geht es nun Richtung Mickelskogen und Stora Holmevatnet, bei der nächsten Gabelung zunächst dem Schild Utsikten nach, und vom Windschutz am steil abfallenden Ufer des Holmevatnet wird die versprochene Aussicht wirklich geboten. Zurück zum letzten Abzweig, dann dem Schild Mickelskogen folgend, geht es bergab. Bald passiert man einen schmalen See, dann muss man auf dem felsigen Untergrund auf die Markierungen achten. Nach einer Weile geht das Terrain in sumpfiges Feuchtland über, einzelne Planken helfen darüber hinweg. Eine alte

Die langgestreckten Seen Dalslands sind bei Paddlern beliebt

Forstspur begleitet die Route, die einen Schuppen und eine neuere Hütte passiert, dann wieder auf Pfaden ein letztes Moorstück entlangführt und im Wald schließlich auf die Gabelung vom Hinweg trifft. Ein kurzes Stück rechts ist der Parkplatz wieder erreicht.

Dals Ed

Waldreiches Hügelland prägt dann die Route bis Dals Ed, das zu Recht mit seiner Lage zwischen den Seen Lilla- und Stora Lee wirbt. Das Ortszentrum liegt auf der Landenge und gewährt an etlichen Stellen schöne Blicke auf den kleineren, recht idyllisch von Schilfufern umgebenen Lilla Le sowie auf dessen „großen Bruder", der sich nach Norden unübersehbar weit zwischen Felsbuckeln und Wäldern erstreckt; ein ideales Bootsrevier! Beide Seen hat man nur vom Traditionshotel *Carl XII* im Blick, das an der schmalsten Stelle über beiden thront. Hier kann man auch deutlich sehen, wie unterschiedlich die Niveaus der Wasserspiegel bei beiden Seen sind.

Am Westufer des Stora Le entlang erreicht man **Tresticklan**, einen vor wenigen Jahren zum Nationalpark erklärten Urwald an der Grenze zu Norwegen. Das mit knapp 3000 ha relativ große Waldgebiet setzt sich jenseits der Grenze mit dem 2000 ha umfassenden Naturreservat Lundsneset fort und bildet eine zusammenhängende Wanderregion. Lichter Kiefernwald mit teils über 200 Jahre alten Bäumen, kahles Felsgestein, von Flechten überzogen, und in Mulden und Senken eingebettete Tümpel und Moore geben der Wildnis ihr Gepräge. Vom Parkplatz Råbocken bietet sich eine Rundwanderung auf dem Tresticklaleden an: Vorbei an einem ersten Zipfel des buchtenreichen, glasklaren Sees Store Tresticklan erreicht man die Beschilderung für die 5 km lange Runde, von der ein kurzer Abstecher auf die Kuppe Orshöjden führt. Ein zweiter Abstecher führt über die Grenze nach Norwegen und zur dortigen Wanderhütte. Tafeln informieren über die Bedeutung der unbesiedel-

Ein Windschutz findet sich entlang der Fernwanderwege in regelmäßigen Abständen

ten Waldlandschaft während der Zeit der deutschen Besetzung Norwegens im 2. Weltkrieg, als über diese grüne Grenze Tausende von Flüchtlingen vor den Nazis ins neutrale Schweden flohen. (3–4 Std.)

Bei **Nössemark** pendelt eine Fähre über den Stora Le (rund um die Uhr, stdl. bis halbstdl.). Zahlreiche norwegische Autokennzeichen lassen erkennen, dass diese Verbindung zur Grenzstadt Halden durchaus wichtig ist. Jenseits erreicht man auf einsamen, landschaftlich hübschen Strecken bei Bengtsfors wieder dichter besiedeltes Gebiet.

Information/Verbindungen/Adressen (Vorwahl Dals-Ed: 0534)

• *Information* **Dals-Eds Turistbyrå,** Storgatan 31, 66830 Ed, ✆ 19022, ✆ 10103, tourist@dalsed.se. Mitte Juni bis Mitte Aug. Mo–Fr 9–18, Dependance am Campingplatz auch Sa+ So bis 16 Uhr.

• *Verbindungen* **Bus:** Linie 700 nach Bengtsfors und Åmål, 770 Strömstad–Ed–Bengtsfors, in Smeberg Anschluss nach Bullarebygden und Tanum mit Linie 882, ca. 2-mal tgl. **Zug:** Verbindung nach Halden und Göteborg, 1 x tgl.

Parken: In Dals Ed zahlreiche Möglichkeiten im Zentrum und bei der TI.

• *Adressen* **Ärztliche Hilfe:** Vårdcentralen/Sjukhus Edsgärdet, ✆ 62110. **Apotheke** in der Magasingatan 10, ✆ 10010. Am Torget und in der Storgatan **Banken** und **Geschäfte**.

Übernachten/Camping/Essen & Trinken

• *Übernachten* **Hotel Carl XII,** Storgatan 41, ✆ 61155, ✆ 12224. Schön gelegenes, herrschaftliches Gebäude aus dem späten 19. Jh., luxuriös und stilvoll eingerichtet, vom Restaurant traumhafter Blick auf den Stora Le. DZ ab 850 SEK.

Villmarksporten Turistanläggning Mühlbocks, Strömstadsvägen 2, ✆ 12350, ✆ 10861. Schlicht-moderne Anlage am Lilla Le, Restaurant. FeWo/4 Pers. 700 SEK.

Strands Gästgiveri, Nössemark, ✆ 30010. Gemütlicher alter Gasthof, DZ 700 SEK, Hütten/4Pers. 350 SEK, Restaurant.

STF Vandrarhem Ed, Strömstadsvägen 18, ✆ 10191, ✆ 10550, Mitte Mai bis Aug. Kleinere, angenehme Herberge, ruhig und zentrumsnah gelegen. 165 SEK. Im Hochsommer auch DZ, ab 350 SEK.

• *Camping* **Gröne Backe Camping,** Södra Moränvägen, ✆ 10144, ✆ 10145, ganzj. Großzügiges Wiesengelände am hohen Südufer des Lilla Le, teils mit Kiefernbestand. Zum Zentrum knapp 2 km auf schönem Uferweg. Hütten/4 Pers. ab 450 SEK.

• *Essen & Trinken* Die Hotelrestaurants (im Sommer mittags geschlossen) und Pizzerien bestimmen die nicht gerade aufregende Gastronomie in Ed. Ein kleiner Lichtblick ist **Hannas Café,** Torget, ✆ 10115, Mo–Fr 10–16, Sa 10–15 Uhr.

Café Loftet, Östad (an der 165), ✆ 0525-50436, Juni–Aug. Mo–Fr 11–18 Uhr, Sa 10–14 Uhr, im Juli auch So 11–15 Uhr. Im alten Hantverkshus sind außer dem Café auch Kunsthandwerk und Souvenirläden untergebracht, also eine nette Fahrtunterbrechung.

Aktivitäten

Kanu-, Boots- und Fahrradverleih: Canodal, Gamla Edsvägen, ✆ 61803, und am Campingplatz Gröne Backe. Dals Ed ist einer der Startpunkte für Langstreckentouren auf Stora Le und Lelången, die sich mit dem Kanu auf eine mehrwöchige Rundtour ausdehnen lassen. Allerdings können die weitläufigen Seen den Eindruck vermitteln, nicht recht voranzukommen, und auch Wind kann zum Problem werden. Routenbeschreibungen, und Informationen bei Verleihstationen und TI.

Södra Äng, unweit des Campingplatzes, ist ein schönes Wiesengelände und bedeutendes Gräberfeld aus der Eisenzeit mit beeindruckenden Grabhügeln und zahlreichen Steinringen.

Olsborg, beschildert in Sundshult, schöner Aussichtsfelsen am Bullaren, von der namensgebenden Burganlage aus dem 16. Jh. ist kaum etwas zu sehen.

Wandern: Zwischen Sundshult und Mickelskogen weist ein Schild auf den *Vitingeleden* (3,5 km) hin, der am bewaldeten Ufer des rauschenden Kynneälven entlangführt.

Rund um Bengtsfors

Hauptattraktion von Bengtsfors ist seine schöne Lage am Südarm des Lelången und inmitten weiterer Seen. Die Schleuse zum angrenzenden Bengtsbrohöljen ist der Wendepunkt der von Håverud kommenden Kanalschiffe; vom Vänern haben sie auf dem Dalslandkanal bis hierher in 20 Schleusen knapp 50 Höhenmeter überwunden.

Das Industriestädtchen selbst ist nicht besonders reizvoll, und so sammeln sich die Besucher rings um die Schleuse, am Seeufer mit dem kleinen Bootshafen und auf dem Hügel Majbergen, wo ein interessantes Freilichtmuseum und ein Café mit Aussichtsterrasse locken. Die abwechslungsreiche Landschaft der Umgebung, also die zahlreichen Seen, Kanalabschnitte, Buchten und Landzungen, erkundet man am besten mit dem Boot oder auf folgender Radtour (ca. 50 km):

Radtour ab Bengtsfors

Von der TI in Bengtsfors überquert man Schleusenkanal und Seeabfluss auf der Hauptstraße und wendet sich am Kreisel rechts. Wer die 172 vermeiden will, kann links über den Majbergsvägen ausweichen, der später zur Hauptstraße zurückkehrt, muss dafür aber einige Steigungen in Kauf nehmen. Am Ortsende passiert man den Klovstjärn, dann biegt man an einer Gabelung links Richtung Åmål auf die 164 ab. Über die Landenge zwischen Laxsjön und Svärdlång, vorbei an einer Umtragestelle für Kanuten und einem Parkplatz mit Kiosk geht es gleich wieder nach rechts von der Hauptverkehrsader weg und Richtung Skåpafors. Der Gamle Åmålsvägen passiert den am Seeufer gelegenen Ort oberhalb und kommt dann zur

164 zurück, kurz darauf kann man bei **Laxarby** aber schon Richtung Laxarby Kyrka und Fjäll nach rechts abbiegen. Nun wird die Strecke ruhiger und führt bald aus der Bebauung hinaus. Teils direkt am Ufer, teils durch Wald verläuft die gute Schotterstraße in sanften Wellen am **Laxsjön** entlang und eröffnet immer wieder schöne Ausblicke. Bei der kleinen Siedlung Fjäll trifft man auf eine Asphaltstraße, der man nach rechts Richtung Dals Långed folgt, bis ein kurzes Stück weiter ein Schild auf den **Gutshof Baldersnäs** hinweist. Ein Abstecher dorthin ist lohnend, entweder für ein Picknick in der weitläufigen Parkanlage auf der Landzunge oder eine Stärkung im Terrassencafé. Nun geht es am Seeufer entlang, vorbei am Bootsanleger nach **Dals Långed**, dort auf der Hauptstraße nach rechts, über Eisenbahngleise und eine Schleuse des Dalslandkanals hinweg. Bald zweigt eine Straße links Richtung **Dingelvik** ab, und auf ihr fährt es sich nun wieder gemütlicher. Zwischen Feldern und Waldstücken schlängelt sich die Straße hindurch, durchquert dann die ländliche Siedlung und trifft ein Stück weiter auf die 172. Auf dieser nach rechts, bis gleich ein Schild links auf einen Badeplatz hinweist. Von dieser Stichstraße zweigt sofort ein Fahrweg rechts zum Dalsland Aktivitätscenter und den „Jättegrytor" von **Steneby** ab, die das nächste Etappenziel darstellen. Vorbei am Gelände des Freizeitcenters und nach links erreicht man sie bei der Kirche von Steneby. Die teils meterbreiten Gletschermühlen liegen im Felshang des tief eingeschnittenen Flusstals und sind mit Pfaden und Infotafeln gut zugänglich gemacht. Von der Kirche fährt man zum Aktivitätscenter zurück, dort nach links, über die 164 hinweg und in die Hofeinfahrt nach Åsen. Am Gehöft vorbei nach rechts und vor der 172 wieder links erreicht man die Nebenstraße nach **Gatan/Edsviken**, der man nun nach links folgt. Wieder wechseln Felder und Wald, eine erste Steigung ist zu bewältigen, einzelne Höfe säumen den Weg. Nach einer Weile kommt der See Ärtigen in Sicht, in Gatan/Edsviken hält man sich an einer Gabelung rechts und an den folgenden wieder: Es geht immer Richtung Bengtsfors um den buchtenreichen See herum. Auf einer Landzunge erhebt sich die Kirche von Ärtemark, dann erreicht man auf der Landenge zwischen Ärtigen und Lelången ein Kanucenter mit Campingplatz, dahinter führt die Straße am Ufer des Lelången entlang wieder nach Bengtsfors hinein, wo sich an der Schleuse die Runde schließt.

Information/Verbindungen (Vorwahl Bengtsfors: 0531)

• *Information* **Bengtsfors Turistbyrå,** Tinghustorget, 66621 Bengtsfors, ✆ 526355, 📠 526018, turism@bengtsfors.se, 1. Woche Juni bis Aug. Mo–Fr 10–18 Uhr, Sa+So 10–15 Uhr, übrige Zeit Mo–Fr 10–16 Uhr.

• *Verbindungen* **Bus:** Linie 770 Strömstad–Ed–Bengtsfors, ca. 2-mal tgl. Linie 700 nach Mellerud und Vänersborg 1- bis 3-mal tgl. **Parken:** An der TI und hinter den Supermärkten an der Storgatan.

• *Adressen* **Ärztliche Hilfe** Sjukhus/Jourcentralen und **Apotheke** in der Storgatan 7, ✆ 66700. **Banken** und **Geschäfte** in der Storgatan, im Konsum **Post**.

Übernachten/Camping

Baldersnäs Herrgård, Baldersnäs 51, Dals Långed, ✆ 41244, 📠 40117. Im Herrenhaus komfortable, geschmackvoll eingerichtete Hotelzimmer, DZ 1000 SEK. Im Gårdskontor einfachere Unterkunft, DZ 600 SEK.

Kanalvillan, Dals Långed, ✆/📠 41116, ganzj., nur mit Reservierung. Wunderschöne alte Holzvilla, einst Wohnsitz des Kanaldirektors, heute gemütliche Herberge. Ab 200 SEK.

• *Camping* **Dalsland Camping & Kanotcentral,** Grean, ✆ 10060, 📠 10070, April bis Sept. Auf der Landenge zwischen Lelången und Ärtigen hübsch gelegen, 2 km von Bengtsfors entfernt. Hütten/4 Pers. Ab 400 SEK.

Herrschaftliche Gutshöfe wie Baldersnäs sind vielfach auf Besucher eingestellt

Laxsjöns Camping & Friluftsgård, Dals Långed, ✆ 30010, ℻ 30555, April bis Sept. Weitläufiger, gut ausgestatteter Platz auf einer Landzunge am Laxsjön. Von der Bahnstation davor verkehrt der Schienenbus nach Bengtsfors (2-mal tgl.). FeHa/4 Pers. 590 SEK, Hütten/4 Pers. ab 360 SEK, DZ 330 SEK.

Essen & Trinken

Rosellmagasinet, Rosellvägen, Bengtsfors, ✆ 10040, Mai bis Sept. Di–Do 17–22, Fr+Sa bis 1 Uhr, So 13–22 Uhr. Gemütliches Restaurant im alten Lagerhaus mit Terrasse direkt am Seeufer, gute Küche und Weinauswahl, moderate Preise.

Gammelgårdens Kaffestuga, auf dem Gelände des Freilichtmuseums, ✆ 10148, Juni+Aug. Mo–Do 11–20, Fr–So -18 Uhr, Juli tgl. 11–21 Uhr, 1. Hälfte Sept. tgl. 11–18 Uhr. Der Blick von der Terrasse auf Bengtsfors und die Seen Lelången und Bengtsbrohöljen ist unübertrefflich.

Baldersnäs (s. Unterkunft), Terrassencafé auf der Rückseite des Herrenhauses, Mittsommer bis Mitte Aug. So+Mo 12–18, Di–Sa –21 Uhr, 2. Hälfte Aug. Di–So 12–18 Uhr. Wunderschöner Blick über die Gartenanlagen bis zum See.

Aktivitäten

Kanuverleih bei Dalslands Camping & Kanotcentral, Laxsjöns Camping & Friluftsgård, JH Kanalvillan und Silverlake Kanotcentral, Brogatan 2, ✆ 12173, Zweigstelle in Kråkviken, 15 km nördlich von Bengtsfors. Das große Kanuzentrum, bietet auch Kombinationen von **Paddel- und Draisine-Touren** an, in Kråkviken auch einfacher Zeltplatz. Von Halbtages- bis Zweiwochentouren ist bei allen genannten Verleihstationen alles möglich. Schön und windgeschützt ist die Strecke auf dem von Felshängen flankierten Svärdlången, interessant der buchtenreiche Südteil von Västra- und Östra Silen, abwechslungsreich sind die „Kanalstrecken" Bengtsfors-Billingsfors oder von Dals Långed nach Süden, durch mehrere Schleusen und auf schmalen Wasserwegen.

Draisinefahrten werden in Bengtsfors am Bahnhof angeboten: DVVJ, ✆ 526801. Die stillgelegte Strecke Richtung Årjäng, 52 km weiter nördlich, eignet sich für das „Fahrradfahren auf Schienen". Bei Hochbetrieb ist man auf der einspurigen Strecke allerdings oft mit Ausweichen beschäftigt, dann heißt es absteigen, Draisine von den Gleisen nehmen, Entgegenkommende durchlassen und wieder rauf auf den Schienenweg. Wenn dann die Strecke auch noch neben der Fahrstraße entlangführt, wünscht man sich vielleicht, doch gleich aufs Fahrrad gestiegen zu sein.

Einfahrt in die Schleuse von Håverud

Schiffstouren auf dem Dalslandkanal zwischen Bengtsfors und Håverud siehe dort.

Halmens Hus, Gammelgården, ✆ 12642, März, April, Okt.+Nov. Di–Fr 12–16 Uhr, Mai bis Sept. tgl. 11–18 Uhr. Das originelle Museum ist dem Thema Stroh gewidmet und veranschaulicht die Bedeutung dieses Rohstoffes im Laufe der Geschichte. Er diente zum Bau von Lehmhütten und Fachwerkhäusern, als Dachbedeckung, zur Isolierung und Herstellung zahlreicher Gebrauchsgegenstände. In Heimarbeit hergestellte Strohhüte bildeten im 19. Jh. eine wichtige Einnahmequelle für landlose Kätnerfamilien.

Aussichtspunkt Egersknatten: Von Bengtsfors ca. 8 km nach Norden Richtung Gustafsfors, hinter Lund bei einer Parkbucht links der Straße beginnt der Wanderweg. Das unscheinbare grüne Schildchen „Fornminne" neben der Straße ist leicht zu übersehen, erst am Wanderweg steht ein Wegweiser zum Egersknatten. Der halbstündige, bequeme Aufstieg führt vorbei an zwei malerischen Waldseen zum vorzeitlichen Grabhügel auf der Gipfelkuppe, von wo man eine unendlich weite Aussicht über den Lelången hat.

Åmål

Die kleine Bezirkshauptstadt an einem geschützten Nordwestzipfel des Vänern entwickelte sich ab dem 17. Jh. aus einem Marktflecken. Sie diente vor allem als Umschlagplatz für Eisenerz. Hafen und später die Eisenbahnlinie brachten weitere Industrie und Handel in den Ort.

Ein Bummel durch die kleine Altstadt führt zu etlichen Gebäuden aus dem 18. und 19. Jh. Beginnen kann man ihn bei der TI, am heutigen Gästehafen gelegen, einem der beliebtesten am Vänern. Am Åmålsån entlang spaziert man um eine Flussbiegung zum baumbestandenen Markt, der „Plantage", die von historischen Bauten eingerahmt ist: Zum Hafen hin befindet sich mit dem Vågmästargården von 1704 das älteste. Die rechtwinklig dazu gelegenen Bügerhäuser Dahlgrens- und Lilienstjernska gården stammen aus den 1780er Jahren, noch etwas später entstanden sind die beiden Gebäude gegenüber, der Waldenströmska gården um 1800, das Hantverksföreningens hus 1840. Zur Kungsgatan hin grenzt dann das Stadtshotellet von 1902 an den alten Marktplatz. Richtung Gamla Kyrka, erbaut 1666, findet man entlang der Gassen noch einige weitere historische Häuser, darunter auch ein altes Lagerhaus, das heute das **Heimatmuseum** beherbergt. Eingerichtet ist es mit verschiedenen Ensembles von Anno dazumal, darunter ein Kramladen, ein Café sowie eine Schuster- und Schneiderwerkstatt (✆ 15820, Mitte Juni bis Aug.). In das kleine Hantverkshus daneben, ein Bootsmannshaus aus dem 19. Jh., sind Kunsthandwerker eingezogen, im hübschen Garten dahinter, direkt am Seeufer, wird im Sommer Kaffee ausgeschenkt (Café tgl. 10–18 Uhr, Werkstatt Mo–Sa 11–18 Uhr).

Information/Verbindungen/Adressen (Vorwahl Åmål: 0532)

• *Information* **Åmåls Turistbyrå,** Hamngatan 1, 66222 Åmål, ✆ 17098, 📠 16750, amalturism@telia.com. Mitte Juni bis Mitte Aug. Mo–Fr 8–19 Uhr, Sa 9–18 Uhr, So 11–18 Uhr, übrige Zeit Mo–Fr 9–12 + 13–16 Uhr.

• *Verbindungen* **Bus:** Schnellbusse nach Göteborg (via Mellerud-Trollhättan) und Stockholm, 1- bis 2-mal tgl. Linie 770 über Bengtsfors und Dals Ed nach Strömstad, Linie 721 nach Mellerud, dort Anschluss an Linie 720 nach Håverud. **Zug:** mehrmals tgl. Verbindung Richtung Göteborg. Bus- + Bahnhof am Strömstadvägen.

Parken: Kostenlos und zentral an der TI und rings um den Bootshafen.

• *Adressen* **Ärztliche Hilfe:** Sjukhus/ Läkarstation, Södra Långgatan, ✆ 12330. **Apotheke** in der Fußgängerzone Mellanbrogatan. **Bank** an der Ecke Kungs-/Hjeltegatan, **Polizei** Ecke Västerlång-/Norra Långgatan, ✆ 66200.

Übernachten/Camping

• *Übernachten* **Stadshotell,** Kungsgatan 9, ✆ 12020, 📠 16775. Gediegenes Traditionshotel in der Altstadt, komfortable Zimmer, gutes Restaurant, Lunchbuffet. DZ ab 890 SEK.

STF Vandrarhem Åmål, Gerdinsgatan 7, ✆/📠 10205, ganzj. Oberhalb des Bootshafens, mit weiter Aussicht über den Vänern gelegene Herberge in geräumigem Holzhaus. 185 SEK, auch DZ.

Edsleskogs Värdshus, ✆ 51055. Im gleichnamigen Ort, etwa 15 km westlich von Åmål an der 164. Hübsches, altes Gasthaus, auf der Rückseite parkartiger Garten zum See Edslan. DZ 750 SEK. Serviert im Sommer auch Lunch und Kaffee (Di–So 11–16 Uhr).

• *Camping* **Örnäs Camping,** Gamla Örnäsgatan, ✆ 17097, 📠 71624, ganzj. Schön gelegen, auf einer kiefernbewachsenen Landzunge im Vänern, 1,5 km vom Zentrum entfernt. Zahlreiche Stellplätze mit unverstelltem Seeblick. FeHa 525 SEK/4 Pers., Hütten/2 Pers. ab 350 SEK.

Essen & Trinken

Hamn Compagniet, Södra Hamnplan, ✆ 10010, Juni bis Aug. tgl. 11–22 Uhr. Sommerlicher Treffpunkt der „Yachties & Yuppies", soweit man in Åmål von dieser Spezies reden kann. Innen sind die alten Hafenschuppen höchst geschmackvoll renoviert worden, außen sitzt man auf großer Terrasse am Seeufer oder auf der kleineren am Kai. Lunchbuffet, abends auch Pub und Disco.

Café Liljan, Södra Ågatan 11, ✆ 10808, tgl. 10–18 Uhr. Im Hantverksforeningens hus direkt am alten Marktplatz Plantagen. Gemütlicher Platz für einen Cappuccino oder Milchkaffee in französisch inspirierter Café-Atmosphäre, an den Wänden wechselnde Kunstwerke. Draußen sitzt man mit Blick auf das historische Häuserensemble.

Aktivitäten

M/S Omega fährt in den Tössebäcke Schärengarten: 1. Woche Juni bis 1. Woche Aug. Di-Fr 14+17 Uhr. Buchung über die TI.

Boots- und Fahrradverleih bei der JH und dem Campingplatz.

Järnvägsmuseum, Östra Bangatan, ✆ 15428, Mittsommer-Mitte Aug. tgl. 13–16 Uhr. Drei alte Dampfloks und vieles andere, was sonst noch auf Eisenbahnschienen fuhr, wird hier ausgestellt.

Wandern: In Edsleskog, auf der 164 ca. 15 km westlich von Åmål lohnt sich ein Abstecher zum Baljåsen: Ein kurzer, markierter Rundweg führt über Felskuppen und bewaldete Hänge zu schönen Aussichtsstellen. Am Parkplatz liegt der kleine Hof Petersburg, der heute dem Heimatverein als Veranstaltungsort dient.

Håverud: Schärenküste von Yttre Bodane

Nach Håverud

Der spektakulärste Weg nach Håverud ist vermutlich die Fahrt auf dem Dalslandkanal. Von Köpmannebro führt die Strecke über den verwinkelten Svanefjorden, den mehrarmige Landzungen und zahlreiche Inseln gliedern.

Das Dörfchen **Upperud** liegt an einer ersten Gefällestufe. Im ehemaligen Getreidespeicher gleich neben den beiden Schleusenkammern ist das Hantverkshuset dem Kunsthandwerk der Region gewidmet (✆ 30780, April bis Dez. tgl. 10–18 Uhr). Jenseits des Kanals liegt ein paar Gehminuten entfernt das 1995 eröffnete, sehenswerte Dalslands Museum, das einen Querschnitt durch die traditionelle wie moderne Kunstproduktion der Provinz zeigt (✆ 30098, tgl. 10–18 Uhr). Nebenan befindet sich das Café Bonaparte, im Stil des frühen 19. Jh. gestaltet, als die mit einem schwedischen Grafen verheiratete Nichte Napoleons, Egypta, hier wohnte. Auf dem Upperudshöljen erreicht das Schiff nun bald Håverud, das Zentrum des Dalslandkanals.

Die vier in den Felsen geschlagenen Schleusen, die gut 10 Höhenmeter überwinden, sind nicht die einzige Attraktion von **Håverud**. Der Kanal wird hier außerdem in einem Aquädukt über das schroffe Flussbett hinweggeführt. Die Stromschnellen zwischen den Seen Åklången und Upperudshöljen stellten das Haupthindernis beim Bau des Wasserweges dar. Wer nicht per Schiff über die eiserne Brückenkonstruktion, eine technische Meisterleistung des Kanalbau-Ingenieurs Nils Ericson von 1868, fahren will, kann das Schauspiel vom benachbarten Felshang oder von der hoch darüber hinwegführenden Straßenbrücke aus verfolgen.

Doch auch auf dem Landweg ist die Annäherung an Håverud reizvoll. Von Norden lohnt sich die Strecke über Tisselskog, wo bei **Högslund** die Hällristningar am Seeufer des Råvarpen beschildert sind. Zahlreiche interessante Felsritzungen sind in dem Wiesengelände zu entdecken. Zwischen Parkplatz und Gartencafé ist ein kleines Museum eingerichtet, das in Modellen und Fundstücken das Leben der Bronzezeitmenschen anschaulich macht und in Beziehung zu den Felsbildern setzt. Auf Knopfdruck erschallt der Klang der oft abgebildeten Luren (✆ 0531-43120, Mitte Juni bis Mitte Aug. tgl. 11–17 Uhr).

Information/Verbindungen/Adressen (Vorwahl Håverud: 0530)

• *Information* **Håveruds Turistbyrå,** Dalsland Center, 46472 Håverud, ✆ 30580, ℻ 30880, E-Mail: tourism@mellerud.se. Juni bis Aug. tgl. 10–18, Sept. bis 16 Uhr. Dort gibt es auch eine Ausstellung zum Kanal, Cafeteria mit Terrasse am Wasser.

• *Verbindungen* **Bus:** Linie 720 von Mellerud, 1- bis 5-mal tgl.

Parken: Zentraler, kostenloser Parkplatz am Upperudsvägen, hinter der JH.

• *Adressen* **Post, Bank** und **Einkaufsmöglichkeit** im angrenzenden Åsenbruk, außerdem in Mellerud.

Übernachten/Camping/Essen & Trinken

• *Übernachten* **Håveruds Hotell & Konferenz,** Upperudsvägen 12, ✆ 35000, ℻ 30351. Komfortables, modernes Hotel auf Gartengrundstück am Kanal. DZ ab 900 SEK.

Håveruds Herrgård, Upperudsvägen, ✆ 30490, ℻ 30060. Direkt an den Schleusen in großem Garten gelegenes, traditionsreiches Hotel ohne übertriebenen Luxus. DZ ab 900 SEK.

STF Vandrarhem Håverud, Museivägen, ✆ 30275, ℻ 30966, Mai bis Aug., übrige Zeit mit Vorbuchung, ✆ 30745. Direkt an den Schleusen und neben dem Kanalmuseum. Schlichte, nette Herberge. 185 SEK.

• *Camping* **Håveruds Camping,** ✆ 30770, Mai bis Aug. Einfacher Stellplatz am Kanal.

Melleruds SweCamp Vita Sandars, ✆ 12260, ℻ 12934, ganzj. Großer, gut ausgestatteter, kinderfreundlicher Campingplatz direkt an einer Badebucht am Vänern, ca. 4 km von Mellerud entfernt. Hütten 420 SEK/4 Pers.

Kerstins Vildmarkscamping, Hålsungebyn, ✆/℻ 12715, Mitte April bis Okt. Auf einem Bauernhofgelände, von Wald und Feldern umgeben, 2 km westlich von Mellerud nahe der 166. Wer nicht auf Strand angewiesen ist, wohnt hier angenehm und naturnah. Hütten 375 SEK/4 Pers.

• *Essen & Trinken* Außer den Hotelrestaurants und den Cafeterien in der TI und JH:

Håfveruds Brasseri, ✆ 35131, Juni bis Aug. tgl. 12–21 Uhr. Fischrestaurant an den Schleusen, in der angeschlossenen Delikatessbutik wird Fisch aus der eigenen Räucherei verkauft.

Aktivitäten

Kanalmuseum, ✆ 30624, Juli tgl. 10–19, Juni+Aug. bis 18, Mai+Sept. bis 16 Uhr. Die Entwicklung des Wasserweges wird nachgezeichnet, seine Bedeutung für verschiedene Wirtschaftszweige aufgezeigt: die passende Ergänzung zur Bootstour.

Fahrten auf dem Dalslandkanal: M/S Dalslandia befährt die Strecke Köpmannebro-Bengtsfors Mittsommer bis 3. Woche Aug. Mo, Mi+Fr, zurück jeweils am Folgetag, Anschlusszug für die Rückfahrt von verschiedenen Anlegern am selben Tag. M/S Storholmen verkehrt zwischen Håverud und Bengtsfors in ähnlichem Rhythmus, allerdings abwechselnd auch im Charter. Infos und Buchung bei der TI. Die Håfveström macht Rundfahrten durch die Schleusen zum angrenzenden See (1,5-2-std., Infos bei der TI). Noch kürzer ist eine Fahrt mit dem urigen kleinen Dampfboot Hamfri vom Hantverkshuset in Upperud nach Håverud. Juli bis Mitte Aug. 7-mal tgl. ✆ 32093.

Bootsvermietung bei der TI. Vermietet werden Motorboote und Kanus, außerdem Fahrräder. Wer den Ausflugsverkehr umschiffen will, sollte den Snäckekanal ansteuern, der aus den lang gestreckten Seen Ånimmen und Ärrsjön besteht. Dort bei der Schleuse Snäcke Sluss auch Kanuvermietung; Tel. 0530-34120. Auch die Vänernküste ist ein interessantes Revier; nach Norden ist das nahe gelegene Schärengebiet vor der Halbinsel Yttre Bodane ein reizvolles Ausflugsziel.

Yttre Bodane ist auch von Land aus erreichbar. Vom Parkplatz führen markierte Wanderwege (1-2 Std.) zu den Schären, die teils mit Stegen verbunden sind und bei schönem Wetter zum Baden einladen. Auf dem Lassevägen erreicht man die ersten Badestellen nach kaum 10 Minuten.

Naturreservat Sörknatten/Vingenäsbergen: Am Westufer des Ånimmen gelegenes, abwechslungsreiches Wandergebiet und Schauplatz der Verfilmung von **Ronja Räubertochter**. Von der landschaftlich schönen Nebenstraße sind zwei Einstiege beschildert. Vom nördlichen, unweit der Schleuse bei Strömmen, führt die markierte Route (6 km, ca. 2,5 Std.) nach einem kurzen Waldstück auf die kahlen Felsrücken, die den Ånimmen auf weiten Strecken flankieren. Der Blick reicht über Seen und Wälder bis zum Vänern. In einer Stunde erreicht man den ersten "offiziellen" Aussichtspunkt Husdalsbergen, hinter dem sich das Wandergelände in den Wald senkt und in einer weiteren Stunde zur schon sichtbaren Felskuppe Sörknatten weiterführt. Ein steiler Pfad leitet auf die von Quarzit fast weiß gefärbte Anhöhe hinauf, jenseits wieder hinunter und über flaches Felsenterrain zum südlichen Parkplatz. Südlich des Gebietes weist an der Straße bei Snäcke ein Schild "Naturreservat" auf ein anderes Besuchsziel hin, die Halbinsel Ryrhalvön, auf deren kalkhaltigem Boden im Frühsommer zahlreiche Orchideen blühen.

Durch das Kroppefjäll

Fährt man von Håverud weiter Richtung Süden, bietet sich die Nebenstrecke ab **Dals Rostock** an, die durch das Hochplateau des Kroppefjäll, ein beliebtes Wandergebiet, führt.

Das hübsche Dörfchen am Rand des waldreichen Kroppefjäll war einst ein Kurbad und hält diese Tradition heute in etwas abgewandelter Form aufrecht. Ein Kräutergarten beim alten Kurbadrestaurant, heute Heimatmuseum mit Kaffeeausschank, enthält vor allem Heilkräuter, die um 1900 vom örtlichen Schulrektor hier kultiviert sowie für Kuranwendungen und Medikamente benutzt wurden. Im Kroppefjälls Fritidscenter wird mit Aromatherapien und Massagen an die frühere Bedeutung des Dals-Rostocker Sanatoriums angeknüpft, und die klare Luft wird heute wie damals gern für Waldspaziergänge, z. B. Dr. Sandéns Runda genutzt. Die Zeit, als Kurgäste per Zug anreisten, ist zwar vorbei, doch wurde das Bahnhofsgebäude von 1908 vor Kurzem rekonstruiert – im Maßstab 1:2, was das im Schweizerhausstil mit Türmchen gestaltete Gebäude noch origineller wirken lässt.

Auf naturschöner Strecke geht es zwischen bewaldeten Hängen und dünn besiedelten Seeufern nach Süden. Bei **Forsebol** ist der Karolinerleden beschildert, auf dem man das Fjäll zu Fuß nach Järbo überqueren kann (ca. 3,5 Std.). Der Pfad geht durch Wald und feuchtes Grünland und passiert die Karolinerstuga, ein gemütliches Wanderhüttchen. Seinen Namen hat der Weg von Karl XII., der hier mit einem Heer auf dem Rückzug von Norwegen durchkam.

Ein Stück weiter ist nach rechts **Granan** ausgeschildert. Der Hof mit der Kaffeestube liegt mitten im Kropppefjäll und lohnt einen kleinen Umweg. Ein Aussichtspunkt ist von dort in wenigen Minuten erreichbar.

Von Granan hat man die Wahl, Richtung Högsäter das hügelige Fjäll zu queren, vorbei an mehreren Startpunkten für Wanderungen durch die Wald- und Moorlandschaft, oder es nach Sunndals-Ryr wieder zu verlassen. In jedem Fall wird man bei Frändefors wieder auf die Hauptstraße nach Vänersborg/Trollhättan treffen.

• *Verbindungen* **Bus:** Dals Rostock wird von Linie 700 ab Mellerud angefahren, Högsäter erreicht man mit Linie 719, Uddevalla–Dals Ed, ca. 2-mal tgl. Im Kroppefjäll keine Busverbindung.

• *Übernachten* **STF Vandrarhem Dals Rostock,** Kroppefjälls Fritidcenter, ✆ 0530-20360, 📠 20345, Mitte Mai bis Aug., übrige Zeit mit Vorbuchung. Typisches altes Gästehaus im Pensionatsstil, auf dem weitläufigen Waldgrundstück des Freizeitcenters, Café, Restaurant, Wanderwege. Busstation 1,4 km. 195 SEK, DZ ab 390 SEK.

• *Camping* **Ragnerudsjöns Camping och Stugby,** Jolsäter/Högsäter, ✆ 0528-40064, 📠 40776, Mai bis Sept. 2 km von Högsäter entfernt am Kroppefjäll und einer Badebucht gelegener, teils baumbestandener Wiesenplatz, idealer Ausgangspunkt für Wanderungen. Hütten ab 410 SEK/4 Pers.

• *Essen & Trinken* **Kaffeestugan Granan,** Kroppefjäll, ✆ 0521-35360, Mai bis Aug. tgl. 12–21 Uhr. Hausgemachte Waffeln, Kuchen, Smörgåsar und kleine Gerichte, herrlicher Garten.

• *Aktivitäten* **Wanderungen im Kroppefjäll:** Zwischen Granan Kaffeestuga und Ragnerudsjön Camping mehrere Einstiege in das markierte Routennetz, z. B. ab Parkplatz am See Store Kvarndålet Richtung Lunnarna; nach gut 1 km Gabelung Ambolsbäcken mit Möglichkeiten zu verschieden langen Rundtouren (Lunnarna – St. Ålevatnet – Ambolsbäcken ca. 2 Std., Svingsjön – Lunnarna – St. Ålevatnet – Ambolsbäcken ca. 3 Std.) Infos und Karten beim Campingplatz und der Kaffeestube.

Fahrrad- und Kanuverleih beim Campingplatz.

Trollhättan und der Götaälv

Lange bevor Göteborg an der Mündung des Götaälv gegründet wurde, stellte der Fluss schon einen wichtigen Transportweg ins schwedische Hinterland dar.

Lödöse, heute eine unspektakuläre Kleinstadt, war im Mittelalter, solange die Westküste von Dänen und Norwegern beherrscht wurde, dank des Götaälv das schwedische Handelszentrum. Doch bei **Lilla Edet** war die Schifffahrt zu Ende, die ersten Stromschnellen machten den Fluss unpassierbar, und bei Trollhättan sprang

Industriearchitektur des 19. Jh.: Das alte Kraftwerk in Trollhättan

er 30 m über eine Felsstufe hinab, den Trollhättefallen. Mühsam mussten die Schiffe über Land gezogen werden, um die Hindernisse zu überwinden. Zahlreiche Bauern der Region verdingten sich entlang des Götaälv als Transportarbeiter, um Waren umzuladen und auf dem Edsvägen zum Vänern zu karren. Die erste Schleuse wurde 1607 bei Lilla Edet eingeweiht und machte den Fluss bis nach **Trollhättan** schiffbar. Es dauerte jedoch fast 200 weitere Jahre, bis das Haupthindernis, die dortigen Stromschnellen, überwunden werden konnte.

Der Götakanal

Die Idee eines Wasserwegs quer durch Südschweden ist alt. Das jahrhundertelange Machtgerangel um die Westküste hatte diesem Traum schon früh Nahrung gegeben. Doch waren die technischen Hindernisse zu seiner Realisierung lange unüberwindlich gewesen.

Nach der ersten Schleuse 1607 bei Lilla Edet erfolgte der nächste große Schritt auf dem Götaälv erst 1800. Auf 10 km wurde bei Trollhättan ein Schleusenkanal in den Felsen gehauen und so die dortigen Stromschnellen umgangen. Jetzt konnten die ersten Schiffe vom Skagerrak zum 44 m hoch gelegenen Vänern fahren. Die Industrialisierung in Europa hatte zu dieser Zeit die Nachfrage nach Eisen bereits kräftig angeheizt, und so wurden auch bis dahin abgelegene Erzvorkommen interessant. Der Wasserweg war gerade für Schwerlasten die ideale Lösung. 1810 begann nach zwei Jahren Planungs- und Vermessungsarbeit unter Federführung der Ingenieure *Baltasar von Platen* und *Thomas Telford* dann der Bau des Götakanals. Bis zu 7000 Arbeiter waren gleichzeitig damit beschäftigt, Erdreich auszuheben, Fels zu sprengen und Wände zu befestigen. Insgesamt waren 58.000 Mann an der 32 Jahre währenden Bautätigkeit beteiligt, die meisten davon abgeordnete Soldaten. Von den 190 km, die zwischen Mem auf der Ostseeseite und Sjötorp am Vänern überwunden werden mussten, wurden 87 km gegraben, der Rest der Strecke verteilt sich auf die Seen Boren, Roxen, Vättern und Viken. 37 Schleusen wurden zwischen Ostsee und dem mit 91,8 m höchstgelegenen Bereich des Kanals gebaut, vom Viken wieder hinunter zum Vänern weitere 21. 1832 wurde der letzte Teilabschnitt in Mem feierlich eröffnet. Das „Blaue Band" quer durch Südschweden war vollendet, der knapp 400 km lange Seeweg von Göteborg zur Ostsee offen. Schon bald wurde der wichtige Verkehrsweg jedoch für die größer werdenden Schiffe zu schmal. Zwei Mal, 1844 und 1916 wurden neue Schleusenkanäle neben dem ersten angelegt bzw. mehrfach ausgebaut. Außerdem wurden im Anschluss an den Götakanal wichtige Seitenkanäle gebaut, der Dalslandkanal im Nordosten des Vänern, und vom Roxen nach Süden der Kindakanal.

Nur wenige Jahrzehnte lang kam dem Götakanal die erhoffte wirtschaftliche Bedeutung zu, dann lief die Eisenbahn ihm den Rang ab. Um 1900 wurde die Wasserstraße dann für den Tourismus entdeckt. Die Kanaldampfer aus dieser Zeit befahren noch heute allsommerlich die Strecke Göteborg-Stockholm.

Die Gefällestufen im Götaälv lockten verschiedene Wirtschaftszweige an. Wassergetriebene Sägemühlen gab es in Trollhättan seit dem Mittelalter; ein Wasserrad ersetzte immerhin 6 Pferdestärken. Ab dem 18. Jh. befassten sich Techniker nicht nur mit dem Schleusen- und Kanalbau, sondern auch mit der Energiegewinnung aus Wasserkraft. 1847 wurde eine technische Werkstadt gegründet, die unter dem

Namen Nohab bald führend im Eisenbahnbau wurde, um 1900 begann man mit der Stromgewinnung am Trollhättefallen, von der das markante Industriedenkmal des Olidan-Kraftwerks zeugt.

Kanalspaziergang

Die alten Kanalbauten lassen sich auf einem Spaziergang ab Nohabs Industriområde erkunden. Eine Seilbahn verbindet das Informationszentrum mit der Kanalinsel (Linbana, Mitte April bis Mitte Juni + Mitte Aug. bis Sept. Sa+So 11–16 Uhr, Mitte Juni bis Mitte Aug. tgl. 10–18 Uhr). Über die Schleusentore etwas südlich (hier ist auch ein Parkplatz) gelangt man jederzeit über den Kanal. Tafeln informieren über die verschieden alten Schleusenkammern und historische Themenspaziergänge. Auf der Flussseite führt ein Spazierweg zum alten Kraftwerk, über eine Fußgängerbrücke erreicht man den Pfad zum Aussichtspunkt Kopparklinten und Richtung Trollhättefallen (wasserführend Mai+Juni Sa+So 15 Uhr, Juli+Aug. Mi, Sa+So 15 Uhr, Juli bis Mitte Aug. auch Fr 23 Uhr. Fallens Dagar am 3. Juliwochenende, großes Volksfest rund um den Wasserfall). Über die Oskarsbron und Klafbron erreicht man Trollhättans Innenstadt, am Trafikkanalen geht es zum Ausgangspunkt zurück.

Der Prediktstolen auf dem Halleberg

Ausflüge ab Trollhättan

Östlich des Götaälven erheben sich die beiden Bergplateaus Hunneberg und Halleberg etwa 100 m aus dem sonst ebenen Tiefland. Die Hochflächen sind von Mooren durchsetzt und mit Mischwald bewachsen, bestes Terrain für Elche. Von Vargön aus führen Zufahrtsstraßen zu beiden Plateaus hinauf. Auf dem **Hunneberg** lohnt sich ein Halt am Jagdmuseum Älgens Berg, entweder um sich über Elche und den Naturraum des Tafelbergs zu informieren (✆ 277991, Mai bis Aug. tgl. 10–18 Uhr, übrige Zeit Di–So 11–16 Uhr) oder um den Hunneberg auf den hier beginnenden Wanderwegen zu erkunden. Besonders empfehlenswert ist der etwa einstündige, markierte Rundweg um den See Eldmörjan. Außerdem gibt es einen Forstweg, der den gesamten Hunneberg umrundet und immer wieder Möglichkeiten zu kurzen Abstechern bietet.

Auf dem **Halleberg** folgt man der Straße bis zum Ende beim Naturreservat Hallesnipen und von dort zu Fuß der Beschilderung zum Prediktstolen, einer spektakulären, senkrecht abfallenden Aussichtskanzel über dem Vänern (hin und zurück 1 Std.).

Information/Verbindungen

Vorwahl Trollhättan: **0520**

• *Information* **Turistbyrån VISIT Trollhättan,** Innovatum, Åkerssjövägen 10, 46129 Trollhättan, ✆ 0520-488472, ✆ 488424, turist@visittrollhattan.se, Mitte Juni bis 3. Woche Aug. tgl. 10–18 Uhr, übrige Zeit Mo–Fr 10–16 Uhr.

• *Verbindungen* **Bus:** Ab Uddevalla Expressbus (4-stads-Expressen) nach Trollhättan und Vänersborg, von dort Busverbindung zum Vorort Vargön. **Zug:** Verbindungen nach Göteborg und Karlstad.

Parken: Das südlich der City von Trollhättan gelegene Schleusengebiet erreicht man von der Straße 45 auf dem Lasarettvägen. Parkplatz auf Nohabs Industriområde (Innovatum, TI, SAAB-Museum) oder am Ende des Åkerssjövägen.

Übernachten/Camping/Essen & Trinken

• *Übernachten* **Albert Kök Hotell,** Kvarnliden, ✆ 12990, ✆ 13311. Herrlich oberhalb des Götaälv gelegenes älteres Haus, gutes Restaurant. DZ ab 750 SEK.

Hotel Trollhättan, Polhemsgatan 6, ✆ 12565, ✆ 15471. Zentrales Mittelklassehotel. DZ ab 650 SEK.

Gula Villan, Tingvallavägen 12, ✆ 12960, ✆ 38850. Gemütliche JH mit 2–6-Bett-Zimmern im Zentrum. Die namensgebende gelbe Holzvilla stammt aus dem Jahr 1900. Ab 180 SEK.

Hunnebergs Vandrarhem, Berggårdsvägen 9, Vänersborg/Vargön ✆ 0521-220340, ✆ 68497, ganzj. Herrlich gelegener alter Gutshof mit angeschlossenem Zeltgelände. Ab 180 SEK.

• *Camping* **Trollhättans Camping Hjulkvarnelund**, Kungsportsvägen 7, ✆ 30613, Juni bis Aug. Zentral gelegen, nah zu City und Fluss, Wanderweg zu den Schleusen. Hütten/4 Pers. Ab 350 SEK.

Ursands Camping, Vänersborg, ✆ 0521-18666, ✆ 282025, Mai bis Mitte Sept. 3 km nördlich von Vänersborg am Seeufer gelegen, gute Ausstattung, schöne Badebucht, bewaldetes Hinterland. FeHa/4 Pers. 485 SEK, Hütten 385 SEK.

• *Essen & Trinken* **Butlers Pub, Kök och Restaurang,** Spannmålsgatan 11, ✆ 481880, tgl. 17 Uhr bis spät. Beliebtes Lokal, im Pub Do–Sa Livemusik.

Strandgatan Bärs & Bulle, Strandgatan 34, ✆ 83717, So–Fr. 10–21.30, Sa –17 Uhr. Uriges Café im ehemaligen Arbetarforeningens Hus von 1867, direkt am Kanal, bekannt für gute Kanelbullar.

Slusscafeéet, Övre Slussarna, ✆ 411345, Sommercafé beim Kanalmuseum, Mai bis Aug. tgl 10.30–21 Uhr.

Gillets Matsalar, Storgatan 22, Trollhättan, ✆ 12012, Mo–Fr 8–16 Uhr. Lunchlokal mit schwedischer Hausmannskost, im Hochsommer leider geschlossen.

Aktivitäten

Innovatum, Nohabs Industriområde, ✆ 488480, Mitte Juni bis 3. Woche Aug. tgl 10–18 Uhr, übrige Zeit Di–So 11–16 Uhr. Neues Technologiemuseum mit zahlreichen Experimentiermöglichkeiten, während der Schulzeit ein Magnet für Klassenausflüge.

SAAB Bilmuseum, Nohabs Industriområde, ✆ 84344, Öffnungszeiten wie Innovatum (s.o.). SAAB-Autos von 1946 bis heute.

Kanalmuseum, Övre Slussarna, ✆ 472206, Juni bis Aug. tgl 10–19 Uhr, April, Mai+Sept. Sa+So 12–17 Uhr. Hier wird die Geschichte des Kanalbaus anschaulich gemacht; eine gute Ergänzung zum Rundgang zu den Schleusen.

Fahrradverleih bei der JH Gula Villan und beim Innovatum.

Bootsverleih über Fiskeshopen, ✆ 36115, April bis Okt. Mo–Fr 10–18 Uhr, Sa 10–13 Uhr.

Bootstouren mit der MS Strömkarlen auf dem Trollhättekanal: Rederi Strömkarlen, Strandgatan, ✆ 32100. Juni bis Aug.

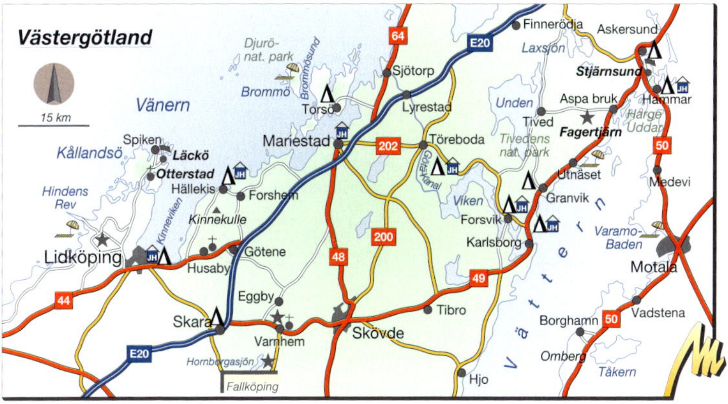

Durch Västergötland zum Hjälmaren

Natur und Kultur zwischen den großen Seen

Zwischen den Binnenmeeren Vänern und Vättern liegt ein abwechslungsreiches Stück Schweden. Historische Städtchen inmitten alter Kulturlandschaft, Hafen- und Fischerorte an den Küsten, Süßwasserschären und sandige Badebuchten finden sich hier reihenweise. Außerdem kann man die felsige Urwaldlandschaft des Tiveden Nationalparks besuchen oder mit dem Fahrrad den Götakanal entdecken. Im Norden der Region Hjälmaren liegt die Stadt Örebro, wichtiges Handelszentrum seit dem 13. Jh. und für ihr beeindruckendes Schloss bekannt.

Lidköping

Das Städtchen am inneren Ende der weiten Bucht Kinneviken am Vänern besitzt eine lange Geschichte als Handels- und Hafenplatz, und noch heute wird die Uferregion vom weitläufigen Industriehafen dominiert. Dort liegt auch die Fabrik, die das weltbekannte Rörstrand Porzellan herstellt, und das schon seit 275 Jahren. Westlich des Hafens gehört die Küste wieder den Erholungssuchenden; hier reihen sich Marina, Folkepark, Badestrand und Campingplatz aneinander.

Lidköping erhielt schon im 15. Jh. Stadtrechte. Im 17. Jh. wuchs die Siedlung beträchtlich, als der Graf von Läckö, Magnus Gabriel de la Gardie, an der Lindån-Mündung einen neuen Stadtteil gegenüber der bisherigen Ortschaft errichten ließ. Sein ehemaliges Jagdschloss wurde auf den Nya Stadens Torg versetzt, wo das markante, rote Gebäude als Rathaus fungierte. Gegenüber liegt das Grevhuset, das ebenfalls aus der Gründungszeit der „Neustadt“ erhalten blieb. Auf dem weiten

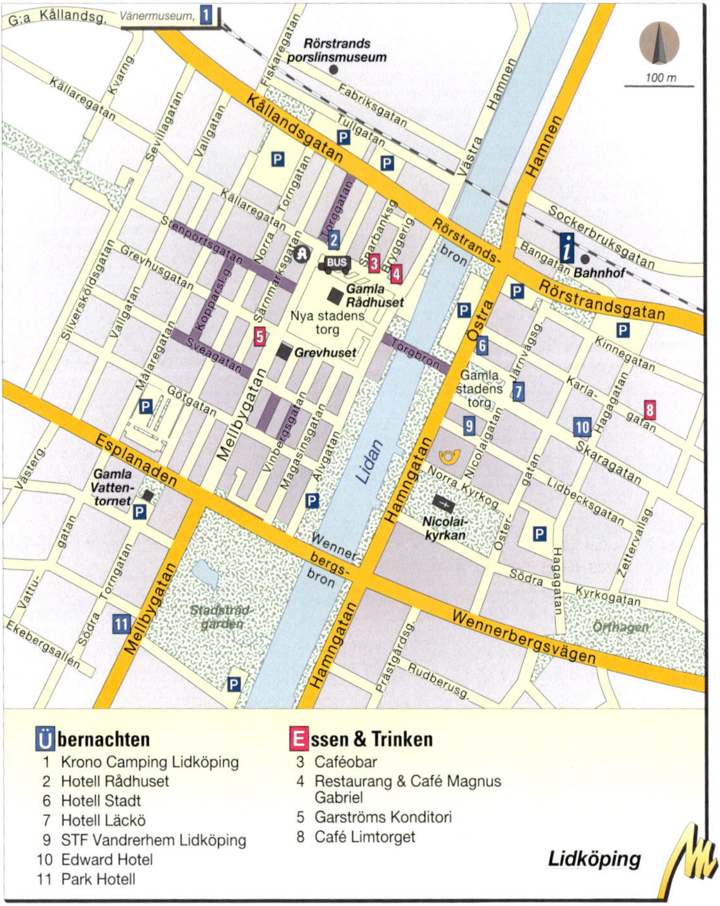

Platz dazwischen findet der Wochenmarkt statt (Mi+Sa 8–14 Uhr), ringsherum liegen die gemütlichen Einkaufsstraßen der kleinen City. Über die Torgbron erreicht man die Altstadt, in der allerdings ein Stadtbrand 1849 nur wenige ältere Gebäude am Limtorget übrig gelassen hat.

Information/Verbindungen/Adressen (Vorwahl Lidköping: 0510)

• *Information* **Lidköping Turistbyrå,** Stationshuset (Bahnhofsgebäude), Bangatan 3, 53102 Lidköping, ✆ 770500, ℻ 770464, turist@lidkoping.se, Mittsommer bis Mitte Aug. Mo–Fr 9–20 Uhr, Sa 10–20 Uhr, So 12–18 Uhr, 2. Woche Mai bis Mittsommer + 2. Hälfte Aug. Mo–Fr 9–18 Uhr, Sa 10–18 Uhr, So 13–18 Uhr, übrige Zeit Mo–Fr 10–17 Uhr.

• *Verbindungen* **Bus:** Expressbus Uddevalla-Stockholm via Vänersborg-Lidköping-Mariestad, 1-mal tgl. Buslinie 1, 5 und 200 nach Skara und Varnhem, mehrmals tgl. Linie 132 nach Kållandsö, ca. 2-stdl. Busbahnhof liegt am Nya Stadens Torg.

Zug: Nach Mariestad über Kinnekulle, mehrmals tgl.
Parken: Am Bahnhof mehrere Parkplätze, außerdem an der Kållandsgatan gegenüber der Pozellanfabrik Rörstrand.

• *Adressen* **Ärztliche Hilfe** Bassjukhus, Mellbygatan, ✆ 85000, **Apotheke** am Nya Stadens Torg. **Postamt** Lidbecksgatan 2, **Banken** und **Geschäfte** rings um den Nya Stadens Torg.

Übernachten/Camping

• *Übernachten* **Hotell Stadt (6),** Gamla Stadens Torg 1, ✆ 22085, 📠 21532. Zentral gelegenes Traditionshotel, beliebtes Restaurant Torgkrogen und großes Tanzlokal im Haus. DZ 760 SEK.

Edward Hotel (10), Skaragatan 7, ✆ 790000, 📠 790099. Gemütliches Stadthotel auf der Altstadtseite, Zimmer mit verschiedenem Standard von ordentlich bis komfortabel, alle jüngst renoviert. DZ ab 870 SEK.

Hotell Läckö (7), Gamla Stadens Torg 5, ✆ 23000. Familiäres Mittelklassehotel. DZ 790 SEK.

Park Hotell (11), Melbygatan 24, ✆ 24390, 📠 61150. Kleines Hotel in hübscher Stadtvilla. DZ 700 SEK.

Hotell Rådhuset (2), Nya Stadens Torg 8, ✆ 22236. Älteres Haus am Markt, ordentliche Zimmer, teils einfache Ausstattung. DZ ab 700 SEK.

STF Vandrarhem Lidköping (9), Nicolaigatan 2, ✆ 66430, ganzj. Zentrales Stadthaus beim alten Marktplatz. 185 SEK.

• *Camping* **Krono Camping Lidköping (1),** ✆ 26804, 📠 21135, ganzj. Großer, stadtnaher Platz mit allem Komfort, zwischen Badestrand und Hauptstraße gelegen; einige Stellplätze sind entsprechend laut. FeHa/4 Pers. 775 SEK, Hütten/4 Pers. 650 SEK.

Filsbäck Camping, ✆ 546027, 📠 546376, Mitte April bis Mitte Okt. 4 km östlich von Lidköping am Badestrand gelegen, die meisten Stellplätze wassernah. Die wenig befahrene Bahnlinie Lidköping-Mariestad trennt das Gelände von der Hauptstraße. Hütten ab 250 SEK/2 Pers.

Essen & Trinken

Restaurang & Café Magnus Gabriel (4), Nya Stadens Torg 2, ✆ 61500, Mo, Di, Do 9.30–22, Mi bis 1, Fr+Sa bis 2 Uhr. Breites Angebot vom Dagens Rätt bis Abendmenü, schöner Blick über den Marktplatz, auch zum Draußensitzen. Im Pub kleine Gerichte mit der auch in Schweden modernen „Tex-Mex"-Tendenz.

Caféobar (3), Nya Stadens Torg 4, ✆ 27027, Mo–Do 11–23, Fr bis 1 Uhr, Sa 10–1 Uhr, So 12–21 Uhr. Gerichte für jede Gelegenheit, von der Hauptmahlzeit bis zum Smörgås oder Paj.

Café Limtorget (8), ✆ 25145, Mo–Fr 10–20, Sa bis 14 Uhr, So 13–19 Uhr. Gemütliche Kaffeestube im ältesten Teil Lidköpings.

Garströms Konditori (5), Mellbygatan 2, ✆ 20093, Mo–Fr 10–19, Sa 9–16 Uhr. Zuckerbäckerei seit 1857, herrlich nostalgisch eingerichtet, große Kuchenauswahl.

Aktivitäten

Gamla Vattentornet, Esplanaden. Von der Spitze des 48 m hohen, alten Wasserturms lohnt sich die Aussicht. Öffnungszeiten wg. Renovierung noch unklar.

Vänermuseum, Framnäsvägen 2, ✆ 770065, Di-Fr 10–17 Uhr, Sa+So 12–17 Uhr, Juni bis Aug. auch Mo 10–17 Uhr. Im Mittelpunkt der Themenpalette steht Schwedens größtes Binnenmeer: Seine Entstehung und seine Bedeutung für die Menschen, die an seinen Ufern lebten, werden variationsreich in Szene gesetzt. Seit Kurzem gehört das Paleo Geology Center zum Museum und präsentiert erdgeschichtliche Erkenntnisse über die Vänernregion. Unter den ausgestellten Gesteinsbrocken sind auch ein Meteorit und verschiedene Fossilien zu bewundern.

Rörstrands Museum, Fiskaregatan 4, ✆ 82346, Mo–Fr 10–18 Uhr, Sa 10–15 Uhr, So 12–16 Uhr. Die Entwicklung der Porzellanindustrie wird hier nachgezeichnet, die Produkte der Rörstrand-Fabrik aus drei Jahrhunderten werden ausgestellt, im angeschlossenen Laden gibt es außerdem Geschirr und Küchenutensilien zu günstigen Preisen, teils als 2. Wahl.

Rund um die Kinneviken

Lidköping ist von einer abwechslungsreichen Kultur- und Naturlandschaft umgeben. Ein beliebtes Ausflugsziel ist Kålland, die Halbinsel, die im Westen die Bucht Kinneviken begrenzt, mit einem vorgelagerten Archipel.

Schloss Läckö

Diese Hauptattraktion der Region liegt erhaben auf einem Landzipfel von Kållandsö, umgeben von schöner Parkanlage, Badebucht und Gästehafen. Ehemals Sitz der Bischöfe in Skara, ging das Schloss 1652 an den Grafen Magnus Gabriel de la Gardie über, der dem barocken Bauwerk seine heutigen Dimensionen gab. Der Schlossherr, unter Karl X. Gustav zum Reichskanzler aufgestiegen und nach dessen Tod als Regent für den fünfjährigen Thronfolger Karl XI. eingesetzt, pflegte Schwedens damaliges Großmacht-Image weniger auf militärischem als auf kulturellem Parkett, und Läckö wurde für ein Jahrzehnt ein gesellschaftliches Zentrum des Reiches. Als Karl XI. das Zepter 1672 übernahm, wendete sich das Blatt für den Grafen bald. Verlorene Schlachten gegen die vordringenden Dänen wurden seiner mangelnden militärischen Vorsorge angelastet, Misswirtschaft und Verschwendungssucht wurden ihm vorgeworfen. 1682 hatte er sein Amt wie das Schloss verloren und starb wenige Jahre später vollkommen verarmt. Auf der Wanderung durch die 248 Räume des Schlosses, in denen allsommerlich verschiedene Ausstellungen dessen Geschichte lebendig werden lassen, wird auch ein Hauch vom Größenwahn seines Erbauers spürbar. Und vielleicht spaziert einem der Hausherr in Rüschenhemd, mit Perücke und Federhut sogar über den Weg, denn mehr als 300 Jahre nach seinem Ableben wurde er vom Touristenbüro wieder zum Leben erweckt.

Geöffnet 2. Woche Juni bis 4. Woche Aug. tgl. 10–18 Uhr. Bisher ist nicht das gesamte Schloss zu besichtigen, es soll aber in den nächsten Jahren für die Öffentlichkeit zugänglich gemacht werden. Sommerkonzerte finden im Schlosshof statt, in den Gewölben befinden sich ein Restaurant und ein Pub.

Spiken

Nicht weit von Schloss Läckö liegt der beschauliche Hafenort Spiken, bekannt für seine Fischräuchereien. An den Holzpiers machen die kleinen Kutter fest, die Renke, Barsch und Zander aus dem fischreichen Gewässer anlanden. Außerdem machen hier Freizeitangler und Ausflügler ihr Boot für eine Schärentour klar, zwischen den kleinen Fischerbuden bummeln Touristen, und das einzige Restaurant am Platze hat natürlich Fisch und nochmal Fisch auf der Karte. Man vergisst leicht, dass man nicht am Meer, sondern an Schwedens größtem Binnensee steht.

Hindens Rev

Ebenfalls lohnend ist ein Abstecher von Lidköping nach Westen zum Naturreservat Hindens Rev. Unterwegs liegt bei Skalunda der besonders mächtige, prähistorische Grabhügel **Skalunda Hög** unweit der romanischen Kirche. Die 7 m hohe Grabstätte wurde bisher nicht archäologisch untersucht, sodass keine genaue Datierung möglich ist. Vorbei am Badeplatz **Svalnäs**, einem herrlichen Sandstrand zwischen Felsklippen und Kiefernwald, und einigen Feriengrundstücken erreicht man einen unbeschilderten, grasigen Parkplatz. Auf schlechter werdender Schotterpiste geht es von hier am besten zu Fuß weiter. Nach einer Viertelstunde erreicht man das Naturreservat auf der 5 km langen und hier nur noch wenige Meter breiten Landzunge im Vänern. **Hindens Rev** ist ein Überbleibsel aus der letzten Eiszeit, als vor etwa 10.000 Jahren eine längere Kälteperiode den Rückzug der Gletscher aufhielt. Wie hier bei Hindens Rev entstanden im Laufe von 800 Jahren vielerorts in Südschweden markante Endmoränen, die sogenannte südschwedische Eisrandzone. Zwischen Kiefern und Birkenbewuchs führt ein Pfad bis zur knapp 3 km entfernten Spitze der Landzunge hinaus, immer entlang der kiesigen, teils schilfbestandenen Ufer.

Kinnekulle

Nach Osten begrenzt der felsige Hügelrücken Kinnekulle die Bucht von Lidköping. Er ist für seine abwechslungsreiche Natur bekannt und erhielt von Carl von Linné den Beinamen „blühender Berg“. Ein verzweigtes Wegenetz überzieht ihn, sodass man sich zu Fuß, per Fahrrad oder Auto selbst ein Bild von dieser Vielfalt machen kann. **Husaby** bildet dabei einen günstigen Einstieg, das Örtchen besitzt eine romanische Kirche aus dem frühen 12. Jh. An der Straße Richtung Kinne-Kleva sind sehenswerte Felsritzungen (Hällristningar) ausgeschildert, bei Österplana führen Wanderwege durch die Heidelandschaft des Kalksteinplateaus. Durch Wald geht es vor Medelplana rechts ab zum **Kinnekullegården**, wo ein kurzer Spazierweg auf den höchsten Punkt des Bergrückens führt. Ein altertümlicher Aussichtsturm bietet schöne Fernblicke, wenn er denn geöffnet hat (bei gutem Wetter 11–18 Uhr), andernfalls muss man sich auf die Aussicht unterwegs bei einer kleinen Bank beschränken. In Hällekis lohnt das alte Arbeiterwohnviertel **Falkängen** einen Halt. Die Bewohner waren im nahe gelegenen Kalksteinbruch und in der Zementfabrik beschäftigt. In die ehemaligen Mehrfamilienhäuser sind heute Kunst

Der traumhaft gelegene Gutshof Hällekis Säteri wird noch bewirtschaftet

und Handwerk, Café und die Jugendherberge eingezogen. Auf der küstennahen Straße erreicht man durch üppigen Laubwald, von Pferdeweiden unterbrochen, **Hällekis Säteri**, einen alten Gutshof mit herrlichen Gartenanlagen, Pflanzenzucht, Gartencafé und Restaurant in der alten Orangerie. Auch das benachbarte Anwesen Råbäck mit dem Herrenhaus aus dem 17. Jh. ist sehenswert. Der Park zieht sich den Hang hinunter, am Ufer liegt bei einem kleinen Hafen ein alter Steinmetzbetrieb, den heute ein Heimatverein bewahrt. Das angrenzende Naturreservat **Munkängarna** wird ebenfalls von zahlreichen Wanderrouten erschlossen. Über Medelplana und Västerplana, hübsche Weiler mit alten Kirchlein, kann man die Runde bei Husaby schließen.

Information/Verbindungen (Vorwahl: 0510)

• *Information* **Lidköping Turistbyrå,** Dependance im Husaby, Pilgrimsgården, ✆ 343260, Juni bis Aug. tgl. 11–16 Uhr.

• *Verbindungen* **Bus:** Linie 132 nach Kållandsö, ca. 2-stdl. **Zug:** Kinnekulletåget nach Mariestad über Kinnekulle, mehrmals tgl.

Übernachten/Camping

• *Übernachten* **Blå Pensionatet,** Gössäter bei Hällekis, ✆ 540007. Nette, kleinere Familienpension. DZ 550 SEK.

STF Vandrarhem Hällekis, Falkängsvägen, ✆ 540653, ✆ 540085, ganzj. Man wohnt zu fünfen in den ehemaligen, kleinen Arbeiterwohnungen, jede mit eigener Küche und Bad. 195 SEK.

• *Camping* **Kinnekulle Camping,** ✆/✆ 544102, Mai bis Mitte Sept. 4 km von Hällekis an schöner Badebucht, der Wanderweg Kinnekulleleden führt hier vorbei. Hütten 350 SEK/4 Pers.

Essen & Trinken

Sjöboden, Spiken Fiskehamn, ✆ 10408, Juni bis Mitte Aug. tgl. 11.30–22 Uhr. Vänernfisch, interessant zubereitet, steht hier ganz oben auf der Karte.

Forshems Gästgivaregård, Kinnekulle, ✆ 0501-42055, tgl. 12–20 Uhr. Das historische Gasthaus von 1629 ist weit über Hällekis hinaus bekannt. Gute, regionale Küche.

Vin och Pimpinella, Hellekis Säteri, ✆ 544256, Juli bis Aug. tgl. 12–20 Uhr, April bis Juni, Sept.+Okt. Mi–So 12–18 Uhr, übrige Zeit Sa+So 12–16 Uhr. Café und Restaurant auf dem sehenswerten Gutshof am Kinnekulle. In der lichtdurchfluteten Orangerie sitzt man unter Weinreben, in der Küche werden Obst, Gemüse und Kräuter aus dem eigenen Garten verarbeitet, und nebenan kann man die hausgemachten Marmeladen erstehen.

Hjulets Kaffestuga, Kinne-Kleva, ✆ 0511-55121, Juni+Juli Di–So 11–20 Uhr, Mai+Aug. bis 18 Uhr, April+Sept. Sa+So 12–17 Uhr. Gemütliches kleines Ausflugscafé am Kinnekulle, hausgemachte Kuchen und Waffeln.

Falkängens Hantverkscenter, Hällekis, ✆ 540085, Mittsommer bis Mitte Aug. tgl. 10–20 Uhr. Gartencafé in der alten Arbeitersiedlung, inmitten der Kunsthandwerkerläden.

Aktivitäten

Ausflugsfahrten mit der M/S Magnus Gabriel von Läckö Slott und Spiken Fiskehamn durch den Ekens Schärengarten, Juni bis Aug. 4-mal tgl. Auf der unbesiedelten Außenschäre Blankesundsholm kann man die Fahrt unterbrechen und mit einem späteren Boot zurückfahren. Läckö Båttrafik, ✆ 26300.

Boots- und Kanuverleih bei den Campingplätzen, beim Kajak & Fritidcenter am Schloss Läckö, ✆ 10676+0708-249813, und bei Brostugan in Ullersund (zwischen Kålland und Kållandsö), ✆ 070-6370594. Für Touren durch den reizvollen Schärengarten sind Läckö, Hörviken und Ullersund geeignete Ausgangspunkte.

Fahrradverleih bei der JH in Hällekis und bei den Campingplätzen.

Skara

Ein beliebtes Ausflugziel im südlichen Hinterland von Lidköping ist Skara, ehemaliger Bischofssitz und im Mittelalter ein geistliches Zentrum des Landes. Der Dom, dessen älteste Teile aus dem 12. Jh. stammen, zeugt noch von dieser Vergangenheit, doch im Stadtbild ist davon kaum etwas bewahrt.

Ein hübsches Freilichtmuseum, der ansprechende Marktplatz, ein paar städtisch anmutende Gebäude aus dem 19. Jh., darunter die alte Bibliothek und ein mächtiges Schulhaus, geben der Kleinstadt Charme. Seiner glanzvollen Vergangenheit ist aber vor allem das **Västergötlands Museum** gewidmet, dessen Kernstück eine anschauliche Ausstellung zu Skara im Mittelalter darstellt. Auch ein bedeutender Fund bronzezeitlicher Schilde, vor 3000 Jahren vermutlich als Opfergaben in einer flachen Vänernbucht versenkt, wird einfallsreich präsentiert (✆ 26000, Mai bis Aug. Mo–Fr 10–17 Uhr, Sa+So 12–17 Uhr, übrige Zeit Di, Do+Fr 10–17, Mi bis 21 Uhr, Sa+So 12–17 Uhr). Populärstes Besuchsziel bei Skara ist jedoch **Skara Sommarland**, ein riesiger Vergnügungspark mit allem, was Kinderherzen höher schlagen lässt, Richtung Varnhem abseits der 49 gelegen (✆ 64000, Mitte Mai bis Mitte Juni tgl. 10–17, bis Mitte Aug. bis 18, im Juli bis 19 Uhr).

In der Umgebung

Von Skara ist es nicht weit nach **Varnhem**, bekannt für seine mächtige Klosterkirche aus dem 12. Jh. Das angrenzende Zisterzienserkloster ist nur noch in Grundmauern erhalten, die aber dennoch einen Eindruck vom Ausmaß der Anlage geben. Der Kirche, die nach der Reformation allmählich verfiel, hätte nach mehreren Bränden sicher ein ähnliches Schicksal gedroht, wenn nicht im 17. Jh. Magnus Gabriel de la Gardie ihre Restaurierung veranlasst hätte. Eine kleine Ausstellung informiert über die Geschichte der Kirche.

Geöffnet April tgl. 10–16 Uhr, Mai bis Aug. 9–18 Uhr, Sept. 12–16 Uhr.

Trutzig-behäbig wirkt die alte Klosterkirche von Varnhem

Zwischen Skara und Varnhem lohnt sich der Umweg um das Ostufer des **Hornborgasjön**. Das bekannte Vogelschutzgebiet ist berühmt für seine Kraniche, die in jedem Frühjahr zu Tausenden hier rasten. Vom Hornborga Naturum führen Stege und Pfade an die sumpfigen Ufer heran, wo sich auch im Sommer zahlreiche Watvogel- und Entenarten, Schwäne und Gänse beobachten lassen. Auch eine große Lachmöwenkolonie nistet am See. Der flache Hornborgasjön drohte sich nach mehreren Grundwassersenkungen zur Bodengewinnung im 19. und 20. Jh. allmählich in eine Sumpf- und Bruchwaldlandschaft zu verwandeln. Umfangreiche Renaturierungen seit den 1980er Jahren stellten den ursprünglichen Zustand wieder her, das wuchernde Schilf wurde eingedämmt, Buschwerk gerodet und man legte kilometerlange Dämme an, um den Wasserspiegel zu erhöhen. Der Erfolg dieser Maßnahmen lässt sich in der rapide gestiegenen Zahl an Zug- und Brutvögeln am Hornborgasjön ablesen.

Geöffnet Hornborga Naturum: Mitte März bis Mitte Juni tgl. 9–19 Uhr, Mitte Juni bis Aug. 11–18 Uhr, ✆ 0500-491190. Cafeteria: Di–So 11–18 Uhr. Trandansen Naturum am Südende des Sees nur zur Kranichsaison, ca. März/April, geöffnet.

Nördlich von Varnhem liegt inmitten der hügeligen Moränenlandschaft **Valle**, von altem Kulturland und parkartigen Wäldern bedeckt, eine kleine Seenkette. Die Nebenstraße nach Eggby durchquert das kleingliedrige, landschaftlich abwechslungsreiche Gebiet, in dem mehrere kurze Wanderwege beschildert sind. Auch Richtung Öglunda lohnt sich ein Abstecher. Eine andere Wanderroute führt zwischen Flämtsjön und Ämten über die blumenreiche Landenge nach Eggby.

Information/Verbindungen/Adressen (Vorwahl Skara: 0511)

• *Information* **Skara Turistbyrå,** Skolgatan 1, 53288 Skara, ✆ 32580, 📠 32584, turistbyrån @skara.se, Mitte Juni bis Mitte Aug. Mo–Fr 9–19 Uhr, Sa 10–14 Uhr, So 13–17 Uhr, übrige Zeit Mo–Fr 10–18, Sa 10–13 Uhr.

• *Verbindungen* **Bus:** Busbahnhof Vallgatan/Järnvägsgatan. Linie 202 nach Mariestad, Linie 1, 5 und 200 nach Lidköping und Varnhem, mehrmals tgl.

Parken: Am Skoltorget hinter dem Dom, kostenlos.

• *Adressen* **Ärztliche Hilfe** Vårdcentral, ✆ 32700 und **Apotheke** Vipan, ✆ 32703, beide in der Malmgatan 36. **Postamt** Skaraborgsgatan 34, **Banken** am Stortorget und in der Klostergatan, verschiedene **Geschäfte** dort und in der Järnvägsgatan. **Polizeistation** Östra Kungshusgatan 11, ✆ 13430.

Übernachten/Camping

• *Übernachten* **Skara Stadshotell,** Järnvägsgatan 5, ✆ 24050, 📠 24069. Stattliches, altes Hotel in der City. DZ ab 725 SEK.

Stadskällaren Hotell & Restaurang, Skaraborgsgatan 15, ✆ 13410, 📠 12148. Zentral an der Hauptdurchgangsstraße gelegen, rückwärtig Gartenlokal. Gut bis einfach ausgestattete Zimmer. DZ ab 530 SEK. Beliebtes Restaurant mit Bar und Discothek im Haus.

Music Inn Skara, Klostergatan 8, ✆ 20020, 📠 20023. Einfacheres Stadthotel in zentraler Lage. DZ ab 650 SEK.

STF Vandrarhem Skara, Vasaparken, ✆ 12165, 📠 20206, April bis Aug., übrige Zeit mit Vorbuchung. Nicht weit vom Zentrum in einem kleinen Park. 185 SEK, auch DZ.

Herrtorps Kvarn, Härlunda, ✆ 372173, 📠 29291. An der 184 ca. 5 km südlich von Skara, guter Ausgangspunkt für den Hornborgasjön. Schöne Lage am Bach bei einer alten Wassermühle, DZ ab 400 SEK, FeWo/4 Pers. ab 700 SEK. Das Restaurant ist bei Ausflüglern und Kanuten beliebt.

Hornborgasjön Stugby, Bjellum, ✆/📠 60040, ganzj. Auf der Ostseite des Sees gelegenes, kleines Hüttendorf, FeWo/2 Pers. 500 SEK, FeHa 680 SEK/5 Pers.

Flämslätt Stifts- & Kursgård, Vallebygden, Lerdala, ✆ 30440, 📠 30459. Ferienanlage am Nordufer des Flämsjön. Hotel- und Herbergszimmer, Badestrand. Ab 130 SEK, DZ ab 400 SEK.

Stora Ekeberg, Axvall, ✆ 64250, 📠 64504. Wenige hundert Meter von Skara Sommarland entfernte, große Unterkunft, Standard und Preise wie JH, 175 SEK.

• *Camping* **Skara Sommarlands Camping,** Axvall, ✆ 770300, 📠 64107, Juni bis Mitte Aug. Großer, gut ausgestatteter Campingplatz mit direktem Anschluss an den Vergnügungspark, also nichts für Ruhesuchende. Hütten 700 SEK/4 Pers.

Simmatorps Herrgårdscamping, ✆ 12333, 📠 10969, Juni bis Aug. 2 km westlich von Skara abseits der E 20 an einem kleinen See gelegener Campingplatz auf dem Gelände eines Gutshofes. Hütten/2 Pers. ab 300 SEK.

Essen & Trinken

Die Restaurants in den Hotels Stadskällaren und Stadshotell sowie etliche Pizzerien bestimmen die gastronomische Szene in Skara, außerdem:

Kråks Värdshus, Stadsparken, ☎ 21107, Mo–Fr 11.30–14 Uhr. Lokal in den Kellergewölben eines alten Gutshauses. Abends unregelmäßige Musikveranstaltungen.

Skarabagar'n, Skaraborgsgatan 25, ☎ 16060, Mo–Fr 6–18 Uhr, Sa 9–17 Uhr. Konditorei und Café mit guter Kuchenauswahl und Smörgåsar.

Restaurant und Pub im Hotel Herrtorps Kvarn.

Klostergårdens Servering, Varnhem, ☎ 60420, Mai–Aug. Mo–Fr 10–18 Uhr, Sa+So 12–18 Uhr. Hübsches Café in einem beschaulichen Garten gleich neben der Klosterkirche.

Aktivitäten

Museumseisenbahn von Skara nach **Lundsbrunn**, ab Skara Mittsommer bis Aug. So 12.30 + 15.15 Uhr, Juli bis Mitte Aug. auch Di+Do 16 + 18 Uhr, jeweils 1 Std. später zurück. Gemütliche Tour mit dem Bummelzug zu dem kleinen Kurort, nach einem Spaziergang durch den üppig bewaldeten Kurpark mit dem alten Pavillon geht es auf derselben Strecke zurück.

Mariestad

Superlative hat Mariestad vielleicht nicht zu bieten, aber einige nette Fleckchen finden sich dort durchaus. An der Tidån-Mündung liegt der Gästehafen, hinter dem sich die kleine Altstadt Gamla Stan um die alte Domkirche erstreckt. Einzig das Gotteshaus ist aus der Zeit der Stadtgründung im späten 16. Jh. erhalten. Herzog Karl, ein Sohn Gustav Vasas, ließ den nach seiner Frau benannten Ort an der Vänernküste um 1580 als Handelsstützpunkt errichten und stiftete den lutheri-

Sommerliche Idylle vor unechtem Dom in Mariestad

schen Dom während des damaligen Religionsstreits in Konkurrenz zum Bistum Skara. Mit der Etablierung der schwedischen Staatskirche verlor Mariestad als Bischofssitz seine Bedeutung, der Superintendent wurde versetzt, doch die Kirche wird bis heute Dom genannt.

Entlang der Gassen beiderseits der Kyrkogatan stammt die Bebauung aus dem 18. und 19. Jh. und bietet ein einheitliches Bild. Zum Vänern hin schließt sich ein kleiner Uferpark mit hübsch gelegenem, beliebtem Kaffeehaus an. Im Tidån liegt auf einem Inselchen die alte **Residenz Marieholm**, in der heute neben der Bezirksverwaltung auch das Vadsbo Museum mit Themenausstellungen zur Stadtgeschichte zu finden ist (✆ 63214, Mittsommer bis Mitte Aug. Di+Do–So 13–16, Mi bis 19 Uhr, übrige Zeit Mi 17–19 Uhr, Sa+So 13–16 Uhr). Am Flussufer sitzt man im Sommer herrlich im Museumscafé.

Information/Verbindungen/Adressen (Vorwahl Mariestad: 0501)

• *Information* **Mariestads Turistbyrå,** Hamnplan, 54230 Mariestad, ✆ 10001, 📠 12140, turistbyran@mariestad.se, Juni bis Aug. Mo–Fr 8–19 Uhr, Sa+So 9–18 Uhr, übrige Zeit Mo-Fr 8–12+13–16 Uhr.

• *Verbindungen* **Bus:** Expressbus Uddevalla-Stockholm via Vänersborg-Lidköping-Mariestad, 1-mal tgl. Linie 202 nach Skara, mehrmals tgl. Linie 504 nach Töreboda/ Götakanal, Mo–Fr stdl, Sa+So 2- bis 3-mal tgl. Linie 502 nach Sjötorp, nur Mo–Fr mehrmals tgl. Busterminal am Bahnhof, Nygatan. Nach Karlsborg mit Buslinie 1 und 955 von Lidköping via Skövde, Mo–Fr ca. 2-stdl. oder von Mariestad nach Skövde mit Linie 839, mehrmals tgl., dort umsteigen. **Zug:** **N**ach Lidköping über Kinnekulle, mehrmals tgl.

Parken: Am Hamnplan (TI) und Bantorget kostenlos.

• *Adressen* **Ärztliche Hilfe,** Sjukhuset i Mariestad, Lockerudsvägen 12, ✆ 62500, dort auch **Apotheke,** ✆ 15000. **Postamt,** Österlånggatan 15. **Polizeistation,** Oxvägen 1, ✆ 67700. **Geschäfte** und **Banken** rings um die Achse Österlånggatan/Kungsgatan.

Übernachten/Camping

• *Übernachten* **Stadshotellet,** Nya torget, ✆ 13800, 📠 77640. Zentral gelegenes, nettes Mittelklassehotel. DZ ab 850 SEK.

Hotell Vänerport, Hamngatan 32, ✆ 77111, ✆ 77121. Hübsches altes Pensionat nahe der TI am Hafen. DZ ab 850 SEK.

Bergs Hotell, Kyrkogatan 18, ✆/📠 10324. Süßes, kleines Hotel in einem der niedrigen Altstadthäuschen aus dem 18. Jh. DZ 600 SEK, Etagenbad.

Johannes Park Hotell, Stockholmsvägen 66, ✆/📠 10053. Preiswerte Unterkunft auf dem weitläufigen Parkgelände Johannesberg. DZ ab 510 SEK, Etagenbad.

Aqva Hotell, Viktoriagatan 15, ✆ 19515, 📠 18780. Auf der Rückseite des Bahnhofs gelegen, DZ ab 600 SEK.

STF Vandrarhem Mariestad, Hamngatan 20, ✆/📠 10448, Juni bis Aug., übrige Zeit mit Vorbuchung. Gemütlich-altertümliche Herberge in einem dreiflügeligen, hölzernen Hofgebäude aus dem 17. Jh. 175 SEK, auch DZ. Im Garten wird im Sommer Kaffee serviert.

• *Camping* **Ekuddens Camping,** ✆ 10637, 📠 18601, Mai bis Mitte Sept. Auf einer Landzunge 2 km westlich der Stadt. Ordentlicher, strandnaher Platz, Spazierweg ins Zentrum. Hütten ab 290 SEK/2 Pers., FeHa 450 SEK/4 Pers.

Torsö Camping, ✆ 21302, Mitte Juni bis Mitte Aug. Ca. 15 km von Mariestad entfernt (Brücke) auf der landschaftlich hübschen Vänerninsel Torsö. Wiesenplatz an geschützter Bucht.

Essen & Trinken/Aktivitäten

• *Essen* **Restaurang Continental,** Viktoriagatan 15, ✆ 77920, Mo–Fr 11–15 Uhr, Mo+Mi–Fr auch 18–23 Uhr, Sa 12–23, So bis 21 Uhr. Preiswerte Lunchgerichte, die Menükarte reicht von schwedischen über mediterrane bis zu asiatischen Gerichten.

Hamnrestaurangen, Gästhamnen, ✆ 77216, Juni–Mitte Aug. Mo–Fr 12–21, Sa+So 18–21

Uhr. Gute Hausmannskost neben Allerweltsgerichten, unschlagbare Lage am Hafen, gleich neben der TI.

Björnes Magasin Krog, Kungsgatan 5, ✆ 18050, Mo–Fr 11–14.30 + Di–Sa 18–23 Uhr. Beste regionale Küche, einfallsreich und seinen Preis wert – der neue Krog ist zu Recht beliebt.

Café Holmen, Karlsholme Folkeparken, ✆ 10278, Mai bis Aug. tgl. 11–20 Uhr. Beliebtes Lunchlokal und Café direkt am Vänernufer, unweit der Altstadt. Gute Hausmannskost.

Café Mumma, Österlånggatan 23, ✆ 12232, Mo–Fr 9–20, Sa 11–17, So 12–17 Uhr. Gemütliches Café in der City.

Café Bäcken, Ekudden, ✆ 17510, 3. Woche Mai bis 3. Woche Aug. tgl. 11–21 Uhr. Ausflugscafé unweit des Campingplatzes, serviert kleine Gerichte, hausgemachte Kuchen und Waffeln.

Hamnkrogen i Laxhall, Torsö, ✆ 22120, Juni–Mitte Aug tgl. Das Café am Bootssteg des Brommösund hat sich inzwischen zum beliebten Restaurant gemausert; hier treffen sich die Freizeitskipper, ob zu Kaffe, Eis, Lachsbaguette, Fischsuppe oder einfach einem Bier zum Sonnenuntergang vor malerischer Kulisse.

• *Aktivitäten* **Fahrradverleih** in Mariestad bei der TI und bei Torsö Camping.

Kanuverleih in Mariestad beim Café Bäcken und bei Torsö Camping.

Vänertouren nach Läckö mit der M/S Jungfrun Juli bis 3. Woche Aug. Do, Fr+Sa ab 9 Uhr; Mi 9 Uhr nach Djurö.

Ausflug nach Brommö: 5 km nördlich von Mariestad erreicht man über eine Brücke Torsö, ab Brommösund per Fähre die autofreie Insel (Mitte Juni bis Aug. tgl. 2- bis 5-mal). Wander- und Radwege führen zu herrlichen Badestellen.

Entlang dem Götakanal

Von Mariestad ist es nicht weit zum Götakanal, der zwischen Sjötorp und Karlsborg die beiden Binnenmeere Vänern und Vättern verbindet.

Sjötorp an der Vänernküste ist ein vielbesuchter Kanalort. Um die Schleusen und das kleine Hafenbecken bummeln im Sommer zahlreiche Ausflügler, besichtigen die Boote, das alte Trockendock der Werft, die rekonstruierte Schaluppe *Oskar II* sowie die Verwaltungsbauten mit dem Kanalmuseum und besteigen die Ausflugsdampfer, die von hier nach Töreboda verkehren. Besonders interessant wird es, wenn die großen Kreuzfahrtschiffe Wilhelm Tham, Juno oder Diana auf ihrer Fahrt von Göteborg oder Stockholm hier durchkommen.

Bei Sjötorp beginnt der mit 20 Schleusen gespickte Aufstieg vom knapp 44 m hohen Vänern zum 92 m hoch gelegenen See Viken bei Tåtorp. Die Kanaletappe wird fast durchgehend von Treidelwegen begleitet, die inzwischen als ideale Fahrradstrecke entdeckt und gut beschildert und mit Rastplätzen bestückt worden sind. Mit einer Zwischenübernachtung (z. B. JH Tåtorp) lässt sich die Radtour auch mit einer Schiffsfahrt zurück kombinieren.

Mit dem Fahrrad von Sjötorp nach Tåtorp

Egal, mit welchem Gefährt man dem Götakanal folgt, die knapp 35 km lange, beschauliche Strecke führt zumeist durch Wald- und Wiesenland, vorbei an Äckern und einzelnen Gehöften. Bei jeder Schleuse treffen Freizeitskipper und Radler zusammen, denn das bunte Treiben auf dem Wasser lockt auch die Landratten immer wieder zu einer Pause. Bei **Lyrestad** kann man diese auch mit einem Besuch im alten Lagerhaus Hamnmagasinet verbinden, heute liebevoll eingerichtetes Heimatmuseum mit Kaffeeverkauf und gelegentlichem Kulturprogramm (✆ 50429, Mitte Juni bis Mitte Aug. tgl. 13–17 Uhr, Mai + 2. Hälfte Aug. So 13–17 Uhr). Bei den Schleusen von **Norrkvarn**, soll ein EU-Projekt die alten Werkshäuser und die Wassermühle wiederbeleben; bereits fertiggestellt ist das Kanalmodell, eine Miniaus-

Bei Tåtorp mündet der Göta-Kanal in den Viken

gabe des Abschnittes zwischen Vänern und Vättern. Bei **Hajstorp** verlocken baumbestandene Ufer mit Picknicktischen zu einer nächsten Rast. Im Lagerhaus hat sich Kunsthandwerk etabliert, das alte Schleusenwärterhäuschen wird als urige Herberge vermietet. Kurz hinter Hajstorp passiert man die vorerst letzten Schleusen, dann erreicht man **Töreboda**, den einzigen größeren Ort der Strecke mit Gästebrücke, Cafeterien, Geschäften und einem recht ausgedehnten Industriegelände zwischen Eisenbahnlinie und Kanal. Die Radstrecke wechselt an der Kungsgatan das Ufer und umgeht dieses Gebiet, um bei Rotkilen wieder auf die rechte Seite zurückzukehren. Eine ganze Weile geht es nun auf einsamer, ebener Strecke den Wasserweg entlang, bis bei **Vassbacken** wieder ein kleiner Hafen erreicht ist, umgeben vom Campinggelände mit Café und Pichnickplatz. Ein Holzhäuschen am Parkplatz war ehemals die Poststation und kann heute besichtigt werden (Infos im Café). Nun ist es nicht mehr weit bis **Tåtorp**, wo der Götakanal mit einer letzten Schleuse das Seeniveau des Viken erreicht und auch die Treidelwege enden. An schilfbestandenen Ufern oder im Garten der JH lässt sich gut rasten.

Information/Verbindungen/Adressen (Vorwahl Sjötorp: 0501)

- *Information* **Sjötorps Turistbyrå,** Slussvägen 110, Kanalmuseet, 54066 Sjötorp, ✆ 51434, ℻ 51250, turistbyran@mariestad.se, Juni bis Aug. tgl. 10–18 Uhr.
- *Verbindungen* **Bus:** von Mariestad Linie 504 nach Töreboda/Götakanal, Mo–Fr stdl., Sa+So 2- bis 3-mal tgl., Linie 502 nach Sjötorp, nur Mo–Fr mehrmals tgl.
- *Adressen* **Postservice** in Lyrestad im Laden Frejs Livs.

Übernachten/Camping

- *Übernachten* **Sjötorps Pensionat,** ✆ 51470, kleines Gästehaus mit Aussicht auf den Kanal, beliebtes, belebtes Ausflugslokal im Haus. DZ 800 SEK.

Kaffeestugan Sjötorp, ✆ 51444, Juni bis Aug. Hütten/4 Pers. 450 SEK.

Åsgårdens Wärdshus, Lyrestad, ✆/✉ 50106. Traditionsreiches, gemütliches Gästehaus 100 m abseits des Götakanals. DZ 550 SEK, Etagenbad.

Slussvaktarstugan, Hajstorp, ✆ 070-5207477. Kleine JH in alten Schleusenwärterhäuschen, Juni bis Aug., nur mit tel. Vorbuchung. 170 SEK.

STF Vandrarhem Tåtorp, ✆/✉ 0506-53086, Mitte Mai bis Mitte Aug. Sept. mit Vorbuchung. In schönem Garten gelegene, ältere Kanalvilla. 220 SEK, DZ 540 SEK.

• *Camping* **Wassbackens Café,** Camping & Vandrarhem, ✆/✉ 0506-52056, April bis Sept. Akzeptabler Platz in schöner Lage am Kanalufer. JH 150 SEK, Hütten 350 SEK/4 Pers.

Campingwagen können gegen eine geringe Übernachtungsgebühr an der Gästebrücke in Lyrestad stehen.

Essen & Trinken

An fast jeder Schleuse und an den zahlreichen Gästebrücken findet man Sommercafés oder zumindest Kioske mit Eis- und Getränkeverkauf.

Restaurang Kajutan, Sjötorp, ✆ 51480, Mitte Mai bis Aug. tgl. 11–22 Uhr. Ausflugslokal mit schönem Garten an der Kanalbrücke.

Åsgårdens Wärdshus, Lyrestad, ✆ 50106, tgl. 12–15+18–21 Uhr. Gute schwedische Küche, an der kleinen Bar schier unendliche Bierauswahl.

Wärdshuset Törebodagården, Vasagatan 8, ✆ 0506-16630, 3. Woche Mai bis Aug. tgl. 12–21.30 Uhr. Im Bauernhaus von 1830 und dem großen Garten dahinter wird Dagens Rätt, Kaffee und à la carte serviert.

Aktivitäten

Kanalmuseum Sjötorp, ✆ 51434, Mittsommer bis Mitte Aug. tgl. 10–18 Uhr, Juni+2. Hälfte Aug. tgl. 10–16 Uhr. Der Bau des Götakanals und die Bedeutung der Kanalwerft in Sjötorp werden dokumentiert.

Kanalfahrten zwischen Sjötorp und Töreboda mit den Ausflugsschiffen Bellevue und Birgit Sparre, Mai bis Aug. tgl. 10.30 Uhr in eine Richtung, 15.45 Uhr Busanschluss zurück. Transportiert auch Kanus: Mariestads Skärgårdstrafik, Sjötorp, ✆ 51470, Vorbuchung erforderlich. Von Töreboda befährt die Maribell in Tagestouren den Kanal in beide Richtungen abwechselnd: Martour AB, ✆ 0506-71069. Zwischen Karlsborg und Töreboda verkehrt auch die Sandön, Di–Do+Sa: Rederi Chrissman Cruises, ✆ 0500-412600. Bei allen Touren Vorbestellung ratsam, Fahrradtransport, Busanschluss, Saison ca. Juni bis Aug.

Fahrradverleih in Sjötorp beim Upplevelsecenter, ✆ 51133, in Töreboda (Kungsgatan) bei Brånis Sport, ✆ 0504-10068 und 0506-71450, in Tåtorp und Forsvik bei den JH.

Kanuverleih in Vassbacken am Campingplatz, in Tåtorp bei der JH.

Abstecher zum Vättern

Der Götakanal geht dann wieder in natürliche Wasserwege über; bis zum Vättern sind nur bei **Forsvik** Stromschnellen zu überwinden. Sie wurden schon im Mittelalter zum Antrieb von Wassermühlen benutzt. Die historischen Industriegebäude einer Eisengießerei und einer Sägemühle neben dem Fluss sind heute als Museum zu besichtigen. In der angrenzenden Werft wird zur Zeit das Dampfschiff Erik Nordevall nachgebaut, das ab 1836 die Kanalstrecke befuhr, bis es 20 Jahre später im Vättern sank. (Forsviks Bruk, ✆ 0505-41352, Juni bis Aug. tgl. 10–17 Uhr). Neben der Schleuse ist ein gemütliches Café in das alte Lotsenhaus von 1911 eingezogen (Forsviks Café, ✆ 41444, Juni-Aug tgl. ab 10 Uhr).

Bei **Karlsborg** ist die Vätternküste erreicht, über eine Landenge zwischen See und Binnenmeer erstreckt sich die kleine Siedlung, während auf der angrenzenden Halbinsel die Namensgeberin thront, eine ausladende Festungsanlage aus dem 19. Jh. Erbaut wurde sie als Schutz des wichtigen Wasserweges und Rückzugsort für Regierung und Krone in Kriegszeiten, doch wurde sie weder für den einen noch den anderen Zweck jemals benutzt. Heute ist das Gelände rings um den Fästningstorget frei zugänglich, ein Teil der Gebäude wird als Museum verwendet (Karlsborg Museum, ✆ 85470, Mittsommer bis 1. Woche Aug. tgl. 10–18, Juni bis 16, Aug. bis 17 Uhr, übrige Zeit Mo–Fr 10–15 Uhr).

Information/Verbindungen/Adressen (Vorwahl Karlsborg: 0505)

• *Information* **Karlsborgs Turistbyrå,** Karlsborgs Fästning AB, Ankarvägen 2, 56403 Karlsborg, ✆ 18830, 📠 188339, info@karlsborgsfastning.se, Mitte Juni bis Mitte Aug. tgl. 10–18 Uhr, Mitte Mai bis Mitte Juni+2. Hälfte Aug. tgl. 11–15 Uhr, Sept. nur Sa+So.

• *Verbindungen* **Bus:** Mariestad-Skövde-Karlsborg mit Buslinie 1, 400 und 500.

• *Adressen* In Karlsborg **ärztliche Hilfe** bei Vårdcentralen, Björkstigen 2, ✆ 17000. **Apotheke** in der Kungsgatan. Dort und am Södra Vägen **Geschäfte**.

Übernachten/Camping

• *Übernachten* **STF Vandrarhem Forsvik,** Bruksvägen 11, ✆ 41352, 📠 41440, Juni bis Aug. Mitten im historischen Industriemilieu gelegen. Ab 185 SEK, DZ 390 SEK.

Kanalhotellet, Storgatan, Karlsborg, ✆ 12130, 📠 12761. Traditionshaus von 1894, direkt am Kanal, gutes Restaurant. DZ ab 750 SEK.

STF Vandrarhem Karlsborg, Ankarvägen 2, ✆/📠 44600, Juni bis Aug., übrige Zeit mit Vorbuchung. Herberge in schön gelegener, alter Villa direkt am Gästehafen. 175 SEK, auch DZ.

• *Camping* **Karlsborg Camping,** ✆ 44916, 📠 44912, Mai bis Sept. Schön gelegener Platz an einer Bucht des Bottensjön direkt nördlich des Kanals. Die vielbefahrene Straße 49 ist leider in Hörweite. Hütten 350 SEK/4 Pers.

Für Zeltcamper ist **Forsviks Naturcamping** am Ufer des Viken ein schöner Platz, ✆ 41190, Juni bis Aug.

Aktivitäten

Ein lohnendes **Ausflugsziel** ist das **Städtchen Hjo,** südlich von Karlsborg am Vättern gelegen. Eine intakte Holzbebauung aus dem 18. Jh. um den Marktplatz und schöne Villen aus der Frühzeit der Badekuren im heutigen Stadtpark geben dem Ort sein Flair.

Fahrradverleih in Karlsborg bei Cykel & Sport, Rödesunds Torg, ✆ 10180 und am Campingplatz.

Kanuverleih in Karlsborg am Campingplatz. Ein schönes Paddelrevier ist der südliche Teil des Viken, verwinkelt und einsam. Der Kanal wird auf die Dauer eher eintönig und ist außerdem so schmal, dass der Motorbootverkehr stört.

Durch den Tiveden-Nationalpark

Schwedens südlichste Wildmark, wie der zwischen Vättern und Unden gelegene Tiveden-Nationalpark genannt wird, sollte man unbedingt zu Fuß erleben. Die wild zerklüftete Felsenlandschaft widerstand den menschlichen Kultivierungsversuchen weitgehend und ist von ursprünglichem Kiefernwald, durchsetzt mit Seen und kleinen Moorflächen, geprägt. Markierte Wanderwege durchziehen das unübersichtliche, kleingliedrige Gelände, in dem man sich sonst hoffnungslos verlaufen könnte.

Von der Straße 49 zweigt die Hauptzufahrt zum Park nördlich von Granvik ab und erreicht, vorbei am Campingplatz Stenkällagården, den gut beschilderten zentralen Parkplatz mit Infotafeln und Parkaufsicht. Von hier empfiehlt sich die gut 5 km lange, zweistündige Runde über Trollkyrka, die jenseits der Fahrstraße beginnt und sich gleich gabelt. Die rechte Variante führt in pausenlosem Auf und Ab durch üppig begrüntes Granitwirrwarr zunächst zur Kuppe Litla Trollkyrka. Vorbei an zwei Abzweigen geht es zur höheren Trollkyrka, einem schönen Aussichtspunkt. Zurück

Nicht alle Wege durch den Tiveden-Nationalpark sind so ebenerdig

führt die nördliche Variante an den idyllischen Ufern zweier Seen entlang und durch etwas weniger felsiges Terrain wieder zum Ausgangspunkt.

Erweiterungen dieser „Kernwanderung" sind ohne Probleme möglich. Eine ausgewachsene Tagestour beginnt am Campingplatz Stenkällagården und erreicht den Nationalpark auf dem Fernwanderweg Bergslagsleden, biegt von diesem in Richtung Trollkyrka ab und folgt dort nach rechts den Wegweisern zum Sörämten. Vorbei an diesem kleinen See geht es an der nächsten Gabelung links Richtung Stenkälla und, wenn man die Fahrstraße gequert hat, wieder nach rechts Richtung Vitsand. Von diesem schönen Badestrand erreicht man am felsigen Ufer des großen Trehörningen entlang den zentralen Parkplatz. Auf der südlichen Route zur Trollkyrka und dort dem Schild Bergslagsleden nach, erreicht man den Fernwanderweg wieder, auf dem es zum Campingplatz zurückgeht.

• *Übernachten* **Stenkällagårdens Camping Tiveden,** ✆ 0505-60015, 📠 60085, ganzj. In schöner Waldumgebung gelegener Platz, kleiner See mit Badeplatz unterhalb. Hütten/2 Pers. ab 300 SEK, FeWo/4 Pers. ab 650 SEK. Der Bergslagsleden führt vorbei. Im Winter kleine Skianlage und Loipen.

Nach Askersund

Weiter auf der 49 Richtung Norden lohnt sich bald der nächste Halt bei Igelbäcken. Ein 3 km langer Naturstig erschließt hier die felsige Halbinsel **Utnäset**, passiert dabei schöne Badeplätze und Aussichtsstellen über Schären und Inselchen.

Bei Aspa Bruk, einem historischen Herrenhof mit Hotel und schöner Parkanlage, führt ein Fahrweg zum **Naturreservat Fagertjärn**, bekannt für seine roten Seerosen. Die ungewöhnliche Farbvariante der sonst weißblühenden Wasserpflanze kommt nur an wenigen Stellen in Schweden vor und wurde auf dem kleinen, abgelegenen

Waldsee vor 150 Jahren entdeckt. Man kann den Fagertjärn auf einem einstündigen Spaziergang umrunden und dabei nach den Blüten Ausschau halten – Fernglas und Teleobjektiv sind von Nutzen. Am Kiosk beim Parkplatz kann man die jeweils aktuellen Höchstzahlen der gesichteten roten Seerosen nachlesen.

Vor Askersund ist **Stjernsund** ausgeschildert, ein königliches Schlösschen aus dem frühen 19. Jh. mit reichem Interieur, das auf stündlichen Führungen besichtigt werden kann (✆ 10004, Mitte Mai bis Aug. tgl. 11–16 Uhr). Ein schmaler Sund trennt hier die Bucht Alsen, an der auch Askersund liegt, vom Vättern ab.

Askersund

Das Städtchen Askersund hat sich in dieser geschützten Lage im 16. Jh. aus einem Handelsplatz entwickelt. Am Hafenpier neben der Stadtbrücke ist diese Vergangenheit noch greifbar. Das Lagerhaus Hantverksboden dominiert die seewärtige Häuserfront, ein altes Segelschiff hat davor festgemacht und in seinem Bauch wird mehr oder weniger maritimer Schnickschnack zum Verkauf angeboten. Das alte Wärdshus an der Brücke ist nicht erst seit gestern *der* Treffpunkt für Bewohner und Besucher, die ein paar Schritte landeinwärts auf dem kopfsteingepflasterten Markt zum Handel zusammenkamen. Der alljährliche historische Markt Ende April knüpft ebenso an diese Tradition an wie der samstägliche Gemüsemarkt und etliche sommerliche Freiluftveranstaltungen.

Information/Verbindungen/Adressen (Vorwahl Askersund: 0583)

• *Information* **Askersunds Turistbyrån,** Lilla Bergsgatan 12a, 69630 Askersund, ✆ 81088, 📠 10068, turistbyran@askersund.se, **Büro am Marktplatz Torget**, Mitte Juni bis Mitte Aug. tgl. 10–19 Uhr, übrige Zeit Mo–Fr 10–12.30+13–16 Uhr.

• *Verbindungen* **Bus:** Expressbus (Skövdebus) Örebro-Trollhättan (Uddevalla) verbindet Askersund mit Karlsborg, Skövde, Skara und Lidköping, 3 mal pro Woche. **Parken:** Kostenfrei und zentral am Markt, Hafen und der Landskyrkan jenseits der Sundsbron.

• *Adressen* **Ärztliche Hilfe** Vårdcentralen, Torebergsvägen, ✆ 85710, **Apotheke** am Markt, ✆ 10034. **Polizeistation** in der Väderkvarnsgatan, ✆ 82300, **Banken** und **Geschäfte** rund um den Torget und entlang der Sundsbrogatan. **Post** im ICA-Markt.

Übernachten/Camping/Essen & Trinken

• *Übernachten* **Hotell Ramada Norra Vättern,** Södra Infarten, ✆ 12012, 📠 10094. Neueres Konferenzhotel nahe der Durchgangsstraße. DZ ab 840 SEK.

Café Garvaregården, Sundsgatan, ✆ 10445. Gemütliche Pension im hübschen Altbau, ruhig und zentral. Im Hofgarten idyllisches Café. DZ 625 SEK.

Aspa Herrgård, Aspa Bruk, ✆ 50210, 📠 50150. Herrschaftlicher Gutshof zwischen Granvik und Askersund in Parklage am Vätternufer, klassisch-komfortable Zimmer, im Stil sehr „alt-englisch", fast überladen. Edles Restaurant. DZ 2000 SEK.

STF Vandrarhem Hargebaden, Hammar, ✆ 770556, 3. Woche Mai bis Aug. Ländliche, gemütliche Herberge unweit der Badebucht südlich von Hammar. 175 SEK, auch DZ.

• *Camping* **Hargebadens Camping,** Hammar, ✆ 770050, 📠 770062, Mai bis Sept. Beliebter, kinderfreundlicher Platz an weitläufigem Badestrand mit „Spaßbad", oft recht voll. Hütten/4 Pers. Ab 350 SEK.

Husabergsudde Camping, ✆/📠 711435, Mitte April bis Mitte Sept. 1,5 km südlich von Askersund abseits der Straße Nr. 50 auf einer kleinen Halbinsel im Alsen gelegen. Hütten/4 Pers. 400 SEK.

Talluddens Sommargård, Åsbro, ✆ 0582-50016, Mittsommer bis Aug. Das weitläufige Feriengelände der Kumla Missionskirche liegt auf einer Halbinsel im Tisaren. Campingplatz und JH. 100 SEK, auch DZ.

• *Essen & Trinken* **Värdshuset Sundsgården,** Sundsbrogatan, ✆ 10088, tgl. 11–22 Uhr. Beliebtes altes Gasthaus an der Stadtbrücke mit Terrasse am Wasser, Restaurant, Café und Kneipe in einem.

Café Tutingen, Storgatan, ✆ 14139, Mo–Sa 9–18, So 11–18 Uhr. Süßes altes Café am Markt, verlockende Kuchenvielfalt.

Café Garvaregården, s. Unterkunft, Mo–Fr 10–18, Sa bis 17 Uhr, So 11–17 Uhr. Gemütliches Café mit romantischem Hofgarten.

Aktivitäten

Askersunds Hembygdsgård mit verschiedenen, hierher versetzten Gebäuden, liegt inmitten des Hagaparken. (Mitte Juni bis Mitte Aug. Mo–Fr 12–15 Uhr).

M/S Wettervik fährt nach Stjernsund, Juli bis Mitte Aug. tgl., der Dampfer Motala Express in die Schären. Infos bei der TI.

Bastedalens Herrgård & Kinapark, Hammar, ✆ 770273, Mittsommer bis Juli tgl. 10–20, übrige Zeit bis 17 Uhr. Auf der Landzunge südlich von Hammar ist in einem alten Steinbruch ein klassisch-chinesischer Garten mit Pavillons, kleinen Brücken und Buddhastatue entstanden: exotisch. Unweit davon liegt **Harge Uddar**, ein kleines NR mit Wanderwegen über Uferschären.

Skåle, zwischen Lerbäck und Skogaholm am See Tisaren gelegen, ist ein geologisch interessantes Naturreservat. Steile Gneiskuppen sind von erodierten Diabasgängen durchzogen. Baumlose Steinwälle, ehemalige Strandlinien belegen einen eiszeitlichen See. Rundwege (2,5 + 3,5 km) führen zu Aussichtspunkten.

Kanuverleih bei der TI, am Hafen, bei Talluddens Sommargård und Husabergsudde Camping. Dort und am Hafen auch **Fahrradverleih.**

Örebro

Die flache, fruchtbare Region zwischen dem Hjälmaren im Westen und dem Höhenrücken Kilsbergen im Osten war schon früh besiedelt. Bei Örebro befand sich eine wichtige Furt über den Svartån und später die erste Steinbrücke. Im 13. Jh. wurde dieser Übergang mit einer Festungsanlage gesichert, und eine dauerhafte Siedlung entstand.

Herzog Karl, ein Sohn Gustav Vasas, ließ die mittelalterliche Burg im 16. Jh. zu dem herrschaftlichen **Renaissanceschloss** mit seinen vier wuchtigen Ecktürmen ausbauen, das noch heute Örebros Wahrzeichen ist. Das Schloss war königliche Residenz, Schauplatz mehrerer Reichstage sowie der Wahl des napoleonischen Generals Jean Baptiste Bernadotte zum schwedischen Thronfolger. Heute dient es als Sitz der Bezirksverwaltung. Außerdem finden Museum, Touristenbüro, Konferenzsäle und eine Gaststätte Platz in den alten Gemäuern. (geöffnet wie TI; Schlossführungen auf Englisch Mitte Juni bis Mitte Aug. tgl. 13.30+15.30 Uhr.)

Bei einem Bummel auf den Einkaufsstraßen der City fällt ein weiteres Wahrzeichen der Stadt ins Auge, der markante **Wasserturm Svampen**, der „Pilz“. Der 1956 errichtete, fast 60 m hohe Turm mit dem ausladenden „Hut“ wurde zu einem der bedeutendsten schwedischen Bauwerke des 20. Jh. erkoren (Dalbygatan, ✆ 6113735, Mai bis Aug. tgl. 11–18 Uhr, übrige Zeit Sa+So 10–16 Uhr, Aussichtsplattform, Café).

Spaziergang nach Wadköping

Das Flüsschen Svartån windet sich malerisch durch die Innenstadt und bietet sich für einen Spaziergang nach Wadköping an, Örebros ältestem Viertel. Unterwegs passiert man am Hamnplan den Anleger der Hjälmaren-Ausflugsschiffe, dem Stadsparken mit seinen üppigen Gartenanlagen sollte man einen Besuch abstatten, und mit Kindern wird man einige Zeit für den großen Spielplatz oder einen Abstecher mit dem Fährboot Wictoria nach Barnens Ö einplanen müssen.

Wadköping ist kein gewachsenes Stadtviertel. Alle Gebäude standen ursprünglich an anderen Orten in der heutigen City und wurden in den 1960er Jahren hierher versetzt, um Neubauten Platz zu machen. Entlang der Bertil Waldéns gata, benannt nach dem Denkmalschutzbeamten und Initiatoren der Umsetzungsaktion, hat sich die kleine Holzhausstadt formiert. Zur Flussseite hin liegen die niedrigen, rotgestrichenen Handwerkerhöfe des 18. Jh., in denen mit Anwachsen der Stadt immer mehr Arbeiterfamilien sich zusammendrängten. Gegenüber prägen die zweistöckigen Bürgerhäuser aus dem 19. Jh. das Straßenbild. Diese sind noch heute in Privatbesitz und bewohnt, sodass man nicht das Gefühl hat, durch ein Museum zu spazieren. (Ausstellungen Mai bis Sept. tgl. 11–17 Uhr, übrige Zeit 11–16 Uhr, Galerien Mo geschl., ✆ 216220.)

Information/Verbindungen/Adressen (Vorwahl Örebro: 019)

• *Information* **Destination Örebro,** Slottet, 70135 Örebro, ✆ 212121, ℻ 106070, destination@orebro.se, Mo–Fr 9–18 Uhr, Sa+So 10–14, Juni bis Aug. –16 Uhr.

• *Verbindungen* **Bus:** Linie 838 nach Karlsborg-Uddevalla, 840 nach Motala/ Uddevalla, beide über Askersund, Linie 801 nach Mariestad, 302 nach Nora, nach Garphyttan die 522/523, alle mehrmals tgl. **Zug:** nach Stockholm, 2-stdl. Busterminal und Hauptbahnhof an der Östra Bangatan.

Parken: In der Innenstadt teure Kurzparkplätze, bei Wadköping mit Parkscheibe max. 4 Std. kostenlos, am Trädgården/ Stadtpark und Regionssjukhus vor Stora Holmen („Barnens Ö") ebenfalls umsonst.

• *Adressen* **Ärztliche Hilfe** und **Apotheke** Regionssjukhuset, Alnängsgatan, ✆ 151000. **Polizeistation** Järnvägsgatan/Storgatan, ✆ 156000. **Post** an der Storgatan, Höhe Teaterplan, die **Einkaufsstraßen** Storgatan, Drottning- und Köpmangatan bieten alles, was man sich denken kann, ein weiteres riesiges **Shoppingzentrum** gibt es in Marieberg, 7 km südlich der Stadt an der E 20.

Übernachten/Camping

Örebro hat eine recht große Auswahl an empfehlenswerten Hotels, die durch niedrige Sommerpreise teils sogar die JH ausstechen.

• *Übernachten* **Elite Stora Hotellet (9),** Drottninggatan 1, ✆ 156900, ℻ 156950. Unter den Nobelhotels der Stadt das erschwinglichste, direkt gegenüber vom Schloss in herrschaftlichem Altbau. DZ ab 800 SEK.

Hotell Örebro (4), Storgatan 24, ✆ 6117300, ℻ 103905. Gutes Mittelklassehotel in zentraler Lage, jüngst renoviert. DZ ab 700 SEK.

Hotell Continental (2), Järnvägsgatan 2, ✆ 6119560, ℻ 6117310. Gegenüber vom Bahnhof gelegenes, komfortables Konferenzhotel, für den Standard ausgesprochen preiswert. DZ ab 600 SEK.

Hotell Göta (5), Olaigatan 11, ✆ 6115363, ℻ 183156. Gemütliches, komfortables Hotel gegenüber vom Schloss. DZ ab 600 SEK.

Hotell Storgården (3), Fredsgatan 11, ✆ 120200, ℻ 120255. Kleineres, preiswertes Frühstückshotel in schönem Gründerzeitgebäude in der City. DZ ab 500 SEK.

Hotell Linden (11), Köpmangatan 5, ✆ 6118711, ℻ 133411. Die preiswerteste Unterkunft in der Innenstadt, etwas angejahrte Einrichtung. DZ ab 250 SEK, Etagenbad.

STF Vandrarhem Örebro (1), Grenadjärstaden, Fanjunkarevägen 5, ✆ 310240, ℻ 310 256, ganzj. Große Herberge in Laufweite zur City, ruhig gelegen, für eine JH recht komfortabel. Ab 175 SEK, DZ ab 370 SEK.

• *Camping* **Gustavsvik Camping & Stugby (7),** ✆ 196950, ℻ 196961, Mai bis Sept. Riesiger Luxuscampingplatz südlich der Stadt, mit allem Komfort, die meisten Stellplätze nicht nur mit Strom-, sondern auch mit Fernsehanschluss. Eine Ferienanlage für sich, vor allem durch das angrenzende Spaßbad und Freizeitcenter. Hütten/4 Pers. ab 600 SEK, FeHa 1030 SEK. Buslinien 513, 522 und 524.

Kilsbergen Camping Ånnaboda, ✆ 295500, ℻ 295514, ganzj. Nördlich von Garphyttan an einem Skigebiet am Rande des Kilsbergen gelegen, im Sommer eher ruhiger Platz. Wander- und Bademöglichkeiten in der Nähe. FeHa/4 Pers. ab 800 SEK, DZ 600 SEK.

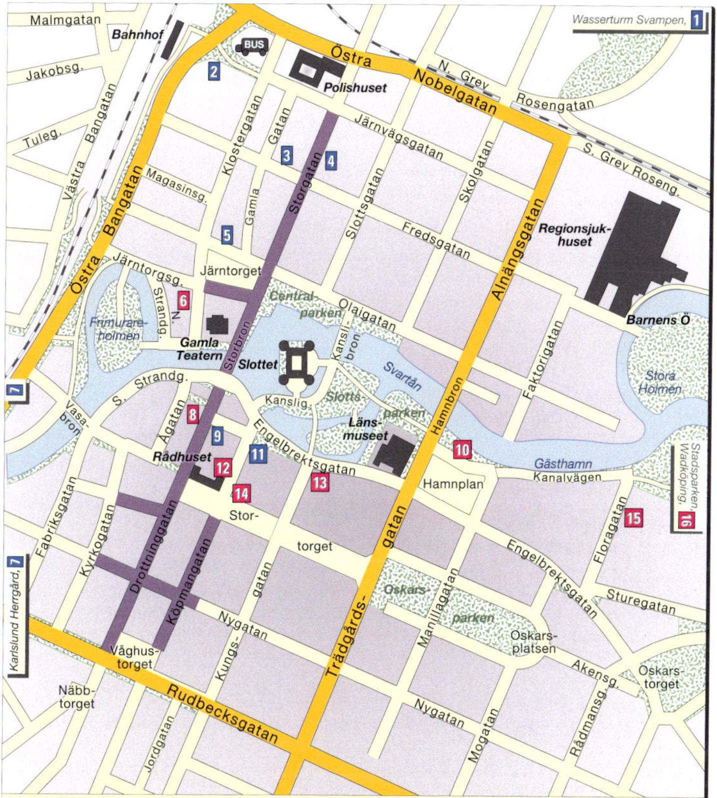

Übernachten

1 STF Vandrarhem Örebro
2 Hotell Continental
3 Hotell Storgården
4 Hotell Örebro
5 Hotell Göta
7 Gustavsvik Camping & Stugby
9 Elite Stora Hotellet
11 Hotel Linden

Essen & Trinken

6 Jac's Bar & Bistro
8 Ågatan 3 Bar & Matsal
10 Harrys Bryggeriet
12 Rosies Diner
13 Hälls Konditori Stallbacken
14 Restaurang Oscar C
15 Stadsträdgårdens Café
16 Wadköping Café

120 m

Örebro

Essen & Trinken

Ågatan 3 Bar & Matsal (8), Ågatan 3, ✆ 104019, Di–Sa 18–23 Uhr. Kleines, feines Restaurant, der Küche gelingen stilistische Verbindungen von schwedischer und mediterraner Tradition.

Harrys Bryggeriet (10), Hamnplan, ✆ 108989, Di–Sa 18–22 Uhr, Pub Mo–Sa ab 17 Uhr bis spät. Im rustikalen Flair des Hamnmagasinet von 1888 sind Restaurant und Pub untergebracht, zum Fluss sitzt man auf großer Außenterrasse. Ein Klassiker auf der Karte ist Skaldjurslåda, ein Potpourri aus Schalentieren.

Restaurang Gustavsvik, Gustavsviksbadet, ✆ 196930, Mo–Fr 11–15 Uhr. Berühmtes, vielbesuchtes Lunchbuffet mit großer Auswahl, direkt am Eingang zum Schwimmbad.

Restaurang Oscar C (14), Köpmangatan 9, ✆ 101058, tgl. 9–23 Uhr, Lunchrestaurant in der Einkaufsstraße.

Stadsträdgårdens Café (15), Floragatan 1, ✆ 139835, tgl. 11–17 Uhr. Eine Oase im Stadtgarten. Im lichten Gewächshaus wird Hausgebackenes von süß bis herzhaft angeboten, auf dem beliebten Lunchbuffet (Mo–Fr bis 14 Uhr, im Sommer auch Sa+So) finden sich viele vegetarische Gerichte aus eigener Ernte.

Hälls Konditori Stallbacken (13), Engelbrektsgatan 12, ✆ 6110766, Mo–Do 9–22 Uhr, Fr 8–21 Uhr, Sa 10–19 ,Uhr, So 11–20 Uhr. Für guten Kuchen bekannt, im Sommer nett zum Draußensitzen auf dem alten Hofplatz. Die Zweigstelle in der Olaigatan serviert im Sommer im Centralparken am Schlossgraben.

Wadköping Café (16), ✆ 307370, tgl. 10–20 Uhr. Im gemütlichen Ambiente der historischen Altstadt Wadköping werden Lunch, Snacks und Kuchen serviert.

Rosies Diner (12), Kungsgatan 6, ✆ 174313, Mo–Fr 11–18, Sa bis 16 Uhr. Witziges kleines Lokal mit 50er Jahre-Milchbarambiente, serviert Eis, Kaffee, Snacks.

Jac's Bar & Bistro (6), Teaterplan, ✆ 6899999, Mo–Sa ab 18 Uhr. Beliebte Kneipe und Bar.

Café Svanen, Rånnesta, Frösvidalsvägen, ✆ 283238, Juni bis Aug. Mo, Di+Do 10–18, Mi –21, Fr–So –17 Uhr. Ausflugscafé in einem alten Hofgebäude, ca.15 km westlich von Örebro. Blick auf den Schwanensee Tysslingen und den bewaldeten Kilsbergen.

Aktivitäten

Gustavsviksbadet, ✆ 196900, Juli tgl. 9–19 Uhr, übrige Zeit Mo–Fr 9–21, Sa+So bis 19 Uhr. Großes Spaßbad mit dem üblichen Programm von der Wasserrutsche bis zum Whirlpool und Strömungskanal.

Barnens Ö, Stora Holmen, Mai bis Aug. Mo–Fr 10–17, Sa+So 11-18 Uhr. Die Insel der Kinder lockt mit einem witzigen Verkehrsübungsplatz inkl. Ampeln und Tankstelle, Spielplatz und kleiner Zoo ergänzen das Programm. Das Fährboot Wictoria pendelt ab Stadtpark zur Insel, oder man nimmt die Brücke am Regionssjukhus.

Örebro Länsmuseum, Engelbrektsgatan 3, ✆ 168020 Do–Di 11–17, Mi bis 21 Uhr. Ausstellungen zu Kunst und Kultur des Bezirks.

Karlslund Herrgård, abwechslungsreiches Naherholungsgebiet der Städter. Auf dem weitläufigen Gutshof sind u. a. das kleine Stataremuseum in der Mejeriet, die Orangerie und das Herrenhaus mit dem Englischen Garten dahinter sehenswert, Spazierwege führen durch die Parks und am Ufer entlang. Flussaufwärts ist in das frühere Kraftwerk Tekniska Kvarnen ein Landwirtschafts-, Technik- und Experimentiermuseum eingezogen. Cafés gibt es im Herrenhaus und der Tekniska Kvarnen, idyllische Picknickplätze und Badestellen am Svartån. ✆ 216220, Mai bis Aug. Di-So 11–17 Uhr, übrige Zeit Di–So 11–15, Uhr. Anfahrt mit Buslinie 16.

Bootstouren: Vom Hamnplan starten die M/S Gustav Lagerbjelke und M/S Tor zu Touren über den Hjälmaren und durch den Hjälmare Kanal nach Kungsör am Mälaren, Busverbindung zurück. Juli bis 1. Woche Aug., wechselnder Fahrplan, ✆ 019-107191.

Tysslingen und Garphyttan: Am Nordende des Sees Tysslingen bei Rånnesta Beobachtungstürme für Schwäne, die hier besonders zahlreich brüten. Um den lang gestreckten See ist die 25 km lange Fahrradroute Tysslingeleden ausgeschildert. Am Kilsbergen, südlich von Ånnaboda, liegt der kleine Nationalpark Garphyttan, ein Gebiet mit altem Kulturland und Laubwald, bekannt für seinen Blumenreichtum, beste Zeit deshalb Mai bis Juli. Spazierwege und der Fernwanderweg Bergslagsleden führen hindurch.

Nora: knapp 40 km nördlich von Örebro gelegenes Bergbaustädtchen und lohnend für einen Tagesausflug. Eine intakte Holzbebauung aus dem 18./19. Jh. und kopfsteingepflasterte Gassen prägen die malerische Kleinstadt am Ufer des Norasjön.

Angeln im Svartån ist fast überall im Stadtgebiet von Örebro erlaubt und beliebt, denn alljährlich werden in dem ohnehin fischreichen Gewässer auch noch mehrere Tonnen Lachsforellen ausgesetzt. Nähere Infos bei der TI.

Fahrradverleih bei Pråmen, Hamnplan, ✆ 070-3183013, Mai–Sept., bei Pressbyrån, Drottninggatan 14, ✆ 137443, bei Gustavsvik Camping und bei der JH.

Von Örebro um den Hjälmaren

Die 207 führt von Örebro am Südufer des hier noch schmalen Hjälmaren entlang. **Hjälmarbaden** ist ein erster lohnender Abstecher (Hjälmarbadsvegen). Auf dem hohen Geestufer über dem Bade- und Picknickplatz hat sich ein Sommercafé etabliert. Eine für Autos gesperrte Brücke verbindet das Ufer mit Äsön, der schilfumwucherten, länglichen Insel, die den Hemfjärden fast vom Hjälmaren abriegelt.

Engelbrekt Engelbrektsson

Auf der Halbinsel Göksholmen liegt das gleichnamige Schlösschen (Privatbesitz), im Mittelalter Sitz des mächtigen Adelsgeschlechtes Natt och Dag. Weiter draußen, auf der Landzunge Engelbrektsholmen, erinnert ein Gedenkstein daran, dass der schwedische Nationalheld *Engelbrekt Engelbrektsson* 1436 auf dem Weg von Örebro nach Stockholm hier anlegte und von dem damaligen Schlossherren, Måns Bengtsson Natt och Dag, ermordet wurde. Der Bergwerksmeister aus Dalarna hatte wenige Jahre zuvor einen erfolgreichen Aufstand gegen die dänische Krone und deren adelige Vasallen angeführt und war auf dem ersten schwedischen Reichstag 1435 in Arboga zum schwedischen Reichsvorsteher gewählt worden. Sein gewaltsamer Tod führte bald darauf zur Wiederherstellung der alten dänischen Oberhoheit über Schweden, die erst Gustav Vasa knapp ein Jahrhundert später endgültig abschaffen sollte.

Vom Hafenörtchen Hampetorp pendelt die Fähre zur Insel **Vinön** und bietet sich für eine lohnende kleine Hjälmaren-Kreuzfahrt an. (1–2 Abf./Std.) Die ganzjährig bewohnte, landwirtschaftlich genutzte Insel lässt sich auf einem Spazierweg entlang der bewaldeten Ostküste erkunden (Einstieg ca. 100 m vom Fähranleger entfernt, markiert). An der Hauptstraße, die den Fähranleger mit der Gästebrücke und dem Badestrand verbindet, liegen ein Sommercafé und Värdshuset.

Bei Läppe führt die Straße 214 dicht am Seeufer entlang und bietet schöne Ausblicke, bei **Forsby** liegt ein Kalksteinbruch am Wege, von dem eine alte Seilbahn über den See bis zur Kalkmühle im 42 km entfernten Köping führt. Dann zweigt die hübsche Nebenstrecke nach **Fiskeboda** ab, wo sich auf der malerischen Landzunge ein Ferienhof und Campingplatz um die geschützte Hafenbucht scharen.

Zurück auf der 214, erreicht man bald abseits des Hjälmaren das Landgut und **Freilichtmuseum Julita**, das beliebteste Ausflugsziel weit und breit. Das riesige Gut, ehemals Kloster, dann Adelssitz, zeigt unverfälscht die fast autarken Lebens- und Wirtschaftsverhältnisse eines solchen Großgrundbesitzes. Herrenhaus, Kapelle, Gewächshäuser, Obst- und Kräutergärten, Meierei, Tischlerwerkstatt und Ziegelbrennofen, Büros und die Gutsküche sind zu besichtigen. Anschließend spaziert man durch die Park- und Gartenanlagen, die sich bis zum Ufer des Öljaren erstrecken oder kehrt in einem der Lokale ein (✆ 0150-487500, Mitte Juni bis 3. Woche Aug. tgl. 10–18 Uhr, ab Mai + bis Sept. tgl. 11–16 Uhr).

Die Hauptstraße 56 überquert den Hjälmaresund auf einer hohen Brücke. Bald dahinter weist bei einem Café das Museumssymbol auf das **Sundby Slottet** hin. Inmitten peinlichst gepflegter Rasenflächen erhebt sich vor der weiten Kulisse des Hjälmaren eine mittelalterliche Ritterburg, die so echt wirkt wie Disneyworld.

Hinein kommt man nicht, denn das skurrile Bauwerk, 1830 aus einem Vasaschloss in sein heutiges Erscheinungsbild verwandelt, ist in Privatbesitz.

Wenig später zweigt die Nebenstraße nach Arboga links ab. Bei Sjölunda lohnt sich ein Abstecher zum Seeufer bei **Herfallet**, wo jenseits des Campinggeländes schöne Badestellen und ein Naturreservat auf einer Landzunge zu einer Pause einladen. Von Sjölunda geht es dann Richtung Säterbo und jenseits des Gamla Kanalen auf schmalem Waldweg nach **Hjälmare Docka** mit Schleusen, Trockendock und Café im Lagerhaus. Der Hjälmarekanal mündet hier in einen kleinen See, an dessen Ufer ein Treidelweg zum größeren Kvarnsjön führt (15 Min.), wo die Wassermühle Hällby Kvarn heute ein Ausflugslokal beherbergt. Über den Seeabfluss hinweg erreicht man einen Badeplatz. Zurück bei Hjälmare Docka geht es auf dem Fahrweg nach Norden zur E 3, dort nach rechts, und kurz darauf ist Arboga erreicht.

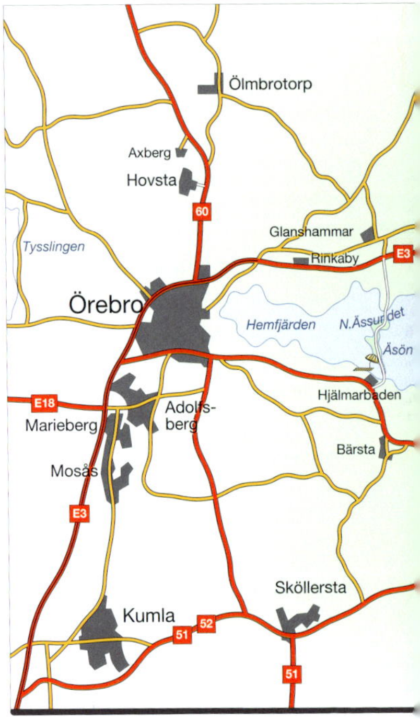

Arboga

Arboga, im Mittelalter eine politisch bedeutende Stadt und Schauplatz des ersten schwedischen Reichstages, wirkt heute gemütlich-verschlafen. Die Altstadt erstreckt sich beiderseits des Flusses und hat zahlreiche romantische Winkel bewahrt. Entlang der Västerlånggatan und der gegenüberliegenden Storgatan stört kaum ein Neubau die liebevoll restaurierten Holzfassaden. Hofgärten ziehen sich bis ans Flussufer, nahe der Trefaldighets kyrka bummelt man auf lauschiger Promenade. Die im 13. Jh. erbaute, ehemalige Klosterkirche weist innen schöne Kalkmalereien auf und lohnt einen Besuch (tgl. 9–18 Uhr).

Auf der alten Hauptstraße geht es nun über Götlunda zur E 20 und auf dieser das letzte Stück nach Örebro zurück.

Information (Vorwahl Arboga: 0589)

Arboga Turistbyrå, Arboga Station, Centrumleden 6, 73221 Arboga, ✆ 0589-87151, 📠 86659, turistinfo@arboga.se, Mitte Juni bis Mitte Aug. Mo–Fr 10–18 Uhr, Sa+So 10–14 Uhr, übrige Zeit Mo–Fr 9–16.30 Uhr.

Übernachten/Camping

• *Übernachten* **Fiskeboda Kursgård,** ✆ 0150-92270, 📠 92152, ganzj. Weitläufiges, bewaldetes Gutsgelände, auf dem sich die Wohngebäude verteilen. DZ ab 1050 SEK, Hütten/4 Pers. Ab 870 SEK. Markierte Wanderwege über die Landzunge.

Julita Gård, ✆ 0150-487555, 📠 487551. Auf dem Gelände des Gutsmuseums wohnt man im Herrenhaus (DZ 660 SEK), oder der kleinen JH (245 SEK), Museumseintritt inkl., Restaurant und Cafeteria auf dem Gelände.

Stadshotellet, Nygatan 39, ✆ 12980. Nettes Mittelklassehotel, zentral in Arboga gelegen. DZ ab 900 SEK.

• *Camping* **Läppebadets Camping,** ✆ 0151-60151, 📠 60437, Mai bis Aug. Hübsches Mischwald- und Wiesengelände mit angrenzendem Badestrand, nahe der Straßengabelung 52/214 nördlich von Vingåker. Hütten ab 240 SEK/4 Pers.

Fiskeboda Camping, ✆ 0150–92060, Mai bis Mitte Sept. Schöner, strandnaher Platz,.

Herrfallets Fritids & Konferensanläggning, ✆ 40110, 📠 40133, ganzj. Südlich von Arboga am Seeufer, gut ausgestatteter Campingplatz auf landschaftlich schöner Halbinsel. Hütten 350 SEK/2 Pers., FeHa/6 Pers. 860 SEK.

Essen & Trinken

Fiskeboda Restaurang (Kursgård), ✆ 0150-92277, Juni bis Mitte Aug. tgl. 12–17 Uhr. Gute Fischgerichte, Lunchbuffet, Sonnenterrasse mit Seeblick.

Strandvillan Hjälmarbaden, ✆ 019-235151, Juli tgl. 12–20 Uhr. Lokal am Strandbad mit großer Terrasse.

Restaurang Lilla Smegården, Store Sundby, ✆ 016-62321, Di–Fr 11–19 Uhr, Sa+So 12–19 Uhr. Gemütliches kleines Gasthaus mit Gartencafé nahe der Sundbrücke.

Ågården, Stora Torget, ✆ 10246, Mo–Sa 11–14.30+18–22 Uhr. Gehobenes Restaurant in Arboga mit guter Küche, im Pub isst man preiswerter und deftiger.

Engelbrekts Café, Strandvägen, ✆ 19371, Mo–Fr 8–16 Uhr. Innen eher schlichte Cafeteria, draußen sitzt man direkt an der Flusspromenade von Arboga unter Bäumen.

Konditori Saga am Stora Torget in Arboga verkauft guten Kuchen.

Aktivitäten

Boots/Kanuverleih bei den Campingplätzen und in Åssundet beim Anleger, Korpen, ✆ 019-175555, Mai bis Sept.

Kanalfahrten siehe Örebro;

Fahrradverleih in Åssundet, s.o., und Vinöns Örtabod, ✆ 6187711.

Fahrradtour: Eine etwa 40 km lange Tour über Åssundet ist als „Hemfjärden Rundt" beschildert. Mai bis Sept. pendelt ein Fährboot über den schmalen Sund, der Äsön nach Norden vom Festland trennt. In Örebro startet der Weg an der Schleuse nahe Wadköping.

Rundfahrt durch Skåne

Schwedens lieblicher Südzipfel

Nähert man sich von Norddeutschland über Dänemark dem südwestlichen Schweden, so wird man sich in der Landschaft von Skåne gleich heimisch fühlen. Die gleiche flache Topographie, die gleiche von Landwirtschaft geprägte Natur begrüßt den Besucher hier. Eingebettet in diese relativ unspektakuläre, aber liebliche, vom Meer geprägte Landschaft liegen mehrere sehenswerte Städte und Städtchen. Schon im Steinzeitalter wohnten hier Menschen, da dieser Zipfel Schwedens schon vor 10.000 Jahren eisfrei und bald sehr wildreich war. Überall zeugen Hügelgräber, Runenfunde, Burgruinen und alte Kirchen von der langen Besiedlungsgeschichte.

Malmö

Im Juli 2000 wurde die Öresundbrücke zwischen Malmö und ihrer großen Schwesterstadt Kopenhagen eröffnet. Durch diese bequeme, wenn auch nicht ganz billige Verbindung rückt Malmö etwas mehr in das touristische Blickfeld. Malmö – damit verbindet man nicht nur in Schweden vor allem „Industrie- und Hafenstadt".

Sicherlich ist die drittgrößte Stadt Schwedens eines der wichtigsten Industriezentren des Landes. Aber gleichzeitig befinden sich im Stadtgebiet auch 19 größere und kleinere Parks. Malmö kann außerdem auf eine lange und wechselvolle Geschichte zurückblicken. Schon im 11. Jh. befand sich hier eine kleine Hafenstadt, die sich dann rasch vergrößerte. Ihre Bedeutung gewann die Siedlung aus ihrer strategischen Lage: Malmö ist nur durch den 30 km breiten Öresund von Kopenhagen getrennt und stand damit im Brennpunkt des jahrhundertelangen Konflikts zwischen Dänemark und Schweden. Heutzutage betrachten sich die Menschen aus Malmö und Skåne natürlich zuallererst als Schweden. Nur ihr Dialekt „Skånska" ist so stark dänisch eingefärbt, dass sie für Nordschweden oft nicht zu verstehen sind. Durch die Öresundbrücke soll die Region transnational zusammenwachsen. Kopenhagener sollen durch attraktive Grundstücke und relativ günstige Lebenshaltungskosten dazu bewegt werden, in Malmö zu investieren. Doch der Prozess lässt sich nur schleppend an: Die Brücke ist teuer und wird nur wenig benutzt, die Pendelzüge zwischen Malmö und Kopenhagen leiden an chronischen Verspätungen. So ist die Zahl der transnationalen Pendler nicht wesentlich gestiegen. Allerdings ist mit dem schwedischen Eintritt in die EU die Bedeutung Malmös für Schweden als Tor zum restlichen Europa gewachsen, was sich an der boomenden Wirtschaft in der Stadt ablesen lässt.

Malmöfestival auf dem Stortorget

Sehenswertes in Malmö

Eine Vorstellung vom alten Malmö gewinnt man am besten im Schloss **Malmöhus**, das von Gamla Staden über Mälarbron und Norra Vallgatan erreichbar ist. Als Festung und zentrale Münzerei für Dänemark 1434 gegründet, bekam das Schloss sein heutiges Aussehen 1537–1542 von dem Dänenkönig Christian III. Es ist damit eines der ältesten erhaltenen Renaissanceschlösser im Norden. Typisch für seine Funktion als Grenzfeste sind die wuchtigen Kanonentürme an beiden Flanken des Schlosses. Hier fanden die Bewohner Schutz während eines Angriffes. Man mag sich heute über die leuchtend rote Farbe der Türme wundern, doch dies ist die Originalfarbe, in der das gesamte Gebäude im 16. Jh. gestrichen war. 1658 brachte König Carl X. Gustav Skåne unter schwedische Hoheit und eroberte das Schloss. Es diente weiterhin als Grenzfeste und Kaserne, nun gegen die Dänen. Mit den nachlassenden Kämpfen zwischen den beiden skandinavischen Ländern wurde Malmöhus als Grenzbefestigung immer unwichtiger, bis es schließlich 1828–1914 als Gefängnis der Stadt diente.

Heute beherbergt das Gebäude drei thematisch verschiedene Museen: ein Stadtmuseum, ein Kunstmuseum sowie ein Naturkundemuseum – also für jeden Geschmack etwas.

Im **Stadtmuseum** wird die Geschichte der Besiedlung Skånes seit der Steinzeit dargestellt und das alltägliche Leben in Malmö im Mittelalter. Außerdem sind die original möblierten Räume aus dem 16./17. Jh. zu besichtigen.

Im **Kunstmuseum** werden vorwiegend Arbeiten skandinavischer Künstler gezeigt. Das Reizvolle an diesem Museum besteht darin, dass die Gemälde in Wohnräume mit zeitgenössischen Möbeln und Design integriert sind. Man schlendert sozusagen durch die Kunstepochen von der Renaissance bis zur Moderne und bekommt einen umfassenden Eindruck des Geschmacks der jeweiligen Zeit präsentiert.

Schloss Malmöhus

Das **Naturkundemuseum** hat sich auf gut gemachte Dioramen aus der schonischen Tierwelt spezialisiert sowie auf die beeindruckende Darstellung der Formenvielfalt in der Natur. Angegliedert ist außerdem ein kleines, sehenswertes Aquarium, in dem tropische und einheimische Fische, in Terrarien auch Schlangen und Zwergseidenäffchen zu bewundern sind.

Geöffnet alle Museen Juni bis Aug. tgl. 10–16 Uhr, übrige Zeit tgl. 12–16 Uhr. Malmöhusvägen, ✆ 344437.

Mit der gleichen Eintrittskarte sind zu den gleichen Öffnungszeiten noch zwei weitere Museen zu besichtigen: Das **Kommandanthus** und das **Technik- und Seefahrtsmuseum**, beide ebenfalls am Malmöhusvägen unweit des Schlosses gelegen. Das Kommandanthus aus dem Jahre 1787 beherbergt wechselnde Ausstellungen und ein kleines Militärmuseum. Im Technik- und Seefahrtsmuseum gibt es viele technische Errungenschaften wie etwa Flugzeuge und Flugzeugmotoren, Dampfmaschinen, Lokomotiven und ein begehbares U-Boot zu bewundern. Bemerkenswert ist die Abteilung „Kundskapstivoli", eine Art Mitmach-Museum, bei der man verschiedene technische Geräte selbst ausprobieren kann.

Erholsam nach so viel Kultur ist ein Bummel durch den **Kungs- und Slottsparken**, die nur durch den Kanal getrennt sind. Hier lässt sich wunderschön im Schatten alter Bäume ausruhen oder ein Picknick machen. An der östlichen Seite der Parks grenzt dann **Gamla Staden**, das Zentrum der Stadt, an. Folgt man den kleinen Straßen, die von der Slottsgatan abgehen, so kommt man rasch zu einer Reihe von Plätzen, die voller Leben, interessanter Einkaufsmöglichkeiten und einladender Cafés und Restaurants sind. Besonders am **Lilla Torget** lässt sich für jeden Geschmack und Geldbeutel die passende Gastronomie finden. Hier stehen auch die fünf altehrwürdigen Gebäude des alten Handelshofes **Hedmannska Gården**, dessen älteste Gebäudeteile bis ins 16. Jh. zurückreichen. Heute beherbergen sie mehrere Geschäfte und das **Form Design Center**, in dem zeitgenössisches Design ausgestellt wird (Di, Mi+Fr 11–17, Do –18 Uhr, Sa+So 11–16, Uhr, ✆ 6645150, der Eingang liegt in einem Hinterhof).

Durch eine kleine Gasse erreicht man schnell den **Stortorget**. An diesen Platz grenzt das **Rådhus** (Rathaus) von 1546. In den Jahren 1864–1869 allerdings wurde die Fassade grundlegend verändert und dem damals beliebten holländischen Neo-Renaissancestil nachempfunden. Hinter dem Rathaus liegt die schöne, im baltisch-gotischen Stil erbaute **St. Petri kyrka** aus dem 14. Jh. (Juni bis Aug. tgl. 10–16 Uhr). Besonders sehenswert ist der hohe Altar von 1611, der reich mit Figuren und Verzierungen geschmückt und in Nordeuropa einzigartig ist. Durch Zufall ist in der Taufkapelle die ursprüngliche mittelalterliche Deckenbemalung erhalten geblieben. Diese vermittelt einen lebendigen Eindruck von dem Farben- und Bilderreichtum in der damaligen Zeit.

Information/Parken/Verbindungen (Vorwahl Malmö: 040)

• *Informationen* **Skånegården Turistbyrå,** ✆ 341200, 📠 341209, Mitte Juni bis Mitte Aug. tgl. 9–20 Uhr, 1. Hälfte Juni + 2. Hälfte Aug. 9–18 Uhr, übrige Zeit Mo–Fr 9–17 Uhr, Sa–So 10–16 Uhr. Direkt an der E 20 in einem alten skånischen Fachwerkhaus gelegen, ist diese TI die erste Anlaufstelle für Touristen, die über die Öresundbrücke kommen. **Malmö Turistbyrå,** Centralstationen, Skeppsbron, 21120 Malmö, ✆ 341200, 📠 341209, malmo. turism@malmo.se. Juni bis Aug. Mo–Fr 9–19, Sa+So 10–17 Uhr, Mai+Sept. Mo–Fr 9–18, Sa+So 10–15 Uhr, übrige Zeit Mo–Fr 9–17, Sa 10–14 Uhr. Bei den TIs gibt es die **Malmökortet**, mit der man kostenlos Museen besuchen, Busse und Parkplätze nutzen sowie Ermäßigung in vielen Freizeiteinrichtungen bekommen kann.

• *Parken* Am günstigsten ist der große Parkplatz hinter dem Hbf. an der Carlsgatan. Weitere Parkmöglichkeiten z. B. am Malmöhusvägen gegenüber dem Schloss Malmöhus oder am Kanal zwischen Schloss und Hbf. Es in der Innenstadt selbst zu versuchen, ist wegen der kleinen Gässchen etwas mühsam.

• *Verbindungen* **Flughafen Sturup:** Verbindungen nach Stockholm, Oslo und London (✆ 6131000, Information ✆ 6131100). Pendelbusse (Flygbuss, ✆ 020-616161) nach Malmö (Hbf+Södervärn) und Lund (Hbf) ca. 2-stdl.

Flughafen Kastrup (Kopenhagen): der wichtigste internationale Flughafen für Skandinavien ist durch die Brobusse (ab Hbf oder Södervärn) ca. stdl. von Malmö aus erreichbar.

Zug: Malmö ist ein wichtiger Knotenpunkt für den Zugverkehr. Von hier aus gehen tagsüber nahezu stündlich Schnellzüge (IC und X2000) nach Stockholm und Göteborg. Etwa alle 20 Min. fährt ein Zug nach Kopenhagen (Kustpilen und Pågatågen), nach Lund. Etwa alle 1–2 Stunden fährt ein Zug nach Kristianstad und weiter nach Karlskrona, alle 30 Min. nach Helsingborg.

Bus: Skånetrafiken, ✆ 020-567567. Busknotenpunkte am Hbf („Centralen") und Gustav Adolfs Torg. Beide sind u. a. mit den Linien 10,11,14 und 17 verbunden. Schloss Malmöhus ist mit der Linie 22 vom Bahnhof zu erreichen (Haltestelle Banérskajen). Am Hbf fahren auch alle Überlandbusse ab, z. B. Nr. 100 nach Skanör/Falsterbo und Nr. 146 nach Trelleborg, beide stdl. bis halbstdl. Etwas außerhalb des Zentrums liegt eine weitere wichtige Busstation, Södervärn. Hier halten die Überlandbusse noch einmal, bevor sie die Stadt verlassen.

Stadtbustickets kauft man beim Fahrer (Einzelfahrt 15 SEK). Möchte man sich viel mit dem Bus bewegen, lohnt sich der Kauf einer „Rabattkort" für 200 SEK. Bei jeder Fahrt muss die Karte in den Entwerter beim Fahrer gesteckt werden, bis man die 200 SEK verbraucht hat. Man spart damit etwa 20 %. Kundencenter von Skånetrafiken im Hbf (Mo–Fr 6.15–19.15, Sa 7.45–17.15, So 9.30–16.15 Uhr), am Gustav Adolfs Torg (Mo–Fr 7.30–18, Sa 9–14.30 Uhr) und in Södervärn (Mo–Fr 6.30–18, Sa 9–13.30 Uhr).

Fähre: Zwischen Malmö (Skeppsbron) und Kopenhagen (Nyhamn) verkehrt die Personenfähre Turasund (✆ 170940) 3- bis 4-mal tgl., Fahrtdauer 1,5 Std. An Bord Restaurants und Läden, unregelmäßige Musikveranstaltungen. Die Fähre ist eher Vergnügungsdampfer als Transportmittel, obwohl sie zentrumsnah anlegt. Wer hin- und zurückfährt ohne auszusteigen, zahlt den einfachen Preis.

Adressen

Ärztliche Hilfe: Ellenbogen Läkarhuset, Baltzarsgatan 23, ✆ 208000. Vårdcentralen Fågelbacken, Fågelbacksgatan 13, Mo–Fr 8–17 Uhr, ✆ 337715. Universitetssjukhuset, Carl Gustavsväg (Krankenhaus), ✆ 331000.
Apotheken: Im Einkaufszentrum Hansa, Stora Nygatan. Außerhalb normaler Öffnungszeiten: Gripen Apothek, Bergsgatan 48, ✆ 192110, ✆ 192115, Fr–So 8–24 Uhr. **Apothek Lejonet** am Stortorget ist auch ohne Zahnschmerzen einen Besuch wert, das Gebäude wurde 1571 gebaut, aus dem Jahre 1897 stammt die Inneneinrichtung. ✆ 71235, Mo–Fr 9–14 Uhr.
Post: Stora Nygatan, Ecke Kalendegatan.
Polizei: Polizeipräsidium Porslingatan 6/Ecke Excercisgatan, ✆ 201000.

Übernachten/Camping

• *Übernachten* Folgende Preise sind die günstigsten und gelten für Werktage im Sommer. Die TI vermittelt alle Unterkünfte zu teils deutlich niedrigeren Preisen, trotz der Gebühr von 70 SEK pro DZ.
Teaterhotellet (11), Fersens Väg 20, ✆ 6655800, ℻ 6655810, etwas graues Äußeres, aber sehr edles Hotel mit gutem Service, wie man es in dieser Preisklasse erwarten kann. DZ ab 1400 SEK.
Hotell Royal (4), Norra Vallgatan 94, ✆ 6642500, ℻ 127712, empfehlenswertes Hotel der gehobenen Preisklasse, skandinavisch-freundlich eingerichtet. DZ ab 1300 SEK.
Hotell Astoria (6), Gråbrödersgatan 7, ✆ 78660, ℻ 78870, geschmackvolles und ruhiges Hotel, DZ 1150 SEK.
STF Vandrarhem (14), Backavägen 18, ✆ 82220, ℻ 80759. Große, moderne JH, Stadtbus 21 ab Bahnhof. Ab 175 SEK, DZ ab 410 SEK.
Hotel Pallas (3), Norra Vallgatan 74, ✆ 6115077 ℻ 979900, schlichtes, aber gemütliches Hotel. Man sollte sich nicht vom Äußeren abschrecken lassen! DZ ab 535 SEK.
Hotel Formule 1 (2), Lundavägen 28, ✆ 930580, Hotel mit gepflegtem JH-Standard, Dreibett-Zimmer 350 SEK.
Bosses Gäst- och Företagsvåningar (13), Södra Förstadsgatan 110b, ✆ 326250, ℻ 326256. Einfaches, günstiges Hotel, DZ 395 SEK, eigene Kochgelegenheit.
• *Camping* **Sibbarps Camping (10),** Strandgatan, Ortsteil Limhamn, ✆ 155165, ℻ 159777, ganzjährig. Stadtbus 10A/10B + 12B. Wohnwagen 510 SEK, FeHa/5 Pers. 830 SEK, Hütten/5 Pers. 530 SEK. Direkt neben der Öresundbrücke, nah zum Badestrand. Hecken umgeben jeden Stellplatz.

Essen & Trinken

Museumscafé Wega (9), im Schloss Malmöhus, geeignet für eine gemütliche Pause nach dem Museumsbesuch. Kleine Gerichte, Kaffee und Kuchen (geöffnet wie das Schloss).
Restaurants und Cafés für jeden Geschmack finden sich rund um den **Lilla Torget** und in der **Saluhallen (7),** der angrenzenden Markthalle. (Mo–Fr 10–18, Sa 10–16 Uhr; einige Restaurants länger). Unter einem Dach findet man hier die verschiedensten Küchen, von der Sushibar bis zum Italiener. Besonders empfehlenswert: **Bageri Caféet** (prall gefüllte Baguettes und Bagels) und **Johan P.**, (✆ 971818, Mo–Do 11.30–23, Fr 11.30–16, Sa 11.30–16 Uhr, gute schwedische Fischküche). Am Lilla Torget im Hedemannska Gården: **Café Småklöken**, ✆ 79990, Mo–Fr 10–18, Sa–16 Uhr. Kleines, gemütliches Café und Lunchrestaurant, gute schwedische Küche.
Zeitschriftencafé im Form Design Center (8), geöffnet wie das Museum. Ruheoase, Möglichkeit zum Blättern in den ausliegenden (Kunst-)Zeitschriften.
Die etwas gehobeneren Restaurants versammeln sich am **Stortorget**, besonders empfehlenswert:
Årstiderna i Kokska huset (5), Frans Suellsgatan 3, ✆ 230910, Mo–Fr 11.30–24, Sa 17–24 Uhr. Erstklassiges Restaurant, beste schwedische Küche, kreiert aus den Produkten der Region. Qualität hat natürlich ihren Preis; günstiges, gutes Dagens.
Die jüngste und angesagteste Gastronomiemeile liegt am **Västra Hamnen**, darunter:

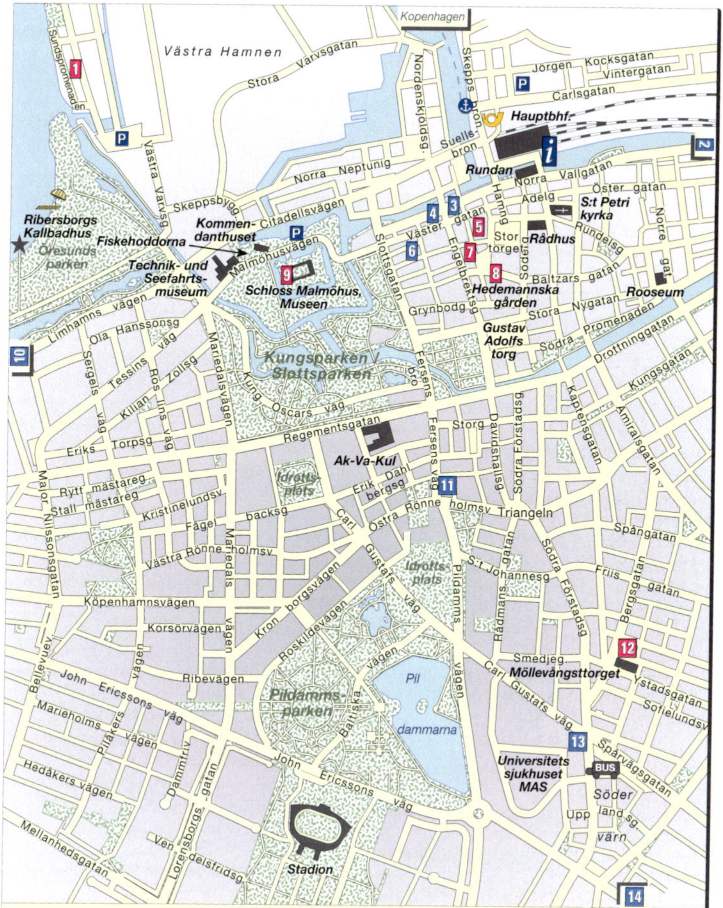

Übernachten

- 2 Hotel Formule 1
- 3 Hotel Pallas
- 4 Hotel Royal
- 6 Hotel Astoria
- 10 Sibbarps Camping
- 11 Teaterhotellet
- 13 Bosse Gäst & Företagsvåningar
- 14 STF Vandrarhem

Essen & Trinken

- 1 Salt & Brygga
- 5 Årstiderna
- 7 Saluhallen/Lilla Torget
- 8 Café Form Design Center
- 9 Museumscafé Wega
- 12 Möllan

Malmö

Salt & Brygga (1), Sundspromenaden 7, ✆ 6115940, Mo–Fr 11.30–15+18–22, Sa 17–22 Uhr. Kühl und edel, interessante Küche, nicht ganz billig. Sehr empfehlenswertes Dagens mit großem Salatbuffet, viel Fisch auf der Karte. Alternativ lohnt sich ein Bummel um den **Möllevångstorget**, wo einige gute und preiswerte Lokale die Küchen aller Herren Länder vertreten, darunter der indische „Kvarterskrog" **Indian Haweli** (Södra Förestadsgatan 88, ✆ 123124), das familiäre **Krua Thai** (Möllevångstorget 14, ✆ 122287) und **Restaurang Möllan (12)**, Bergsgatan 37c, ✆ 121015 mit schwedischen und vegetarischen Gerichten.

Aktivitäten

Bus-Stadtrundfahrten in Schwedisch, Englisch und Deutsch werden täglich (1. Woche Juni bis 1. Woche Sept.) um 12 Uhr angeboten, Karten und Abfahrt bei der TI.

Fahrt mit der Buslinie 20: Dies ist die günstigste Art, sich die Stadt anzuschauen. Die Linie 20 fährt eine Rundtour durch die zentralen Teile Malmös und steuert u. a. den Bahnhof, Gustav Adolfs Torget, die Gegend um das Schloss und einige der großen Parks an.

Bootsrundfahrt auf den Kanälen der Altstadt: ab Hbf mit der „Rundan", 45 Min. Am Fahrkartenschalter gibt es Kaffee und Kuchen, die man in einem Picknickkörbchen bequem mit an Bord nehmen kann. Abfahrten stdl., Mai+Juni 11–16 Uhr; Juli+Aug. 10–19 Uhr; Sept. 12+15 Uhr, Führung auch dt.+engl.

Märkte: Neben dem Tekniska- och Sjöfartsmuseum stehen die kleinen, bunten Buden von Fischern und Händlern, die hier ihre Waren verkaufen (Fiskehoddorna). Flohmärkte sonntags im Folkets Park und am Drottningtorget, Wochenmarkt am Möllevångstorget.

Architektur: Malmö ist reich an schöner Architektur, besonders aus dem 19. und frühen 20. Jh. Ein informatives Faltblatt mit einem Rundgang ist bei der TI erhältlich, auch in Deutsch.

Västra Hamnen: 2001 fand hier die Europäische Wohnmesse Bo01 statt. Verschiedene renommierte Architekturbüros verwirklichten ihre Vorstellungen vom Wohnen der Zukunft. Inzwischen sind die Häuser bewohnt, und ein beliebter neuer Stadtteil ist entstanden. Sein Wahrzeichen ist der 190 m hohe **Turning Torso**, ein hoher, gewundener Turm aus Glas und Stahl. Die geschmackvolle, moderne Architektur und die Lokale entlang der attraktiven Promenade locken an sonnigen Tagen Scharen von Flaneuren hierher.

Rooseum, Gasverksgatan 22, Mi–Fr 14–20, Sa+So 12–18 Uhr. Museum für moderne Kunst, insbesondere von skandinavischen Künstlern. Es ist in einem riesigen Gebäude untergebracht, in dem um 1900 Dampfturbinen zur Elektrizitätsgewinnung standen.

Baden: Besonders zentrumsnah liegt **Ribersborgs Strand**. Ein kilometerlanger Sandstrand, Grünflächen und das alte Kallbadhus von 1898, heute mit Sauna und Café, machen seinen besonderen Reiz aus.

Spaßbad Ak-Va-Kul, Regementsgatan 24, ✆ 300540, Mo+Do 9–21.30 Uhr (ab 19 Uhr nur für Erwachsene), Di+Mi 9–20.30, Fr 9–19.30, Sa+So 9–17.30 Uhr. Türkisches Bad (nur für Erwachsene und nach Geschlechtern getrennt).

Lund

Gewissermaßen im Windschatten von Malmö liegt nur 17 km weiter nördlich die kleine Stadt Lund. Als echter Lundianer schaut man auf die große Industriestadt herab, denn obwohl die Geschichte Malmös weit zurückreicht, so ist Lund doch etwas ganz Besonderes. Die Stadt kann nämlich von sich behaupten, eine der ältesten Schwedens zu sein.

An einer wichtigen Wegekreuzung gelegen, war Lund vermutlich schon im 10. Jh. unter dem dänischen Wikingerkönig Svend Gabelbart ein wichtiger Versammlungs- und Marktplatz. In der Folgezeit blühte Lund auch als religiöses Zentrum auf. Im Mittelalter wurden allein im Stadtgebiet 27 Kirchen und acht Klöster gebaut, allen voran der große romanische Dom, der 1145 fertig gestellt wurde. 1103 wurde Lund zum Erzbistum für ganz Skandinavien, was die damalige Bedeutung dieser Stadt ermessen lässt. Der dritte Erzbischof, Absalon, ging übrigens in die Geschichte als

Das klassizistische Universitetshus ist heute Sitz der Verwaltung

der Begründer von Kopenhagen ein. Die Bedeutung der Stadt nahm ein jähes Ende, als 1523 das Erzbistum im Zuge der Reformation aufgelöst wurde. Viele der Kirchen und Klöster wurden zerstört und Lund wurde eine eher provinzielle Stadt.

König Carl X. Gustav beendete jedoch Lunds Dornröschenschlaf, indem er die Gründung einer Universität befahl. Die Stadt konnte dabei bereits auf eine eigene Tradition des Lernens und Lehrens verweisen, denn schon 1438 hatten die Franziskaner hier eine Universität eingerichtet, die allerdings mit der Reformation geschlossen wurde. 1668 wurde mit großen Feierlichkeiten die bis auf den heutigen Tag bestehende Universität von Lund eröffnet. Mit großem Stolz kann die Stadt von sich behaupten, der älteste Lernort in ganz Skandinavien zu sein. Mit 80 Studenten begann die Geschichte der Universität, heutzutage sind etwa 30.000 Studenten hier eingeschrieben.

Sehenswertes in Lund

Die Universität prägt auch heute noch das Stadtbild Lunds in hohem Maße. Im Mittelpunkt des universitären Lebens stand und steht ein Park, der **Lundagården**. Bis 1837 war er mit einer Mauer eingezäunt, die den Campus markierte. Was innerhalb der Mauer passierte, fiel in den Zuständigkeitsbereich der Universität, die eine eigene Gerichtsbarkeit und sogar eine Studentenarmee besaß.

In dem Park befindet sich das **Königshaus** (erbaut 1584), die alte Residenz von König Frederick II. Mit der Gründung der Universität wurde sie zum Hauptgebäude umfunktioniert. Damals fand darin die gesamte Universität Platz. 1882 musste dann allerdings ein neues Domizil errichtet werden, welches sich gleich im Uhrzeigersinn an das Königshaus anschließt. Eingerahmt wird das strahlend weiße, im klassizistischen Stil erbaute Gebäude von Magnolienbäumen, die im Frühling prachtvoll blühen und die das Wahrzeichen der Universität sind. Im Uhrzeigersinn weitergehend, trifft man auf die Akademische Vereinigung, die ebenfalls aus dem 19. Jh. stammt. Hier befindet sich heute die studentische Verwaltung. Den Abschluss des Kreises bildet das Historische Museum (Di, Do+Fr 11–16, Mi –20 Uhr, in der Saison auch So 12–16 Uhr, ✆ 2227944). Es stellt archäologische Funde aus der Region sowie religiöse Kunst aus.

Gleich am südlichen Ende des Lundagården, eigentlich fast dazugehörig, steht das älteste erhaltene Gebäude der Stadt, der **Dom** (Mo–Fr 8–18, Sa 9.30–17, So 9.30–18 Uhr). Er gilt als eines der wichtigsten romanischen Bauwerke Skandinaviens, obwohl er in seiner späteren Geschichte immer wieder verändert wurde. Der älteste Teil, die Krypta, stammt aus dem Jahre 1123, die Kirche selbst wurde 1145 eingeweiht. Im Innern des Domes ist insbesondere die astronomische Uhr sehenswert, die das alte Kirchenlied „In dulci jubilo" spielt (Mo–Sa 12+15 Uhr, So 13+15 Uhr) sowie ein kleines mechanisches Theater vorführt. Über die gesamte Geschichte des Domes informiert das **Dommuseum** im Gebäude des Historischen Museums (Öffnungszeiten und ✆ siehe dort).

Der Riese Finn

Um die Erbauung des Domes geht folgende Sage: Der heilige Laurentius nahm für den Bau des Domes die Hilfe eines Riesen mit Namen Finn in Anspruch. Als Lohn für seine Hilfe forderte der Riese die Sonne und den Mond. Wenn diese nicht zu beschaffen seien, würde er sich auch mit den Augen von Laurentius zufrieden geben. Unter einer Bedingung allerdings wäre er bereit auf diesen hohen Preis zu verzichten, nämlich wenn es Laurentius gelänge, seinen Namen herauszufinden. Der Heilige nahm das Angebot des Riesen an, doch er schaffte es einfach nicht, den richtigen Namen des Riesen zu erraten. Erst am letzten Tag kam Laurentius der Zufall zu Hilfe. Als er abends unglücklich durch die Gassen Lunds lief, hörte er die Frau des Riesen ihren Kindern ein Schlaflied vorsingen, in dem der Name Finn erwähnt wurde. Laurentius ging also am nächsten Tag in die Kirche, wo Finn gerade in der Krypta stand, und rief ihn mit seinem richtigen Namen. Daraufhin war der Riese so erbost, dass er anfing, die Kirche wieder abzureißen. Da wurde er plötzlich zu Stein. Seine Statue ist heute noch in der Krypta zu besichtigen.

An der südlichen Seite der Kirche steht ein kleines, auffälliges Backsteinhaus, eines der wenigen erhaltenen Gebäude aus dem Mittelalter. Gebaut wurde es im 15. Jh. und diente als Bibliothek.

Ein Museum ganz besonderer Art befindet sich östlich vom Lundagården: das **Kulturen** (Mitte April bis Sept. tgl. 11–17 Uhr, übrige Zeit Di–So 12–16 Uhr, Juli bis Mitte Aug. Mi bis 21 Uhr. ✆ 355295). Der Name steht für das Hauptthema des Museums: die Geschichte der Kultur. Der Schwerpunkt liegt dabei auf dem südschwedischen Raum. Hier sind aber nicht nur zahlreiche Kulturgüter zusammengetragen, wie Möbel, Textilien, Schmuck und andere Gegenstände des Alltags, sondern es wurden vielmehr ganze historische Häuser gesammelt und auf dem Gelände liebevoll wieder aufgebaut. Die Ähnlichkeit zum *Skansen* in Stockholm ist unverkennbar. Die Gründer des Kulturen-Museums hatten es sich Ende des 19. Jh. zum Ziel gesetzt, das Leben und die Häuser der vier Stände, nämlich Adel, Geistlichkeit, Bürger und Bauern, zu illustrieren. Später kamen noch der Arbeiterstand und, passend für Lund, das Haus eines Professors hinzu. Außerdem gibt es im Museum noch Kulturgegenstände aus ganz verschiedenen Zeitperioden und anderen Ländern sowie wechselnde Ausstellungen zu zeitgenössischer Kunst und Design zu besichtigen. Als eigenständiges Museum, aber im Gebäude und im Eintritt enthalten, stellt das **Universitätsmuseum** die Geschichte der Lunder Universität dar. Sehenswert ist auch die Umgebung des Museums. Es erstreckt sich auf beiden Seiten der Adelgatan, einer der schönsten Gassen der Lunder Altstadt.

Der Dom von Lund

Das Zentrum des städtischen Lebens findet man in den Straßen rund um den **Stortorget**. Früher war hier der Platz für Markt und Handel. Heutzutage ist das Gebiet zum großen Teil Fußgängerzone und dank vieler kleiner Straßencafés und einladender Geschäfte voller Leben. Der Platz selbst wird von einem Backsteinbau aus dem 19. Jh. dominiert, der viel Kritik auf sich zog, weil er den freien Blick auf den Dom blockierte. Rechts davon befindet sich das **Rathaus**, ein relativ schlichter, weißer Bau aus dem Jahre 1837. Der zweite wichtige Platz der Stadt ist der **Mårtenstorget**. Er wurde Mitte des 19. Jh. als Marktplatz für Fleisch und Fisch angelegt. Als Anfang des 20. Jh. der Verkauf dieser Waren im Freien verboten wurde, baute man eigens dafür die Markthalle „Saluhallen“, wo man zwar immer noch Fleisch und Fisch kaufen kann, doch inzwischen dominieren hier vor allem kleine Imbisse mit internationalen Spezialitäten. Dafür gibt es draußen auf dem Mårtenstorget wieder jeden Vormittag (außer sonntags) einen Markt.

Information/Verbindungen/Adressen

Vorwahl Lund: 046

• *Information* **Lund Turistbyrå,** Kyrkogatan 11, 22222 Lund, ✆ 355040, 📠 125963, turistbyran@lund.se, Juni bis Aug. Mo–Fr 10–10, Sa, So 10–14 Uhr, übrige Zeit Mo–Fr 10–17 Uhr, Mai+Sept. auch Sa 10–14 Uhr.

• *Verbindungen* **Zug:** Praktisch alle Züge nach Malmö halten auch in Lund, selbst der schnelle X2000. **Bus:** Innerhalb von Lund fahren die Busse von Stadstrafiken (✆ 355 300). Wichtige Busstationen am Bahnhof und an der Tvärgatan zwischen der Bankgatan und Råbygatan.

Parken: Lund verfügt über ein gut ausgeschildertes Parkleitsystem. Relativ zentral parkt man in der St. Månsgatan oder im Parkhaus am Staffansgränd, günstig und vor allem schattig unter den großen Alleebäumen der Södra Esplanaden, von hier aus aber etwa 500 m bis ins Zentrum.

• *Adressen* **Ärztliche Hilfe,** Universitetssjukhuset, Getingevägen 4, ✆ 171000. **Zahnarzt:** Tandvårdcentralen, St. Laurentiigatan 10, ✆ 325100. **Apotheke,** Hjorten, Mårtenstorget 12, ✆ 189793, Mo–Fr 9–21, Sa 9–19, So 10–19 Uhr. **Polizei,** Byggmästaregatan 1, ✆ 165000.

Übernachten/Camping

• *Übernachten* **Hotell Concordia (9),** Stålbrogatan 1, ✆ 135050, ✆ 137422, sehr schönes Hotel mit freundlich-hellen und gemütlichen Zimmern, DZ ab 850 SEK.
Petri Pumpa Hotell (3), St Petri Kyrkogatan 7, ✆ 135519, ✆ 135671, edles Hotel mit schönem Ambiente, DZ ab 965 SEK.
Hotell Ahlström (6), Skomakaregatan 3, ✆ /✆ 2110174, einfaches Hotel, sehr zentral in der Fußgängerzone, Rezeption erst ab 16 Uhr geöffnet, DZ ab 625 SEK.
Bed & Breakfast-Vermittlung der Touristinformation: Das Turistbyrå vermittelt Bed & Breakfast-Gelegenheiten. Diese kosten 225–250 SEK pro Person (plus 50 SEK Vermittlungsgebühr).
STF Youth Hostel Tåget (1), Vävaregatan 22, ✆ 142820, ✆ 320568, hinter dem Bahnhof in einem kleinen Park ist die JH in mehreren Schlafwagen und einem Speisewagen untergebracht. Der „Zug" ist recht schwer zu finden: Mit dem Auto fährt man die Vävaregatan bis ganz zum Ende und biegt nach rechts in eine Zufahrt, zu Fuß überquert man die Gleise des Bahnhofs auf einer Eisenbrücke und hält sich am Ende rechts, dort findet man einen Fußweg, der nach ca. 50 m zur Rezeption führt. 175 SEK.
• *Camping* **Källby Friluftsbad & Camping,** Badarevägen, ✆ 355188, ✆ 128038, Juni bis Mitte Aug. Kleiner Campingplatz, im Preis ist der Eintritt zum Freibad enthalten.

Essen & Trinken

Kulturen Restaurant & Bar, (5), Tegnérsplatsen, ✆ 146510, Mo–Mi 11.30–1, Do, Fr 11.30–2, Sa 12–2, So 12–18 Uhr. Modernes Restaurant mit internationaler Küche, im Sommer kann man hier angenehm unter Bäumen sitzen. Besonders bei Studenten beliebt.
Finn (8), Mårtenstorget 3, ✆ 130565, Mo–Do 11–22, Fr, Sa 11–23, So 12–22 Uhr. Schönes Restaurant mit leckeren Kleinigkeiten, besonders zur Mittagszeit, internationale und schwedische Küche.
& Bar (7), Mårtenstorget 9, ✆ 2112288, Mo–Di 11.30–24, Do 11.30–1, Fr–Sa 11.30–2, So 12–24 Uhr. Eher eine „Kneipe", in der man auch gut essen kann.
Stäket (10), Stora Södergatan 6, ✆ 2119367, Mo–Do 11–23, Fr 11–24, Sa 12–24, So 12–23 Uhr. Sehr vielseitiges, gutes Restaurant in einem alten Backsteinhaus aus dem 16. Jh.
Conditori Lundagård (4), Kykogatan 17, ✆ 2111358, Mo–Fr 8.30–19, Sa 8.30–17, So 12–18 Uhr. Die Einrichung versprüht den Charme der 1950er Jahre und mag auf dem ersten Blick ungemütlich wirken, aber die Kuchen und Torten sind unschlagbar gut!
Gloria's Bar & Restaurant (2), St Petri Kyrkogatan 9, ✆ 151985, tgl. ab 18 Uhr bis spät. Beliebter Treffpunkt mit Cajun-Küche, mehrmals wöchentlich Live-Musik.

Aktivitäten

Skissernas Museum, „Skizzenmuseum", ✆ 2227283, Öffnungszeiten bei Druck unklar. Dieses interessante Museum wurde 1934 von Ragnar Josephson, einem Kunstprofessor, gegründet, der die Entstehungsgeschichte berühmter Werke genauso interessant fand, wie die eigentlichen Werke. So sind im Museum Skizzen und Vorstudien berühmter Werke und Maler gesammelt.
Kunsthalle, ✆ 355295, Di, Mi, Fr+So 12–17, Do–20 Uhr, Sa 10–17 Uhr. Aus dem Jahre 1957. Hier werden in wechselnden Ausstellungen zeitgenössische Künstler präsentiert.

Falsterbonäset, die „Nase" von Skåne

Auf der Halbinsel Falsterbonäset, Schwedens südwestlichster Spitze, liegen die beiden Zwillingsdörfer Skanör und Falsterbo. Durch den enormen Heringsreichtum im Meer vor ihrer Haustür waren diese beiden Dörfer vom 11. bis ins 14. Jh. einer der größten Verarbeitungs- und Marktplätze für Hering. Damals besaßen die Orte sogar Handelsverbindungen bis nach Mitteleuropa. Als der Heringsfang aufgrund der Überfischung zurückging, verloren Skanör und Falsterbo entsprechend an Bedeutung. Heute zeugen dort nur noch rasenbedeckte Erdwälle von der einstigen

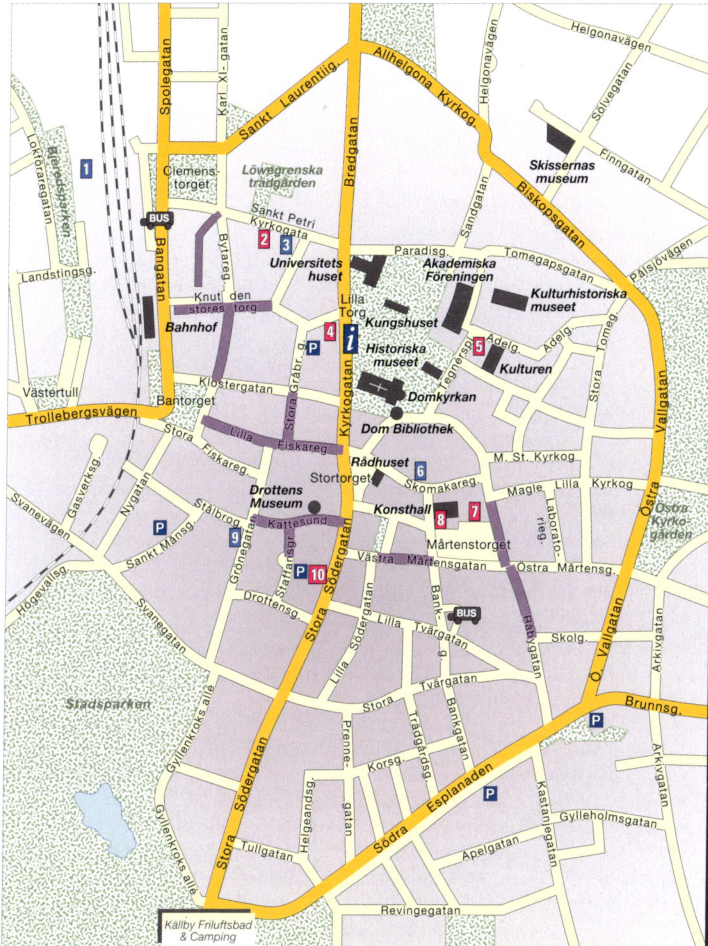

Übernachten

1 STF Jugendherberge Tåget
3 Petri Pumpa Hotell
6 Hotell Ahlström
9 Hotel Concordia

Essen & Trinken

2 Gloria's
4 Conditori Lundagården
5 Kulturen
7 & Bar
8 Café Finn
10 Stäket

100 m

Lund

Bedeutung: Unter ihnen befinden sich die Reste von Burganlagen aus dem 11. Jh. Mittlerweile sind Skanör und Falsterbo eine Art Nobelvorort von Malmö geworden. Die beschauliche Atmosphäre in den Dörfern mit den typisch lang gestreckten, alten Häuschen, die reine Seeluft, viel Natur und kilometerlange, weiße Sandstrände sind ein wunderbarer Kontrast zum hektischen Malmö – für Bewohner wie Besucher.

Vogelzug auf Falsterbo

Im Herbst hat Falsterbo ein besonderes Schauspiel zu bieten: Über die Halbinsel ziehen an schönen Tagen Ende September bis Anfang Oktober täglich bis zu 1 Million Vögel nach Süden. Diese Konzentration hat mit der besonderen Form von Nordeuropa zu tun. Auf ihrem Weg in den Süden stoßen die Zugvögel auf Küsten, denen sie eine Weile folgen. Die Küstenlinien leiten die Vögel wie eine Art Trichter nach Falsterbo, der südwestlichen Spitze von Schweden. Hier müssen sie die skandinavische Landmasse verlassen, um nach Dänemark, Deutschland und weiter ins Mittelmeergebiet oder noch weiter bis nach Afrika zu ziehen. An manchen Herbsttagen ist der Himmel voller Buchfinken, Grünfinken und Blaumeisen. Überall in den Gärten Falsterbos hört man dann Rotkehlchen, Wintergoldhähnchen und Zaunkönige, die in der Nacht weiterfliegen und sich tagsüber vor dem anstrengenden Flug übers Meer ausruhen. Aber nicht nur Singvögel verlassen Skandinavien, sondern auch viele Greifvogelarten. Es ist schon ein imposanter Anblick, wenn Hunderte von Mäusebussarden, Wespenbussarden, Rotmilanen und Weihen majestätisch am Himmel ihre Kreise ziehen.

Dieses Phänomen ist besonders gut von der südwestlichsten Spitze Nabben zu beobachten. Diese Spitze ist sozusagen der allerletzte sichere Hafen für die Vögel, danach geht es nur noch raus aufs Meer. In den frühen Morgenstunden bis etwa mittags ist hier die höchste Flugaktivität zu verzeichnen. Nabben erreicht man zu Fuß von Skanör aus einfach den Strand entlang Richtung Leuchturm. Mit dem Auto in Falsterbo den Hinweisschildern zur Konsthall (Kunsthalle) folgen, dann links in den Fyrenvägen abbiegen, bis zum Ende (Wendehammer mit kleinem Parkplatz) fahren, rechtzeitig einen Parkplatz suchen, denn die Straße ist eng und an guten Tagen hoffnungslos vollgeparkt. Am Ende des Fyrenvägen zu Fuß weiter durch das Naturreservat Flommen. Beim Leuchtturm, der Privatgelände und nicht zu besichtigen ist, am Strand nach links abbiegen. Es lohnt sich unbedingt, ein Fernglas mitzubringen! Ab dem späten Vormittag empfiehlt sich dann folgende gute Beobachtungsstelle für Greifvögel: Direkt vor dem Campingplatz Ljungen liegt ein lichtes Birkenwäldchen, von dessen Rand man einen weiten Blick über die Heide hat.

Falsterbo Fågelstation, Sjögatan, ✆ 470688, birdobs@fbo.pp.se. Infos zu Führungen, außerdem kleine, einfache Unterkunft (Juli bis Okt.).

Rundgang in Skanör

In Skanör bietet sich ein ein- bis zweistündiger Rundgang an, der sowohl die Sehenswürdigkeiten des Dorfes als auch eine gehörige Portion Seeluft beinhaltet. Das Auto parkt man kurz vor dem Hafen („Hamn") und folgt einem Pfad nach rechts zum Meer. Am Strand entlang geht es bis zum Pfad „Borgmästerstigen". Dieser führt durch Feuchtwiesen und **Flommens Naturreservat** zum Ortsrand von Ska-

nör. Nach rechts auf dem Slottstigen kommt man zu den erwähnten Erdwällen, unscheinbaren Resten einer Burg, und der ehrwürdigen **St. Olofs Kirche** (tgl. 10–16 Uhr). Ihr ältester Teil stammt aus dem 13. Jh. Sehr wahrscheinlich stand aber schon früher eine Kirche auf diesem Platz. Zur Erweiterung der Kirche im 15. Jh. hat man praktischerweise die Steine der Burg verwendet. Auch das gegenüberliegende Rathaus von 1777 gründet auf diesem Material. Am Rathaus beginnt die Mellangatan, Skanörs Hauptstraße, in der man in den geduckten, langgestreckten und liebevoll renovierten Häuschen Geschäfte, Andenkenläden und ein kleines Hotel findet. Zurück an der Kirche geht man wieder auf dem Slottstigen am Rande der Häuser entlang, bis man auf einen weiteren Pfad (Kärleksstigen, der „Liebespfad") stößt, der durch die Wiesen von Flommen direkt wieder zum Parkplatz führt. Für eine längere Wanderung empfiehlt es sich vom Parkplatz aus am Strand in Richtung des Leuchtturms von Falsterbo und der Landspitze Nabben zu gehen (ca. 4 km). Dies kann man zusätzlich mit einem Rundgang durch Falsterbo verbinden.

Information/Verbindungen (Vorwahl Falsterbonäset: 040)

• *Information* **Falsterbonäsets Turistbyrå**, Östra Hamnplan 2, 23638 Höllviken, ✆ 425454, 📠 452385, turisten@vellinge.se. Okt. bis April: Mo–Fr 10–12+13–15 Uhr; Mai bis Mitte Juni + Mitte Aug. bis Sept.: Mo–Fr 10–12+13–17 Uhr; Mitte Juni bis Mitte Aug.: Mo–Fr 10–18, Sa+So –16 Uhr. Die TI liegt am Kanal in Höllviken, an der Zufahrt nach Falsterbonäs.

• *Verbindungen* Buslinien 100 und 300 (Skånetrafiken) ab Malmö HBf (stündlich bis halbstündlich).

Übernachten/Camping

• *Übernachten* **Villa Örnäs**, Flygarevägen 21c, Höllviken, ✆ 453055. Gemütliches altes Pensionat, nicht weit zum Kämpingestrand. DZ ab 600 SEK.

Lotsenvillans Vandrarhem, Västra Kanalvägen, Höllviken, ✆ 425454, ✆ 452385. Einfacher Standard, schöne, strandnahe Lage am Falsterbokanalen. DZ 320 SEK.

Hotell Spelabäcken, Mellangatan 58, Skanör, ✆ 475300, ✆ 473242, familiäres, gemütliches Hotel, DZ 1200 SEK.

• *Camping* **Ljungens Campingplatz,** Strandbadsvägen, Falsterbo, ✆ 471132, ✆ 470955, Mitte April bis 1. Woche Okt. Mit Büschen umstandener Campingplatz, gute Bade- und Spaziermöglichkeiten in der Nähe.

Essen & Trinken

Café Annas Bageri, Falsterbovägen 117, Höllviken, ✆ 450750, Mo–Fr 7–18, Sa+So 7–16 Uhr. Nettes Café mit Sommerterrasse, direkt an der Kanalbrücke. Hier gibt es leckeres „Wienerbröd", mit Pudding gefüllte Blätterteigtaschen.

Fiskhuset Skanör, Skanörs Hamn, ✆ 479608, Mittsommer bis Mitte Aug. tgl. 10–18 Uhr, übrige Zeit Di–Fr 10–18, Sa 9–15, So 11–14 Uhr. Serviert werden Hering in verschiedenen Variationen und andere Fischgerichte passend zum nahen Hafen.

Café & Restaurant Alléns, Stadsallén 2, ✆ 470862. Etwas edleres Restaurant mit schönem Café in Falsterbo, im Sommer kann man wunderbar im Garten sitzen.

Kaptensgården, Kaptensgatan 1, ✆ 470750 (Falsterbo). Urige Kneipe in dem einen Teil, in dem anderen ein gemütliches Restaurant mit leckeren Speisen – typischer Kvarterskrog. So–Do 17–21, Fr+Sa –22 Uhr, Kneipe Mo–Do bis 23, Fr+Sa bis 1 Uhr.

Aktivitäten

Kilometerlange, weiße Sandstrände laden einfach zum Baden ein. Ein guter Platz für einen entspannten Tag am Meer ist das **Falsterbo Strandbad,** an der südlichen Küste der Halbinsel.

Foteviken Museum, ✆ 330800, Mai bis Sept. Mo-Fr 10–16 Uhr, Juni bis 3. Woche Aug. tgl. 10–16 Uhr. (Eintritt in der Malmökortet enthalten, siehe Malmö-Informationen.) Die lange Besiedlungsgeschichte der Region wird nirgends so lebendig dargestellt wie in diesem nachgebauten Wikingerdorf. Im Sommer werden die Häuser des Freilichtmuseums von Wikinger-Begeisterten bevölkert, die das Leben ihrer Vorfahren hautnah nachempfinden wollen. An dem Dorf wird immer noch gebaut, doch gerade das ist reizvoll: So kann man dann z. B. einem Zimmermann in Wikingertracht zuschauen, wie er in der alten Weise die Balken für ein neues Haus bearbeitet. Der Ort des Museums wurde mit Bedacht gewählt, denn hier lag in alter Zeit ein Kultplatz. (Führungen, nach Bedarf auch engl.+dt. um 11, 13 und 14.30 Uhr.)

Bärnstensmuseet, Mariavägen 4, Höllviken, ✆ 454504, Mitte Mai bisSept. Tgl. 11–17, übrige Zeit Di–Fr 12–18, Sa+So 11–17 Uhr. An den Stränden der Falsterbohalbinsel wird besonders viel Bernstein gefunden, und so ist es passend, gerade hier ein Museum ausschließlich diesem Harz uralter Bäume zu widmen. Es ist vor allem für seine Bernsteinkollektion mit Einschlüssen, z. B. von Insekten und Spinnen, berühmt.

Entlang der Südküste

Von Falsterbonäset lässt sich ab Höllviken auf der Straße Nr. 10 die schöne Küstenstrecke nach **Trelleborg** fortsetzen. Die Kleinstadt selbst ist touristisch nicht so reizvoll, doch jeder Skandinavienbesucher kennt sie wohl als Fährhafen. Von hier verkehren die Schiffe der TT-Line nach Rostock und Sassnitz (s. Anreise).

Auch die Weiterfahrt nach Ystad kann man gemütlich gestalten: Ab Trelleborg auf der beschaulichen Landstraße Nr. 9, immer entlang der Küste und z. T. mit herrlicher Aussicht auf das Meer. Die Dörfer an der Route wissen um ihre Attraktivität für Touristen, denn überall findet man kleine Cafés, Bed & Breakfast-Möglichkeiten, Campingplätze und – typisch für die Gegend – Töpfereien.

Ystad

Das verschlafene Städtchen an der schwedischen Südküste ruft unversehens großes Interesse in Europa hervor. Es ist nämlich Schauplatz einer Reihe von Bestsellerkrimis rund um den Kommissar Kurt Wallander. Der Autor Henning Mankell hat in diesen Büchern detailliert und eindrucksvoll seine Heimatstadt und die Region Schonen beschrieben. Die spannenden Geschichten machen aber aus Ystad keine Weltstadt, sondern es bleibt, was es immer war: eine nette kleine Provinzstadt mit einer schönen alten Innenstadt, der man durchaus ein paar Stunden widmen sollte, etwa auf folgendem Rundgang:

Das Leben der Wikinger lässt sich im Foteviken-Museum nachempfinden

Von der TI geht man durch die Suppgränd zur Hamngatan, vorbei am **Hotel Continental**, allen Mankell-Lesern bestens bekannt, weil Kommissar Wallander hier häufiger zu Gast ist. Am Stortorget erhebt sich die **St. Maria kyrka** von 1300, das älteste Bauwerk der Stadt (tgl. 10–16). Ystad hat eine mittelalterliche Tradition bewahrt: Vom Turm der Kirche bläst der **Tornväktare** (Turmwächter) jede Nacht zwischen 21 und 1 Uhr stündlich auf seiner kupfernen Lure. Er wacht darüber, das nirgends unbemerkt ein Feuer ausbricht; sein Trompeten soll den Bewohnern versichern, dass alles in Ordnung ist. Richtung Mattorget (Mat=Essen), dem alten Marktplatz, liegt die Latinskolan, ein Backsteinbau mit schönem Treppengiebel, entstanden um 1500 und bis 1841 als Schule genutzt – vermutlich die älteste des Landes. Am Beginn der Stora Västergatan liegt der ähnlich alte Fachwerkhof Kemnerska gården. Vom Stortorget durch die Stora Norregatan erreicht man den mächtigen Fachwerkbau Änglahuset (16. Jh.), schräg gegenüber das um 1450 erbaute Brahehuset. Die Sladdergatan führt zum **Gråbrödra Klostret** („Graubrüder“=Franziskaner, wegen ihrer grauen Kutten), erbaut 1267. Im Zuge der Reformation wurde das Kloster 1532 aufgelöst und diente danach als evangelische Kirche und Krankenhaus, bevor es verfiel. 1909 wurde mit der Renovierung begonnen, und heute ist das Kloster neben Vadstena das besterhaltene Schwedens. Es beherbergt u. a. das Stadtmuseum und einen Kräuter- und Rosengarten (✆ 577286, Juni bis Aug. Mo–Fr 10–17, Sa+ So –16 Uhr, übrige Zeit Di–Fr 12–17, Sa+So –16 Uhr). Durch die Gasse Teppgränd kommt man zum Tvättorget, umgeben von kleinen Fachwerkhäusern, und dann zur Einkaufsstraße Stora Östergatan. Hält man sich links, erreicht man das Birgittahus mit markantem Treppengiebel, etwas weiter Henrik Rogges gård und angrenzend den Pilgrändsgård von 1480, das älteste Fachwerkhaus der Stadt. Biegt man auf dem Pilgränd rechts ab, kommt man zurück zur TI.

Information/Verbindungen (Vorwahl Ystad: 0411)

• *Informationen* **Ystads Turistbyrå,** St. Knuts Torg, 27142 Ystad, ✆ 577681, 📠 555585, turistinfo@ystad.se. Juli+Aug. Mo–Fr 9–20 Uhr, Sa 10–19 Uhr, So 11–18 Uhr, übrige Zeit Mo–Fr 9–17 Uhr, 2. Woche Mai bis 3. Woche Sept. auch Sa 11–14 Uhr.

• *Verbindungen* **Zug:** nach Malmö etwa stündlich, nach Kopenhagen alle 2 Std. („Kustpilen" und „Öresundpilen")
Fähre: Bornholm (ca. 5 x tgl., s. Aktivitäten).

Adressen **Ärztl. Hilfe:** Lasarett, Lasarettsgatan, 75000, **Apotheke** Svanan, Södra Östergatan 11, ✆ 450450. **Kassaservice** in der Böckaregatan, verschiedene Parkplätze um den Hauptbahnhof und die TI.

Übernachten/Camping

Hotel Continental, Hamngatan 13, ✆ 13700, 📠 12570. Wallanders Empfehlung kann man vorbehaltlos folgen! DZ ab 940 SEK.

Hotel Tornväktaren, Stora Östergatan 33, ✆ 78480, 📠 72927, ein gemütliches, familiäres Hotel mitten im Zentrum, DZ 595 SEK.

STF Kantarellen Vandrarhem, Ystads Sandskog, ✆ 66566, 📠 10913, Juni bis 3. Woche Aug. Schön im Wald gelegene JH, Badestrand in der Nähe, ab 185 SEK, DZ ab 370 SEK.

Sandskogens Camping, Ystads Sandskog, ✆ 19270, 📠 19169, Mitte Apr. bis 1. Woche Sept., Hütten/4 Pers. 520 SEK, schöner Waldcampingplatz, nicht weit vom Meer.

Essen & Trinken

Lottas Restaurang, Stortorget 11, ✆ 78800, Mo–Sa 17–23 Uhr, gemütliches Restaurant mit moderner Küche.

Bryggeriet, Långgatan 20, ✆ 69999, in diesem beliebten, urigen Restaurant werden deftige Speisen, besonders Grillspezialitäten, serviert, dazu gibt es selbstgebrautes Bier. Im Sommer sitzt man schön im Garten.

Hartmanns Café & Conditori, Stortorget 3, ✆ 12101, Mo–Fr 8–18, Sa 8–15 Uhr, moderneres Café mit wunderbarem Kuchen.

Maria-Caféet, Stortorget 15, ✆ 65006, Mo–Fr 7–19, Sa 7–18, So 8–18 Uhr. Nettes, altertümliches Café.

Bäckahästen, Lilla Östergatan 6, ✆ 14000, tgl. 11–18, schönes Café und Lunchrestaurant, im Sommer kann man herrlich draußen sitzen.

Aktivitäten

Von Ystad aus sollte man unbedingt eine **Tagestour nach Bornholm** einplanen, statt mit der normalen Autofähre mit dem schnellen Katamaran (Fahrzeit 80 Min., 5- bis 6-mal tgl.) Bornholmstrafikken, ✆ 558700.

Wallander-Touren: Für Fans des grüblerischen Kommissars bietet die TI ein kostenloses, deutschsprachiges Faltblatt („Wallander Land – In der Spur des Kriminalkommissars Kurt Wallander") an. Mit Hilfe einer genauen Karte kann man die Orte der Handlungen in den Büchern und Verfilmungen besuchen. Man findet sogar den Geldautomaten verzeichnet, an dem eines der Opfer ermordet wurde.

Zudem bieten die Pensionäre der Freiwilligen Feuerwehr eine Tour auf den Spuren Wallanders an. Jeden Dienstag- und Donnerstagabend besichtigt man in einem oben offenen Feuerwehrwagen die Plätze der Romanhandlungen. Infos/ Anmeldung in der TI; Führungen z. T. auf Englisch.

Ystads Sandskogen ist ein bewaldetes Freizeitgebiet mit dem **Strandbad Saltsjöbaden,** 2 km östlich von Ystad, über die Landstraße 9 in Richtung Simrishamn zu erreichen.

Die Schiffssetzung Ales Stenar thront hoch über der Küste

Durch Skånes Südostecke Österlen

Dünengesäumte Sandstrände und gemütliche Fischerorte wechseln sich entlang der Küste ab. Das Hinterland ist Agrarregion, geprägt von weiten Getreidefeldern, Obstplantagen und stattlichen, alten Bauernhöfen.

Bei Nybrostrand zweigt die küstennahe Nebenstraße nach Simrishamn von der Rv 9 ab. Vom Meer trennt sie ein Streifen hoher Altdünen, über den man erst bei **Kåseberga** wieder einen Blick werfen kann. Der kleine Hafenort hat eine besondere Attraktion zu bieten, die auch die großen Parkplätze am Ortseingang rechtfertigt: die Schiffssetzung **Ales Stenar**, hoch oberhalb des Hafens auf dem Dünenrücken gelegen und auf Fußpfaden erreichbar. 58 Felsblöcke bilden die Form eines Langschiffes nach, mit besonders hohen „Steven" an Bug und Heck. Mit fast 70 m Länge gilt Ales Stenar als größte Schiffssetzung Skandinaviens. Ihre Funktion liegt im Dunkeln, die Vermutungen reichen von Kult- oder Thingstätte über Seezeichen bis hin zum Grabdenkmal für einen Wikingerhäuptling. Beeindruckend ist nicht nur das steinerne Monument selbst, sondern auch seine Lage hoch über der Küste.

Bei Löderup erstrecken sich ausgedehnte Sandstrände, hinter denen das Naturreservat Hagestad liegt. An der Straße ist der alte schonische Hof **Backåkra** ausgeschildert, einst im Besitz von Dag Hammarsjöld, der das Anwesen restaurieren ließ und es als Ruhesitz nutzen wollte. Dazu kam es nicht, da der damalige UN-Generalsekretär 1961 bei einem Flugzeugabsturz in Sambia ums Leben kam. Backåkra beherbergt heute ein kleines Museum, das seinem berühmten Besitzer gewidmet ist (✆ 0411-526010, Juni bis Aug. tgl. 12–17 Uhr). Bei Sandhammaren, einem weitläufigen Dünengebiet, markiert ein Leuchtfeuer Schwedens südöstlichsten Landzipfel.

Stichwege führen zu den Stränden und Feriengebieten der Ostküste, bis mit **Skillinge** wieder ein gewachsener Ort erreicht ist. Fischerei spielt hier noch heute eine

Rolle, sodass im Hafen nicht nur Freizeityachten dümpeln. Im Hinterland liegt bei Glimminge die spätmittelalterliche **Burg Glimmingehus**, deren viergeschossiges Hauptgebäude eine hoch aufragende Landmarke in dem sanft gewellten Ackerland darstellt. Um 1500 erbaut, ist dieser befestigte Wohnturm weitgehend im Originalzustand erhalten geblieben (✆ 18620, Juni bis Aug. tgl. 10–18 Uhr, April bis Okt. tgl. 11–16 Uhr).

Simrishamn

Simrishamn ist ein beschauliches Küstenstädtchen. Vom Gästehafen bewegt sich der sommerliche Besucherstrom durch die Storgatan, in der sich Läden und Lokale aneinander reihen, bis zur Nicolaikirche aus dem 12. Jh. Ruhiger geht es in den malerischen Nebenstraßen zu. In der Stora Norregatan, Östergatan oder Brunnsgatan trifft man auf zahlreiche niedrige Wohnhäuser, die aus dem 19. Jh. erhalten geblieben und liebevoll herausgeputzt sind.

Information/Verbindungen/Adressen (Vorwahl Simrishamn: 0414)

• *Information* **Simrishamn Turistbyrå,** Tullhusgatan 2, 27280 Simrishamn, ✆ 819800, ℻ 16364, info@turistbyra.simrishamn.se, Juni bis Mitte Aug. Mo–Fr 9–20 Uhr, Sa 10–20 Uhr, So 11–20 Uhr, übrige Zeit Mo–Fr 9–17 Uhr.

• *Verbindungen* **Bus:** Linie 5 nach Lund, 572 nach Ystad, ab Skillinge entlang der Küste, 573 nach Ystad über Hammenhög, alle mehrmals tgl. **Zug:** Verbindung über Ystad nach Malmö und Kopenhagen. Busterminal und Bahnhof an der Stenbocksgatan. **Fährlinie Bornholm-Express,** ✆ 14345, fährt ab Simrishamn nach Allinge auf Bornholm, Mittsommer bis Mitte Aug. ca. 3-mal pro Woche. **Parken:** Am Strandvägen (Nordende des Gästehafens) zentral und kostenlos.

• *Adressen* **Ärztliche Hilfe** und **Apotheke** Sjukhuset, Christian Barnekowsgatan, ✆ 15000. **Banken** und **Geschäfte** dort und am Stortorget.

Am Hafen von Simrishamn

Übernachten/Camping

• *Übernachten* **Hotell Svea,** Strandvägen 3, ✆ 411720, ℻ 14341. Großes Hotel am Gästehafen, guter Standard. DZ 1090 SEK.

Maritim Krog & Hotell, Hamngatan 31, ✆ 411360. Kleines Hotel direkt am Hafen, im Krog werden gute, fantasievolle Fischgerichte serviert. DZ 1100 SEK.

Hotell Kockska Gården, Storgatan 25, ✆ 411755, ℻ 411978. Schöner, alter Fachwerkhof, innen modernisiert. DZ 850 SEK.

Hotell Turistgården, Storgatan 21, ✆ 16622, ℻ 13701. Ruhig und zentral gelegenes Frühstückshotel. DZ 750 SEK.

• *Camping* **Tobisvik Camping,** Tobisvägen, ✆ 819207, ganzj. Strandnah am nördlichen Ortsrand gelegener Wiesenplatz. Hütten/4 Pers. 600 SEK.

Südlich von Simrishamn:

• *Übernachten* **Skillinge Gästgård B&B,** Byggmästaregatan 6, ✆ 30390, ℻ 31128. Gut ausgestattetes Gästehaus mit schönem Garten. DZ 630 SEK.

Lapphörnan B&B Brantevik, Skepparegatan 22, ✆ 22034, 📠 22065, Mitte April bis Aug. Nette, preiswerte Frühstückspension. DZ 500 SEK.

Pensionat Villa Myrbacka, Kyhls Strand, ✆ 0411–20076, Juni bis Aug. Familiäres, preiswertes Gästehaus in Strandnähe. DZ 600 SEK.

STF Vandrarhem Backåkra, Kustvägen, ✆ 0411–526080, 📠 526121, Juni bis Aug. Schön gelegener alter Hof am Naturreservat. Ab 135 SEK, auch DZ.

Tygegården Vandrarhem, Hagestad, ✆ 0411–526488, ganzj. Nahe Backåkra in ländlicher Umgebung gelegene JH, Gehabstand zum Strand und Naturreservat. 120 SEK, Bettbezüge müssen mitgebracht werden.

• *Camping* **Löderups Strandbads Camping,** ✆ 0411–526311, 📠 526613, Mitte April bis Sept. Schöner, kiefernbestandener Platz direkt am weißen Sandstrand. Wanderwege durch das Hagestads Naturreservat starten hier. Hütten/Camper/4 Pers. 450 SEK.

Borrbystrand Camping, ✆ 0411–521260, Mitte April bis 3. Woche Sept. Strandnaher Platz, angrenzend an ein Ferienhausgebiet, teils baumbestanden. Hütten/Camper 490 SEK/4 Pers.

Landeinwärts:

• *Übernachten* **Karlaby Kro,** Tommarp, ✆ 20300, 📠 20473. Eines der besten Hotels der Region, komfortabel, geschmackvoll eingerichtet, man wohnt im historischen Milieu eines alten Gutshofes. Bekannt ist auch das Gourmetrestaurant, das erstklassige schonische Küche bietet. DZ 1650 SEK.

Gärsnäs Slott, ✆ 50996, 📠 50995. 12 km westlich von Simrishamn liegt dieses Schlösschen inmitten eines Parks. Die Besitzer betreiben im unteren Stockwerk einen Antiquitätenhandel; die gemütlich eingerichteten Gästezimmer liegen unter dem Dach, zum Frühstücksbuffet wird Klassik gespielt. DZ ab 800 SEK, Etagenbad.

Hammenhögs Gästgifvaregård, Ystadsvägen 34, ✆ 440288, 📠 440489. Hier weht der Hauch der Geschichte; der kleine Gasthof besteht seit 1693. DZ ab 790 SEK, Etagenbad. In der Gaststube gute ländliche Küche, im Garten wird an Sommerabenden der Grill angefacht.

STF Vandrarhem Hammenhög, Skolgatan 20, ✆ 440095, 📠 440774, April bis Aug., übrige Zeit mit Vorbuchung. Große, gut ausgestattete Herberge im herrschaftlichen Ziegelbau Nästgården. 215 SEK, DZ 430 SEK.

Essen & Trinken

In Simrishamn ist das Angebot rings um den Gästehafen und an der Storgatan im Sommer groß.

Måns Byckare, Storgatan 8, ✆ 14749, tgl. 11.30–1 Uhr. Interessante Küche, gutes Dagens.

Kamskogs Krog, Storgatan 3, ✆ 14348, Di–Do+So 12–23, Fr+Sa bis 1 Uhr. Beliebtes Lokal für alle Gelegenheiten, internationale Küche.

Café & Restaurant Valfisken, Järnvägsgatan 2, ✆ 12170, Mo–Fr 9–15.30, Sa+So bis 15 Uhr. Preiswertes Lunchlokal im Kulturhuset.

Börje Olssons Skafferi, Storgatan 11, ✆ 17177, Mo–Fr 10–18, Sa bis 15 Uhr. Feinkostladen mit angeschlossenem Bistro, empfehlenswert für einen kleinen Imbiss.

Ediths Café, Prästgatan/Storgatan, tgl. 10–19 Uhr. Süßes, kleines Café, serviert neben Kuchen auch Smörgåsar.

Südlich von Simrishamn:

Guten Fisch bekommt man im Hafen von Kåseberga bei den Räuchereien, entweder zum Mitnehmen oder als Imbiss vor Ort, in Skillinge ebenfalls in der Rökeri am Hafen.

Löderups Strandbad, ✆ 0411–526119, tgl. 12–22 Uhr. Vom Restaurant der Ferienanlage hat man beste Aussicht auf Strand und Meer, im Sommer So mittags und Fr abends beliebtes, preiswertes Buffet.

Backagården Trädgårdscafé, Kustvägen, ✆ 0411–526112, tgl. 10–18 Uhr. Idyllisches Gartencafé im dreiflügeligen Skånehof zwischen Kåseberga und Löderup, im Gewächshaus werden die Hofprodukte verkauft und wechselnde Kunstausstellungen präsentiert.

Skillinge Hamnkrog, Hamnen, ✆ 30825, Di–Fr 12–22 Uhr, Sa 13–22 Uhr, So 13–20 Uhr. Bekannt für gute Fischgerichte und sorgfältige Zubereitung.

Skillinge Börsen, Hamnen, ✆ 30003, Mo 12–22 Uhr, Mi–Fr 18–22 Uhr, Sa+So 13–22 Uhr. Der Krog ist beliebt bei Bewohnern wie Besuchern.

Branteviks Bykrog & Butik, ✆ 22269, Mo–Fr 12–14+18–22 Uhr, Sa+So 12–22 Uhr. Im Sommer auf der Terrasse tgl. 12–22 Uhr. Serviert sowohl gute Hausmannskost als auch Feinschmeckermenüs, draußen kleine Gerichte.

Landeinwärts:

Café & Galleri Blå, Gärsnäs, ✆ 50080, tgl. 12–22 Uhr. Mehr als ein Café; serviert preiswertes Dagens und abends à la carte, in der Galerie wechselnde Ausstellungen.

Weibull Trädgårdscaféet, Ystadsvägen, Hammenhög, ✆ 443800, Juni bis Mitte Aug. tgl. 9–18 Uhr. Gartencafé beim hübschen Svalöf Weibull Park, im Sommer mit riesigem Blumenmeer.

Aktivitäten

Österlens Museum, Björkegrenska Gården, Storgatan 24, Simrishamn, Mitte Juni bis Aug. Mo–Fr 10–18, Sa –14 Uhr, übrige Zeit Di–Fr 12–16 Uhr, Sa 10–14 Uhr. Gezeigt werden Artefakte von der Frühgeschichte bis ins 19. Jh., ein Schwerpunkt liegt auf der Fischerei- und Seefahrtsgeschichte. Neu ist die Ausstellung Jarlens Hall, die auf den Ausgrabungen eines Wikingerhofes in Järrestad basiert und das Leben dieser Epoche anschaulich macht.

Kunstmuseum Gösta Werner och Havet, Strandvägen 5, ✆ 10440, Mitte Juni bis Aug. Di–So 12–17 Uhr. Seemann, Künstler, Globetrotter – die Vielseitigkeit seines Lebens spiegelt sich in den Bildern Gösta Werners wider.

Fahrradverleih bei der JH Bachåkra.

Stenshuvud Nationalpark

Durch Baskemölla und Vik, beides recht pitoreske Fischerdörfchen, wendet sich die Straße landeinwärts und umrundet **Stenshuvuds Nationalpark**. Drei Zufahrten führen hinein (P am Naturum kostenpflichtig, die anderen frei), markierte Wanderpfade erschließen das abwechslungsreiche Gelände rings um das knapp 100 m aufsteigende „Steinhaupt", in dem sich das skandinavische Urgestein aus der umliegenden Moränendecke erhebt. Laubwald und altes Kulturland bedecken die Hänge der beiden Felskuppen, des namensgebenden Stenshuvud und des 80 m hohen Kortelshuvud, zum Meer hin wechseln Sandstrand und Felsklippen sich ab. Seit das Gebiet 1986 unter Schutz gestellt wurde, hat sich eine artenreiche Pflanzenwelt entfaltet, zahlreiche Frühblüher beleben den Waldboden schon ab März, später blühen etliche Orchideenarten, Storchenschnabel und Küchenschelle unter dem Laubdach der Buchen, Eichen und Linden. Vom Naturum führt die nördliche Route zum Stenshuvud hinauf und über Hällevik entlang der Küste zurück. Bei den Fischerhütten Kviareboden geht es landeinwärts wieder zum Naturum (6 km). Nach Süden ist die kürzere Runde über Kortelshuvud ausgeschildert, von dort aus hat man ebenfalls einen schönen Blick über Strände und Meer.

Laub- und Nadelwald wechseln sich rings um den Stenshuvud ab

Im Norden grenzt das Obstanbaugebiet von Kivik an den Park; **Kiviks Musteri** an der Hällevik ist ein beliebtes Ausflugsziel. Die traditionsreiche Mosterei kann besichtigt werden, im Laden werden Säfte, Cider, Marmeladen und was sich sonst noch aus Früchten machen lässt, zum Kosten und Kaufen angeboten. Im Restaurant Kärnhuset serviert man die Anbauprodukte in Form leckerer Kuchen (✆ 71900, April, Sept+1. Hälfte Okt. tgl. 10–16 Uhr, Mai+Juni tgl. 10–17, Juli+Aug. tgl. 9–18 Uhr).

Kivik

Kivik ist am letzten Septemberwochenende Schauplatz eines großen Apfelmarktes, den Rest des Jahres ist der kleine Küstenort eher von seinem Hafen geprägt. Fischer- und Freizeitboote machen im Sommer hier fest. Ein bisschen Marktstimmung kommt auf, wenn ein paar Gemüsekarren und Räucherfischbuden ihre Waren an der Pier ausbreiten. Kiviks Hauptattraktion ist das **Kungagraven**, ein 3000 Jahre altes Hügelgrab am südlichen Ortsrand. Sein Inneres besteht aus einem begehbaren, aus Steinplatten errichteten, mit Felsritzungen geschmückten Hohlraum, der jedoch nach seiner Entdeckung im 18. Jh. geplündert wurde, sodass von seiner ursprünglichen Ausstattung nichts erhalten ist (Mitte Mai bis Mitte Juni. tgl. 10–18, Mitte Juni bis Aug. tgl. 12–21 Uhr).

Bei Ravlunda liegt nahe der Küste mit der Schiffssetzung **Havängs dösar** ein weiteres prähistorisches Zeugnis. Wanderwege führen vom alten Reetdachhof Skepparegården, heute eine idyllische Jugendherberge, durch die Felder- und Wiesenlandschaft und an der Küste entlang nach Süden.

Verbindungen/Übernachten/Camping (Vorwahl Kivik: 0414)

• *Verbindungen* **Bus:** Linie 3 von Simrishamn über Kivik nach Kristianstad.

• *Übernachten* **Vitemölla Badhotell,** Lejegatan 60, ✆ 70000, 📠 70591. Stilvolles Traditionshotel, hoher Standard, schöne Lage mit Meerblick. DZ 1320 SEK.

Logi Blåsingsborg, Stenshuvud, ✆ 70218, 📠 71422. Südlich von Kivik am Nationalpark gelegenes Gehöft, renovierte, geschmackvolle Zimmer, Gästeküche, Restaurant. Der angeschlossene Reitstall bietet Touren in den Nationalpark mit Islandpferden an. DZ 750 SEK.

Mellby Atelier, Södra Mellby, ✆ 71117, 📠 71137. Kleines Kulturzentrum südlich von Kivik mit angeschlossener Unterkunft. Im Sommer oft Klassikkonzerte, Kunstausstellungen und Kurse. DZ 700 SEK, Etagenbad.

STF Vandrarhem Baskemölla, Tjörnadalsvägen, ✆ 26173, 📠 26054, Mai bis Sept., übrige Zeit mit Vorbuchung. Nette Holzhausunterkunft am idyllischen Wäldchen Tjörnedalalund. 195 SEK, DZ ab 410 SEK.

STF Vandrarhem Kivik, Tittutvägen, ✆ 71195, 📠 70050, Mai bis Aug., übrige Zeit mit Vorbuchung. Gemütliches, älteres Haus unweit des Hafens. 195 SEK, DZ 430 SEK.

STF Vandrarhem Haväng, Skepparpsgården, ✆ 74041, 📠 74073, Mai bis 3. Woche Sept., Reservierung notwendig. Wunderschöner, alter Fachwerkhof am Rand des Naturreservats Haväng. 215 SEK, DZ 460 SEK.

Ängdala Vandrarhem, Ravlunda, Rv 9, ✆ 74179, 📠 73146, Mai bis Sept., übrige Zeit nach Absprache. Moderne, freundliche Herberge mit großem Garten. Ab 150 SEK.

• *Camping* **Kiviks Familiecamping,** Rv 9, ✆ 70930, 📠 70934, April bis 3. Woche Sept. Nördlich von Kivik gelegen, strandnah, vorwiegend Wiesengelände. Hütten/4 Pers. ab 390 SEK.

Essen & Trinken/Aktivitäten

• *Essen & Trinken* **Tjörnedala Krog,** Tjörnedalagården, Baskemölla, ✆ 26355, tgl. 12–23 Uhr. Stilvolles Gasthaus und angrenzende Kunstgalerie (Di–So 12–17 Uhr) in romantischem alten Hofgebäude.

Buhres Fisk, Hamnplan, Kivik, ✆ 70212, Ostern bis 3. Woche Okt. So–Fr 10–19, Sa bis 17 Uhr, bis Dez. Mo geschl. Fischgeschäft mit eigener Räucherei und Imbisslokal, eine Institution.

Café Sågmöllan, Bredarörsvägen, Kivik, ✆ 70337, tgl. 12–21 Uhr. Gemütliches, kleines Café beim Kungagraven, serviert hausgemachte Kuchen.

Kaffestugan Annorlunda, Stenshuvud, ✆ 70475, Mitte Mai bis Aug. tgl. 11–18 Uhr, Ostern bis Okt. nur Sa+So. An der zentralen Zufahrt zum Nationalpark gelegenes Hofcafé, bekannt für sein Kuchenbuffet – Süßes zum Festpreis, so viel man will. Vielleicht sind deshalb so viele Wanderer hier unterwegs?

• *Aktivitäten* **Fahrradverleih** bei den JHs Kivik und Baskemölla, bei den Campingplätzen Kivik und Borrbystrand.

Hanöbukt

Nördlich von **Brösarp**, wo alte Grundmoränen malerisches, kleingliedriges Hügelland hinterlassen haben, lohnt es sich, wieder zur Küste abzubiegen. Schmale Sträßchen führen hinter dem Dünengürtel durch Kiefernwald, gespickt mit Feriengrundstücken und unterbrochen durch kleine Naturreservate. Auf Stichwegen erreicht man immer wieder die weiten Sandstrände der Hanöbukten, an der hier und da die Aalbuden *Ålabodar* an die regionale Bedeutung dieses Fischereizweiges erinnern.

Åhus

Das Städtchen am Nordende der weiten Bucht ist das Zentrum der Aalküste, im Mittelalter bedeutender Hafenort, heute beliebtes Urlauberziel und Sitz einer großen Schnapsdestillerie. Der kopfsteingepflasterte **Torget** mit seiner bunten Mischung pittoresker, niedriger Häuschen, dem alten Rathaus und der **Mariakyrka** aus dem 13. Jh. bildet das Zentrum des alten Fischerdorfes. Schmale, verwinkelte Gassen führen zur Mündung des Helgeån hinunter, wo der Gästehafen an lauen Sommerabenden vor Flaneuren fast überquillt.

An den Stränden der Hanöbukt findet sich immer ein stilles Fleckchen

Information/Verbindungen/Adressen

Vorwahl Åhus: 044

• *Information* **Åhus Turistbyrå,** Järnvägsgatan 7, 29631 Åhus, ☎ 240106, 📠 243898, turistinfo.ahus@kristianstad.se, Mitte Juni bis Mitte Aug. Mo–Fr 9–19, Sa bis 18 Uhr, So 14–18 Uhr, übrige Zeit Mo–Fr 10–17 Uhr.

• *Verbindungen* **Bus:** Buslinie 552 nach Yngsjö, Linie 551 nach Kristianstad, dort Anschluss an weitere Verbindungen.

Parken: Entlang der Hafenanlagen etliche Parkmöglichkeiten. Am Täppetstranden zahlreiche strandnahe Parkplätze.

• *Adressen* **Ärztliche Hilfe** bei Åhus Vårdcentral, Sandvaktaregatan 15, ☎ 249752. In der Köpmannagatan **Geschäfte, Banken** und **Apotheke** Flädern, ☎ 243654.

Frisch geräucherter Åhus-Aal wird im passenden Milieu der Ålaboden an der Landzunge Revhaken verkauft (Mo–Fr 8–16, Sa bis 12 Uhr, ☎ 241488), im südlichen Ortsteil Äspet.

Übernachten/Camping

Die TI vermittelt neben Privatzimmern auch zahlreiche Ferienhäuser in der Umgebung.

• *Übernachten* **Åhus Gästgivaregård,** Gamla Skepsbron, ☎ 289050, 📠 289250. Das gediegene Hotel im alten Dorfkern am Flussufer gelegen, hat sich inzwischen auf die pittoresken Nachbarhäuser ausgedehnt. DZ ab 1200 SEK.

STF Vandrarhem Åhus, Stavgatan 3, ☎ 248535, 📠 247718, ganzj. Zentrale, gemütliche Unterkunft, in der JH 205 SEK, DZ ab 410 SEK.

Yngsjö Havsbad, Yngsjö, Havsbadsvägen, ☎ 232004, 📠 231115, März bis Dez. Kleineres Strandhotel, dessen gesichtslose Architektur durch die Lage auf dem Dünenkamm und den Meerblick wettgemacht wird. DZ 750 SEK.

Wärdshuset Kastanjelund, Yngsjö, Kastanjelundsvägen 2, ☎ 232533, 📠 232177. Stilvoller, alter Herrenhof unter großen Bäumen, jüngst renovierte Zimmer. DZ ab 790 SEK. Im Restaurant wird schonisch gekocht.

Brösarps Gästgifveri, Brösarp, Albovägen 21, ☎ 0414–73680, 📠 73305. Gasthaus mit 300-jähriger Tradition, ländlich-gemütlich eingerichtet, das Restaurant serviert preisgekrönte regionale Küche. DZ ab 580 SEK.

• *Camping* **Åhus Camping,** Kolonievägen, ☎ 248969, 📠 243523, ganzj. Großer, gut ausgestatteter Platz im strandnahen Kiefernwaldgelände, in der Hochsaison oft ziemlich voll. FeHa/4 Pers. 585 SEK, Hütten/4 Pers. 450 SEK.

Yngsjö Bangolf & Camping, Havsbadsvägen, ✆ 232288, Mai bis Sept. Strandnaher, familiärer Platz.

Essen & Trinken

In Åhus haben im Sommer zahlreiche Gaststätten entlang der Gästebrücke und am Täppetstranden geöffnet, ohne dass besondere „Highlights" darunter wären. Interessanter sind die Folgenden:

Åhus Gästgivaregård, Gamla Skepsbron, ✆ 289050, Mo–Fr 11.30–14+18–22 Uhr, Sa 15–22 Uhr, So 12–16 Uhr, Bistro tgl. 17.30–23 Uhr. Interessante, anspruchsvolle Küche, die ihren Preis hat. Im Bistro kleine Gerichte, ebenfalls in guter Qualität.

Galleri-Café Fina Fisken, Västra Hamngatan 4, Åhus, ✆ 243625, Juni bis Aug. tgl. 12–18 Uhr. Gutes Lunchcafé mit idyllischem Garten, serviert *Sill* in etlichen Variationen, Aal und Lachs, aber auch leckere Eisbecher und Waffeln.

Nya Conditoriet, Köpmannagatan, ✆ 240312, Mo–Fr 7–18, Sa bis 14 Uhr, Juni bis Aug. auch So 8–14 Uhr. Angenehmes Café in der Einkaufsstraße von Åhus.

Außerhalb von Åhus:

Yngsjö Havsbad, Havsbadsvägen, ✆ 232004, März–Dez. Di–Sa 11.30–21 Uhr, So 12–17 Uhr. Auf der Karte viel Fisch zu moderaten Preisen, schöne Aussicht auf Strand und Meer. An Sommerwochenenden wird ein Smörgåsbord geboten.

Albinssons Kök, Vägstation Brösarp, tgl. 10–21 Uhr. In der „Raststätte" an der Rv 9 bekommt man guten – auch italienischen – Kaffee, frisch gepresste Fruchtsäfte, hausgemachten Kuchen und vegetarische Gerichte, aber auch Hamburger, wie es sich eigentlich für eine solche Durchgangsstation gehört.

Aktivitäten

Bootstouren ins Kristianstads Vattenriket, Mitte Juni bis Mitte Aug. tgl. 3 Abfahrten, ab Gästebrücke. Infos bei der TI.

Åhus Parken, Folkets Parkgatan, Freizeitpark mit Karussells, Zoo, Abenteuerspielplatz, Gaststätte und Freilichtbühne. Mitte Juni bis 1. Woche Aug. tgl. 12–17 Uhr, 2. Woche Mai bis Mitte Sept. nur Sa+So.

Surfen: Die Strände rings um Åhus und Yngsjö sind dazu gut geeignet, Ausbildung und Verleih bei Åhus Windsurfingskola, Täppetstranden (Südteil), ✆ 126858.

Boots-/Kanuverleih bei Helge Å Camping in Yngsjö, ✆ 231940, Mai bis Aug. (der Platz liegt direkt an der Durchgangsstraße).

Fahrradverleih bei Åhus Camping und JH.

Wandern: In **Brösarp** gibt es schöne Möglichkeiten, auf markierten Routen durch die Hügellandschaft Brösarps Backar zu wandern, z. B. ab dem Parkplatz an der Straße nach Hörröd (norra backar), die blaue Runde ab Glimmeboda (etwa 7 km). Faltblatt in der Vägstation Brösarp an der Rv 9.

Bei Degeberga führen Wanderwege durch das bewaldete **Naturreservat Forsakar**, der Forsakarbäcken bildet eine schöne Bachschlucht und rauscht über einen kleinen Wasserfall. Etwas nördlich von Degeberga liegt bei **Vitskövle** eine Wasserburg aus dem 16. Jh. inmitten schöner Parkanlagen.

Kristianstad

Was für die Schweden mit dem Namen Karl, war für die Dänen mit dem Namen Christian verbunden: königliche Stadtgründungen. Der dänische König Christian VI. ließ die nach ihm benannte, befestigte Siedlung 1614 im Stil der Renaissance anlegen: ein schachbrettartiges Straßensystem, gesäumt von vierflügeligen Handwerker- und Kaufmannshöfen, Kasernen und stattlichen Verwaltungsgebäuden, umgeben von der gezackten Linie der Festungswälle. Vom Fluss Helgeån und den Wallgräben eingeschlossen, war dieses moderne Bollwerk, das vor allem gegen die Schweden errichtet worden war, praktisch uneinnehmbar. Erst Mitte des 19. Jh. wurden die Festungsanlagen geschleift und Platz für die breiten, teils von gründerzeitlichen Prachtbauten gesäumten Boulevards geschaffen, die heute den alten Stadtkern umgeben.

Stadtspaziergang

Gegenüber vom Bahnhofsgebäude, das zwischen 1865 und 1917 entstand und in seinen Ausmaßen an die Vergangenheit der Stadt als Verkehrsknotenpunkt erinnert, erhebt sich die sehenswerte **Trefaldighetskyrka**, 1617–28 errichtet. Die schmalen, hohen Fenster und die schlanken Säulen geben ihrem Inneren eine luftige Atmosphäre, und zahlreiche Einrichtungsstücke, darunter Altar und Kanzel so-

Historisches Häuserensemble nahe der Norre Porten in Kristianstad

wie die geschnitzten Bänke stammen noch aus der Zeit der Kirchengründung (geöffnet nach Absprache, ✆ 206400). Jenseits der Kirche liegen an der Västra Storgatan einige historische Gebäude, darunter Nr. 7, das unscheinbare Prytz Lejehus von 1641, ein typisches Wohnhaus dieser Zeit, und Nr. 11, das Fortifikationshus, dessen ältester Südteil 1630 als Wirts- und Handwerkshaus gebaut wurde. Gleich daneben trifft man auf das Stadttor **Norre Porten** von 1760, hinter dem ein ebenso altes Kasernengebäude liegt. Auch der Vattentornet ist von hier nicht weit und bietet von oben eine weite Aussicht über die Stadt. In der Östra Storgatan trifft man auf den rückwärtigen Eingang des alten Kaufmannshofes Molingården (JH Dahlsgatan 8), dessen kopfsteingepflasterter Innenhof von Fachwerkfassaden umgeben ist. Nr. 9 beherbergt im historischen Kellergewölbe das Restaurant Kipper und ist ebenfalls um einen kleinen Innenhof herum gebaut. Zum **Stora Torget** hin flankieren das Borgmästarhus von 1640 links und das Stora Kronhuset von 1840 rechts die Straße. Dann erreicht man das Rathaus, 1891 im Stil der Neorenaissance gebaut, gegenüber die beiden korrespondierenden Gebäude der Post und der Riksbank aus den 1920er Jahren und dahinter den Fachwerkhof Tyggargården von 1616, einst königliche Stallung, dann Zeughaus und heute Sitz des **Regionsmuseum**, das in die Geschichte der Stadt einführt (✆ 135245, Juni bis Aug. tgl. 11–17 Uhr, übrige Zeit Di–So 12–17 Uhr). Auch das heutige Stadshotell von 1884 flankiert den Platz. Richtung Lilla Torget beginnen nun die Einkaufsstraßen, in denen nur hier und da ein Gebäude aus der Zeit der Stadtgründung erhalten geblieben ist. So etwa die recht unscheinbaren Vähusen in der Östra Vallgatan 22–24 und der Fachwerkhof **Garvaregården** in der Tivoligatan, der heute ein Restaurant beherbergt. Aus dem 18. Jh. stammen das Kungshuset und das Cardellshuset, Västra Storgatan 39+40, Letzteres mit einem hübschen Innenhof. Auch das Fachwerkhaus in der Västra Vallgatan 26, ehemals eine Räucherei, stammt aus dieser Zeit. Auf der

Tivoligatan erreicht man, vorbei am Stadshuset von 1872, den Västra Boulevarden, flankiert von weiteren herrschaftlichen Bauten derselben Epoche. Gegenüber liegt im Tivolipark das Theater, 1906 im Jugendstil gebaut. Dahinter kann man am Flussufer oder durch den Park zurück zum Bahnhof spazieren, vorbei an der 1886 im altnordischen Stil errichteten Fornstuga. Am Ende des Parks empfiehlt sich ein letzter Halt bei dem renovierten Industriegebäude **Barbacka**, heute ein Kulturzentrum.

Information/Verbindungen/Adressen (Vorwahl Kristianstad: 044)

• *Information* **Kristianstads Turistbyrå,** Stora Torg, 29132 Kristianstad, ✆ 121988, 📠 120898, turistinfo@kristianstad.se, Mitte Juni bis Mitte Aug. Mo–Fr 9–19, Sa –15 Uhr, So 14–18 Uhr, übrige Zeit Mo–Fr 10–17 Uhr.

• *Verbindungen* **Bus:** Linie 3 nach Simrishamn, 4 nach Ystad, 8 nach Helsingborg, 500 nach Kalmar, 551 nach Åhus, 558 nach Bäckaskog, Bromölla und Sölvesborg, 564 nach Olovström, dort Anschluss nach Älmhult, alle mehrmals tgl. Busterminal am Östra Boulevarden. **Zug:** Verbindungen nach Malmö und Karlskrona, Bahnhof am Västra Boulevarden.

Parken: Auf der Bahnhofsrückseite und am Östra Boulevarden zahlreiche Parkmöglichkeiten, in der Altstadt nur teure Kurzparkzonen.

• *Adressen* **Ärztliche Versorgung** Vårdcentralen, Lasarettboulevarden 2, ✆ 133960. **Apotheke** in der Fußgängerzone Döbelnsgatan, **Kassaservice** im Supermarkt Domus, neben dem Busbahnhof. **Polizeistation** am Vattentornsvägen, ✆ 284400.

Übernachten/Camping

• *Übernachten* **First Hotel Christian IV,** Västra Boulevarden 15, ✆ 126300, 📠 124140. An der verkehrsreichen Prachtstraße zwischen Altstadt und Tivolipark gelegene Nobelherberge in pompösem, türmchenbewehrten Neorenaissancegebäude Gamla Sparbankhuset. DZ ab 800 SEK.

Stadshotellet, Stora Torg, ✆ 100255, 📠 102580. Traditionsreiches Hotel in schönem Altbau am Markt. DZ ab 700 SEK.

Sirius Hotell, Västra Boulevarden 3, ✆ 217740, 📠 129578. Nettes Mittelklassehotel in herrschaftlichem Altbau, zur Straße hinaus hat man zwar Parkblick, doch ist der Autoverkehr recht nah. DZ ab 700 SEK.

Lillemors Bed & Breakfast, Västra Storgatan 19, ✆ 219525. Nette Unterkunft in einem süßen Altstadthaus, ruhig und zentral gelegen. DZ ab 550 SEK.

• *Camping* **Charlottenborgs Vandrarhem och Camping,** Jakobsväg 34, ✆ 210767, ganzj. 3 km westlich von Kristianstad, unweit der E 22 in einem Park gelegen. 125 SEK. Angrenzend kleinerer, ordentlich ausgestatteter Campingplatz, Hütten/2 Pers. ab 260 SEK.

Essen & Trinken

Garvaregården, Tivoligatan 9, ✆ 213500, Mo–Fr 11–22 Uhr, Sa 12–23, So bis 21 Uhr. Im alten Fachwerkhof gelegen, internationale Küche, große Auswahl, gut zubereitet und relativ preisgünstig.

Kristianstads Restaurang & Pub, Nya Boulevarden 6, ✆ 120020, Mo–Sa 11.30–22 Uhr, So 13–22 Uhr, im Pub Mo–Do bis 23, Fr+Sa bis 2 Uhr. Großes Restaurant mit der in Schweden so beliebten Palette von internationaler Küche bis Pizza und Pasta. Aus dem ersten Stock blickt man zur Stora Torget.

Kippers Källare, Östra Storgatan 9, ✆ 106200, Mo–Do 18–22, Fr+Sa bis 2 Uhr. Regionale Küche wird in Kellergewölben aus dem 17. Jh. serviert, wenn nicht gerade Hochsommer ist und die Gastronomie in den ebenfalls recht idyllischen Hinterhof zieht.

Restaurang Kvarnen, Kvarntorget, Spannmålsgatan 9, ✆ 101089, Mo–Sa 11.30–14 Uhr. Lunchlokal für die Angestellten der umliegenden Betriebe und Büros, die den renovierten Industriekomplex heute bevölkern. Als Dagens gibt es Hausmannskost, Salatbuffet und Vegetarisches.

Duvanders Konditori, Hässlegatan 6, ✆ 219418, Mo–Fr 8–19, Sa bis 17 Uhr, So 10–17 Uhr. Im herrschaftlichen Eckhaus von 1901 trinkt man seinen Kaffee im Jugendstilambiente.

Banken, Stora Torget, ✆ 102023, Mo, Di+Do 16–1, Mi+Fr –2 Uhr, Sa 17–2 Uhr. Gediegene Ess-Kneipe im alten Bankgebäude am Markt, im Sommer stehen auch Tische draußen.

Aktivitäten

Filmmuseum, Östra Storgatan 53, ✆ 135729, So 12–17 Uhr, Juni bis Aug. auch Di–Fr 13–16 Uhr, kostenlos. In Schwedens erstem Filmatelier wird die Zeit lebendig, als die Bilder laufen lernten. Es gibt Kulissen und Kostüme aus der Stummfilmära zu sehen, und im alten „Biografsalong" werden Kostproben aus damaligen Produktionen vorgeführt.

Ausflug zum Ivosjön und nach Sölvesborg

Am **Ivosjön** gehen die fruchtbaren, schonischen Moränengebiete allmählich in die rundkuppigere, felsendurchsetzte Landschaft über, wie sie typisch für weite Teile Südschwedens ist. Die Südufer sind noch vorwiegend von Agrarflächen geprägt, weiter nördlich bedeckt Laubwald weite Teile der Seeufer und Inseln, unterbrochen von Obst- und Hopfenplantagen. Die beschilderte Route **Humleslingan** (Hopfenrunde) führt um den Ivosjön und zu zahlreichen hübschen Plätzen (Broschüre in den TIs). Am bewaldeten **Kjugekull** lohnt sich ein Spaziergang (1,3–3,3 km) zu einem gut 60 m hohen Aussichtspunkt sowie zu kleinen Gletschermühlen (Jättegryttor) im von dunklen, glänzenden Streifen durchzogenen Gestein und zwischen haushohen Felsklötzen hindurch. Am Hembygdsgård informieren Tafeln auf Schwedisch über deren Entstehung; zumindest die Schaubilder sind auch für Sprachunkundige aussagekräftig. Man nahm lange irrtümlich an, dass die Blöcke während der Eiszeiten aus dem Gneis- und Granitgestein gerissen worden sind. Tatsächlich jedoch war dies schon eine Milliarde Jahre früher geschehen, und die Blöcke wurden während der Kreidezeit auf dem Boden des damals hier existierenden Meeres allmählich von einer mächtigen Kalkschicht bedeckt. Aus dieser lösten die Eiszeiten die riesigen Klötze dann tatsächlich wieder heraus. Das noch heute rings um den Ivosjön vorkommende Kalkgestein, das in der Grube Blaksudden auf der Insel Ivö bis in die 1950er Jahre abgebaut wurde, hat bisher ein Übersäuern des Sees verhindert, sodass dieser zahlreiche Fischarten beherbergt und zu einem der beliebtesten Angelgewässer des Landes zählt.

Nördlich vom Kjugekull liegt **Bäckaskog Slott** am Wege, einst Kloster, dann königlicher Landsitz, heute Hotel und teils Museum. Im ersten Stock spaziert man durch eine Zimmerflucht im Stil des frühen 19. Jh., als Karl XV. hier seinen Sommersitz hatte. Die Kirche, heute gern für Hochzeiten benutzt, stammt noch aus der Zeit der Klostergründung um 1250. Die weitläufigen Gärten mit Kräuterbeeten und Rosenpflanzungen lohnen ebenfalls einen Besuch, und das Restaurant im alten Schafstall ist im Sommer auch für Durchreisende geöffnet (✆ 53020, Juni bis Aug. tgl. 11–17 und 18–21 Uhr). Weiter nördlich verkehrt bei Barum die Fähre nach **Ivö**, ein beschauliches Inselchen, deren bewaldeter Nordteil sich für eine Wanderung zum steilen Ivöklack eignet. Dort hat man aus 133 m Höhe eine weite Rundsicht über den See, an dessen Ufern nur hier und da eine Siedlung die Waldflächen unterbricht. Zurück auf dem Festland bietet sich von der Straße am Vångaberget noch einmal ein guter Überblick, bevor man durch Obstanbaugebiete das Nordende des Sees umrundet. Bei **Näsum** liegt ein großer, eisenzeitlicher Kultplatz am Weg, dann ist die Hauptstraße 116 erreicht, auf der man den See Richtung Bromölla verlässt.

Der nächste sehenswerte Ort ist **Sölvesborg**, ein nettes, verschlafenes Städtchen mit verwinkelten Gassen, die sich für einen gemütlichen Bummel eignen. Am Hästtorget hat die TI im Stadshuset von 1923 ihren Sitz. Über dem Portal des Ziegelgebäudes lässt sich noch die frühere Funktion als „Varmbad" ablesen. Der Platz, der gern für Freiluftveranstaltungen genutzt wird, ist umgeben von hübschen, älteren Häusern, in denen Cafés und kleine Geschäfte etwas urbanes Flair verbreiten. Durch die schmale Hästtorgsgatan erreicht man die um 1300 errichtete **Nicolaikyrka**, in deren Vestibül der bedeutende Stentoft-Stein seinen Platz hat. Er trägt eine lange, urnordische Inschrift, die vermutlich aus dem 7. Jh. stammt und damit noch vor der Wikingerzeit entstand; die Übersetzung der Runen ist deshalb besonders schwierig. Im Kircheninneren beeindrucken besonders die Kalkmalereien, die ebenso wie das Kruzifix aus dem 15. Jh. stammen (Juni bis Aug. Mo–Fr 9–16, Mai+Sept. bis 15 Uhr). Durch die Storgatan erreicht man den Stortorget mit dem Rathaus von 1803 und dem nur wenig jüngeren Köpmannagården, dessen Flügel einen kopfsteingepflasterten Innenhof umgeben. Auf seiner Rückseite in der schmalen Lilla Skolgatan ist ein süßes Café eingezogen. Die St. Andreasgatan führt zurück zum Hästtorget.

Übernachten/Camping

Vorwahl: 044

• *Übernachten* **Bäckaskog Slott,** Fjälkinge, ✆ 53020, 📠 53220. Aus einem 1250 erbauten Kloster hervorgegangener königlicher Landsitz mit herrlichem Parkgelände auf der Landenge zwischen Ivosjön und Oppmannasjön. Im Hauptgebäude ist die Belle Etage noch im Stil des frühen 19. Jh. eingerichtet, als Karl XV. Bäckaskog zum Lustschloss umgestalten ließ. Man wohnt in den verschiedenen Trakten der weitläufigen Anlage zu unterschiedlichen Preisen: DZ ab 1200 SEK im Schloss, 900 SEK im Klostertrakt (an Wochenenden oft von Hochzeitsgesellschaften ausgebucht), ab 780 SEK in den übrigen Flügeln, in der angrenzenden JH 250 SEK inkl. Frühstück. Im gediegenen Restaurant wird traditionelle schonische Küche in bester Qualität geboten.

Ivögården, Fjälkinge, ✆ 52007. Ländliche Pension auf der Insel Ivö, Anfahrt über Bäckaskog Slott, Fähre ab Barum 2- bis 3-mal stdl. DZ 750 SEK, Schlafsackunterkunft 275 SEK.

• *Camping* **Ivö Camping,** Fjälkinge, ✆ 52188, 📠 52166, ganzj., Anfahrt siehe Ivögården. Naturschöner, gut ausgestatteter Platz nahe Fähranleger und Badestelle. Hütten/4 Pers. 450 SEK.

Strandängens Camping och Vandrarhem, Bromölla, ✆ 0456–25593, 📠 29418, Mitte April bis Mitte Sept. Gut ausgestatteter Wiesenplatz am Ivosjön mit Bade- und Surfstrand. Gästebetten ab 130 SEK.

Essen & Trinken

Bäckaskog Slott, s. Unterkunft. Juni bis Aug. tgl. 11–17 Uhr im Café, 17–21 Uhr im Restaurant. Küche und Ambiente sind vom Feinsten.

Humletorkan, Näsum, ✆ 0456–20188, Mittsommer bis Mitte Aug. tgl. 13–17 Uhr, Mai bis Sept. So 13–17 Uhr. Kunsthandwerk und Café in der alten Hopfendarre, ein netter Stopp an der Humleslingan-Route.

Kristinas Konditori, Hästtorget, Sölvesborg, ✆ 0456–10008, Mo–Fr 7.30–18, Sa bis 15 Uhr, So 10–16 Uhr. Herrliche Kuchen, Torten und Pies in großer Auswahl, gemütliche Atmosphäre.

Aktivitäten

Fahrrad- und Bootsverleih bei Ivö- und Strandängens Camping.

Angellizenzen für den Ivosjön bei der Servicestation in Vånga.

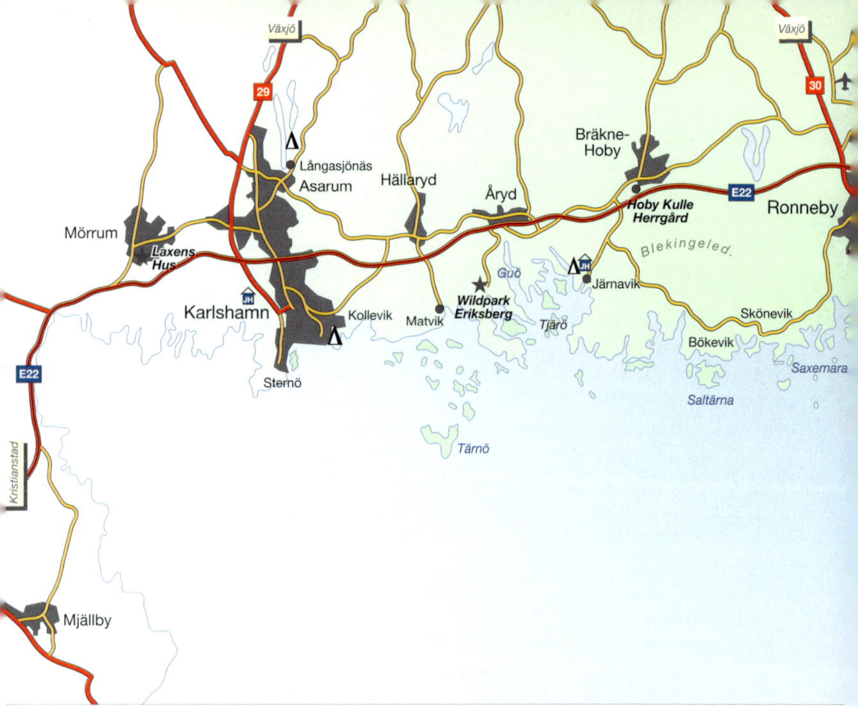

Von Blekinge ins Småland

Vielfalt im Südosten

Entlang Schwedens südlichster Schärenküste liegen Hafen- und Badeorte. Im Hinterland wechseln Laubwald und Äcker sich ab, im Osten befindet sich die sonnenverwöhnte Urlaubsinsel Öland. Landeinwärts wird die Landschaft karger, felsiger. Småland mit seinen unzähligen Seen, weiten Nadelwäldern, vereinzelten Mooren und den allgegenwärtigen falunroten Sommerhäuschen entspricht wohl am besten dem Schwedenbild der meisten Besucher.

Karlshamn

Blekinge war gerade erst schwedisch geworden, als der neue Herrscher Karl X. Gustav 1658 bei einer Stippvisite in dem kleinen Fischerort Bodekull an der Mündung des Mieån dessen Eignung für einen Hafen entdeckte. Karl hatte vor allem militärische Pläne mit dem Ort, doch als der König schon zwei Jahre später starb, verlegte sein Nachfolger Karl XI. seinen Flottenhafen ins heutige Karlskrona. Für Karlshamn blieb der zivilere Teil der Schifffahrt. Eisen aus Småland wurde bald zu einem der wichtigsten Exportgüter, das über Karlshamn nach Europa verschifft wurde. Bekannter wurde das Städtchen allerdings als Auswanderhafen, über den im 19. Jh. ein Großteil der 1,5 Millionen Emigranten Schweden in Richtung Amerika verließ. Ihnen ist das Denkmal im kleinen Hamnparken gewidmet, das ein Auswan-

dererpaar aus Vilhelm Mobergs Roman *Utvandrarna* darstellt: Während *Karl Oskar* aufs Meer hinaus und in die Zukunft schaut, wirft *Kristina* einen letzten Blick zurück auf ihre småländische Heimat.

Information/Verbindungen/Adressen (Vorwahl Karlshamn: 0454)

• *Information* **Karlshamns Turistbyrå,** Ronnebygatan 1, 37481 Karlshamn, ✆ 0454–81203, ℻ 81225, turistbyran@karlshamn.se, Mitte Juni bis 1. Woche Aug. Mo–Fr 9–19 Uhr, Sa 10–18 Uhr, So 12–18 Uhr, übrige Zeit Mo–Fr 9–17 Uhr, ab Mitte Mai auch Sa 10–14 Uhr.

• *Verbindungen* **Bus:** Buslinie 350 nach Sölvesborg, 370/240 via Tingsryd nach Växjö, 500 nach Kalmar und Kristianstad.

Zug: Verbindungen mit Karlskrona, Kristianstad und Malmö.

Parken: Entlang der Ågatan, am Bahnhof und Östra Kajen.

• *Adressen* **Ärztliche Hilfe** Samaritens Vårdcentral, Lasarettet, Länsmansvägen 1, ✆ 35000, nach 17 Uhr, Sa+So ✆ 35888. Dort auch **Apotheke** Ugglan, ✆ 732955, Mo–Fr 8.30–17.30 Uhr, Sa 10–14 Uhr.

Übernachten/Camping

• *Übernachten* **Lord Nelson Hotel,** Ågatan 12, ✆ 84535. Klein, gemütlich, zentral gelegen. DZ ab 550 SEK.

Bode Hotell, S. Fogdelyckegatan 28, ✆ 31 500. Schlichtes, ordentliches Frühstückshotel mitten in der City. DZ ab 370 SEK.

STF Vandrarhem Karlshamn, Surbrunnsvägen 1c, ✆/℻ 14040, ganzj. Nah zum Bahnhof, zentral und ruhig gelegen, große, moderne Herberge. 200 SEK.

• *Camping* **Kolleviks Camping,** Kolleviksvägen, ✆ 81210, ℻ 16280, Mitte April bis Mitte Sept. Schöner Platz zwischen Bootshafen und Badebucht. Hütten 450 SEK/4 Pers.

Långasjönäs Camping, ✆ 320691, ℻ 329 489, Mai bis Mitte Okt. Im Naturreservat am Långasjön, schönes Naherholungsgebiet mit Wanderwegen und Badestellen. Hütten 370 SEK/4 Pers.

Essen & Trinken

Spiken Gourmet Restaurant, Drottninggatan 75, ✆ 15678, Mo–Fr 11.30–14 + 18–23 Uhr, Sa 18–23 Uhr. Serviert raffinierte Menüs, aber auch schwedische Hausmannskost.

Villa Utsikten, Vägga, ✆ 10325, Mai bis Sept. Mo–Fr 10–22 Uhr, Sa+So 11–22 Uhr. Ein paar Schritte vom Auswandererdenkmal entfernt hat man hier wirklich eine herrliche Aussicht auf das Meer. Die alte Holzvilla mit ihrem baumbestandenen Garten ist im Sommer ein beliebtes Ziel zum Kaffeetrinken, auch für die Schüler des benachbarten Schulzentrums.

Mörrums Rökeri & Fiskekrog, Bygatan 6, Mörrum, ✆ 50700, Mo–Fr 9–17 Uhr, Juni bis Aug. auch Sa 9–13 Uhr. Hier wird Lachs und Hering auf traditionelle Weise geräuchert, durch den Gastraum ziehen wunderbare Gerüche, die allerdings besser zu Laxsmörgåsar oder Bratfisch passen als zu Kaffee und Kuchen.

Aktivitäten

Schiffstouren in die Schären ab Skepsbron Östra Kajen: Tärnö, Joggesö und Tjärö, Juni bis Aug. 1- bis 2-mal tgl.

Kulturkvarter, Drottninggatan 83, ✆ 10130, Mittsommer bis Mitte Aug. Di–So 12–17 Uhr, übrige Zeit (nur Museum) Di–Fr 13–16 Uhr. Im ältesten Viertel der Stadt sind auf dem Gelände zweier alter Kaufmannshöfe verschiedene Ausstellungen untergebracht, darunter die Kunstsammlung, das Punschmuseum, alte Werkstätten und Kunsthandwerke.

Laxens Hus, Kungsforsen Mörrum, ✆ 50123, April bis Sept. tgl. 9–17 Uhr. Alles zum Thema Lachs erfährt man in diesem Museum, an den Stromschnellen des berühmten Lachsflusses Mörrumsån gelegen.

Bootsverleih bei Kolleviks Camping und Långasjönäs Camping.

Durch den Garten Schwedens

Bei Åryd lockt der Wildpark **Eriksberg** zu einem ersten Abstecher Richtung Küste. Inmitten eines ursprünglichen Mischwaldgebietes leben Damwild, Mufflonschafe, Elche, Wisente und Wildschweine, die man besonders gegen Abend gut zu Gesicht bekommt. Verschiedene Rastplätze sind angelegt worden, an denen man aus dem Auto oder Bus steigen und die Schärenküste oder den Seerosenteich Färsksjön bewundern kann.

Geöffnet 1. Woche Juni bis 3. Woche Aug. tgl. 12–19, Juli –20 Uhr, ✆ 0454–60058.

Ein kurzes Stück weiter liegt bei Bräkne-Hoby der **Hoby Kulle Herrgård**, eines der größten Güter der Region und noch in Betrieb. Ein Antiquitätengeschäft, ein Hofladen und ein Café in der Orangerie finden sich hier, vor allem aber das Hofgelände selbst, zu dem ein Englischer Park und Kräutergarten gehören, ist einen Besuch wert.

Geöffnet Juni bis Aug. Mi–So 12–18 Uhr, ✆ 0457–81433.

Schon kurz vor Bräkne-Hoby führt eine Nebenstraße Richtung Küste nach Järnavik und über Saxemara nach Ronneby; die landschaftlich schönere Alternative zur E 22. Ein Ausflug zum **Naturreservat Tjärö** (s. Aktivitäten), einem von Järnavik erreichbaren Inselchen, lässt sich in den Umweg einbauen.

Ronneby

In Ronneby macht Blekinge seinem Beinamen „Garten Schwedens" alle Ehre. Bei der Anfahrt in die City wirkt das Städtchen noch nicht besonders paradiesisch, man muss erst bis zum **Brunnsparken** vordringen: an der TI über die Brücke und sofort links den Brunnsvägen entlang. In der weitläufigen Parkanlage von 1870 verteilen sich die schönen, im Schweizerhausstil errichteten Holzgebäude des ehemaligen

Altes Badehaus im Brunnsparken von Ronneby

Kurbades, in das man zum „Brunnentrinken“ und Flanieren, zum Pflegen der Gesundheit wie der gesellschaftlichen Kontakte kam. Die Wandelhalle Brunnshallarna bildete damals wie heute den Mittelpunkt des Kurparks, ein erstes Hotel stand schon im 18. Jh. auf der links angrenzenden Höhe. Leider brannte das Haus 1959 ab und wurde durch den heutigen, modernen Hotelkomplex ersetzt. Zur anderen Seite liegt hinter einigen Badehäusern, die jetzt als Büros genutzt werden, das Wiener Caféet, das seit 1889 die Kaffeehauskultur hier aufrechterhält (Mo–Mi 11–22, Do –23, Fr+Sa –1, So –16 Uhr). Parkeinwärts führen die Spazierwege durch den Rosengarten zum Parkteich, in dem malerisch ein Wasserfall über die Felsen plätschert, und zu der bewaldeten Anhöhe hinauf, wo auf einer Lichtung der japanische Garten liegt. Er wurde ebenso wie ein benachbarter Duftgarten 1987 angelegt. Ein Naturum (✆ 16815, Juni bis Aug. Di–So 11–18 Uhr) und ein großes Freibad ergänzen das Freizeitprogramm im Brunnsparken.

Richtung Karlskrona

Kurz vor Listerby lohnt sich ein kurzer Abstecher von der E 22 nach links Richtung Tving zum nahe gelegenen **Björketorpstenen**, einem bedeutenden Runenstein aus dem 8. Jh. In dem licht bewaldeten Gelände, flankiert von zwei unbeschrifteten „Wächtern“, markierte der mit einem Bannspruch beschriebene Stein vermutlich einen heiligen Ort. Die urnordischen Runen drohen jedem mit Untergang, der sich unbefugt hierher wagt.

Weiter Richtung Tving und dann auf der Straße Nr. 122, erreicht man in Eringsboda den **Blomstergården**, eine Mischung aus Gartenanlage und Freizeitpark – beliebtes Ausflugsziel für Familien. Ein småländischer Bauer schuf die beeindruckende Parkanlage im Verlauf von über 50 Jahren. Ihm ist eine kleine Ausstellung gewidmet (✆ 72088, Mitte Mai bis Aug. tgl. 10–18 Uhr).

Wenige Kilometer weiter zweigt die Straße Richtung Hasslö rechts ab und führt zum großen eisenzeitlichen Gräberfeld **Hjortahammar** mit Schiffssetzungen, Bautasteinen und Grabhügeln, auf einer Landzunge nahe der landschaftlich reizvollen Schäre Almö gelegen. Auch das kleine **Naturreservat Tromtö** mit seinem Küsten-Laubwald und einem Herrenhof lohnt einen Abstecher (beim Gräberfeld nach links).

Information/Verbindungen (Vorwahl Ronneby: 0457)

• *Information* **Turistbyrå Ronneby,** Västra Torg 1, 37230 Ronneby, ✆ 18090, 📠 17444, turist@ronneby.se, Juni bis Mitte Aug. Mo–Fr 9–18, Juli bis 19 Uhr, Sa 10–16 Uhr, So 12–16 Uhr, übrige Zeit Mo–Fr 10–17 Uhr.

• *Verbindungen* **Bus:** Linie 500 Karlshamn-Ronneby-Karlskrona, Linie 250 von Ronneby nach Bräkne-Hoby, Linie 154 von Karlskrona nach Hasslö, alle mehrmals tgl.

Übernachten/Camping

• *Übernachten* **Gula Huset,** STF Vandrarhem Järnavik, ✆ 82200, 📠 82201, ganzj. Bei Bräkne-Hoby Richtung Küste. Schön renovierte alte Villa direkt am Bootshafen und einem kleinen Naturreservat, ideal für Bootstouren in die Schären. 200 SEK.

Villa Vesta, Nedre Brunnsvägen 25, ✆ 66136, 📠 42443. Pension in schöner Kaufmannsvilla aus dem 19. Jh., am Ronnebyån unweit des Brunnsparken gelegen. DZ ab 550 SEK.

Grand Hotell, Järnvägsgatan 11, ✆ 26880. Zentral gelegenes Stadthotel mit moderaten Sommerpreisen: DZ ab 650 SEK.

STF Vandrarhem Ronneby, Övre Brunnsvägen 54, ✆/📠 26300, Mitte Jan. bis Mitte Dez. In einer alten Holzvilla am Rand des Kurparks gelegene, stilvolle Herberge. 190 SEK.

• *Camping* **Järnaviks Camping,** ✆ 82166, Mai bis Aug. Bei Bräkne-Hoby Richtung Küste. Schön gelegen, an kleiner Badebucht beim Naturreservat. Hütten 400 SEK/4 Pers.

Bökenäs Hotell & Camping, Ronneby, ✆/📠 30150, Mai bis Sept. Kleinere Ferienanlage bei Listerby an der Schärenküste des Kuggebodafjärden, Surfmöglichkeiten. Hütten 550 SEK/4 Pers, DZ 425 SEK.

Essen & Trinken

Guö Värdshus, Åryd-Trensum, ✆ 0454-60300, Mo–Sa 12–14+18–21 Uhr, So 12–15 Uhr. Traditionsreiches, gutes Gasthaus, auf der Strecke nach Eriksberg, weiter Blick über die Guöviken.

Wienerbageriet, V.Torggatan 3, ✆ 17200, Mo–Do 9–23, Fr+Sa –2 Uhr. Gemütliches Café und Ess-Kneipe neben der TI, beliebt zu jeder Tageszeit. Innenhof, am Wochenende abends oft Livemusik.

Bergslagskrogen, Kulturcentrum, Ronneby, Mo–Sa 11.30–14.30+18–23 Uhr, So 12–17 Uhr. Im ziegelsteinernen Lagerhaus eines Emaillierwerkes sind inzwischen ein gemütliches Lokal und eine Galerie eingezogen; guter Stützpunkt beim Bummel durch das Viertel Bergslagen.

Aktivitäten

Naturreservat Tjärö, von Järnavik aus erreichbar, ist eine landschaftlich reizvolle Schäreninsel mit Spazierwegen, Badebuchten und Aussichtspunkten über die Inselwelt. Tjärö Turiststation, ✆ 60063, bietet Kost und Logis, verleiht Boote und unterhält die Fähre (Abfahrten Juni bis Aug. 9–20 Uhr ca. 1- bis 2-stdl.).

In Ronneby: Bergslagen, das „Künstlerviertel" zwischen Kulturcentrum und Norrebro. Schöne, alte Bebauung an der Möllebacksgatan, darunter Mor Olivagården. In diesem über 200 Jahre alten Wohnhaus wird Kunsthandwerk geboten, der Garten grenzt an den rauschenden Rönnebyån, ein romantisches Eckchen.

Fahrrad- und Kanu/Bootsverleih bei Järnavik Vandrarhem und Bökenäs Hotell & Camping.

In Karlskrona wird das militärische Erbe museal aufbereitet

Karlskrona

In Karlskrona, der Hauptstadt von Blekinge, ist die schwedische Großmachtzeit besonders lebendig geblieben. Auf dem riesigen Stortorget wurde dem Stadtgründer Karl XI. ein Denkmal gesetzt. Der König hatte 1660 das im Dreißigjährigen Krieg aufgestiegene Reich übernommen und konsolidiert. Neben dem heutigen Finnland und den gerade erst Dänemark abgerungenen südschwedischen Provinzen besaß es beträchtliche Gebiete in Pommern und Nordwestdeutschland. 1680 ließ Karl auf den geschützt liegenden Inseln des südöstlichen Schärengartens eine Militärstadt anlegen, die in ihrem Kern bis heute erhalten ist. Nach der damaligen Ausdehnung des Königreiches lag die Neugründung ausgesprochen zentral und sollte den Ostseeraum weitgehend kontrollieren. Auch wenn Schwedens Machtfülle schon im frühen 18. Jh. wieder zu schrumpfen begann und das Land in den Napoleonischen Kriegen ein Jahrhundert später seine gesamten Ostgebiete verlor, so blieb die Marinebasis auch weiterhin wichtig, nun eher als Grenzbastion. Der Flottenstützpunkt Karlskrona wurde im 20. Jh. vor allem berühmt-berüchtigt für seine wirklichen oder vermeintlichen „Feindkontakte" mit sowjetischen U-Booten, die mehrfach im Schärengarten gesichtet worden waren. Das Ende des Kalten Krieges änderte auch Karlskronas Bedeutung, und so mutierten einst streng vor der Öffentlichkeit verborgene Militärgebiete 1998 zum von der UNESCO geadelten Weltkulturerbe. Abgebaute Arbeitsplätze im Militärbereich sollen nun durch andere technische Bereiche ausgeglichen werden, darunter dem Hoffnungsträger Informations- und Kommunikationstechnik. Außerdem sollen die guten Verbindungen ins Baltikum zivil, d. h. für den Handel, genutzt werden.

Die wunderschön auf mehreren Schäreninseln gelegene Innenstadt mit den 300 Jahre alten Militäranlagen erschließt sich am besten auf einem ausgedehnten Spaziergang.

Stadtspaziergang

Vor dem Hauptbahnhof stimmt der weite Platz Kungsplan mit dem angrenzenden Hogalands Park schon auf die Dimensionen der Stadt ein. Die Norra Kungsgatan führt entlang dieser Grünanlage zur City mit dem **Stortorget**, an dem die barocke Fredrikskyrkan aus der Gründungszeit erhalten geblieben ist. Das **Rathaus** wurde 1790 nach einem großen Brand errichtet, der auch die angrenzende **Trefaldighetskyrka** stark zerstörte. Die Kirche wurde dann nicht im ursprünglichen Barockstil wiederaufgebaut, sondern teils in schlichterer Neoklassik, was ihre Pantheon-ähnliche Erscheinung noch hervorhebt. Die breite Kyrkogatan führt nach links Richtung Stummholmen hinunter, vorbei an dem langen Kasernengebäude Sparre. Jenseits der Brücke liegt das **Marinmuseum** mit seiner großen Freifläche, dem alten Barkassenschuppen und dem Museumshafen. Ein moderner Neubau beherbergt eine Sammlung von Schiffsmodellen und Ausrüstungsgegenständen, die bereits 1752 begründet wurde (✆ 53902, Juni bis Aug. tgl. 10–18 Uhr, übrige Zeit Di–So 11–17 Uhr). Auf dem Rundgang über Stummholmen passiert man an einer hübschen Badebucht ein Lazarett, ein Gefängnis, Magazine und die Båtsmanskaserne von 1847, in der sich heute eine Kunstsammlung befindet (✆ 303422, Di–Fr 12–16, Mi bis 19 Uhr, Sa+So 12–17 Uhr).

Zurück zur Kyrkogatan und dann links erreicht man **Kungsbron**, früher der meerwärtige Haupteingang in die Stadt. Dort hat man eine großartige Aussicht. Die angrenzende Bastion Aurora, Teil der alten Befestigungsanlagen und heute unregelmäßig für Kulturveranstaltungen geöffnet, markiert die Grenze zwischen ziviler und militärischer Bebauung. Landwärts hinter der Bastion führt eine Stichstraße zur **Admiralitetskyrkan Ulrica Pia**, einer großen Holzkirche von 1685, die eigentlich später einer Steinkirche weichen sollte, doch dieses Provisorium erwies sich als erstaunlich haltbar. Vor ihrem Eingang hält die Holzfigur *Gubben Rosenboom* die Hand auf, der Legende nach steht das Denkmal für einen im Winter 1717 vor der Kirche erfrorenen Landstreicher. Auf der Vallgatan geht es zum Admiralitetstorget, einer kleinen Parkanlage mit Glockenturm, und zum **Högvakten**, dem Haupteingang der heutigen Marinebasis, auf deren Gebiet auch die Gamla Varvet liegt. Das alte Werftgelände mit Docks und Reeperbahn aus dem 17. Jh. ist im Sommer auf geführten Touren zugänglich (Mittsommer bis Mitte Aug. tgl. 12 Uhr, Start bei Högvakten). Westlich der Innenstadt grenzt das einstige Werftarbeiterviertel **Björkholmen** an. Niedrige Holzhäuser aus dem 18. Jh. säumen schmale Gassen rings um die Wachtmeistergatan, und auch einige neuere Gebäude passen sich dem originalen Straßenbild an. Zurück Richtung Innenstadt passiert man den **Fisktorget**. Hier starten die Fährschiffe in die Schären, ein bronzenes Fischweib erinnert daran, dass die Inselbewohner hierher mit ihren Fängen kamen, um sie den Städtern zu verkaufen. Das **Blekinge Läns Museum** grenzt an den Platz und dokumentiert im herrschaftlichen Ambiente einer alten Admiralsresidenz die Siedlungsgeschichte Blekinges. Ein schöner Barockgarten mit Café gehört zum Gelände (✆ 304985, Mitte Juni bis Mitte Aug. tgl. 11–21 Uhr, übrige Zeit Di–So 11–17, Mi bis 19 Uhr).

Information/Verbindungen/Adressen (Vorwahl Karlskrona: 0455)

• *Information* **Karlskrona Turistbyrå,** Stortorget 2, 37134 Karlskrona, ✆ 303490, 📠 303494, turistbyran@karlskrona.se, Mitte Juni bis Mitte Aug. Mo–Fr 9–19 Uhr, Sa+So 10–16 Uhr, übrige Zeit Mo–Fr 10–17, Sa bis 13 Uhr.

• *Verbindungen* **Bus:** Vom Kungsplan Busterminal Verbindung nach Kalmar, Stock-

holm, Malmö und in die umliegenden Orte. Die Stadtbusse halten ebenfalls hier.

Zug: Verbindungen nach Malmö, Göteborg und Stockholm.

Fähre: Stena Line unterhält Fährverbindung nach Gdynia, ✆ 366300. In die Schären verkehren Fährschiffe ab Fisktorget, 3- bis 5-mal tgl.

Flugzeug: Vom Flughafen Kallinge/Ronneby (Zubringerbus) fliegt SAS nach Stockholm. **Parken:** Um den Fisktorget, an der Östra Hamngatan und an vielen der breiten Hauptstraßen, teils gebührenpflichtig.

• *Adressen* **Ärztliche Hilfe** bei Vårdcentral Trossö, Stortorget 3, ✆ 335800 und Jourcentralen Blekingesjukhuset, ✆ 731001. Dort auch **zahnärztlicher Dienst,** 731000 und **Apotheke,** 736630. **Polizeistation** Järnvägstorget 5, ✆ 362200.

Übernachten/Camping

• *Übernachten* **First Hotell Statt (15),** Ronnebygatan 37–39, ✆ 55550, ℻ 16909. Nobelhotel mit dem entsprechenden Standard in der Fußgängerzone, gehobene, moderne Küche im angeschlossenen **Gourmet Grön (14)**. DZ ab 810 SEK.

Hotell Siesta (17), Borgmästaregatan 5, ✆ 80180, ℻ 80182. Zentral gelegenes, gemütliches Familienhotel. DZ ab 600 SEK.

Hotell Conrad (6), Västra Köpmansgatan 12, ✆ 82335, ℻ 18100. Ordentliches Mittelklassehotel in Bahnhofsnähe. DZ 650 SEK.

Hotell August, (2), Ronnebyvägen 1, ✆ 23040, ℻ 23046. An der westlichen Ausfallstraße gelegen (Buslinie 15), hat etwas „Motel-Charakter", aber ordentliche Zimmer und einen netten Kaffeegarten. Das angeschlossene **Restaurant (4)** ist ein beliebtes Ausflugslokal. DZ 600 SEK.

STF Vandrarhem Karlskrona (9), Drottninggatan 39, ✆/℻ 10020, ganzj., Sa+So nur mit Reservierung. Große, zentrale Herberge im modernen Wohnblock. 160 SEK. Mitte Juni bis Mitte Aug. **Dependance (10)** in der Bredgatan 16. Ab 185 SEK, DZ ab 450 SEK.

• *Camping* **Dragsö Bad & Camping (1),** ✆ 15354, ℻ 15277, Mitte April bis Mitte Okt., April+ab Sept. nur mit Reservierung. Idyllisch gelegener Platz auf einer der Stadtschären mit Badebucht und weiter Aussicht über Karlskrona, ca. 3 km zum Zentrum. Hütten 475 SEK/4 Pers., Gästebetten 135 SEK.

Trummenäs Camping (3), Ramdala, ✆/℻ 360463, Mai bis Aug. An schöner Sandbucht östlich von Karlskrona, an der Straße nach Sturkö. Hütten 500 SEK/4 Pers.

Essen & Trinken

Casablanca (8), Norra Kungsgatan 14, ✆ 20207, Mo–Fr 11.30–14 Uhr, Di–Fr auch 18–22 Uhr, Sa 17–23 Uhr, So 16–21 Uhr. Am Hoglands Park gelegen, breite Palette von Fischgerichten bis Pizza.

Mirage, Parkgatan 1, ✆ 81144, Mo–Fr 11.30–14 + 17.30–23 Uhr, Sa 17.30–23 Uhr. Angenehmer Bistrostil, Küche schwedisch bis mediterran, verschiedene Fondues (ab 2 Pers.), gutes Preis-Leistungs-Verhältnis.

PM Pub & Mat (12), Ronnebygatan 46, ✆ 81880, Mo–Do 10–24, Fr+Sa bis 2 Uhr. Mischung aus Restaurant und Kneipe, beim Stadtpublikum sehr beliebt.

Börje Olssons Skafferi (13), Rådhusgatan 9, ✆ 17178, Mo–Fr 10–19, Sa bis 15 Uhr. Durch den Feinkostladen mit angeschlossenem Bistro weht der Duft südländischer Markthallen.

Café tre G (7), Landbrogatan 9, ✆ 310333, Mo–Fr 9–21 Uhr, Sa 9–18 Uhr, So 10–18 Uhr.Gemütliches, alteingesessenes Café am Hoglands Park.

Lennarths Konditori (11), Norra Kungsgatan 3, ✆ 12855, Mo–Fr 8–18 Uhr, Sa 8–14 Uhr. Terrassencafé mit nettem Dachgarten und großer Kuchenauswahl.

Militärhemmets Cafeteria, Stortorget, Mo–Do 9.30–19, Fr –16 Uhr. Passend zum „alten" Karlskrona; das Interieur eines Offizierscasinos hat etwas Patina angesetzt. Kaffee, Kuchen, Snacks.

Wämö Kaffestuga (5), Vämöparken, ✆ 21180, Mitte Mai bisMitte Sept. tgl. 10–17 Uhr. Idyllisch im Naherholungspark der Stadt – mit kleinem Tiergehege und Freilichtmuseum – gelegenes Traditionscafé, bekannt für leckere Waffeln.

Bei **Glassiärens (16),** neben der TI am Stortorget, gibt es das *beste Eis* der Stadt.

Aktivitäten

Schären-Rundtour mit MF Gåsefjärden, Mittsommer bis Mitte Aug. tgl. 10 Uhr ab Fisktorget bzw. 10.05 ab Dragsö (Camping), inkl. Marinmuseum und Kungsholmen. Skärgårdstraffiken, ✆ 78330. Reservierung bei der TI. Nach Kungsholmen auch ab der Brücke Finskan auf Tjurkö, Mittsommer bis Mitte Aug. Mo, Di, Do+So 17 Uhr, Mi 11 Uhr, ca. 1,5 Std. und billiger.

„Kreuzfahrt" in den Östra Skärgården mit der Fähre MF Wittus, Mitte Juni bis Mitte Aug. tgl. 11+15.45 Uhr ab Fisktorget, ca. 3 Std.

Nach Aspö pendelt ganztägig eine kostenlose Autofähre ab Östra Hamngatan. Kastell Drottningskär ist nur auf geführten Touren (Infos bei TI) zu besichtigen. Café, Badestrand, kleiner Hafen, schöne Schärenlandschaft und ein alter Lotsenturm, zur urigen Herberge umfunktioniert (✆ 339016, ✆ 339272), machen die Insel attraktiv.

Nach Sturkö und Tjurkö kommt man auf der Straße ab Ramdala trockenen Fußes, allerdings stellt sich auch weniger Inselfeeling ein.

Fahrradverleih bei Dragsö Camping und über die TI.

Kanuverleih bei Dragsö Camping.

Tauchen beim Dykcenter, Drottninggatan 15, ✆ 15895.

Kristianopel

Das Erscheinungsbild von Kristianopel will so gar nicht zu dem großspurigen Namen passen; schmale Gassen mit niedrigen Häuschen und liebevoll gepflegten Gärten prägen das malerische Dorf. Zu Zeiten seiner Gründung hatte man hier jedoch Großes vor: Dänenkönig Christian II. legte 1599 an der damaligen Grenze zu Schweden eine Befestigungsanlage an, die in ihren Ausmaßen das heutige Dorf problemlos „schlucken" könnte. Die Grundmauern dieser schon bald heftig umkämpften Wehrburg sind noch überall entlang des Ufers, von der Landzunge bis zum anderen Ortsende sichtbar. Vom Hafen gelangt man in das ursprüngliche Kerngebiet, heute zum originellen Campinggelände umfunktioniert, auf dem noch der Ruinenhügel der alten Kirche liegt. Kristianopel wurde mit der endgültigen Eroberung Blekinges durch den Schwedenkönig Karl X. Gustav 1658 als Grenzfestung überflüssig und zwei Jahrzehnte später geschleift.

Sehenswert ist außerdem die weiß getünchte **Dorfkirche** von 1624 mit ihrem dänisch inspirierten Treppengiebel. Am Hafen liegt hinter dem hellblauen Holzhäuschen Hemslöid der schöne **Garten** von Marianne Vikström mit unzähligen Rosenarten. Besucher sind hier willkommen (✆ 366236, Juni bis Aug. tgl. 8–21 Uhr).

Vorwahl 0422

- *Verbindungen* **Bus:** Von Karlskrona mit Linie 121, Mo–Fr 1-mal tgl. **Parken:** am Hafen.
- *Camping* **Kristianopels Camping,** ✆/📠 366130, April bis Sept. Auf dem Gelände der alten Festung gelegen, zwischen Hafen und Strand. Hütten/5 Pers. 3000 SEK/Wo., JH 120 SEK.
- *Essen & Trinken* **Café Sött och Salt,** ✆ 366014, Mittsommer bis Mitte Aug. tgl. 10–21 Uhr. Kuchen, Pies, Sandwiches, Lachs in verschiedenen Zubereitungsarten, dazu ein unverstellter Blick über den Hafen.

Värdshuset Pålsgården, ✆ 366130, Juni bis Aug. Mo–Do 12–24, Fr+Sa bis 1, So bis 23 Uhr. Ausflugslokal zwischen Gästehafen und Campingplatz, oft Livemusik, hat im Sommer großen Zulauf.

Kristianopels Gästgiveri, ✆ 366030, Mai bis Aug. tgl. 12–18 Uhr. Schönes, historisches Gasthaus aus dem 18. Jh.

Kalmar

Der Name Kalmar klingt nach vergangener Größe; der Ort wurde bekannt durch die 1397 hier geschlossene Union der drei nordischen Länder Schweden, Dänemark und Norwegen. Dass dieser Schachzug der dänischen Regentin Margarethe nur ein vorübergehendes Atemholen in der Machtkonkurrenz der skandinavischen Nachbarstaaten war, beweist die Befestigungsanlage, auf der sich heute das **Kalmar Slott** erhebt. Die mächtigen Grundmauern und Wehrtürme gehen auf das 12. Jh. zurück, die Region Blekinge blieb jahrhundertelang umkämpftes Grenzland. Kalmars mittelalterlicher Stadtkern unterhalb der Burg wurde im Krieg von 1611–13 weitgehend zerstört und die Siedlung daraufhin auf die leichter zu verteidigende Insel Kvarnholmen verlegt. Als die Region im Frieden von Roskilde 1658 endgültig schwedisch wurde, brachen auch für die Kalmarer ruhigere Zeiten an.

Sehenswertes in Kalmar

Das **Schloss**, das wie ins Meer hinausgebaut erscheint, stellt auch heute noch das Wahrzeichen der Stadt und die meistbesuchte Sehenswürdigkeit dar. Die alte Festung erhielt ihr heutiges Aussehen, als sie im 16. Jh. unter den Vasa-Herrschern zum Renaissanceschloss umgebaut wurde. Ein Teil der Räume enthält noch die ursprüngliche Einrichtung, ein anderer Teil beherbergt heute Ausstellungen zur Stadtgeschichte.

Geöffnet April bis Sept. tgl. 10–16, Juni+Aug. bis 17, Juli bis 18 Uhr, ✆ 451490.

Kalmars Wahrzeichen ist das Vasa-Schloss

Eine klassisch-englische Parkanlage grenzt an das Schloss und verbindet es mit der Stadt. Ein Teil der Grünanlagen wird im Sommer zur mittelalterlichen Siedlung **Salvestaden** umgestaltet, in der sich dann mehr oder weniger authentisches historisches Alltagsleben abspielt (Juli bis Mitte Aug. tgl. 10–17 Uhr). Jenseits des Slottsvägen liegen die wenigen wirklich erhaltenen Gassen des ältesten Bezirkes Gamla Stan, und an der Kungsgatan/Store Dammgatan versteckt sich hinter hohen Holzzäunen das herrschaftliche Anwesen **Krusenstiernska Gården** aus dem 18. Jh., im Sommer ein schönes Ziel für eine ruhige Kaffeepause (Café: Mai bis Aug. Mo–Fr 10–17 Uhr, Sa+So 12–16 Uhr, Sept. Mo–Fr 10–15.30 Uhr. Museumsführungen: Juni bis Aug. Mo–Fr 13, 14, 15+16 Uhr, Sa+So 13, 14+15 Uhr).

Über die Bahngleise und vorbei am Kopfbahnhof erreicht man Kalmars heutige City auf **Kvarnholmen**. Schachbrettartig erstrecken sich die Straßenzüge um den Stortorget, der von den barocken Prunkbauten der Domkirche und des Rathauses dominiert wird. Richtung Lilla Torget sind etliche Häuser aus dem 17. Jh. erhalten geblieben, ebenso wie das Stadttor zur Skeppsbrogatan und Teile der alten Befestigungsanlagen. Modernere Bauten begrenzen den Ölandskajen mit dem Yachthafen; die einstige Industriebrache hat sich zur beliebten Flaniermeile gemausert.

Ausflug nach Norden

Ein lohnender Tagesausflug nach Norden führt bis **Mönsterås.** Nördlich von Rockneby sollte man die E 22 Richtung Küste verlassen und auf Nebenstraßen den alten Handelsplatz **Pataholm** ansteuern. Rings um den kopfsteingepflasterten Markt liegt eine Handvoll pittoresker Holzhäuser, darunter die Handelshöfe, in denen heute das Heimatmuseum untergebracht ist (Hullgrenska Gården/Haberska Gården, Mittsommer bis Mitte Aug. Sa+So 14–17 Uhr, Sommercafé Förlig Wind Juli tgl. 11–17 Uhr). Am schilfbewachsenen Ufer des Bootshafens legten im 17. Jh. Fischer- und Handelsschiffe an und wurden Boote gebaut. Heute ist der winzige Ort eine malerische Idylle.

Nördlich von Pataholm empfiehlt es sich, bei Strömsrum nach rechts Richtung **Timmernabben** abzubiegen. Vorbei an einem herrlich gelegenen Gutshof führt die schmale Straße zwischen bemoosten Felssteinmauern und auf einer romantischen Eichenallee zu dem beschaulichen Küstenort. Der lange Badestrand, ein ufernaher Campingplatz, Gästehafen, Töpferwerkstatt und Strandcafé Kvarnen sind auf Sommergäste eingestellt. Über die Bucht blickt man zur Halbinsel Lövö hinüber, dem nächsten lohnenden Ziel des Ausflugs, erreichbar über **Mönsterås**. Das Städtchen, Fährhafen für die Sommerlinie nach Borgholm, ist nur mäßig interessant, und so kann man gleich Richtung Lövö und Oknö abbiegen. Durch Wald und Kulturland erreicht man das **Naturreservat Lövö**, wo beschilderte Spazierwege bis zur Landspitze hinaus führen. Zurück am Nynäsvägen kann man noch einen Abstecher zur nördlichen **Halbinsel Oknö** unternehmen. Vorbei an Nynäs Sommerservering führt die Straße an herrlichen Bade- und Picknickplätzen entlang und erreicht ein kleines Ferienhausgebiet mit Campingplatz, idyllisch im Kiefernwald gelegen.

Information/Verbindungen/Adressen (Vorwahl Kalmar: 0480)

- *Information* **Kalmar Turistbyrå,** Ölandskajen 9, 39120 Kalmar, ✆ 41770, 📠 417720, info@turistbyra.kalmar.se, Mittsommer bis Mitte Aug. Mo–Fr 9–21 Uhr, Sa+So 10–17 Uhr, Juni+Aug. Mo–Fr 9–19 Uhr, Sa+So 10–16 Uhr, übrige Zeit Mo–Fr 9–17 Uhr, Mai+Sept. auch Sa 10–13 Uhr.

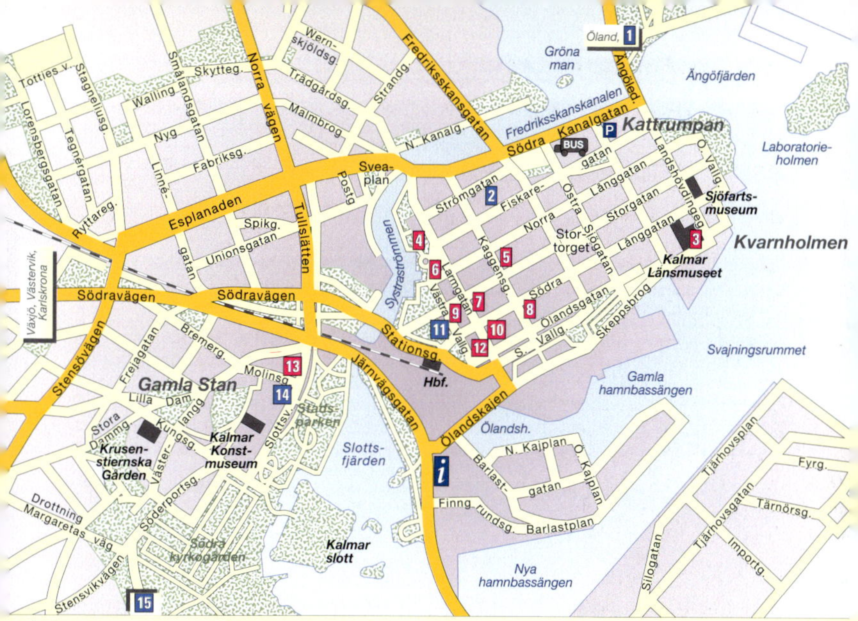

Übernachten

1 STF Vandrarhem Kalmar/Svanen Lågprishotell
2 Kalmarsund Hotel
11 Frimurare Hotellet
14 Slottshotellet
15 Stensö Camping

Essen & Trinken

3 Sahlins Café
4 Teatervallen
5 Kullzenska Caféet
6 Krögers Pub+Restaurant
7 Ernesto Salonger
8 Källaren Kronan
9 Molly Mallone
10 Taste
12 Kajplats 4
13 Restaurang Byttan

• *Verbindungen* **Bus:** Busverbindungen nach Öland, s. dort. Linie 160 nach Västervik, Linie 500 nach Karlskrona. **Zug:** mehrmals tgl. nach Jönköping, Växjö, Karlskrona, Malmö, Göteborg und Stockholm, alle mehrmals tgl. **Flugzeug:** Verbindungen mit Stockholm und Kopenhagen.

Parken: Zentrale Parkplätze nahe der TI (begrenzt) und an der Södra Kanalgatan, beim Busbahnhof (Ausschilderung Länsmuseum folgen).

• *Adressen* **Ärztliche Hilfe:** Länssjukhus, Ståthållargatan, ✆ 81000, dort auch **Apotheke,** ✆ 0771-450450, Mo–Fr 8.30–20 Uhr, Sa 9–18 Uhr, So 11–16 Uhr. **Polizeirevier** Malmbrogatan 10, ✆ 456000.

Übernachten/Camping

• *Übernachten* **Slottshotellet Romantik Hotel (14),** Slottsvägen 7, ✆ 88260, 📠 88266. Hält, was der Name verspricht, sowohl was die Lage angeht, direkt am Park mit Blick auf Schloss und Meer, als auch bezüglich der Räume; alles ist gemütlich-altmodisch gestylt. DZ ab 925 SEK.

Kalmarsund Hotel (2), Fiskaregatan 5, ✆ 18100, 📠 411337. Gehobenes, stilvolles Hotel in Kvarnholmen, von der Dachterrasse ist die Aussicht fantastisch. DZ ab 970 SEK.

Frimurare Hotellet (11), Larmtorget 2, ✆ 15230, 📠 85887. Zentral gelegenes, kleineres Stadthotel in schönem Altbau. Das Restaurant Helen & Jörgens Kök & Matsal serviert ausgezeichnete, französisch inspirierte Gerichte. DZ ab 870 SEK.

STF Vandrarhem Kalmar/Svanen Lågprishotell (1), Rappegatan 1, ✆ 12928, 📠 88293, ganzj. Große, ordentlich-schlichte Unterkunft, 1 km nördlich vom Zentrum auf Ängö. DZ ab 600 SEK, JH 240 SEK.

• *Camping* **Stensö Camping (15),** Stensövägen, ✆ 88803, ✆ 86086, April bis Sept. 2 km südlich der Innenstadt auf Kalmars „Badeinsel" gelegen, schöner Spazierweg durch den Schlosspark zur City, verschiedene Strände in Reichweite. Hütten/4 Pers. ab 400 SEK.

Essen & Trinken

Kalmar verfügt über ein breites und interessantes gastronomisches Angebot, allerdings hält sich nicht jeder „Neueinsteiger" während der winterlichen „Durststrecke" auf dem Markt.

Källaren Kronan (8), Ölandsgatan 7, ✆ 411400, Mo–Fr 11.30–14.30+18–23 Uhr, Sa 11.30–23 Uhr, So 13–21 Uhr. Stilvoller Keller-Krog in den restaurierten Katakomben des Sahlstenska Huset, einem der ältesten Häuser auf Kvarnholmen, schwedische und internationale Küche.

Bistro & Restaurang Taste (10), Södra Långgatan 5, ✆ 15565, Mo–Do 17–23, Fr+Sa –1 Uhr, So 16–22 Uhr, werktags auch Dagens: 11.30–14 Uhr. Die Küche ist mediterran bis international ausgerichtet mit schwedischen Elementen.

Kajplats 4 (12), Gästhamnen (neben TI), ✆ 497683, tgl. ab 17 Uhr. Kühl-modernes Ambiente, ambitionierte Küche.

Ernesto Salonger (7), Larmtorget, ✆ 20050, Mo–Fr 11–23 Uhr, Sa+So 12–23 Uhr, Fr+Sa 23–2 Uhr Live Musik. Auch wenn die in Schweden allgegenwärtigen Pizzerien sonst keine besondere Erwähnung verdienen; dieser „Italiener" ist einfach zu beliebt, um ihn links liegen zu lassen. Große Auswahl, günstige Preise, angeschlossener Pub.

Krögers Pub & Restaurant (6), Larmtorget, ✆ 26550, tgl. 16–1 Uhr. Gediegene, alteingesessene Ess-Kneipe.

Restaurang Byttan (13), Slottsallé 1, ✆ 16360, Mai bis Sept. tgl. 12–22 Uhr. Am Stadtpark gelegenes, großes Lokal, gut zum Draußensitzen.

Kullzenska Caféet (5), Kaggensgatan 26, ✆ 28882, Mo–Fr 10–18.30 Uhr, Sa 10–15 Uhr, So 12–16.30 Uhr. Konditorei in der Fußgängerzone, nicht nur wegen ihrer Kuchenauswahl beliebt, sondern auch wegen der nostalgisch-plüschigen Kaffeestuben-Atmosphäre.

Sahlins Café (3), Kalmar Läns Museum, Skeppsbrogatan 51, ✆ 451360, geöffnet wie das Museum. Kaffee und Kuchen in musealem Ambiente.

Molly Mallone (9), Larmgatan 6, ✆ 11344, Mo 17–24, Di–Sa –1 Uhr. Beliebter „Irish Pub" zwischen Bahnhof und Altstadt.

Teatervallen (4), Olof Palmes Gatan, ✆ 23337, tgl. 22–2 Uhr. Disco auf den Wallanlagen, häufig Live-Auftritte.

Aktivitäten

Museumsviertel Kattrumpan, seewärts auf Kvarnholmen gelegen: In einer alten Bürgervilla ist die Sammlung des ***Sjöfartsmuseum*** untergebracht, unzählige Artefakte aus der Geschichte der Seefahrt, darunter Schiffsmodelle, Buddelschiffe und auf alten „Ölschinken" verewigte Schiffe. Außerdem scheint alles, was an Bord nicht niet- und nagelfest war, hier gelandet zu sein: eine Fundgrube (Södra Långgatan 81, ✆ 15875, Mitte Juni bis Mitte Sept. Mo–Fr 11–16 Uhr, Sa+So 12–16 Uhr, übrige Zeit nur So 12–16 Uhr). Die alten Holzhäuser der Hafenarbeiter und Seeleute, inzwischen originalgetreu renoviert, geben den umliegenden Gassen ein malerisches Gepräge.

Das **Kalmar Länsmuseet,** gleich um die Ecke gelegen, befasst sich u. a. ebenfalls mit einem maritimen Thema, dem 1676 in einer Seeschlacht vor Öland gesunkenen Kriegsschiff Kronan, mit gut 50 m Länge dem größten der schwedischen Marine. Seit das Wrack 1980 geortet werden konnte, hat man zahlreiche Stücke geborgen und stellt sie nun hier aus, ergänzt von Modellen und einem informativen Film über die historischen Hintergründe. (Skeppsbrogatan 51, ✆ 451300, Mitte Juni bis Mitte Aug. tgl. 10–18 Uhr, übrige Zeit Mo–Fr 10–16 Uhr, Sa+So 11–16 Uhr).

Kalmar Konstmuseum, Slottsvägen 1 D, ✆ 411415, tgl. 11–17, Do bis 20 Uhr: Schwedische Kunst des 19. und 20. Jh. steht im Mittelpunkt, ein Archiv befasst sich mit der Entwicklung des schwedischen Designs.

Boots-/Kanuverleih bei Stensö Camping und der JH.

Auf den Karstgebieten Ölands finden nur die genügsamen Schafe Nahrung

Öland

Die fast 140 km lange, schmale Insel vor Schwedens Südostküste hat alles, was ein Ferienparadies braucht: Viel Sonne, wenig Regen, lange Strände, malerische Dörfer zwischen Wiesen, Wald- und Heideland, alte Windmühlen, prähistorische Stätten und eine reiche Vogelwelt. Kein Wunder also, dass Öland ein Besuchermagnet ist und der Tourismus die wichtigste Einnahmequelle darstellt. Die über 6 km lange Ölandsbron verbindet Kalmar mit der Insel. Jenseits liegt das riesige Infocenter Träffpunkt Öland, an dem wohl jeder Erstbesucher anhalten wird, bevor er sich entscheidet, in welche Himmelsrichtung es gehen soll.

In den Süden von Öland

Südlich der Ortschaft **Färjestaden** wird das Inselinnere von der Karstlandschaft Stora Alvaret beherrscht. Der hier zutage tretende Kalkstein ist, wenn überhaupt, von einer äußerst dünnen Bodenschicht bedeckt und bietet nur genügsamen Pflanzen einen Lebensraum. Für Landwirtschaft war dieses Gebiet von 40 km Länge und bis zu 10 km Breite immer ungeeignet, höchstens ein paar Schafe beweideten es. Nach Westen fällt das Kalkplateau einige Dutzend Meter zur fruchtbareren Küstenebene ab. Bauerndörfer finden sich hier, daneben zahlreiche Zeugnisse früherer Besiedlungen. Entlang der Küsten, besonders aber um die Südspitze herum bevölkern unzählige Zugvögel die Wiesen, Schilfsäume und Uferzonen. Für Ornithologen ist Öland im Frühjahr und Spätsommer einer der wichtigsten Beobachtungsplätze Skandinaviens.

Bei Eriksöre liegt nahe der Küste der bedeutende Runenstein **Karlevistenen** aus dem 10. Jh. Seine Inschrift weist ihn als Gedenkstein für den dänischen Häuptling

Sibbe, Foldas Sohn aus. Der Text ist im Stil der Skaldendichtung gehalten, verschnörkelt-verschlüsselt und kunstvoll.

2 km weiter südlich liegt das **Naturreservat Beijershamn**, zu Fuß entlang der Küste auf dem Mörbylångaleden (am Runenstein vorbei, dann links, rote Pfeile), per Rad oder Auto auf einem Umweg über Store Frö zu erreichen. Vor 150 Jahren wurde hier eine Hafenmole 2 km weit in den Kalmarssund hinausgebaut, die sich jedoch bald als „in den Sand gesetzt" erwies: Schlick und Sand lagerten sich an der Pier ab und schufen ein ideales Biotop für Wasservögel, die man auf Spazierwegen auf der Mole, durch Schilfgraswiesen und Küstenwald beobachten kann. Über 250 Vogelarten sind hier gezählt worden, ziemlich sicher bekommt man Kiebitz, Bekassine, Brandente und Graugans zu sehen.

Lilla Frö ist eines der typischen, alten Reihendörfer Ölands. An der Straße steht Hof an Hof, durch die Einfahrtstore sieht man in die umbauten Innenhöfe, die oft mit Kalksteinplatten gepflastert sind.

Radtour von Resmo durch die Stora Alvaret

Für die Entdeckung der Insel empfiehlt sich folgende Radtour (Länge 35 km): **Resmo** ist mit seiner gut erhaltenen, mittelalterlichen Kirche und dem alten Pfarrhof ein sehenswertes Örtchen. Auf der Hauptstraße geht es zum südlichen Dorfrand und dort nach links Richtung Stenåsa in die **Stora Alvaret** hinein. Ebenmäßig aufgeschichtete Kalksteinmauern begleiten die Strecke, Überbleibsel der Weidewirtschaft. Im Frühsommer sind die weiten, wasserarmen Karstgebiete mit bunten Wiesenblumen übersät, darunter zahlreiche Orchideenarten. Schon von weitem fällt ein Rastplatz auf der linken Straßenseite auf, der einen Stopp lohnt. Nicht weit entfernt erstreckt sich der seichte See **Möckelmossen**, eine der wenigen Wasserflächen auf der ansonsten wasserdurchlässigen Steppe. Seine Grenzen ändern sich je nach Niederschlagsmenge, und seine Uferzonen gehen in feuchtes Sumpfland über. Haubentaucher und Goldregenpfeifer nisten in diesem Gebiet, auch Möwen zeigen sich über der Wasserfläche.

Weiter Richtung Osten geht die Kalksteinsteppe allmählich in Wald- und Weideland über, und bei Stenåsa erreicht man die Ostküstenstraße, auf der es nach rechts Richtung Süden geht. Einzelne Höfe und kleine Straßendörfer reihen sich bis **Alby** aneinander, wo eine Fahrstraße wieder nach Westen zurückführt. Mit dem Rad geht es aber noch ein Stück weiter geradeaus, vorbei an Windmühlen und durch das Dörfchen Hulterstad. Bei **Skärlöv** übersieht man leicht den Abzweig Richtung Küste zum idyllischen kleinen **Fiskehamn**: Nach dem Ortseingangsschild folgt links eine Mühle, dann ein erstes Gehöft mit weiß getünchten Mauern, vor dem der Schotterweg links abzweigt. Eine gute Möglichkeit für eine Pause.

Kurz hinter Skärlöv führt ein Abzweig mit der Beschilderung „**Ölandsleden**" und dem Fahrradsymbol nach rechts, passiert noch ein paar Häuser, quert ein meist trockenes Bachbett und führt zu dem ehemaligen Bahnhofsgebäude der 1910 gebauten Strecke über Stora Alvaret. Hier führt der Fernwander- und Radweg **Mörbylångaleden** (rostrote Markierung) wieder in die Kalksteinsteppe hinein. Der alte Damm der in den 1960er Jahren eingestellten Bahnlinie bildet nun die Route, die kaum merklich ansteigt. Bald hat man eine weite Rundsicht über die Ebene. Das Feuchtgebiet Lillmossen wird passiert, dann zeigen sich die ersten Busch- und Baumgruppen. Bei **Penåsa Ödeby**, nahe eines schmalen Wasserlaufs, lagen einst Hofstellen, heute trifft man hier auf einen Rastplatz bei einer hübschen Lichtung und

Öland
7,5 km
Långe Erik
JH
Byxelkrok
Trolls-
kogen
Oskarshamn
Byerums Sandvik
Löttorp
Runnö
Vallö
Knisa
Mosse
Mönsterås
Timmernabben
136
Öland
nördlicher Teil
Köpingsvik
Rälla
Kalmar
Färjestaden
Skogsby
Gårdby
Mörbylånga
136
Kastlösa
Öland
südlicher Teil
Gettlinge
Degerhamn
Gräsgårdshamn
M
Eketorps Borg
Grönhögen
Södra Udde
Öland
nördlicher Teil
Köping
Egby
Borgholm
St. Solberga
Köpings-vik.
Bredsätra
Borgholms
slottsruin
Rosenfors
Solliden
Start/Ende
3 km
Alvaret
Ö Sörby
Räpplinge
Störlinge
Natur-
reservat
Gärdslösa
Halltorp
Ekerums
hamn
Karums Alvar
Högsrum
Rälla
Ismantorps
borg
Långlöt
Odens
flisor
Himmels berga
Träffpunkt
Öland
Ölands Djurpark
Ölandsbron
Talludden
Färjestaden
Skogsby
Gårdby
Eriksöresstrand
Eriksöre
Karlevistenen
Karlevi
NR
Beijershamn
Haga-
park
Vickleby
4 km
St. Frö
Alvaret
Möckel-
mossen
Lilla Frö
Resmo
Stenåsa
Start /
Ende
Mysingehög
Mörbylånga
Alby
Bårbyborg
Hulterstad
Penåsabäcken
Fiskehamn
Kastlösa
Penåsa
Lillmossen
Skärlöv
Öland
südlicher Teil

Die typisch-öländischen Bockwindmühlen werden nach dem Wind ausgerichtet

kurz darauf auf den Fahrweg, der nach **Kastlösa** führt. Vorbei am alten Schulhaus von 1922 und einer Gartenwirtschaft erreicht man dort die Hauptstraße. Richtung Norden wendet man sich rechts und fährt nun hoch oberhalb der Westküste. Bei Bårby weist ein Schild auf die prähistorische **Bårbyborg** hin, die gleich neben der Straße liegt. Flache Wälle im Grasland sind alles, was man zunächst von der Anlage sieht. Richtung Küste jedoch weist sie eine Besonderheit auf, denn dorthin begrenzt der Steilabfall der Kalksteinplateaus die Fluchtburg und macht sie von dieser Seite her schwer zugänglich. So wurde die ca. 500 n. Chr. genial errichtete Anlage auch im Mittelalter noch gegen Piratenüberfälle genutzt. Nur wenig weiter lohnt das Gräberfeld von Mysinge mit seinen bronzezeitlichen Grabhügeln und Ganggräbern einen letzten Halt, bevor bei Resmo die Runde geschlossen ist.

Zur Südspitze

Südlich von Kastlösa liegt bei **Gettlinge** eines der größten Grabfelder der Insel, von der Zeitenwende bis zur Wikingerzeit in Gebrauch, 2 km lang und mit mehr als 200 Gräbern. Im nördlichen Teil sind eindrucksvolle Schiffssetzungen zu bewundern.

Bei Grönhögen führt noch einmal ein Fahrweg zur Ostküste hinüber und wird von zahlreichen Ausflüglern frequentiert, denn an ihr liegt eines der Highlights der öländischen Vorgeschichte, **Eketorps Borg**. Die Fluchtburg aus der Völkerwanderungszeit (ca. 400 n.Chr.) wurde bis weit ins Mittelalter mehrmals erweitert, umgebaut und genutzt. So blieb sie größtenteils erhalten und wurde nach umfangreichen Grabungen so authentisch wie möglich wieder aufgebaut. Das beeindruckende Areal inmitten der hohen, grauen Trockensteinmauern ist ganzjährig zugänglich, doch die rekonstruierten Gebäude sind nur im Sommer geöffnet, wenn darin gelebt und gearbeitet wird wie in alten Zeiten (✆ 0485-662000, Mai bis Aug. tgl. 10–17, Mittsommer bis 1. Woche Aug. bis 18 Uhr, bis 1. Hälfte Sept. Sa+So 10–17 Uhr).

Ein Stück weiter nördlich zweigt bei Gammalsby eine kurze Stichstraße zur Ostküste ab und endet bei **Gräsgårds Hamn**, einem malerischen, aber nicht musealen Hafen, denn die Fischerboote, die hier dümpeln, sind noch in Betrieb.

Bei Ottenby geht ein Stichweg zum Leuchtturm Långe Jan an der Südspitze **Södra Udde** ab. Schon auf dem Weg dorthin beginnen bei Kyrkhamn die aussichtsreichen

Beobachtungsplätze für den Vogelzug. So hat sich hier denn auch eine ornithologische Station niedergelassen, die im angeschlossenen Fanggarten Vögel beringt. Das **Ottenby Naturum** neben dem Leuchtturm (Mai+Sept. tgl. 11–16, Juni+Aug. bis 17, Juli bis 20 Uhr, April+Okt. Sa+So 12–16 Uhr) informiert Besucher über den Vogelzug, der alljährlich Zehntausende von Vögeln nach Öland bringt. Davor steht eine bronzene Wildgans mit zwei kleinen Holzschuhen neben sich, die garantiert Nils Holgersson gehören.

In den Norden von Öland

Nördlich der Sundbrücke bedecken landeinwärts große Laubwaldgebiete das Inselinnere, unterbrochen von Äckern und Wiesen, und kurz vor Borgholm begrenzt von einem Karstgebiet. Nördlich von Ölands Hauptort tritt immer wieder Kalk- und Sandstein zutage, werden die Küsten nach Westen sandiger, nach Osten felsiger und stark zergliedert. Erst an der Bödabukten prägt wieder Wald das nördlichste Inselende.

Rundfahrt zwischen Sundbrücke und Borgholm

Die Inselmitte mit ihrer abwechslungsreichen Landschaft und etlichen Kulturdenkmälern ist ein ideales Terrain für Radtouren. Folgende Tour führt zu einigen der interessantesten Punkte dieser Gegend (Länge 50 km):

Von der Jugendherberge **Rosenfors**, am Ortsrand von Borgholm gelegen, geht es ein kurzes Stück entlang der Hauptstraße Richtung Süden (Radweg), vorbei am **Naturreservat Borgholms Slottsruin**, das zum Besichtigungsprogramm des Städtchens fest dazugehört (s. u.). Weithin sichtbar erhebt sich diese mächtige Ruine. An der nächsten Gabelung halb links geht es Richtung Räpplinge in das Karstgebiet **Alvaret** hinein. Die offene, baumlose Kalksteppe ist zwar wesentlich kleiner als ihr „großer Bruder" weiter südlich, aber dennoch ist ihr typischer Landschaftscharakter deutlich vom benachbarten Wald- und Wiesenland zu unterscheiden. In **Räpplinge** geht es vorbei an der Dorfkirche, deren Kirchhof von typisch öländischen Kalksteinmauern umgrenzt ist, wieder halb rechts Richtung Hauptstraße (Beschilderung: Färjestaden). Auf dieser fährt man noch ein kurzes Stück nach Süden, dann rechts ab zur Küste bei Ekerum (Camping) und dem **Naturreservat Halltorps Hage**. Das schöne Laubwaldgebiet ist für seine uralten Eichen und den großen Bestand an Hainbuchen bekannt und von Spazierwegen durchzogen. Auf der Hauptstraße, zu der es auf demselben Weg zurück und dabei nun bergauf geht, wendet man sich rechts und kurz darauf bei Rälla wieder links Richtung Gärdslösa. Auf ruhigeren Nebenstraßen geht es ins Inselinnere, wo sich bald das eisenzeitliche Grab **Odens Flisor** neben der Route befindet: Flache, hohe Kalksteinplatten ragen in einer Hofwiese auf. An der sofort folgenden Gabelung nach links, Richtung Gärdslösa, erreicht man das **Gräberfeld Karums Alvar**, ein weitläufiges Gelände mit zahlreichen prähistorischen Gräbern, darunter der großen Schiffssetzung Noahs Ark. Zurück an der Gabelung geht es nun nach rechts durch schönes Wald- und Heidegebiet Richtung Långlöt, bis nach rechts die **Ismanstorp Borg** ausgeschildert ist.

Ein ab dem Parkplatz holperiger Stichweg führt zu dieser idyllisch gelegenen Fluchtburg aus dem 5. Jh., die mit ihrem Ring aus dicken, bis zu 4 m hohen Trockenmauern, den Toren und den Grundmauern zahlreicher Gebäude recht beeindruckend wirkt. In Richtung Långlöt lässt man nun den Wald allmählich hinter sich und trifft inmitten von Wiesen und Feldern auf das Freilichtmuseum **Himmelsberga**,

Radler in der Kalksteppe Karums Alvar

bestehend aus drei typisch öländischen Gehöften aus dem 18. und 19. Jh., einem schönen Bauerngarten, Landhandel, Mühle, Kunstgalerie und Café (✆ 561022, Mitte Mai bis Aug. tgl. 10–17.30 Uhr). Gleich nach Himmelsberga trifft man bei Långlöt auf die Ostküstenstraße und wendet sich nach links. Kulturland breitet sich bis zur flachen Küste hin aus, Höfe und einzelne Windmühlen säumen die ruhige Straße bis Gärdslösa, wo eine gut erhaltene mittelalterliche Kirche zu einem Halt verlockt. Innen ist sie teils mit Kalkmalereien ausgeschmückt. Ein Stück weiter trifft man bei **Störlinge** auf eine Reihe der öländischen Bockwindmühlen, sieben an der Zahl. Direkt vor den Mühlen biegt man nach links wieder landeinwärts. Durch Äcker und Wiesen fährt man Richtung Köping, bald wieder durch einzelne Waldstücke und kleine Weiler. Bei **Solberga** hat ein Bauernhof sich auf Ausflügler eingerichtet, bietet seine Produkte zum Verkauf an, unterhält ein Vandrarhem (s. u.), Café und Restaurant (Mitte Juni bis Aug. tgl. 10–18 Uhr). Kurz darauf hält man sich an einer Gabelung links, erreicht die Hauptstraße nahe **Köpingsvik** und nach links auf dem Radweg geht es, vorbei an zahlreichen Stichstraßen zu der weiten, beliebten und belebten Badebucht, zum Ausgangspunkt bei Borgholm zurück.

Von Borgholm zur Nordspitze

Das Städtchen **Borgholm** ist im Sommer eine trubelige Touristenhochburg, man flaniert entlang der Hafenmole, bummelt durch die kleine, rechteckig angelegte City mit ihren Geschäften und Lokalen oder macht einen Ausflug durch das Slottsruin Naturreservat nach Solliden, wo im Sommer die schwedische Königsfamilie residiert.

Richtung Norden wechseln sich Karst- und Weideland ab, bei Alböke lohnt sich ein Umweg zur Küste und dem hübschen Fischerdörfchen **Äleklinta**. Man kann der Nebenstrecke bis **Knisa Mosse** folgen, einem küstennahen Sumpfgebiet um einen flachen See, der zahlreiche Zugvögel zum Rasten und Nisten anlockt Ein einstündiger Spazierweg erschließt das Gebiet. Bei Sandvik fällt die riesige Holländerwindmühle auf, in der heute ein Lokal residiert. In Källa ist die alte Wehrkirche aus dem 12. Jh. nicht zu übersehen, von der jedoch nur noch die Außenmauern erhalten sind. Bei **Byerums Sandvik** sind von der Brandung interessante Kalkfelsen aus dem Küstensaum modelliert, die sog. **Raukar**. Durch Nadelwälder erreicht man die Badeorte Böda im Osten und Byxelkrok im Westen, bevor die Insel mit der **Grankullavik** endet. Zwei schmale Landzugen umschließen die Bucht nach Norden. Auf der westlichen erhebt sich der Leuchtturm Långe Erik, auf der östlichen sind im **Trollskogen** schöne, alte Kiefern zu entdecken, teils vom Wind merkwürdig verformt.

Information/Verbindungen/Adressen (Vorwahl Öland: 0485)

- *Information* **Ölands Turist,** Träffpunkt Öland, Brofastet, 38621 Färjestaden, ✆ 560600, 📠 560605, info@olandsturist.se, Juli Mo–Sa 9–19 Uhr, So 10–18 Uhr, Mai, Juni+Aug. Mo–Fr 9–18 Uhr, Sa 10–17, So bis 16 Uhr, übrige Zeit Mo–Fr 10–17 Uhr. Mehr als ein Auskunftsschalter: Hier sind ein sehenswertes Naturum und eine Ausstellung zur Geschichte Ölands angeschlossen und es gibt ein Café, um in Ruhe zu planen. Im Sommer Dependance in Borgholm am Hafen, ✆ 89000.
- *Verbindungen* **Bus:** Von Kalmar verkehrt im Sommer ein Doppeldeckerbus für Radfahrer über die Brücke, kostenlos, alle 30 Min. Das Radeln über die 6 km lange Brücke ist in der Hauptreisezeit nämlich verboten, da es zu gefährlich ist.

Ganzjährig verkehren die Busse 101–106 von Kalmar nach Öland und dort zu verschiedenen Zielorten von Mörbylånga im Süden bis Byxelkrok im Norden (mehrmals tgl.). Im äußersten Süden verkehren die Linien 112–115 (2- bis 3-mal tgl.).

Der Direktbus Silverlinjen verbindet Stockholm mit Öland (bis Byxelkrok), Mitte Juni bis Mitte Aug. tgl., ✆ 0485–26111.

Fähre: Von Byxelkrok auch Verbindung mit Ölandslinjen nach Oskarshamn, Juni bis Mitte Aug. bis zu 3-mal tgl., ✆ 0480–20212.

- *Adressen* **Post** und **Banken** in Borgholm, Färjestaden und Mörbylånga, **Einkaufsmöglichkeiten** in den meisten Orten und bei den Campingplätzen, alles übrige in Kalmar.

Übernachten/Camping im Süden

- *Übernachten* **Hotell & Restaurang Skansen,** Skansenparken, Färjestaden, ✆ 30530, 📠 34804. Schön und zentral gelegenes Traditionshotel, das jüngst renoviert wurde. Im Restaurant gute schwedische Küche, incl. öländischer Spezialitäten. DZ ab 990 SEK.

Bo Pensionat, Vickleby, ✆ 36001. 8 km südlich von Färjestaden, großes Pensionat auf schönem Gartengrundstück, gut ausgestattete Zimmer. DZ 890 SEK.

Eksgården, Gårdby, ✆ 33450, 📠 33434. 15 km östlich von Färjestaden, malerisches altes Hofgelände aus dem 18. Jh., geschmackvoll renoviert. Das angeschlossene Värdshus gehört zu den besten auf Öland. DZ ab 685 SEK.

Gammalsbygårdens Gästgiveri, ✆ 663051. 4 km nördlich von Eketorp nahe der Ostküste gelegene Pension mit persönlichem Stil. Schöner Garten, geschmackvolle Zimmer, urig-gemütliches Restaurant im alten Stallgebäude (Di–So 11–18 Uhr, abends mit Vorbestellung). Ab 550 SEK.

Mörby Vandrarhem & Lågprishotell, Bruksgatan 6, Mörbylånga, ✆ 49393 📠 40686, April bis Aug. Große Herberge mit schlichten, ordentlichen Zimmern. Ab 100 SEK, DZ 400 SEK, im Hoteltrakt 500 SEK inkl. Frühstück.

Sandbergens Vandarhem, Stora Frö, ✆ 36593, ganzj. Freundliche Herberge in älterem Holzhaus, schöne Sonnenterrasse. Nicht weit zum Surf- und Badestrand Haga Park. Ab 140 SEK. Auf dem Gelände auch FeWo/4 Pers. 700 SEK.

STF Vandrarhem Ölands Skogsby, ✆ 38395, 📠 38324, Mitte April bis Okt., übrige Zeit nach Vorbestellung. Zentral gelegene Herberge in gemütlichem, alten Gasthof. Ab 155 SEK, DZ 305 SEK.

- *Camping* **Talluddens Camping,** Färjestaden, ✆ 31122, 📠 34939, April bis Okt. Nicht besonders einsam gelegen, aber dennoch netter, familienfreundlicher Platz mit großem Spaßbad nebenan, Strand vor der Haustür, das kleine Hafenpier gleich daneben. Hütten ab 800 SEK/4 Pers.

Eriksöre Camping & Stugor, Färjestaden, ✆ 39450, 📠 36248, Mitte April bis Sept. Weitläufiger, kinderfreundlicher, strandnaher Platz südlich von Färjestaden, FeHa/4 Pers ab 715 SEK.

Haga Park Camping & Stugor, Färjestaden, ✆ 36030, 📠 36076, Mitte April bis Mitte Okt. Nahe Beijershamn gelegener, naturschöner, großer Platz direkt am Strand, gutes Surfrevier, Brettverleih. FeHa/4 Pers 810 SEK.

Stenåsabadet Camping, ✆ 44014, Mitte Mai bis Mitte Sept. Bei Stenåsa an der Ostküste, auf licht bewaldetem Gelände an flachem Sandstrand. Plumpsklos und Kaltwasserdusche in leicht baufälligem Sanitärtrakt, auch die Hütten sind nicht mehr ganz neu, aber dafür schön gelegen und ruhiger als alles, was man sonst auf Öland findet. Hütten 250 SEK/4 Pers.

Degerhamns Camping, ✆ 660075, 📠 474 968, Mai bis Mitte Sept. Strandnaher Wiesenplatz 3 km nördlich von Degerhamn, gute Surfmöglichkeiten. Hütten/4 Pers ab 560 SEK.

Übernachten/Camping im Norden

• *Übernachten* **Halltorps Gästgiveri,** Borgholm, ✆ 85000, 📠 85001. Alter Gutshof, 9 km südl. von Borgholm nahe dem Naturreservat Halltorps Hage, stilvoll eingerichtete Zimmer, ausgezeichnetes Restaurant. DZ ab 1380 SEK.

Hotell Borgholm, Trädgårdsgatan 15, ✆ 11060, 📠 12466. Zentral in Borgholm gelegenes, alteingesessenes Stadthotel, jüngst renoviert, bekannt für gutes Restaurant. DZ ab 1000 SEK.

Olssons Rumsuthyrning, Tullgatan 12a, Borgholm, ✆ 77939. Zentral in Borgholm gelegene Selbstversorger-Unterkunft, alle Zimmer mit kleiner Küche. DZ ab 525 SEK.

Böda Hotell & Restaurang, Stationsvägen, Löttorp, ✆ 22027, 📠 22240. Das freundlich-schlichte Familienhotel ist für seine gute öländische Küche und hausgemachten Kuchen bekannt, im Sommer wird auch im Garten serviert. DZ ab 675 SEK.

STF Vandrarhem Borgholm, Rosenfors, Södra Vägen 7, ✆ 10756, 📠 77878, Mai bis Mitte Sept. Reservierung vor Saisonbeginn nötig. Zu Recht beliebte Unterkunft in einem stilvollen Herrenhaus inmitten eines Rosengartens, zwischen Zentrum und Solliden. 155 SEK.

STF Vandrarhem Solberga Gård, Köpingsvik, ✆/📠 72646, April bis Okt. Schönes al-tes Hofgebäude, Garten und Café/Restaurant. Ab 205 SEK.

Kakelstugan, Västra Sörby, Borgholm, ✆ 560236, 📠 560350. 12 km südl. von Borgholm in ländlicher Umgebung, preiswert wohnen im öländischen Bauernhofmilieu. Das Hofcafé und Restaurant ist bei Ausflüglern beliebt. DZ 400 SEK.

Grankullaviks Vandrarhem, Byxelkrok, ✆ 24040, Mai bis Sept. An wunderschöner Badebucht gelegen. Im angeschlossenen Strandcafé wird Hausgebackenes serviert. DZ 350 SEK.

• *Camping* **Ekerums Camping,** ✆ 564700, 📠 564701, April bis Mitte Okt. Auf halber Strecke zwischen Sundbrücke und Borgholm, nahe beim Naturreservat Halltorps Hage. Großer, gut ausgestatteter, familienfreundlicher Platz, teils unter Bäumen, strandnah. Hütten/4 Pers ab 770 SEK.

Kapelluddens Familiecamping, Borgholm, ✆ 10178, 📠 12944, ganzj. Nächstgelegener Platz zum Zentrum, strandnah. Weitere 6 Plätze reihen sich nördlich von Borgholm entlang der Köpingsvik aneinander.

Kronocamping Böda Sand, Byxelkrog, ✆ 22200, 📠 22376, Mitte Mai bis Aug. Am kilometerlangen Sandstrand der Bödabukten gelegen, kinderfreundlich, beliebt. Hütten/4 Pers ab 800 SEK. 3 weitere Plätze entlang der Bucht.

Essen & Trinken

Essen und Trinken: s. auch Unterkünfte! Außerdem:

• *Im Süden* **Bojen,** Färjestadens Hamn, ✆ 31037, Juni bis Aug. tgl. 12–22 Uhr. Direkt am Hafenpier, mit Blick auf die Sundbrücke. Guter Fisch, Salatbuffet, nachmittags frische Waffeln.

Restaurang Kvarnkrogen i Grönhögen, Degerhamn, ✆ 661340, April bis Okt. tgl. 12–21 Uhr. Abwechslungsreiche Karte, regionale Küche.

Galleri Blå Porten, Alby, ✆ 45154, Mai bis Sept. tgl. 11–18, Juli –22 Uhr. Nettes Kunstcafé, gut für eine Pause auf der Tour durch die Stora Alvaret.

• *Im Norden* **Robinson Crusoe,** Hamngatan, ✆ 77758, Mai bis Aug. tgl. 12–22 Uhr, Bar länger. Terrassenrestaurant am Hafen von Borgholm, variationsreiche, nicht ganz billige Gerichte, 17–19 Uhr Grillbuffet.

Värdshuset Höjden, Borgholms Slottsruin, ✆ 12277, Mai bis Sept. tgl. 11–22 Uhr. Ausflugslokal am Südrand von Borgholm beim Parkplatz an der Ruine. Große Auswahl an Gerichten, auch schwedische Hausmannskost, Eis und Kuchen.

Kaffeetorpet, Solliden, Mitte Juni bis Mitte Aug. tgl. 9–20 Uhr. Am Schlosspark bei Solliden, herrliches Gartengelände inmitten alter Hofgebäude, Kaffee, hausgemachter Kuchen und Snacks.

Guntorps Herrgård, Gunntorpsgatan, Borgholm, ✆ 13000, tgl. 18–22 Uhr. Bekannt für sein Smörgåsbord.

Sandviks Kvarn, ✆ 26172, Mai bis Aug. tgl. 12–20 Uhr, Mitte Juni bis Juli 10–22 Uhr. Zwischen Borgholm und Byxelkrog gelegenes Ausflugslokal in einer großen Holländer-Windmühle, bekannt für seine öländischen Kartoffelgerichte Lufsa und Kroppkakor.

Källagården, ✆ 27137, Mai bis Aug. tgl. 11–23 Uhr. Ausflugslokal in Källa, im Ambiente

Romantisches Gartenlokal nahe dem Schloss Solliden

des schönen alten Hofes von 1752, große Auswahl.

Bödahamns Rökeri, ✆ 22325, Juli Mo–Fr 9–20, Sa+So bis 18 Uhr, übrige Zeit Mo–Fr 9–18, Sa bis 13 Uhr. Die Fischräucherei am Hafen serviert den Fang auch frisch zubereitet oder geräuchert.

Aktivitäten

Borgholms Slottsruin: Restaurierte Grundmauern eines mittelalterlichen Wehrturmes und eines großen Renaissanceschlosses, das im Krieg von Kalmar 1611–13 zerstört und nie vollständig wiederaufgebaut wurde, beeindruckende Ruine, schöne Lage im Schlosspark am Sund, kleines Museum (Mai bis Aug. tgl. 10–18 Uhr).

Solliden: Sommerschloss der schwedischen Königsfamilie in herrlichem Park, der besichtigt werden kann (Juni bis Aug. tgl. 11–17 Uhr).

Skäftekärr Järnaldersgård: Zwischen Byrum und Böda in schönem Waldgebiet gelegene eisenzeitliche Siedlung, die zum Freilichtmuseum ausgebaut wurde – Eketorps Gegenstück im Norden. Die Gebäude wurden auf Grundlage archäologischer Forschung rekonstruiert, und im Sommer wird das Leben auf einem Bauernhof vor 1500 Jahren nachgespielt (✆ 22111, Mitte Mai bis Mitte Juni und 2. Hälfte Aug. bis Sept. tgl. 11–16, Mitte Juni bis Mitte Aug. tgl. 10–18 Uhr).

Ölands Djurpark, Brofästet, ✆ 30873, Mai bis Aug. tgl. 10–18, Juli bis 20 Uhr. Eine Mischung aus Zoo und Vergnügungspark, wie Kinder sie lieben: echte Tiger, unechte Saurier, Spaßbad, Karussells und ein Geisterhaus.

Fahrradverleih bei Ekerums Camping, Talluddens Camping, Böda Sand Camping, Mörby Vandrarhem und Rosenfors Vandrarhem Borgholm.

Bootsverleih bei Grankullavik Vandrarhem, Böda Sand Camping und Ekerum Camping.

Nationalpark Blå Jungfrun: Die kleine Granitinsel erhebt sich fast 90 m hoch aus dem nördlichen Kalmarssund. Nachdem sie zuvor als Steinbruch benutzt wurde, steht sie seit 1925 unter Naturschutz und fasziniert durch ihre landschaftliche Vielfalt. Auf weniger als 1 km^2 finden sich Höhlen und schmale Kerben im rosafarbenen Granit, kahle Felshänge wechseln mit lauschigem Mischwald und blumenreichem Buschland ab, zahlreiche Vogelarten finden sich zur Brutsaison ein, und nahe der Südspitze ist ein prähistorisches Labyrinth zu sehen. Die Insel ist ab Byxelkrok Mittsommer bis Mitte Aug. tgl. 10 Uhr per Boot erreichbar, Rückfahrt ca. 16 Uhr. Es gibt markierte Wanderwege. Trinkwasser mitnehmen. Reservierung bei Hans Arvidsson, ✆ 24005.

Schwedens „Glasreich“

Das seengesprenkelte, waldreiche Kerngebiet der Provinz Småland ist heute eine ideale Urlaubsregion für alle, die Ruhe, Entspannung und Natur suchen. Die falunroten Sommerhäuschen gehören ebenso unverzichtbar zu dieser Idylle wie das Boot am nächstgelegenen Seeufer. Hier sagen sich Elch und Hase gute Nacht. In der Vergangenheit gehörte das Innere Smålands zu Schwedens ärmsten Regionen. Der steinige Untergrund aus uraltem Gneis und Granit machte die Landwirtschaft immer zu einem mühsamen Broterwerb, die nährstoffarmen Seen boten keine reichen Fischbestände. Quarzhaltiger Sand und Holz waren jedoch im Überfluss vorhanden und bildeten die Grundlage eines Industriezweiges, für den das Gebiet zwischen Kalmar und Växjö schließlich berühmt geworden ist, die Glasherstellung. Schon im 16. Jh. wurden die ersten Glasbläser aus Italien angeworben, die älteste noch heute betriebene Hütte ist die 1742 gegründete Kosta Glasbruk. Abnehmer der kostbaren Glasgefäße war vor allem der königliche Hof, doch wurden auch einfachere Produkte, darunter Fensterglas hergestellt. Der eigentliche Boom der Glasherstellung setzte erst gegen Ende des 19. Jh. ein, zu spät für zahlreiche arme Småländer, die zu dieser Zeit bereits in großer Zahl ihr Glück in der Emigration nach Amerika suchten.

Växjö

Um die Provinzhauptstadt **Växjö** herum liegt deshalb nicht nur das Glasriket, in dem heute zwei Dutzend Glashütten ihr Kunsthandwerk ausstellen und verkaufen, sondern auch das Utvandrarland mit Zeugnissen des früheren ärmlichen Landlebens und der Entvölkerung. Neben den Museen (s. Aktivitäten) ist in Växjo vor allem die **Domkyrkan** aus dem 12. Jh. sehenswert. Mit seinem spitzen, kupferbedeckten Doppelturm ist der Dom ein Blickfang der Stadt. Im Inneren wird ein Runenstein aus dem 11. Jh. aufbewahrt. Nach umfangreichen Restaurierungen Mitte des 20. Jh. wurde der Kirchenraum mit moderner, typisch småländischer Kunst aus Holz, Glas, Granit und Eisen bestückt, darunter ist ein außergewöhnlicher Altaraufsatz aus Glas, geschaffen von Bertil Vallien (tgl. 9–17 Uhr).

Information/Verbindungen/Adressen (Vorwahl Växjö: 0470)

• *Information* **Växjö Turistbyrå,** Stadsbiblioteket, Västra Esplanaden 7, 35112 Växjö, ✆ 41410, 📠 796975, turistbyran@ kommun. vaxjo.se, Mitte Juni bis Aug. Mo–Fr 9.30–18 Uhr, Sa 10–14 Uhr, Juli bis Mitte Aug. auch So 10–14 Uhr, übrige Zeit Mo–Fr 9.30–16.30.

• *Verbindungen* **Bus:** Linie 134/124 und 129 nach Älmhult, 141/142 nach Jönköping, 215 nach Tingsryd (dort Verbindung zur Blekinge-Küste), 218/219 nach Kosta/ Nybro (dort Verbindung nach Kalmar), 240 nach Ingelstad/Ronneby, 270/274 nach Värnamo, 320 nach Västervik und 700 nach Karlshamn, alle mehrmals tgl. Überlandbusse nach Stockholm und Malmö.

Zug: Verbindungen nach Kalmar und Göteborg, via Alvesta nach Malmö und Stockholm. Busterminal am Bahnhof, Norra Järnvägsgatan. **Flugzeug:** Verbindungen nach Kopenhagen und Stockholm.

Parken: Umsonst und relativ zentral bei der Folkeuniversitet am Lineborgsplan, erreichbar von Norden auf der Linnégatan, nördlich der Norra Esplanaden. Gebührenpflichtige Plätze überall in der City, am Bahnhof und dem Utvandrarmuseum.

• *Adressen* **Ärztezentrum** Vårdcentralen Väster, ✆ 588950, Liedbergsgatan/Norra Esplanaden. **Krankenhaus** Centrallasarettet, ✆ 588000, Södra Järnvägsgatan, direkt hinter dem Bahnhof. **Apotheke** im Centrallasarett, Mo–Fr 8.30–19 Uhr, Sa+So 12–17 Uhr.

Post in der Norra Järnvägsgatan. **Polizei,** ✆ 743000, Liedbergsgatan.

Übernachten/Camping

• *Übernachten in Växjö* **Växjö Stadthotell,** Kungsgatan 6, ✆ 13400, 📠 44837. Komfortables, alteingesessenes Hotel mitten im Zentrum, allerdings unter häufig wechselnder Leitung. DZ 795 SEK.

Hotell Teaterparken, Västra Esplanaden 10–12, ✆ 39900, 📠 47577. Nordisches Design in den Zimmern, das Konserthus und die Konsthall gleich nebendran; die richtige Adresse für Kulturfreunde. DZ 790 SEK.

Hotell Esplanad, Norra Esplanaden 21 A, ✆ 22580, 📠 26226. Bewährtes, freundlich-schlichtes Frühstückshotel in zentraler Lage. DZ ab 500 SEK.

Toftastrands Hotell & Konditori, Lenhovdavägen 72, ✆ 65290, 📠 61402. Inmitten eines schönen Gartens am Toftasjön, 5 km östlich vom Zentrum gelegenes, familiäres Hotel. Unwiderstehlich ist der morgendliche Duft nach dem hausgebackenen Brot. DZ ab 500 SEK.

Solvikens Pensionat, Torsjövägen, Ingelstad, ✆ 38280, 📠 30003. 10 km südlich von Växjö, wunderschönes, altes Pensionat. Eingerichtet wie vor hundert Jahren, strahlen die Räume eine romantisch-nostalgische Atmosphäre aus. DZ ab 620 SEK.

STF Vandrarhem Växjö, Evedals Brunn, ✆ 63070, 📠 63216, Mitte Jan. bis Mitte Dez. Zum Zentrum ca. 6 km, im Sommer direkte Busverbindung, übrige Zeit Stadtbus 5 bis Evedalsvägen, dann 2 km Fußweg. Die JH ist stilvoll im ehemaligen Hotel des alten Kurortes untergebracht. Ab 180 SEK, DZ 400 SEK.

• *Camping* **Evedals Camping,** ✆ 63034, 📠 63122, Evedalsvägen, Växjö, ganzj. Am Helgasjön gelegener, großer Platz, gleich neben der JH und dem Badestrand. FeHa/4 Pers. Ab 800 SEK, Hütten/4 Pers. ab 400 SEK.

• *Übernachten im Glasriket* **Hotell Linden,** Emmaboda, Rådhusgatan 1, ✆ 0471–2002, 📠 12240. Nettes, preiswertes Frühstückshotel. DZ 500 SEK.

STF Vandrarhem Orrefors, Silversparregatan 14, ✆/📠 0481–30020, Mai bis Aug. Gemütliche Herberge mit schönem Garten. Ab 160 SEK.

Bergdala Härbärge/Vandrarhem, Hovmantorp, ✆ 0478–18030, 📠 18002, Juni bis Aug. Wohnen in der ehemaligen Werksunterkunft, gleich neben der Glashütte von 1889 (Besichtigung, Verkauf, Café). Ab 150 SEK.

Moshults Vandrarhem, Emmaboda, ✆ 0471–45012, Juni bis Aug. + übrige Zeit nach Vorbestellung. Herrlich gelegenes, gemütlich eingerichtetes Gutshaus. Ab 125 SEK.

• *Camping* **Götaskratts Camping,** Hovmantorp, ✆ 0478–50041, ✆ 50065, Mai bis Mitte Sept. Mischwaldgelände direkt am See Rottnen. Hütten/4 Pers. 500 SEK.

Kosta Bad & Camping, Kosta Glasbruk, Glasriket, ✆ 0478–50517, ✆ 50065, April bis Okt. Ordentlich ausgestatteter Wiesenplatz, zentral im Glasreich gelegen. Hütten 550 SEK/4 Pers.

Essen & Trinken in VäXJö

Fiskepiren, Båtmanstorget 1, ✆ 15656, Mo–Fr. 11.30–14+18–22, Sa 18–22 Uhr. Gute, phantasievolle Fischvariationen in Bistro-Atmosphäre, im Sommer wird auch draußen serviert, allerdings in nüchtern-moderner Betonkulisse.

Wibrovski, Sandgärdsgatan 19, ✆ 740410, Mo–Sa 18–23 Uhr. Stilvolle, beliebte Ess-Kneipe zwischen Fußgängerzone und Bahnhof. Die Räume im alten Holzhaus sind kühl-modern gestaltet, auf der nicht sehr umfangreichen Karte ansprechende Mischung aus mediterranen und schwedischen Einflüssen.

P.M och vänner, Storgatan 24, ✆ 700444, Mo+Di 11.30–23, Mi+Do bis 24, Fr+Sa bis 1 Uhr. Hier trifft man sich, ob zum mittäglichen Lunch, nach Geschäftsschluss oder abends auf ein Stor Stark. Gute Küche, breite Auswahl an Gerichten.

Broqvists Konditori, Kronobergsgatan/Stortorget, Mo–Fr 8–19.30, Sa 8–18 Uhr, So 10–18 Uhr. Die älteste Konditorei am Platze, von 1876. Große Auswahl, leckere Kuchen.

Hyttsill heißt ein typisches Essen, das im Sommer fast täglich in mehreren Glashütten angeboten wird. Ein rustikales Buffet, in dessen Zentrum der traditionelle, im Schmelzofen gebackene Hering steht, wird in einer Werkshalle aufgebaut, man sitzt an langen Holztafeln und wird nebenbei mit schwedischer Folklore akustisch berieselt. Sicherlich eine Touristenveranstaltung, aber nicht ohne nostalgischen Charme. Das Programm der Hyttsill-Abende ist dem Prospekt Glasriket zu entnehmen, Infos und Reservierung bei folgenden Glashütten: Bergdala, ✆ 0478–31650, Kosta, ✆ 0478–50000, Målerås, ✆ 0481–31100 und Orrefors, ✆ 0481–30059.

Aktivitäten

Smålands Museum/Sveriges Glasmuseum, Södra Järnvägsgatan 2, ✆ 704200, Juni bis Aug. Mo–Fr 10–17 Uhr, Sa+So 11–17 Uhr, übrige Zeit Mo geschl. Das jüngst erweiterte Museum beherbergt eine beeindruckende Glassammlung und zeichnet die Geschichte der Glasverarbeitung nach.

Utvandrarnas Hus, Vilhelm Mobergs Gata 4, ✆ 20120, Mai bis Aug. Di–Fr 9–17, Sa+So 11–16 Uhr, übrige Zeit Di–Fr 9–16 Uhr. Der Traum von Amerika zog ab 1850 mehr als 2 Millionen Schweden, vor allem aus Småland, über den großen Teich. Ihnen ist das Museum und das angeschlossene Archiv zur Ahnenforschung gewidmet. Der Mobergsrummet erinnert an den Chronisten der Auswanderungsbewegung und Autor des weltberühmt gewordenen Romanzyklus „Utvandrarna", Vilhelm Moberg, der aus Moshult bei Emmaboda stammte.

Xperiment Huset, Lokstallarna, Regementsgatan, ✆ 10125, ist ein Erlebnismuseum der modernen Art. Juni bis Aug. Mo–Fr 10–16 Uhr, Sa+So 11–16 Uhr, übrige Zeit Mo geschl. Auf einem alten Eisenbahngelände angesiedelt, bietet es zahlreiche Möglichkeiten zum Ausprobieren, Erforschen und Nachvollziehen von Prozessen aus Natur und Technik.

Burgruine Kronoberg: Von Växjö lohnt sich ein kleiner Ausflug auf die nördliche Halbinsel im Helgasjön zu dieser Burgruine aus dem 14. Jh., der sich mit einer Rundfahrt auf dem **Dampfer Thor** verbinden lässt (Juli+Aug. Mi, Sa, So, Reservierung unter ✆ 0470–63000 oder bei der TI). Auch das alte **Kurbad Evedal**, im 18. Jh. um eine Heilquelle entstanden und heute Naherholungsgebiet der Städter mit schönem Badestrand, liegt in Nähe. Von Evedal führt ein markierter Wanderweg in einer knappen Stunde durch schöne Waldgebiete zur Burgruine Kronoberg.

Glasriket: Die meisten Glashütten liegen zwischen Nybro und Växjö an den Straßen 25, 28 und 31 und sind gut beschildert, ein überall erhältliches Faltblatt listet sie auf. Jede Hütte hat ihre Besonderheiten im Programm der hergestellten Gläser, im Design und in der Verarbeitung, sodass sich auch mehrere Besuche lohnen. Man kann den Glasbläsern zusehen (Mo–Fr 8–15 Uhr), die Produkte in Ausstellungsräumen besichtigen und im Werksverkauf günstig, teils auch als 2. Wahl, erstehen (der Glassriket Pass bietet weitere Rabatte, lohnt sich aber nur, wenn man größere Einkäufe plant). (Mo–Fr 9–18 Uhr, Sa 10–16 Uhr, So 12–16 Uhr). Außer diesen 14 größeren Betrieben haben sich auch etliche eigenständige Glaskünstler in der Region angesiedelt und als Svenska Studioglas-Gruppen zusammengeschlossen (Prospekt über die TIs). Sie zeigen besondere, selbstentwickelte Techniken und stellen teils aus Altglas faszinierende Produkte her (Mo–Fr 10–18 Uhr, Juni bis Aug. auch Sa+So 11–16 Uhr).

Korrö Handverksby, altes, restauriertes Handwerkerdorf zwischen Rävemåla und Linneryd an der Straße 122. Der Wanderweg durch das Auswandererland führt hier vorbei, ein Naturreservat ist auf markierten Spazierwegen zu erkunden, der Ronnebyån ist ein beschauliches Paddelrevier. ✆ 34249, Juni bis Aug. tgl. 9–20 Uhr, Mai+Sept. nur Sa+So.

Långasjö und Klasatorpet, zwischen Rävemåla und Emmaboda an der 120. Ein Gedenkstein erinnert im Ort an die Auswanderer, auf dem Gelände des alten Hofes wurden Szenen für die Verfilmung von Vilhelm Mobergs Auswandererromanen gedreht.

Grönåsens Älgpark, Kosta, ✆ 0478–50770, April bis Okt. tgl. 10–18 Uhr. Fußwege erschließen den bewaldeten Elchpark, am Seeufer oder vom Aussichtsturm lassen sich die Tiere gut beobachten. Wer gar kein Safariglück hat, trifft zumindest das Elchpaar Karl-Gustav und Silvia in ihrem Gehege.

Fahrradverleih bei Evedals Camping und JH, Moshults- und Orrefors Vandrarhem, in Växjö bei Smålands Cykel, Västra Esplanaden 15, ✆ 47548.

Kanuverleih bei Evedals Camping und JH, Korrö Hantverksby.

Vom Åsnen zum Bolmen: typische Seenlandschaften

Südwestlich von Växjö erstreckt sich der weitläufige, von Buchten und Halbinseln zergliederte See Åsnen, umgeben von sumpfigen Wiesen und Nadelwäldern. An seinem Nordzipfel liegt an der Straße Nr. 23 der Gutshof **Huseby Bruk** mit einem sehenswerten Herrenhaus, heute als Museum eingerichtet und einer weitläufigen Parkanlage mit Naturum, in dem die Entstehung der Landschaft um den See während der Eiszeiten erläutert wird. Doch nicht Natur und Landwirtschaft machten den Hof wohlhabend, sondern Eisen, das hier als Sumpferz schon seit dem 17. Jh. gewonnen und verhüttet wurde. Die Hochöfen und Verarbeitungsanlagen, die man heute besichtigen kann, stammen aus dem frühen 19. Jh. und dienten schon damals zur Herstellung von Maschinenteilen, Öfen und den ersten Fahrrädern. Die Hofarbeiterunterkünfte aus den 1930er Jahren beherbergen das Statarmuseum, in dem die damaligen Lebens- und Arbeitsbedingungen der Tagelöhner gezeigt werden (Huseby Slott, Järnbruksmuseum, Naturum und Statarmuseum, Café-Restaurant, ✆ 0470–752097, Mitte Juni bis Aug. tgl. 11–17 Uhr, ab 2. Woche April + bis Sept. Sa+So 11–17 Uhr).

Südlich von Huseby lohnt sich die Strecke über Grimslövby und am Westufer des **Skatelövsfjorden** entlang nach Torne.

Radtour quer durch den Åsnen

Ab **Torne** lässt sich der Åsnen auf folgender, ca. 60 km langen Radtour erfahren (z.T. rotes Radsymbol „Banvalleden“): Man folgt der Straße über den Seearm hinweg. Bei dem Weiler Vrankunge geht es nach rechts, Richtung Urshult, durch einsames Waldgebiet. Bei Vevik lohnt ein Abstecher zum **Naturreservat Bjurkärr**, dessen verwunschener Buchen- und Kiefernwald von zwei Spazierwegen erschlossen wird. Über eine Brücke geht es auf die Insel Sirkön, durch das Dörfchen Hunshult, das fast nur aus roten Holzhäusern besteht, und über eine zweite Brücke erreicht man beim Kärrasand Camping eine idyllische Badestelle. Ein kurzer Wanderweg führt ab hier zur 50 m höher gelegenen Aussichtskuppe **Lunnabakken**, mit dem Museumshof Gamla Urshult (✆ 0477–21125, Juni bis Mitte Aug. tgl. 12.30–16.30 Uhr) und dem Hofcafé Kurrebo inmitten eines weitläufigen Obst- und Blumengartens (11–18 Uhr). In **Urshult** trifft man auf die Straße Nr. 120. Auf ihr nach rechts, vorbei an der Kirche und bald darauf wieder rechts geht es nun nach Hackekvarn. Auf Brücken überquert man die Arme des Havbäkesfjorden, dessen Strömung früher von einer Mühle genutzt wurde. Ihre Mauern und das Stauwehr sind noch rechts der Straße erkennbar (Privatgelände). Weiter durch Misch- und Nadelwald geht es zu den Häusern von Älmehult und dem angrenzenden Lönsbygd, wo man auf den Schotterweg Richtung **Ålshult** abbiegt. Dort über eine Brücke und auf die Straße rechts Richtung Getnö, auf der gleich eine Kanustation und ein alter Bahnhof der einstigen Strecke Karlshamn-Vislanda erreicht ist (Infotafel). Bald dahinter taucht der See wieder auf, mal links, mal rechts der Straße. Bei Toftåsa verlässt man diese nach halblinks und folgt nun dem alten Bahndamm. Immer in Ufernähe führt er durch Wald- und Moorgebiet und dann als breiter, schilfgesäumter Steinwall quer durch den seichten See. Jenseits geht es auf schmaler Landzunge und über Brücken zur Bahnstation von **Ulvö**. Wieder in Ufernähe führt der Banvalleden nach **Hulevik**, einst Zentrum der Holzverarbeitung, heute ruhige Feriensiedlung. Bootshafen und liebevoll angelegter Badeplatz laden zum Rasten ein. Dann folgt die letzte Etappe, noch einmal auf dem ufernahen Bahndamm, bevor dieser bei Torne wieder auf die Straße trifft.

Zum Möckeln

Große und kleine Seen prägen auch weiterhin die waldreiche Landschaft. Bei **Älmhult**, das seine Bekanntheit daraus herleitet, Stammsitz des IKEA-Konzerns zu sein, erstreckt sich der Möckeln weit zerfranst nach Norden; ein weiteres schönes Kanurevier. Auf dem Landweg empfiehlt sich ein Abstecher zur aussichtsreichen Anhöhe **Taxåsklint**, auf einer in den See ragenden Halbinsel, und zum **Naturreservat Höö**, wo sich üppige, blumenreiche Uferwiesen und Laubwälder finden. Bei Diö am Ostufer liegt das Geburtshaus des großen Naturforschers Carl von Linné. In **Linnés Råshult** ist heute alles wieder wie im 18. Jh. angelegt, der Hof, der Kräutergarten und die Handwerksgeräte, auch ein schönes Gartencafé gehört zur Anlage (✆ 0476-21318, Mai bis Sept. tgl. 9–18 Uhr).

Um den Bolmen

Östlich des Städtchens Ljungby erreicht man den größten See Smålands. Beim Bootshafen von Bolmstad legt im Sommer der Ausflugsdampfer Kavaljeren an, auf dem ab Odensjö kleine Kreuzfahrten über den See veranstaltet werden. Richtung Süden ist bei Annerstad die vorhistorische Festung Piksborg ausgeschildert, idyllisch an einer Bucht gelegen. Auf der Strecke nach **Odensjö** liegt das Naturreservat

Am Möckeln

Hästhult, ein ursprüngliches Kiefernwaldgebiet. Der hübsche Hafenort selbst hat ein Freilichtmuseum (Hembygdspark, ✆ 035-91774), ein steinzeitliches Gräberfeld und einen Badeplatz zu bieten. Kurz vor Södra Unnaryd liegt das **Gräberfeld Bredjarör** am Ufer des Unnen. Zahlreiche eisenzeitliche Steinsetzungen sind um einen Steinhügel gruppiert.

Bevor man am Bolmenufer weiterfährt, empfiehlt sich ein Abstecher nach **Södra Unnaryd:** Das malerische Alebo Pensionat erinnert mit dem kleinen Pavillon des „Gesundbrunnens" an Södra Unnaryds Vergangenheit als Kurbad. Das Heimatmuseum zeigt gut erhaltene Wandteppiche, Geräte zur Filzherstellung und Wohnhäuser aus dem 19. Jh. (Anmeldung unter ✆ 0371-72075). Wenige Kilometer nördlich lohnt sich ein Spaziergang durch den Buchenwald von **Ödegärdet**, am Ufer des Kroksjön gelegen. Zahlreiche Steinwälle, flache Stufen und Rinnen im Boden zeugen von Acker- und Gartenbau, der vermutlich von der Bonzezeit bis ins Mittelalter auf diesem Gelände betrieben wurde. Heute wirkt der Wald ursprünglich und verwunschen. Etwas weiter nördlich liegt die wassergetriebene Sägemühle **Brunnsbacka** aus dem 18. Jh. an einem Zufluss des Kroksjön (Führungen unter ✆ 0371-72075).

Zurück Richtung Bredjarör geht es nun nach Sunnaryd. Ein Abzweig führt zu der naturschönen Halbinsel Tiraholm (Fischrestaurant), von wo man einen weiten Blick über die Inselwelt des Bolmen hat. Weiter auf der nun ufernahen Straße erreicht man den Anleger in Sunnaryd, von wo eine Seilfähre zur Insel Bolmsö verkehrt (6–22 Uhr alle 30 Min.); eine nette und kostenlose „Kreuzfahrt" über den See. Drüben bildet der Kirchort Bolmsö das Inselzentrum mit Restaurant, Camping- und Badeplatz. Am Fornminnevägen weist ein Schild auf das Gräberfeld **Spökebakken** hin, ein idyllisch bewaldetes Gelände mit Grabhügeln und Bautasteinen aus der frühen Wikingerzeit. Weitere Gräberfelder liegen nahe der Nordküste, erreichbar auf der Nebenstraße nach Håringe. Die Hauptstraße durchquert die bewaldete Insel und führt über einen Damm zum Festland bei Tannåker zurück.

Abstecher zum Store Mosse

Richtung Norden liegt kurz vor Bredaryd das Naturreservat **Draven Sjön**, in dem zur Brutsaison Singschwäne, Kraniche, Graugänse und zahlreiche Enten- und Watvogelarten zu beobachten sind. Zwei Aussichtstürme und ein kurzer Rundweg erschließen das Gebiet.

Zwischen Värnamo und Hillerstorp durchquert die Straße Nr. 151 das **Naturschutzgebiet Store Mosse**, eines der letzten größeren Moorgebiete Südschwedens und mit etwa 100 ha das größte außerhalb Lapplands. Nur ein Teil des Gebietes ist für Besucher zugänglich, doch reicht das Wegenetz aus, um sich einen ganzen Tag hier aufzuhalten. Ein **Naturum** informiert über Wege und Entstehung der Landschaft ✆ 0370-23792, Juni bis Aug. tgl. 10–16 Uhr, übrige Zeit Mi 15–20, So 10–16 Uhr). Auf dem Rundweg um den teils verlandeten Moorsee Kävsjön erschließen sich typische Landschaftsformen: Am südlichen Parkplatz liegen die Rocknarar, heute bewaldete Flugsanddünen. Entlang der Südufer des Kävsjön erstreckt sich Stora Gyngflyet, ein „schwimmendes Moor", dessen Pflanzendecke auf einer seichten Wasserfläche aufliegt. Kraniche und zahlreiche Watvogelarten lassen sich hier während der Brutsaison beobachten, besonders gut vom Aussichtsturm am nördlichen Parkplatz. Vorbei am nett angelegten Lehrpfad für Kinder (schwed.+dt. Text) führt der markierte Weg nun abwechselnd durch Wald und Moorgebiete zu den Moränenhügeln bei Svanö, auf denen früher Landwirtschaft betrieben wurde, und wo auf einer alten Hofstelle heute eine Rasthütte steht (Übernachtung möglich, ab 110 SEK, über die TI Värnamo). Auf der anderen Seeseite führt der Pfad zum Ausgangspunkt zurück (15 km, 3–4 Std.).

Nach Süden erschließen weitere Wege das Moor und führen zur Moräne Lövö, die wie eine Insel aus dem Feuchtgebiet aufragt.

Information/Verbindungen/Adressen

• *Information* **Smålands Check-in**, Södra vägen 12, Urshult, ✆ 0477-20875, 📠 48080, Juni bis Aug. Mo–Fr 9–19 Uhr, Sa+So 11–15 Uhr.

Älmhults Turistinformation, Kommunhuset, Södra Parkgatan 1, 34323 Älmhult, ✆ 0476-55152, 📠 55200, turism@almhult.se, Mitte Juni bis Mitte Aug. Mo–Fr 9–17 Uhr, Sa 10–14 Uhr, übrige Zeit Mo 8.30–12.30 Uhr.

Turistbyrå Ljungby, Kommunledningskontor, Stora Torget 6, 34183 Ljungby, ✆ 0372-789220, 📠 789119, turistbyran@kommun.ljungby.se, geöffnet wie Kommunalverwaltung. **Dependance** in **Laganland** an der E 4, ✆ 30880. April bis Okt. tgl. 10–18 Uhr, übrige Zeit tgl. 10–17 Uhr.

Värnamo Turistcentral, Storgatan 50, 33153 Värnamo, ✆ 0370-18899, 📠 15711, info@visitvarnamo.com, Mitte Juni bis Mitte Aug. Mo–Fr 9–18, Sa bis 14 Uhr. Übrige Zeit Mo–Fr 9–12+13–17 Uhr.

• *Verbindungen* **Bus:** Linie 242 Växjö-Ryd, 130 Ryd-Älmhult. 148 Älmhult-Ljungby, 146 Ljungby-Bolmen, 147 nach Bolmsö. 275 Bolmsö-Värnamo, 273 Ljungby-Värnamo. Von Värnamo mit Linie 236 nach Bredaryd/Gislaved, 242 Gnosjö/Gislaved, 274 nach Växjö, 133 nach Jönköping. Von Älmhult Linie 535 nach Kristianstad. **Züge** verkehren über den Knotenpunkt Alvestra zwischen Växjö, Älmhult und Värnamo, dort Anschluss an weitere Fernlinien.

Parken: In Älmhult an der Norra Esplanaden beim Stortorget und der TI. In Värnamo rings um das Stadshus (TI) und in Bahnhofsnähe zahlreiche Parkmöglichkeiten.

• *Adressen* In Älmhult **ärztliche Hilfe** Vårdcentralen, Kungsgatan 14, ✆ 0476–59211. Dort auch **Apotheke**, ✆ 0476–12235. **Geschäfte** und **Banken** um den Stortorget.

In Värnamo **Ärztliche Hilfe** und **Apotheke** beim Sjukhus, Doktorsgatan. **Geschäfte** und **Banken** um die Storgatan.

Gnosjö
Kulltorp
Hillerstorp
Jönköping
5 km
27
NP Store Mosse
Herrestad
151
Värnamo
Revele
Bredaryd
NR Draven Sjön
Åminne Bruk
Hindsen
E 4
Flåren
Vidöstern
Furen
27
Brunnsbacka
Sunnaryd
Håringe
Spökebakken
Ödegärdet
Kroksjön
Unnaryd
Rydaholm
Tiraholm
Tannåker
Unnen
Bolmsö
Lagan
Laganland
Bakarebo
Bolmstad
Bredjarör
Lagan
Bolmen
Odensjö
25
Ryssby
Gamla Torget
Angelstad
Hästhult
Bolmen
Ljungby
Piksberg
Kösen
Stensjön
25
Annerstad
Ellinge Elchpark
Vissjön
Hamneda
E 4
Naturres
Exen
Möckeln
Djö
NR Höö
Taxåsklint
Linnés Råshult
Möckelsnäs
Helge å
23
Delary
Älmhult
Gebiet Värnamo
Helsingborg

Übernachten/Camping

• *In der Åsnen-Region: Vorwahl 0477*

Urshults Hotell, Smedjevegen 5, ✆ 2001. Gemütliches älteres Hotel, einfacher Standard. DZ 500 SEK. Restaurant.

Kurrebo Café & Vandrarhem, ✆ 21055, Mai bis Mitte Sept. Auf der Aussichtkuppe Lunnabacken gelegen (s. Radtour). Gemütliche Unterkunft im 1. Stock des alten Wohnhauses. Ab 150 SEK.

Kärrasand Camping, ✆ 21079, Mai bis Aug. Unterhalb von Lunnabacken (s. Radtour) gelegener, relativ kleiner Wiesenplatz, etliche Dauercamper.

Mjölknabens Naturcamping, ✆ 24018, Ostern bis Okt. 14 km nördl. von Urshult auf der Insel Sirkön gelegen (s. Radtour). Schöner, terrassierter Platz mit Seeblick, Hütten/4 Pers. 500 SEK.

Urshult Camping Rävabacken, Sirkövägen, ✆/℻ 20243, Mai bis Sept. 1 km nördlich von Urshult am Ufer des Åsnen, baumbestandener Platz. Hütten/4 Pers. ab 420 SEK.

Getnö Gård Naturcamping, Ryd, ✆ 0477-24021, ℻ 24049, Mai bis Sept. Nördlich von Urshult am Åsnen gelegen, an der Gabelung der Straßen 120/126 beschildert. Gut ausgestatteter, weitläufiger Wiesenplatz. Beliebter Kanustützpunkt

• *In der Möckeln-Region: Vorwahl 0476*

Hotel Haga Park, Älmhult, Östra Esplanaden 10, ✆/℻ 71035. Moderne, freundlich-helle Einrichtung, schöne Parklage unweit des Zentrums von Älmhult, reichhaltiges Frühstücksbuffet, Selbstversorgerküche. DZ ab 800 SEK.

Möckelnsnäs Herrgård, ✆ 53200, ℻ 53201. Auf der landschaftlich reizvollen Landzunge im Möckeln, nicht weit von Linnés Råshult. Komfortable Unterkunft in romantischem Herrenhof-Ambiente, vom Restaurant aus herrlicher Blick auf den See. DZ 1240 SEK.

Hotel & Café Björkelund, Stenbrohult, Diö, ✆ 21111. Hübsches Gästehaus mit „Charakter", am Möckelnufer nahe Linnés Råshult gelegen. DZ 850 SEK.

STF Vandrarhem & Camping Älmhult, Sjöstugan, ✆ 71600, ℻ 12632, Mai bis Aug. 2 km nördlich von Älmhult an der Südspitze des Möckeln gelegen, Bus 148. Idealer Ausgangspunkt für Kanutouren. Kleinere, angenehme Herberge in roten Holzhäusern auf Waldgrundstück, großer, gut ausgestatteter Campingplatz und schöner Badestrand angrenzend, 160 SEK, DZ 400 SEK, Hütten/4 Pers. 550 SEK.

• *Zwischen Bolmen u. Värnamo*

Hotell Linéa, Märta Ljungbergsvägen 12, Ljungby, ✆ 0372-13020, ℻ 13062. Zentral gelegenes, familiäres Hotel. DZ ab 500 SEK.

Alebo Pensionat, Södra vägen 66, Unnaryd, ✆ 0371-60018. Typisches altes Kurhotel mit beliebtem Restaurant in reizvoller Lage am See Unnen. DZ ab 640 SEK.

De Danann, Bolmenvägen 1, Unnaryd, ✆ 0371-60660, Mai bis Aug. Unterkunft über dem Antiquitätenladen; entsprechend urig sind die beiden Pensionszimmer eingerichtet. DZ 400 SEK.

Toftaholm Herregård, Lagan, ✆ 0370-44055, ℻ 44045. Zwischen Värnamo und Ljungby am Vidöstern gelegenes „Romantikhotel", ein alter, schöner Herrenhof. Das stilvolle Ambiente hat seinen Preis: DZ 1480 SEK.

Hotel Park Inn, Värnamo, Storgatsbacken 20, ✆ 0370-656600, ℻ 656609. Teils von verschiedenen schwedischen Möbeldesignern gestaltetes, großes Hotel, jede „Suite" hat ihren eigenen Stil. DZ ab 770 SEK.

Herrestad Vandrarhem/Bed & Breakfast, ✆ 0370-28300, Juni bis Aug., übrige Zeit nach Absprache. 10 km von Värnamo, gut ausgestattete Herberge auf einem alten Gutshof am Herrestadsjön, am Südrand des Store Mosse. Ab 175 SEK, DZ ab 500 SEK.

Folkhögskolan Värnamo, Västhorjavägen 9, ✆ 0370-379050, ℻ 379019. Große, moderne JH, gut ausgestattet. 190 SEK, DZ ab 380 SEK.

Lökna Husvagnscamping, Lidhult, ✆/℻ 035-92026, Mitte Mai bis Aug. Bei Unnaryd, zwischen Bolmen und Unnen gelegener schöner Campingplatz unter Bäumen mit unverstelltem Seeblick, nicht für Zelte. FeHa/4 Pers. Ab 550 SEK.

Bolmsö Camping, ✆ 0372-91055, ℻ 91102, April bis Sept. Auf der Insel im Bolmen, direkt neben dem Anleger der Seilfähre, erstreckt sich der idyllische, bewaldete Platz bis zum Badestrand. Hütten/4 Pers. 400 SEK.

Sjön Bolmen Camping, Bolmstad, ✆ 0372-92951, ℻ 92351, ganzj. Weitläufiger, teils baumbestandener Platz direkt am Bolmen, im Sommer werden auch deutsche Gasflaschen gewechselt. Hütten/2 Pers. 300 SEK, FeHa/4 Pers. 900 SEK.

Värnamo Camping, Prostsjövägen, ✆ 0371-16660, ℻ 47150, Mai bis Sept. Waldgelände zwischen dem Badesee Prostsjön und dem Lagan, nur 1 km zum Zentrum und doch naturnah. Hütten/4 Pers. 425 SEK.

Essen & Trinken

• *In der Åsnen-Region* **Restaurang Smått och Gott,** Torne, ✆ 0470-754305, tgl. 13–20 Uhr. Kurz vor der Sundbrücke über den Skatelövsfjorden gelegen. Familiäres, freundlich geführtes Lokal, wo Dorfbewohner und Durchreisende einkehren, bodenständige Küche, kulinarische „Wunder" darf man nicht erwarten.

Åsnens Rökeri, Klasamåla, ✆ 0477-20190, Mai bis Sept. tgl. 9–18 Uhr. Aal, Barsch, Hecht und Zander werden teils frisch, teils geräuchert im Hofladen und Lokal angeboten; es gibt aber auch Kaffee und Kuchen.

• *In der Möckeln-Region* In Älmhult ist die Auswahl recht begrenzt, zur Not bleibt ja noch das IKEA-Restaurant.

Café & Gatukök Carl Von, Stortorget, ✆ 0476-14491, tgl. 11–20 Uhr. Andernorts wird die „Gunstlage" am Marktplatz zwar von eleganteren Lokalen als diesem Imbisscafé genutzt, aber im Sommer sitzt man schön draußen.

• *Zwischen Bolmen u. Värnamo* **Stationskrogen**, Stationsgatan 6, Ljungby, ✆ 0372-74949, Mo–Do 11–22, Fr+Sa –23 , im Pub bis 2 Uhr, So 12–18 Uhr. Typisch-gemütlicher Krog, Restaurant und Kneipe unter einem Dach.

Tiraholms Fisk, Restaurang & Gårdsbutik, ✆ 0371–64019, Mai+Juni Sa+So 12–18 Uhr, Juli tgl. 12–20, Aug. –18 Uhr. Auf der gleichnamigen kleinen Landzunge im Bolmen gelegen. Aal, Hecht und Zander kommen frisch aus dem Bolmen und werden phantasievoll zubereitet.

Värdshuset Hägern, Bolmsö, ✆ 0372–91055, Juni bis Aug. tgl. 12–21 Uhr, Mai Sa+So 12–21 Uhr. Auf dem Gelände des Campingplatzes, aber kein typisches Campinglokal. Im alten Jagdhaus werden Wildgerichte und Zander aus dem Bolmen serviert.

Bredaryds Wärdshus, Lundavägen 16, Bredaryd, ✆ 0370-80320, Mo–Sa 11–22 Uhr, Bars z. T. länger. Berühmte, ausgesprochen skurrile Lokalität mit verschiedenen Gasträumen, eine Mischung aus schwedischem Ausflugslokal und dem, was man sich in Schweden unter einer deutschen Kneipe vorstellt. Unglaublich große Auswahl an Biersorten, teils aus eigener Brauerei, und gute, etwas rustikale Küche.

Restaurang Basics, Storgatan 42, ✆ 47840, tgl. 11–22 Uhr. Dagens, Pizza und à la carte im Zentrum von Värnamo.

Aktivitäten

Gamla Torget in Ljungby ist ein schönes Häuserensemble aus dem frühen 19. Jh., in dem heute ein Museum, Kunsthandwerk und ein traditionsreicher Gasthof untergebracht sind (Gamla Tinghuset, ✆ 0372-83402, Juni bis Aug. Sa–Do 12–16 Uhr, übrige Zeit Mo–Fr 12–16 Uhr).

Bootsausflüge im Sommer auf den Bolmen mit M/S Kavaljeren ab Odensjö Brygga. Infos unter ✆ 070-8510420.

Elchparks gibt es gleich zwei in der Kommune Ljungby. Im Süden bei Hamneda (nahe der E 4): **Elinge Älgpark**, ✆ 0372-50250, Mai bis Nov. tgl. 9–19 Uhr. Freigehege, Aussichtsturm, Ausstellung. Füttern erlaubt.

Im Norden bei Lagan (an der E 4): **Älgland**, ✆ 0372-30880, April bis Okt. Tgl. 9–19 Uhr. Großes Freigehege, Fütterung um 10 Uhr, Aussichtstürme. Der Park ist Teil des Touristenzentrums Laganland mit TI, Motel, Ausstellungen und Souvenirshop – etwas trubelig.

Apladalen: Gleich hinter dem Stadshus (TI) von Värnamo gelegener großer Park mit Freilichtmuseum, in dem allsommerlich alte småländische Handwerke und vergangener Alltag zum Leben erweckt werden. Die traditionellen, hausgemachten Zimtschnecken werden in der angeschlossenen Kaffestuga angeboten (Hembygdspark, ✆ 10460, Mai bis Aug. tgl. 10–19 Uhr).

Bruno Mathssons Center, Tånnögatan 17, Värnamo, ✆ 18750, Mo-Fr 8–12 + 13–17 Uhr. In lichtdurchflutetem Ambiente kommen die in kühlem nordischen Stil gehaltenen Möbel des Design-Professors ausgezeichnet zur Geltung – eine echte Alternative zu IKEA. Die TI Värnamo bietet geführte Touren durch das „Möbelriket" an, zu verschiedenen Produktions- und Ausstellungsstätten der Umgebung, darunter Bruno Mathssons Center und Källemo AB.

Die Region zwischen Jönköping und Värnamo war ein Zentrum der Metallverarbeitung. **Historische Industrieanlagen** sind zu besichtigen in: **Åminne Bruk**, Åminne (7 km südl. Värnamo) ✆ 0370-18899, Juni bis Aug. Mi–So 14–18 Uhr. Die Hütte von 1826 hat einen funktionsfähigen Schmelzofen, in den Hallen wird die Eisenverarbeitung anschaulich erläutert und werden Konzerte veranstaltet.

Gnosjö (Str. 151, nordwestl. Store Mosse NP): Hier sind gleich zwei alte Handwerksbetriebe zu anschaulichen Museen umfunktioniert. In **Töllstorps Industrimuseum** (✆ 0370-99106, Mittsommer bis Mitte Aug. tgl. 14–17 Uhr) wird Draht gezogen und Eisen gewalzt wie im 19. Jh., In **Hyltén's Industrimuseum** (✆ 0370-91700, Mittsommer bis Mitte Aug. tgl. 13–16 Uhr, übrige Zeit Mo–Fr 13–16 Uhr) werden Gießerei und Werkstätten von 1874 im Sommer noch mit der Fallenergie des Wassers betrieben, das aus dem Staubecken über die Mühlräder geschickt wird.

Fahrradverleih bei Bolmsö Camping, Sjön Bolmen Camping.

Boots/Kanuverleih bei den Campingplätzen Mjölknabben, Getnö Gård, Urshult, Värnamo, Bolmsö, Sjön Bolmen und Lökna, bei den JHs Herrestad und Älmhult.

Badestellen bei den o. g. Campingplätzen, JHs und an den Seen des Gebietes.

Durch Östergötland zum Mälaren

Blaue Küste und grünes Hinterland

Schwedens „Blaue Küste" ist zwischen Västervik und Stockholm immer wieder lohnend. Schäreninseln, so weit das Auge reicht, tief ins Land greifende Buchten, Hafenstädtchen und Badeorte ziehen Besucher an, die auf dem Wasser- und Landweg das Küstenrevier erkunden. Landeinwärts führt diese Route über das dünn besiedelte, bewaldete småländische „Hochland", Astrid Lindgrens Welt, zur Bezirkshauptstadt Jönköping am Südende des Vättern, eingebettet zwischen lang gezogenen Hügelrücken. Am landschaftlich reizvollen Ostufer lohnt auf dem Weg nach Norden so manches Kulturdenkmal einen Stopp, besonders geschichtsträchtig ist die Region um Vadstena. Im Kanalort Motala übernimmt das „Blaue Band" des Götakanals die Regie bis zur Küste bei Söderköping, und vom Fischerort Trosa, einst als Ende der Welt bezeichnet, geht es schließlich zum abschließenden Highlight der Route, Schloss Gripsholm am Mälaren.

Wer von Süden kommt, sollte bei **Blankaholm** einen ersten Abstecher von der E 22 machen. Der kleine Hafenort liegt schon inmitten der großartigen Schärenlandschaft, die sich nach Norden hin bis Stockholm erstreckt. Västervik, am Ausgang der über 20 km langen, schmalen **Gamlebyviken** gelegen, ist ein Zentrum der „Blauen Küste", die sich von hier zu Wasser und zu Lande ausgezeichnet erkunden lässt.

Västervik

Västerviks Zentrum liegt rings um den Fiskehamn. Die vorgelagerten Inselchen Strömsholmen und Slottsholmen riegeln die Bucht hier fast zu einem Binnensee ab, und nur die von einer Klappbrücke überspannte „Meerenge" zwischen ihnen lässt Fischer- und Ausflugsboote zur inneren Bucht passieren. Kein Wunder, dass diese strategisch günstige Lage schon früh für eine Festungsanlage genutzt wurde. Die Ruine des 1360 erbauten **Stegeholms Slott** zeugt noch davon. Die Burg schützte den seinerzeit 20 km nördlich im Ende der Gamlebyviken gelegenen Handelsplatz Västervik gegen hansische und dänische Übergriffe, 1433 mussten die Bewohner in den „Schutz" der Festung umsiedeln. Die Maßnahme erwies sich jedoch als untauglich, denn die neue Ortschaft war in den folgenden 250 Jahren Ziel von vier verheerenden dänischen Angriffen. Der letzte zerstörte 1677 auch die Festung so stark, dass sie nicht wieder aufgebaut wurde. Von den Gebäuden der Stadt überstand einzig die St. Gertruds Kyrka aus dem Jahr der Stadtgründung die Brände halbwegs, wurde mehrfach wieder instand gesetzt und ist bis heute erhalten. Nach-

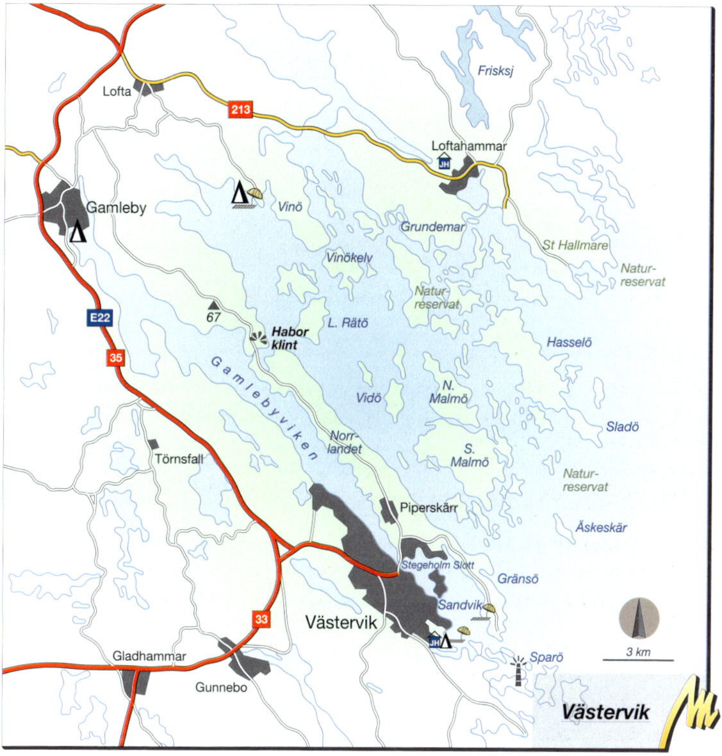

dem die Herrschaft Schwedens in dieser Region gefestigt war, entwickelte sich Västervik zu einem bedeutenden Hafenort mit Fischerei und Werftindustrie. Heute haben sich verschiedene Branchen im Stadtgebiet angesiedelt, neben der Fischverarbeitung und der Nahrungsmittelproduktion sind auch Elektro- und Kunststoffindustrie ansässig. Für die Region Tjustbygden spielt der Ort zudem eine wichtige Rolle als Verwaltungs-, Bildungs- und Handelszentrum.

Stadtspaziergang

Das Turistbyrå auf Strömsholmen ist ein guter Startpunkt für einen Ortsbummel. Untergebracht ist es im sehenswerten alten **Badehaus** von 1910. Vorbei am Restaurantschiff Simson und dem Pier des Ausflugsdampfers geht es um den Fiskehamn herum. Der **Fiskatorget** und der angrenzende Grönsakstorget sind im Sommer ein belebter Treffpunkt für Besucher und Bewohner. Marktstände bieten Grünzeug, Blumen, Fisch und Schnickschnack an, Bänke laden zu einer Pause ein, Lokale breiten sich aus den angrenzenden Gebäuden bis auf die Gehwege aus. Auf der Rådhusgatan erreicht man den ältesten Ortsteil **Gamla Norr**. Schöne Holzfassaden, oft mit dem Giebel zur Straße, säumen den Weg. Zum Ufer hin liegen an der Hamngatan ein paar ehemalige Speicherhäuser, die Loftbodarna aus dem 18. Jh. Hier wurde einst Salz gelagert, einer der wichtigsten Konservierungsstoffe für Fisch. Rings um

Blick vom Fiskatorget nach Norrlandet

die nahe gelegene **St. Gertruds Kyrka** stammt ein Teil der Bebauung noch aus derselben Zeit, so der dreiflügelige, falunrote Aspagården rechts des weiß getünchten Gotteshauses. In den alten Hof sind Kunsthandwerker eingezogen. In der Kirche erinnert kaum etwas an die Zeit ihrer Entstehung. Der Barockaltar stammt aus dem späten 17. Jh. Auf der anderen Seite der Kirche, zur Hospitalsgatan, liegt das recht vornehm wirkende **Cederflychtska huset**. Man mag kaum glauben, dass dies das Armenhaus der Stadt war, und so schrieb denn auch ein Zeitgenosse, dass in Västervik die Armen besser als die Reichen wohnten. Entlang der Östra Kyrkogatan erreicht man an der Storgatan wieder die City und links den **Stora Torget**, flankiert vom Rathaus aus dem Jahr 1792 und dem beeindruckenden alten Kaufhaus Enanderska Fastigheten von 1907, seinerzeit ein supermodernes Einkaufsparadies. Ein weiteres historisches Ensemble steuert man nun auf der Brunnsgatan Richtung Bahnhof an. Am **Båtmansgränd** sind mehrere niedrige Holzhäuser von 1750 erhalten, die als Unterkünfte für die einfachen Dienstgrade der Tjust Båtsmanskompanie dienten. Zurück auf der Brunnsgatan erreicht man wieder den Fiskehamn. An der Ecke Storgatan liegt der **Wimmerströmska Gården** aus dem 18. Jh., seit einigen Jahren ein Museum. Der erste Stock präsentiert den großbürgerlichen Wohnstil des 19. Jh. (✆ 30945, Mittsommer bis 3. Woche Aug. Di–Fr 13–16 Uhr).

Über die Holme und vorbei an der Burgruine, die im Sommer für Musikveranstaltungen genutzt wird, erreicht man **Norrlandet** mit weiteren Bootshäfen und dem **Västervik Museum**. Verschiedene typische Gebäude der Region sind hier versammelt, in einem davon ist ein Café eingezogen. Der Leuchtturm Unos Torn bietet einen weiten Rundblick über die Schären, und eine Ausstellung informiert über Västerviks Geschichte als Seefahrts- und Hafenstadt (Juni bis Aug. Di–Fr 11–16 Uhr, Sa+So 13–16 Uhr, übrige Zeit So–Fr 11–16 Uhr).

Abstecher nach Gränsö

Ein beliebtes Ausflugsziel ist Gränsö. Durch einen schmalen Kanal ist die Insel von Norrlandet getrennt. Der Herrenhof **Gränsö Slott** beherbergt ein Sommerlokal, nebenan lohnt die Kerzenzieherei einen Besuch (Ljusstöperi von Geijer, ✆ 18003), gleich dahinter erreicht man einen Badeplatz bei der Schäre Ekholmen, die ein Wanderpfad umrundet.

Reit- und Wanderwege überziehen Gränsö bis zur Westspitze, doch sind bis dahin zahlreiche Sommerhäuschen zu passieren – Natureinsamkeit ist an der Küste nicht zu erwarten. Erst hinter der schönen Badebucht Sandvik wird es ruhiger, und rings um die Landspitze führen die roten Markierungen nur selten an Feriengrundstücken vorbei (Wanderprospekt in der TI).

Information/Verbindungen/Adressen (Vorwahl Västervik: 0490)

• *Information* **Västerviks Turistbyrå,** Strömsholmen, 59330 Västervik, ✆ 88900, ✆ 88915, turistbyran@vastervik.se, Mittsommer bis Mitte Aug. tgl. 10–19 Uhr, Mai bis Mittsommer+3. Woche Aug. Mo–Fr 10–17, Sa bis 14 Uhr, übrige Zeit Mo–Fr 9–12+13–16.30 Uhr. Im Sommer Dependance in Loftahammar, Bjursundsvägen, ✆ 0493–68165.

• *Verbindungen* **Bus:** Buslinie 320 nach Växjö, 857 nach Jönköping, Linie 835 nach Kalmar/Öland bzw. Norrköping/Stockholm, mehrmals tgl. **Zug:** Verbindung nach Linköping, mehrmals tgl. Bahnhof und Busterminal Järnvägsgatan.

Parken: Parkplatz an der TI (Parkscheibe) und am Norra Strandvägen.

• *Adressen* **Ärztliche Hilfe** Västerviks Sjukhus, Östra Kyrkogatan, ✆ 86000, dort auch **Apotheke** Lejonet, ✆ 66400, Mo–Fr 8.30–20, Sa bis 15 Uhr, So 10–15 Uhr. **Postamt** in der Båtmansgatan, **Polizeistation** Brunnsgatan 24, ✆ 66800. **Banken** und **Geschäfte** entlang der Achse Storgatan/Bredgatan.

Übernachten/Camping

• *Übernachten* **Västerviks Stadshotell,** Storgatan 3, ✆ 82000, ✆ 82001. Großes Nobelhotel, nur im Sommer erschwinglich. DZ ab 1050 SEK.

Centralhotellet, Brunnsgatan 23, ✆ 89550, ✆ 89551. Gediegenes älteres Hotel in der City, DZ ab 980 SEK.

Park Hotell, Norra Järnvägsgatan 8, ✆ 10806, ✆ 10981. Zentral gelegenes, kleines Hotel in nettem Altbau. DZ ab 690 SEK.

Resanderum, Lucernavägen 2, ✆ 12970. 1,5 km zum Zentrum, an der Straße Richtung Lysingebadet. Einfache, preiswerte Unterkunft mit Selbstversorgerküche, DZ o. Fr. 400 SEK.

Västervik SveCamp Lysingebadet, ✆ 88900, ✆ 88945, ganzj. Große Ferienanlage mit Campingplatz, großem Hüttengelände, Appartments und Hotel/JH „Skärgården", auf einer Landzunge mit angrenzendem Schärenbadegebiet; ein Dorf für sich. Hütten ab 350 SEK/2 Pers., FeHa ab 850 SEK/4 Pers., App. 1150 SEK/4 Pers., DZ ab 480 SEK, JH 150 SEK.

Blankaholms Gästgiveri, Nedre Torget 5, ✆ 70187, ✆ 70127. 25 km südlich von Västervik an schöner Schärenküste gelegener Gasthof. DZ 550 SEK.

STF Vandrarhem Loftahammar, Trillin, Trillinvägen 3, ✆ 0493–61110, ✆ 61929, ganzj., Okt. bis März mit Vorbuchung, Buslinie 24. Schön gelegene Herberge am Nordzipfel des Tjust-Skärgården, ideal für Erkundungen im Schärengebiet, nah zum Hafen von Loftahammar, im Sommer ein quirliges Seglerzentrum. 170 SEK.

• *Camping* **Hammarsbadets Camping & Stugor,** Gamleby, ✆ 10221, ✆ 12686, Mai bis Mitte Sept. Gut ausgestatteter Platz an der geschützten Bucht von Gamleby, terrassiertes, teils baumbestandenes Gelände, kinderfreundliche Badelagune. FeHa 655 SEK/ 4 Pers., Hütten 545 SEK/4 Pers., Gästezimmer 350 SEK.

Gudingebadet, Gamleby, ✆ 67028, ✆ 12077, Mai bis 1. Woche Sept. 15 km nördlich von Gamleby Richtung Loftahammar an einer ruhigen Strandbucht gelegen, umgeben von Schärenbuckeln. Einfache Ausstattung. Hütten 375 SEK/4 Pers.

Essen & Trinken

Der gastronomische „hot spot" Västerviks liegt um den Fiskatorget, wo auch drei der folgenden Lokale zu finden sind.

Tre Rum & Kök, Grönsakstorget 6, ✆ 12006, Mo–Fr 11.30–22 Uhr, Sa+So 12–22 Uhr, im Bistro Mo–Sa länger. Restaurant, Bar und Bistro in herrlicher Lage oberhalb des Hafens, mit großer Terrasse. Vielfältige Auswahl an Gerichten.

Briggen, Torggatan 2, ✆ 34200, tgl. 12–1 Uhr. Beliebt als Restaurant und Pub, rustikal-gemütlich, auf der Karte Internationales und Irisches, zahlreiche Biersorten.

Oscar & Emil, Bredgatan 6, ✆ 13830, Juni bis Aug. tgl. 11.30–23 Uhr, übrige Zeit Mi–Sa 18–23 Uhr. Neues, interessantes Restaurant, u. a. auf Tapas spezialisiert. Im Sommer auch Dagens.

Saluhallens Café, Fiskaregatan, ✆ 35300, tgl. 11–19 Uhr. In der alten Markthalle gelegen.

Nilssons Konditori, Storgatan 28, ✆ 14943, Mo–Fr 6.30–18, Sa bis 15 Uhr. Urig eingerichtete Konditorei.

Aktivitäten

Bootstouren in die Schären ab Västervik Fiskehamn mit M/S Freden, ✆ 070-2176852, Mittsommer bis Mitte Aug. tgl. 9.30 Uhr nach Hasselö, 11.45+14 Uhr nach Idö, 16 Uhr zu beiden Inseln, jeweils mit Zwischenstopps. Di–Sa 19 Uhr Räkkrysning. Skärgårdsbåten Monsun im Sommer Di, Do, Sa+So je 4-mal zwischen Västervik Skepsbrokajen und Idö, ✆ 27034. Auf Idö, einem alten Lotsenplatz, gibt es ein Aussichtslokal und Hütten (✆ 28580). Hasselö, die größte Insel in diesem Schärengebiet, ist dauerhaft bewohnt und mit Sladö verbunden, einem kleinen Naturreservat mit Wander- und Radwegen. Im Sommer JH (✆ 91024) Fahrradverleih, Café und Kutschtouren. Taxiboote: Solidö Skärgårdstaxi, Bengt Andersson, ✆ 91019.

Kanuverleih (Seekajaks) bei HavskajakCenter, Lysingebadet, ✆ 32334, bei Westerviks Kanotklubb, ✆ 12073, bei den Campingplätzen und der JH.

Von der Küste zum Vättern

Fast unmerklich steigt das wald- und seenreiche Gelände zum småländischen „Hochland" an, um sich dann zum tiefen Binnenmeer Vättern wieder zu senken. Hier und da ermöglichen flache Felskuppen eine weite Sicht über die sanft gewellte, dünn besiedelte Landschaft. Menschenmengen trifft man unterwegs nur an wenigen Orten.

Vimmerby

Vimmerby ist vor allem für eines bekannt: **Astrid Lindgrens Värld**. Der große Freizeitpark mit allem, was Kinder und Erwachsene aus den Büchern der weltberühmten Autorin kennen, liegt etwas außerhalb. Die kleine Handelsstadt selbst kann zwar auf eine lange Siedlungsgeschichte zurückblicken, hat aber außer einigen über die Innenstadt verteilten alten Bürgerhäusern wenig davon bewahrt. Und so vermarktet sie eben ihre berühmteste „Tochter" Astrid Lindgren, die auf dem Hof Näs nördlich der Stadt aufwuchs. Der Stora Torget verwandelt sich im Sommer in ein Kinderparadies mit Pippis Seeräuberschiff, Eisbuden, Waffelbäckerei und Freilufttheater.

Ausflüge in die Umgebung

Westlich von Vimmerby sind zwei Schauplätze der Lindgren-Geschichten zu besichtigen: In Sevedstorp, bei Pelarne links der Rv 33 gelegen, wurde „Bullerby" verfilmt. Das „Katthult" der Michel-Verfilmung (im schwedischen Original Emil, aber der Name war im Deutschen schon besetzt) liegt in Gibberyd, kurz vor Mariannelund rechts ab. Auch Lönneberga liegt in der Region, lieferte aber nur den Namen für Michels Wohnort.

Nordwestlich von Vimmerby befindet sich ein anderes lohnendes Ausflugsziel, der **Norra Kvills Nationalpark**, ein urtümlicher Nadelwald, von Wanderwegen durchzogen. Dick bemooste Felsblöcke und umgestürzte Bäume prägen das Unterholz, zwei stille Waldseen und die Aussichtskuppe Idhöjden sind auf kurzen Wanderungen zu erreichen (Markierungen nicht auf allen Strecken vorhanden, Infoblatt am Parkplatz vorrätig). In der Nähe liegt das **Freilichtmuseum Osjöfors** mit Handpappersbruk, einer alten Papiermühle, am Fluss Stangån. Hier wird die Herstellung von handgeschöpftem Papier gezeigt (✆ 0492-80055, Mitte Juni bis 1. Woche Aug. tgl. 11–17 Uhr, Vorführungen Di–So 13–16 Uhr). Bei Södra Kvill, südlich des Nationalparks, ist die **Rumskulla Eken** (auch Kvilleken genannt) ein weiteres Besichtigungsziel. Die etwa 900 Jahre alte, gedrungene Eiche hat einen Durchmesser von über 4 m. Der Ausflug lässt sich im angrenzenden, gemütlichen Hofcafé Kvill beschließen (✆ 0496-43031, je nach Wetter und Bedarf, Kernzeiten tgl. 11–19 Uhr, angeschlossener „Wikingerhof" Kulthult).

Die Rumskulla Eken ist vor allem in die Breite gewachsen

Information/Verbindungen/Adressen (Vorwahl Vimmerby: 0492)

• *Information* **Vimmerby Turistbyrå,** Västra Tullportsgatan 3, 59821 Vimmerby, ✆ 31010, 📠 13065, turistbyra@vimmerby.se, Juli Mo–Sa 9–20, So –17 Uhr, Mitte Juni bis Aug. Mo–Fr 9–18, Sa+So –14 Uhr, übrige Zeit Mo–Fr 9–17 Uhr.

• *Verbindungen* **Bus/Zug:** Buslinie 857 nach Jönköping, Zugverbindung nach Nässjö – dort Anschluss an zahlreiche Linien. Bahnhof und Busterminal Järnvägsgatan, südlich der City.

Parken: überall in der Stadt kostenlos.

• *Adressen* **Ärztliche Hilfe** Sjukhus, Drottninggatan, ✆ 17600, **Apotheke** Norrtullsgatan, ✆ 10038. **Polizeistation** Kungsgatan, ✆ 17400, **Banken** und zahlreiche **Geschäfte** um die Storgatan.

Übernachten/Camping

• *Übernachten* **Stadshotellet,** Svevedegatan 39, Vimmerby, ✆ 10297, 📠 10288. Zentrales, gutes Stadthotel am Stora Torget, DZ ab 1100 SEK.

Hotell Ronja, Södra Industrivägen, Vimmerby, ✆ 16700, 📠 15722. Preiswertes Motel am Südrand der City. DZ 950 SEK.

STF Vandrarhem Vimmerby, Hörestadhult, ✆ 10225, 📠 14239, Juni bis Aug. Gemütliche Herberge in alter Holzvilla, 4 km östlich der Stadt an der Rv 33 und am See Borstinge gelegen. 155 SEK.

Kullagårdens Vandrarhotell, Kullagatan, Mariannelund, ✆ 0496–10105, 📠 10020, Mitte Mai bis Aug. Familienfreundliche, schlicht-moderne Unterkunft zwischen Vimmerby und Eksjö. DZ o. Fr. 350 SEK, mit Fr. 440 SEK.

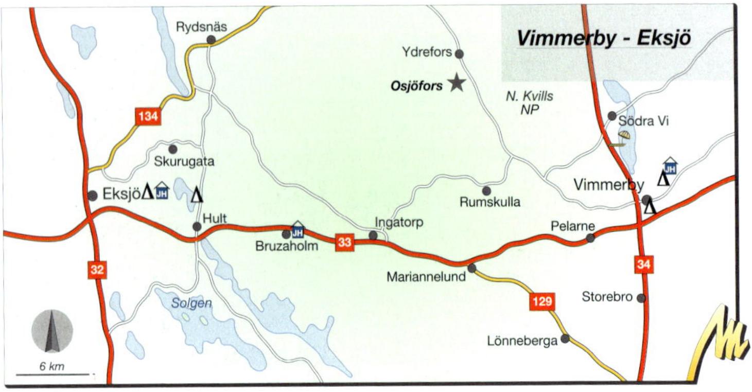

• *Camping* **Astrid Lindgrens Värld Stugby & Camping,** ✆ 79800, 📠 15885, Mitte Mai bis Mitte Aug. Direkt am Freizeitpark gelegener Platz. Hütten/4 Pers. 600 SEK, FeHa/4 Pers. 1000SEK.

Nossenbadens Camping, ✆ 31410, 📠 22466, Mitte Mai bis Aug. Ruhiger, baumbestandener Campingplatz am Badesee, teils abschüssiges Gelände, 3 km östlich von Vimmerby abseits der Rv 33.

Movänta Camping, Hult, ✆ 0381–30028, 📠 30166, Mai bis Mitte Sept. Auf der Strecke nach Skurugata nördlich von Hult am Forsjön, gut ausgestatteter Platz. Hütten ab 290 SEK/2 Pers.

Essen & Trinken

Stadshotellets Restaurang, 10297, tgl. 11.30–22 Uhr. Stilvolles, nettes Restaurant, internationale Küche, Dagens und à la carte, schöne Terrasse zum Torget. Pub Kruse Källare Mi, Fr+Sa bis 2 Uhr.

Restaurang Lilla Krogen, Sevedegatan 26, ✆ 14700, Mo, Di+Do 11–22, Mi, Fr+Sa bis 1 Uhr, So 12–21 Uhr. Beliebtes Restaurant in der City, Pizza und internationale Küche.

Idas Krog, Badhusgatan 3, ✆ 18844, Mo–Fr 11–15 Uhr, im Sommer teils länger. Bekannt für gutes Dagens und im Sommer wechselnde Buffets.

Kröngården, ✆ 60002, Juni bis Mitte Aug. Mo–Do 12–21, Fr–So bis 22 Uhr. 6 km nördlich von Vimmerby am Ufer des Krön gelegen, Sommercafé, kinderfreundlicher Badeplatz.

Mossebo Gästhem, Pelarne, ✆ 91016, Mittsommer bis 1. Woche Aug. tgl. 12–21 Uhr. Restaurant und Café in einem alten Gutshof und schönem Garten, zwischen Vimmerby und Mariannelund.

Aktivitäten

Astrid Lindgrens Värld, Lundgatan, ✆ 79800, 2. Woche Juni bis Aug. tgl. 10–18 Uhr, ab Mitte Mai+2. Hälfte Aug. 10–17 Uhr. Benachbart ist Astrid Lindgrens Gården, eine Ausstellung, die Beziehungen zwischen Astrid Lindgrens Leben sowie den Figuren und Ereignissen in ihren Büchern herstellt. Geöffnet wie oben, übrige Zeit Mi–So 10–16 Uhr.

Lilla Landet, Södra Vi, ✆ 79400, 2. Woche Mai bis 1.Woche Aug. tgl. 10–20, bis Ende Aug. –17 Uhr. Schweden in Miniatur, wie es im 19 Jh. aus Nils Holgerssons Vogelperspektive ausgesehen haben könnte. Die Umrisse Schwedens sind nachgebildet, typische Landschaftsformen und bekannte Bauwerke eingefügt; eine interessante „Reise" für groß und klein.

Bruksmuséet Wäduren, Bruzaholm, ✆ 20200, Mittsommer bis Mitte Aug. tgl. 13–17 Uhr. Werksanlage, die bis ins 17. Jh. zurückreicht. Aus einer Hammerschmiede entstand ein Industriezentrum zur Eisenverarbeitung, das im 19. Jh. seine Blütezeit erlebte und für seine Spezialpumpe (Wäduren) bekannt wurde. Zum Werksgelände gehört auch das alte Gutshaus, das Museum ist im ehemaligen Schulgebäude untergebracht. Café-Restaurant und JH.

Eksjö: alte Holzbebauung

Eksjö

In der Altstadt von Eksjö scheint die Zeit stehen geblieben zu sein. Im Norden des Stora Torget ist in **Gamla Stan** eine geschlossene Holzhausbebauung erhalten geblieben, die nach einem alles vernichtenden Stadtbrand 1568 errichtet wurde. Rings um die Norra Storgatan spaziert man durch die schmalen Gassen, vorbei an roten, weißen und pastellfarbenen Holzhäuschen, teils in Blockbauweise errichtet, mit verzierten Ballustraden, niedrigen Gängen und Toren, die in die Hinterhöfe einstiger Handwerksbetriebe oder in verwunschene Gärten führen. Ungewöhnlich großzügig wirkt das Anwesen **Aschanska Gården**, Wohn- und Arbeitsstätte einer begüterten Gerberfamilie und seit 1984 ein Teil des Museums (Norra Storgatan 18, Mitte Juni bis Mitte Aug. tgl 13+15 Uhr Führungen). Am Ufer des idyllischen Flüsschens Eksjöån liegt das Hauptgebäude des **Eksjö Museum** (Österlånggatan, ✆ 36170, Juli bis Aug. Mo–Fr 10–17, Sa+So 12–16 Uhr, übrige Zeit Di–Do 13–17 Uhr, Sa+So 12–16 Uhr), das in passendem Ambiente der 600 jährigen Geschichte des Städtchens gewidmet ist. Auch eine sehenswerte Ausstellung über den Karrikaturisten Albert Engström findet sich hier, gleich daneben das Turistbyrå und ein süßes Vandrarhem, alles umgeben von einem romantischen Blumengarten.

Südlich des **Stora Torget** ändert sich der Baustil. Schon der weite Platz selbst, flankiert vom herrschaftlichen Stadshotell und der Stadtkirche kündigt Neoklassik an, die sich in breiten, geraden Straßen und schlichten bis strengen Fassaden nach Süden fortsetzt. Dieser Teil der Stadt brannte 1856 noch einmal und wurde daraufhin im vorherrschenden Architekturstil der Zeit wieder aufgebaut.

Abstecher zur Skurugata

Von Eksjö lohnt sich ein Abstecher nach Norden zu der eiszeitlichen **Felsenschlucht Skurugata**, die 800 m lang und bis zu 60 m tief in die Hügelkuppe des Skuruhatt einschneidet. Eine einstündige Rundwanderung auf markierter Route führt hindurch und zu der 320 m hohen Aussichtskuppe. In der schmalen, verwunschenen Schlucht geht es über Stock und Stein, die senkrechen Wände rücken bis auf wenige Meter zusammen; mit den passenden Schuhen ein spannender Ausflug (ab dem Stadtzentrum beschildert).

Information/Verbindungen/Adressen (Vorwahl Eksjö: 0381)

• *Information* **Höglandets Turism Eksjö,** Norra Storgatan 29, 57580 Eksjö, ✆ 36170, 📠 36179, turism@eksjo.se. Mitte Juni bis Mitte Aug. tgl 8–20 Uhr, übrige Zeit Mo–Fr 10–18 Uhr, Sa 10–14 Uhr.

• *Verbindungen* **Bus:** Buslinie 857 und 325 nach Jönköping bzw. Västervik. **Zug:** Verbindung nach Nässjö – dort Anschluss an zahlreiche Linien.

Parken: rings um die Altstadt und am Bahnhof, teils mit Parkscheibe.

• *Adressen* **Banken** und **Geschäfte** in der Södra Storgatan.

Übernachten/Camping

• *Übernachten* **Eksjö Stadshotell,** Stora Torget, ✆ 13020. Gediegenes, älteres Hotel. DZ ab 730 SEK. Gutes Restaurant im Hause, besonders schön sitzt man im Pub.

Hotel Vaxblekaregården, Arendt Byggmästaresgatan 8, ✆ 14040. Süßes, kleines Hotel in einem der typischen Altstadthäuser. DZ 850 SEK.

STF Vandrarhem Eksjö, Österlånggatan 31, ✆ 36180, 📠 17755, ganzj. Im alten Ortsteil, romantisch-idyllische Unterkunft mit Museumsflair. 175 SEK, DZ 420 SEK.

• *Camping* **Eksjö Camping,** ✆ 10945, 📠 14096, ganzj. Östlich der Innenstadt am See Hunsnäsen gelegen, Badeplatz angrenzend. Hütten/4 Pers. 350 SEK, Gästezimmer 350 SEK.

Essen & Trinken

Garvaren Café & Restaurang, Norra Storgatan 38, ✆ 611000, tgl. 11-23 Uhr. Gutes Dagens, herrliche Lage mit Terrasse über dem Flüsschen.

Hägneryds Kök & Café, Norra Storgatan 19, ✆ 12120, Mo–Sa 9.30–22 Uhr. Beliebte Adresse für Kaffee, Lunch und Snacks in der Fußgängerzone, originell eingerichtet. Im Sommer Grillabende.

Abborravikens Värdshus, Kråkebergsvägen 1, ✆ 13010, tgl. 11.30–22 Uhr. Etwas außerhalb am Abborravikenrondellen, dem Kreuzungspunkt der Straßen 32 und 33 gelegen. Servicestation mit (recht teurem) Motel und ordentlichem Restaurant, gute Hausmannskost.

Lennarts Konditori, Stora Torget, ✆ 611390, Mo–Fr 8–19 Uhr, Sa 9–17 Uhr, So 11–17 Uhr. Gemütliches Café am Marktplatz.

Jönköping

Die geschäftige Bezirkshauptstadt, inmitten bewaldeter Hügellandschaft am Südzipfel des Vättern gelegen, hat eine lange Tradition als Handelszentrum; wichtige Fernstraßen kreuzten sich hier, und schon seit dem 13. Jh. wurden im Ort Märkte abgehalten. Doch aus Jönköpings früher Geschichte sind keine Spuren im Stadtbild erhalten; mehrmals war der Ort in die dänisch-schwedischen Machtkämpfe verwickelt und brannte bis auf die Grundmauern nieder. Die Industrialisierung setzte in dieser Region im 17. Jh. ein, als die Großmachtambitionen der schwedischen Krone die Nachfrage nach Waffen und Munition anheizten. Das Eisenerz kam aus dem nahen **Taberg**, die Schwerindustrie etablierte sich besonders im angrenzenden **Huskvarna**, das noch heute für seine Maschinen, technischen- und Haushaltsgeräte bekannt ist. In Huskvarnas ältestem Stadtteil **Smedbyn** und dem angrenzenden Fabriksmuseum (Hakarpsvägen 1, ✆ 146162, Mai bis Sept. tgl 10–17 Uhr, Januar geschlossen, übrige Zeit Mo–Fr 10–15 Uhr) wird diese Industriegeschichte lebendig.

Jönköping wurde vor allem durch ein anderes Produkt bekannt, das 1848 hier erfundene Streichholz. Auf dem ehemaligen Werksgelände der Fabrik, die bis 1971 die weltweit exportierten Sicherheitszündhölzer produzierte, wird heute nicht nur diese Erfolgsstory dokumentiert, sondern im historischen Milieu Musik und Theater, Kunst und altes Handwerk geboten (**Tändsticksmuseet**, Tändsticksområdet, ✆ 105543, Juni bis Aug. Mo–Fr 10–17, Sa+So – 15 Uhr, übrige Zeit Di–Sa 10–15 Uhr).

Noch in Betrieb ist eine andere holzverarbeitende Industrie, die Papiermühle **Munksjö**, an der Einfallstraße am gleichnamigen Stadtsee gelegen. Auch hier wird die Geschichte dieses Produktionszweigs in einem angeschlossenen Museum illust-

riert (Banarpsgatan, ✆ 303300, Eingang vom Munkeplan, Juli bis 1. Woche Aug. Mo–Fr 10–15 Uhr, übrige Zeit Sa+So 12–16 Uhr, kostenlos).

Doch trotz aller Industrie hat Jönköping viele grüne Oasen, darunter den Stadtsparken auf **Skänkeberg**. Ein Spaziergang über die aussichtsreichen Parkhügel lässt sich mit der Besichtigung der ältesten Häuser von Jönköping verbinden, die hier oben zu einem kleinen Freilichtmuseum zusammengestellt wurden. Ein Holzkirchlein ist mit schönen Wand- und Deckenmalereien ausgeschmückt. Am nahen Dunkehallaåen führt ein idyllischer Spazierweg zu den Resten alter Wasserkraftanlagen, bei Rosenlund liegen schöne Badeplätze und die hohen Sandufer **Rosenlundsbankarna** am Vätternufer. Am Nordrand von Huskvarna erhebt sich der felsige **Huskvarnabergen** fast 200 m über den Wasserspiegel des Vättern.

Ausflug zum Dumme Mosse

Ein stadtnahes, lohnendes Wandergebiet ist Dumme Mosse, dessen Kerngebiet eines der wenigen verbliebenen Hochmoore Südschwedens bildet und das Brutgebiet zahlreicher Vogelarten darstellt, darunter Kranich, Sterntaucher und Birkhuhn. Durch angrenzendes Kiefernwald- und Sumpfland führt ein angelegter Wanderweg in das Naturschutzgebiet (10 km, Parken am Axamosjön oder südlich des Flugplatzes).

Information/Verbindungen/Adressen (Vorwahl Jönköping: 036)

• *Information* **Turistbyrå Jönköping,** Resecentrum (Reisecenter im Bahnhof), 55189 Jönköping, ✆ 105050, ℻ 107768, turist@stk.jonkoping.se, Mo–Fr 9–18 Uhr, Sa 9.30–14 Uhr, So 11–16.30 Uhr.

• *Verbindungen* **Bus:** Buslinie 325 Jönköping-Västervik über Eksjö, 2- bis 3-mal tgl. Nach Gränna mit Linie 121 ca. stdl. Div. Busverbindungen nach Süden und Westen. Busterminal beim Hauptbahnhof. Die innerstädtische Buslinie 1 (röda linie) verbindet Jönköping mit Huskvarna. **Zug:** Verbindungen nach Malmö, Göteborg und Stockholm, mehrmals tgl. Regionalzüge nach Motala über Nässjö-Tranås mehrmals tgl.

Parken: Zahlreiche zentrale Parkplätze, gebührenpflichtig, z. B. am Bahnhof/Tändsticksmuseet und an der Strandpromenade. In Huskvarna beim Fabrikmuseum.

• *Adressen* **Post** und **Apotheke** in der Fußgängerzone Östre Storgatan/Smedjegatan. **Krankenhaus** Länssjukhusett Ryhov, ✆ 101100.

Übernachten/Camping (s. Karte S. 192/193)

• *Übernachten* **Elite Stora Hotellet (4),** Hotellplan, ✆ 100000, ℻ 719320. Erstes Haus am Platze, im Sommer erschwinglich, DZ ab 850 SEK.

Grand Hotell Classic (6), Hovrättstorget, ✆ 719600, ℻ 719605. Angenehmes Traditionshotel mitten in der City, DZ ab 590 SEK.

STF Vandrarhem Norrahammar (11), Kursgården Spånhult, Spånhultsvägen 19, ✆ 61075, ℻ 61078, ganzj. Im Vorort von Jönköping gelegener, schöner Gutshof, Busverbindung ins Zentrum von Jönköping. 195 SEK.

STF Vandrarhem Huskvarna (9), Rosendala Turistgård, Odengatan 10, ✆ 148870, ℻ 148840, ganzj. Zentrale JH mit schlicht-modernem Ambiente. Nah zu den Stadtbussen und zum Seeufer. 205 SEK.

• *Camping* **Villa Björkhagen & Rosenlunds Camping (8),** ✆ 122863, ℻ 126687, ganzj. 3 km vom Zentrum entfernt Richtung Huskvarna, Ferienanlage direkt am Seeufer. FeHa/6 Pers. 1250 SEK, DZ 850 SEK.

Axamo Camping (12), Göteborgsvägen, ✆ 73040, ganzj. Am Badesee Axamosjön unweit des kleinen Flugplatzes von Jönköping (Busverbindung) und nah zum Naturschutzgebiet Dumme Mosse.

Essen & Trinken (s. Karte S. 192/193)

Piren (2) ist im Sommer DIE Adresse zum Essen, Trinken und Flanieren. Unter den Lokalen, die die Hafenpier säumen, ist viel Maritimes: Restaurantschiffe, Fischräucherei und **Pirens Fiskekrog**, ✆ 150096, April bis Sept. tgl. 10–1 Uhr.

Restaurant EntrÉ (5), Borgmästargränd 10, ✆ 161440, Mo–Do 11–23, Fr+Sa bis 23 Uhr, So 12–21 Uhr. Feine Adresse in der City, gehobene Küche und Preise, große Auswahl.

Svarta Börsen (3), Kyrkogatan 4, ✆ 712222, Mo–Fr 11.30–14 Uhr, Mo–Do+Sa 18–22 Uhr. Schwedische Küche, französisch inspiriert; das kulinarische Konzept bewährt sich seit Jahren. Im ersten Stock des urigen Holzhauses wird im „Vardagsrum" Samstag abends Jazz gespielt (ab 22.30 Uhr).

Krogen Amadeus (7), Östra Storgatan 39, ✆ 190302, Mo–Fr 11–14.30 und Mo–Do 18–23, Fr+Sa bis 1 Uhr. Gemütlich eingerichtete, gute Ess-Kneipe im Ostteil der City.

Fjällstugans Kafé (1), Dunkehallavägen, Mai bis Aug. tgl. 11–21 Uhr. Oberhalb des Stadtparks gelegenes Ausflugslokal mit weitem Blick über die Stadt und den Vättern.

Galleri Smedbyn (10), Huskvarna, ✆ 143570, tgl. 10–18 Uhr. Angenehmes Café in der gleichnamigen Galerie in Huskvarnas historischem Stadtteil.

Aktivitäten

Jönköpings Länsmuseum, Dag Hammarsköld Plats 2, ✆ 301800, Di–So 11–17, Mi bis 20 Uhr. Interessante Sammlung zur Geschichte der Stadt, zu Kunst und Handwerk der Region.

Norrahammar Industriemuseum, Hammarvägen, ✆ 9499291, Mitte Mai bis Aug. Do–So 13–17 Uhr. Dokumentiert wird die Eisengewinnung am Taberg seit der Wikingerzeit, die Entwicklung der Eisenindustrie und des Ortes. Ideal zu kombinieren mit einem Besuch der alten Erzgruben am Taberg, südlich von Norrahammar (Tabergsgruvan, ✆ 64223, wechselnde Öffnungszeiten, Infos bei der TI Jönköping) und einer Fahrt zur Gipfelkuppe des 340 m hohen Aussichtsberges.

Ausflugsfahrten auf dem Vättern mit MS Skärgården ab Jönköpings Hamn, Juni bis Mitte Aug. sonntags 13 Uhr, nach Vissingsö samstags 11.30 Uhr, verschiedene Abendfahrten, teils mit Buffet und Unterhaltungsprogramm. Buchung über die TI.

Rosenlundsbadet, Elmiavägen 4, ✆ 107034, Mo 12–20 Uhr, Di–Fr 6.30–20 Uhr, Sa+So 10–17 Uhr. Riesiges Spaßbad mit allem, was dazugehört, ein Magnet für Familien.

Fahrradverleih bei der JH Huskvarna.

Entlang der Vättern-Küste

Gränna

Das hübsch unter den Steilufern des Vättern gelegene Städtchen mit seiner 350 Jahre alten Holzbebauung ist ein beliebtes Ausflugsziel. Überall im Ort werden die rot-weiß gestreiften Zuckerstangen *Polkagrisar* angeboten, die 1859 von der Witwe Amalia Erikson „erfunden" wurden. Wie sie auf den merkwürdigen Namen („Polkaschwein") kam, blieb ihr Geheimnis, aber die Bonbon-Rezeptur wird heute in so mancher Polkagriskokeri nachgekocht. Witwe Erikson steht derweil in Bronze vor ihrer einstigen Wirkungsstätte, und in einer Bonbonkocherei wirbt passenderweise ein Zahnarzt für seine Dienste.

Eigentlich ist der Besucherandrang wegen ein paar klebriger Lollies nicht nachzuvollziehen. An der Brahegatan reiht sich ein Geschäft und Lokal ans andere, Familien drängen sich auf den schmalen Bürgersteigen und in die Läden, gleich daneben tobt der Durchgangsverkehr. Mittendrin trifft man vielleicht etwas unerwartet auf das 2002 eröffnete **Polarcentrum**, einen Museumskomplex mit Bibliothek und Touristinformation, in dem das ehemalige Andréemuseum sich neu präsentiert. Dass der hohe Norden hier thematisiert wird, liegt an einem Sohn der Stadt namens Salomon August Andrée, der 1897 die abenteuerliche Idee in die Tat umsetzte, den Nordpol mit einem Heißluftballon von Svalbard aus anzusteuern. Die Expedition scheiterte, die drei Teilnehmer mussten notlanden, irrten mehrere Monate im arktischen Eis herum und kamen schließlich um. Das Museum zeigt die erst 1930 gefundenen Ausrüstungsgegenstände und Tagebücher der Verunglückten und stellt die tragische Forschungsreise in einen Zusammenhang zur Geschichte der Polarerforschung (Polarcentrum, Kulturgården, Brahegatan 38, Telefon und Öffnungszeiten wie TI).

Visingsö

Zu den Ausflugszielen der Umgebung zählt die Insel Visingsö, bekannt für ihr mildes Klima. Die günstige Lage machte die Insel attraktiv für bäuerliche Siedler und adelige Gutsherren. Ab dem 16. Jh. war sie im Besitz der Grafenfamilie Brahe, die ein herrschaftliches Schloss errichtete, seit einem Brand im 18. Jh. eine beeindruckende Ruine unweit des heutigen Anlegers. Auch die nahe gelegene, barocke Brahekyrka mit ihrem malerischen Kirchhof ist sehenswert. Eine weitere Burgruine liegt an der Südspitze der etwa 15 km langen Insel: Näs Slott stammt aus dem 12. Jh. Durch Getreidefelder und Eichenwälder lässt sie sich per Fahrrad, auf einer der beliebten Kutschfahrten mit dem „remmalag" oder zu Fuß auf ruhigen Wegen erreichen.

Information/Verbindungen/Adressen

Vorwahl Gränna: 0390

• *Information* **Gränna Turistbyrå,** Kulturgård, 56322 Gränna, ✆ 41010, 📠 10275, turist@grm.se, Mitte Mai bis Mitte Sept. tgl. 10–19 Uhr, übrige Zeit 11–16 Uhr.

• *Verbindungen* **Bus/Fähre:** Busverbindung nach Jönköping, Tranås und Motala. Auto- und Personenfähren Gränna-Visingsö ca. halbstündlich.

Parken: Am besten zwischen Zentrum und Hafen.

• *Adressen* **Ärztliche Hilfe** Vårdcentralen Hävdevägen 31, ✆ 56400, dort auch **Apotheke** Kronan, ✆ 10908.

Übernachten/Camping

• *Übernachten* **Ribbagården Gästgivferi,** Ribbagårdsgränd, ✆ 10820, 📠 10821. Traditionsreicher und romantischer alter Gasthof, relativ ruhig gelegen. Gemütliches Restaurant. DZ 950 SEK.

Hotell Västanå Slott, ✆ 10700, 📠 41875, Mai bis Sept. Nobles Landschlösschen mit angrenzendem Golfplatz, wenige km südlich von Gränna, Aussicht auf den Vättern. DZ ab 750 SEK.

Hotell Grännagården, Hamnvägen 7, ✆ 10091. Mittelklassehotel in günstiger Lage zwischen Ort und Hafen, DZ ab 750 SEK.

Gränna Vandrarhem, Grennaskolan, Buchung über Gränna Turistbyrå, Mitte Juni bis Juli. Im Internat mitten im Ortskern

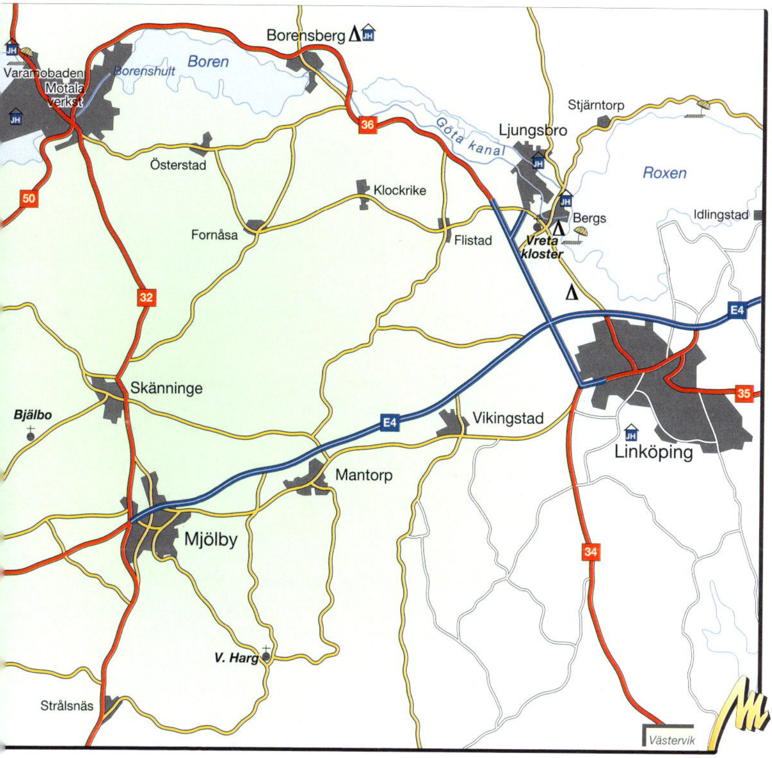

wohnt man in den Ferien günstig und gut, auch DZ. 120 SEK.

STF Vandrarhem Visingsö, Tunnerstad, ✆/📠 40191, Juni bis Aug. Nette, kleinere Herberge, 2 km oberhalb des Fähranlegers. 185 SEK, DZ ab 390 SEK.

• *Camping* **Grännastrandens Familiecamping,** ✆ 10706, 📠 41260, Juni bis Sept. Beliebter, meist recht voller Platz zwischen Ort und Fähranleger, mit Zugang zur kinderfreundlichen Badelagune. Hütten 500 SEK/ 4 Pers. Angrenzend kleine JH **Standterrassens Vandrarhem,** ✆ 41840, 140 SEK.

Getingaryds Familiecamping, ✆ 21015, 3. Woche April bis Mitte Okt. 9 km nördlich von Gränna am Vätternufer gelegen, ländlich-ruhige Umgebung. Begrenzte Bademöglichkeit am Kiesufer mit kleinem Anleger. Hütten/4 Pers. 330 SEK.

Essen & Trinken

Hamnkrogen Mat & Bar, Gränna Hamn, ✆ 10038, tgl. 12–22 Uhr, an der Bar länger. Günstiges Dagens bis 17 Uhr, viel Fisch, im Juli tgl. ab 18 Uhr beliebtes und preisgünstiges „Räk- och Laxbuffet".

Pir Kro, Gränna Hamn, ✆ 41550, So–Do 11–22 Uhr, Fr+Sa bis 23 Uhr. Breite Auswahl, schöne Lage mit Veranda am Wasser.

Amalia Mat & Bakverk, Torget, ✆ 10017, tgl. 11.30–22 Uhr. Lunch, à la carte. Kuchen und Eis aus eigener Herstellung, im Sommer sitzt man schön im Garten.

Café Hallska Gården, Brahegatan/ Hahngränd, ✆ 41900, tgl. 11–18 Uhr. In den Gebäuden rings um den idyllischen Innenhof haben sich nicht nur das gemütliche Café, sondern auch Kunsthandwerker niedergelassen.

Fiket, Brahegatan 43, ✆ 10057, tgl. 9–18 Uhr. Das Lunch-Café ist im Stil der 50er Jahre eingerichtet, serviert leckere Kuchen und Smörgåsar, auch auf der Terrasse mit Vätternblick.

Gyllene Uttern, ✆ 10800, tgl. 11.30–21 Uhr im Restaurant, 9–19 Uhr in der Cafeteria. Unsäglich kitschiges „Burg"-Hotel aus den 1930er Jahren und eigentlich eine furchtbare Touristenfalle, die man links liegen lassen könnte, wenn da nicht die fantastische Aussicht wäre. Im Restaurant zahlt man das Ritterflair mit, auf der Terrasse der Cafeteria ist der Blick auf den Vättern ebenso schön.

Rund um den Anleger auf **Visingsö** ist in der Saison alles auf die Tagesgäste eingestellt, vom Kiosk bis zum Wärdshus.

Aktivitäten

Spazierwege von Gränna zum idyllischen Nachbardorf Röttleby, dort auf dem **Röttlestigen** am steil einschneidenden Flüsschen entlang zu Mühlen und Staubecken aus der Zeit, als Per Brahe hier um 1680 wasserbetriebene Werkstätten bauen ließ. Die Rasmuskvarn wird als Ausstellungsraum genutzt (Juli bis 1. Woche Aug. Di, Sa+So 13–16 Uhr). Das südlich angrenzende Västanå Naturreservat ist von Rundwegen durchzogen (2,5–7,5 km). Ausdauernde können unterwegs auf den beschilderten „John Bauerleden" abbiegen und bis zum See Bunn wandern oder ganz bis Jönköping (50 km).

Fahrradverleih auf Visingsö am Hafen.

Kanuverleih Ottorina, ✆ 54016, Sjövik, am Südarm des wunderschön verwinkelten Sees Bunn.

Tåkern und Omberg

Nach Norden verläuft die alte Hauptstraße streckenweise dicht am Vätternufer entlang und bietet immer wieder weite Ausblicke. Das naturschöne Gebiet um den Flachsee Tåkern und den Hügelrücken Omberg ist reich an historischen Zeugnissen, allen voran das Kloster und das Schloss in Vadstena.

Der **Omberg** ist von einem Netz an Fahr- und Wanderwegen überzogen, auf denen man die abwechslungsreiche Natur mit Felsklippen, Wald, Kalksteppen und blumenreichem Wiesenland erschließen kann. **Stocklycke** ist hierfür der beste Einstieg; im Naturum gibt die informative Ausstellung eine Übersicht über das Gebiet (✆ 0144-33245, Mai bis Aug. tgl. 11–17 Uhr). Beschilderte Wanderrouten beginnen hier, und im Gartencafé der Jugendherberge kann man sich nach der Rückkehr stärken. Der einspurige Fahrweg entlang der hohen Felsküste ist ebenfalls lohnend. Unterwegs führen kurze Abstecher durch den urwaldartigen Tannenwald Granurskog und zu den Steilfelsen **Västra Vägga**, bevor man bei **Borghamn** den Hügelrücken hinter sich lässt. Der kleine Hafenort gedenkt mit der hübschen Brunnenskulptur Borgsten auf dem zentralen Platz seiner wirtschaftlichen Stützpfeiler, dem Kalksteinbruch und der Fischerei. Über den Omberg geht es auf einer anderen Nebenstrecke zurück Richtung Stocklycke. Unterwegs lohnt sich beim Parkplatz Hjässatorget ein kurzer Aufstieg zum Aussichtspunkt **Hjässan**.

Die Zahl mittelalterlicher Kirchen in der ländlich-ruhigen **Tåkern-Ebene** zwischen Ödeshög und Vadstena ist beachtlich. Die schlichte **Heda Kyrka** weist geschnitzte Figuren aus dem 12. und 13. Jh. auf, darunter eine berühmte Madonnenfigur. Die romanische Kirche von **Väversunda** beeindruckt durch ihre reichen Kalkmalereien aus verschiedenen Jahrhunderten und der mit schmiedeeisener Ornamentik verzierten Tür. Eine ähnliche Arbeit findet sich auch in der Kirche von **Rogslösa**, im Gotteshaus von **Hov** gibt es zahlreiche Runensteine und schön ausgemalte Gewölbe, und auch in der **Herrestad Kyrka** sind Kalkmalereien, besonders Ornamente und Blumenranken zu bewundern. Weitere Kirchen aus dem 12. bis 13. Jh. finden

Bei Romantikern beliebt: Die Klosterruine von Alvastra

sich in Kumla, Bjälbo, Svanshals, Örberga und Nässja, wo gleich neben dem Gotteshaus eine große Schiffssetzung liegt. Und am südlichen Fuß des Omberg sollte man der malerisch unter alten Bäumen gelegenen Ruine des 1143 gegründeten Zisterzienserklosters **Alvastra** einen Besuch abstatten. (Die Kirchen sind etwa von 8 bis 18 Uhr zugänglich, in Herrestad Schlüssel im Glaskasten neben dem Eingang.)

Vadstena

Die alten **Klosteranlagen** samt der Kirche bilden heute eines der wichtigsten Besucherziele Vadstenas. In den Nonnenkonvent, zu dem auch der Bjölbopalast (Kungapalatset) gehört, sind das Klosterhotel und ein Museum eingezogen, das Mönchskloster, im Laufe der Zeit mehrfach umgebaut und modernisiert, beherbergt ein gediegenes Restaurant, ein romantischer Park mit Kräutergarten umgibt die an das Vätternufer grenzenden Gebäude. Die 1430 geweihte Klosterkirche aus bläulichem Granit steht in ihrer äußeren Form noch so da, wie sie nach den Angaben der Heiligen Birgitta errichtet wurde. Innen hat sie zwar einige bauliche Veränderungen erfahren, wirkt aber in ihrer schlichten Strenge und mit dem hohen Mittelschiff noch immer ausgesprochen beeindruckend. Von der einst sicher reicheren Ausstattung sind der Reliquienschrein, Skulpturen der Heiligen Birgitta und Madonnenfiguren sowie verschiedene Altäre aus dem 15. und frühen 16. Jh. erhalten. Heute gehört die alte Klosterkirche zur protestantischen Gemeinde Vadstena, das neue Kloster und die katholische Kirche liegen unweit davon an der Strandpromenade. (Klosterkyrkan: Juli tgl. 9–20 Uhr, Juni+Aug. bis 19 Uhr, Mai+Sept. bis 17 Uhr. Kungapalatset: Juni bisMitte Sept. tgl. 11–18 Uhr).

Durch die schmalen Innenstadtgassen und vorbei am Rådhustorget mit Rats- und Kaufmannshäusern aus dem 15. und 16. Jh. erreicht man das zweite bekannte Bauwerk Vadstenas, das **Vasa-Schloss** von 1545. Zunächst als Verteidigungsanlage errichtet, wurde es unter Gustav Vasas Sohn Johan III. zur Residenz ausgebaut und diente bis ins 18. Jh. diesem Zweck. Anschließend verfiel es zunehmend und wurde erst in den letzten Jahren in den Ursprungszustand zurückversetzt. Nun ist die mächtige Anlage mit den typischen Rundtürmen, den intakten Burgwällen, Wassergraben, Zugbrücke und dem zentralen Renaissanceschloss ein Publikumsmagnet geworden. Die TI hat ihre Räume darin, ein Teil des Schlosses ist als Museum eingerichtet, das noch erweitert werden soll. Auf Führungen ist schon jetzt ein großer Teil der Räume zugänglich. (✆ 31570, geöffnet wie TI, Führungen Mitte Mai bis Mitte Sept. mehrmals tgl.). Rings um den Burggraben, in dem im Sommer Freizeitboote ankern, sind in die alten Speicher und Getreidesilos Läden, Cafés und Büros eingezogen.

Kloster Vadstena

Das fruchtbare Kulturland um den Tåkern bildete das Kerngebiet der reichen Adelsfamilie der Folkunger aus Bjälbo, die unter Birger Jarl Finnland christianisierte, Stockholm gründete und drei Generationen lang die schwedischen Könige stellte. Valdemar Birgersson war der erste Folkunger auf dem Thron, 1251 im Dom zu Linköping gekrönt. Ein Bruder Birger Jarls ließ 1260 die Pfalz in Vadstena errichten und machte sie zu seinem Stammsitz. Birgitta Birgersdotter, weitläufig mit dem Herrschergeschlecht verwandt, wurde hier um 1335 Hofdame des jungen Königs Magnus Eriksson. In Visionen erfuhr sie den christlichen Auftrag, an dieser Stelle ein Kloster sowohl für Nonnen als auch für Mönche zu gründen. 1346 vermachte das Königspaar ihr den Bjälbopalast in Vadstena zu diesem Zweck. 1349 reiste sie nach Rom, um das päpstliche Einverständnis für die Klostergründung und die Ordensregeln einzuholen. Dieses Unterfangen sollte sich jedoch mehr als ein Jahrzehnt hinziehen. Birgitta unternahm Pilgerreisen bis nach Jerusalem, übersetzte ihre zunächst in Latein verfassten Offenbarungen ins Schwedische und schuf damit eines der ersten Literaturzeugnisse in der Landessprache. Sie erlebte die Gründung des Klosters Vadstena 1384 nicht mehr, sondern starb 1373 in Rom, doch ihre detaillierten Angaben bezüglich des Aussehens der Kirche und der Ordenstracht wurden umgesetzt. Die Begründerin des Birgittinenordens, deren sterbliche Überreste ins Kloster nach Vadstena überführt worden waren, wurde 1391 heilig gesprochen.

Vadstena stieg zum wichtigsten Nonnenkonvent des Nordens und einem bedeutenden Wallfahrtsort auf, der weit über die skandinavischen Grenzen hinaus wirkte. Sein Einfluss auch in gesellschaftlicher Hinsicht – zu den Nonnen zählten Frauen aus den bedeutendsten schwedischen Adelsfamilien – zeigt sich auch an der Tatsache, dass Vadstena nach der Reformation und dem Beginn der Säkularisierung 1527 durch Gustav Vasa noch fast 80 Jahre weiterbestand. Das Birgittinenkloster wurde erst 1595 als letztes im Lande geschlossen, zwei Jahre, nachdem die Nationalsynode in Uppsala den lutherischen Glauben zum einzigen des Reiches erklärt hatte. Mittlerweile gibt es ein Nachfolgekloster in Vadstena, das 1989 sogar päpstlichen Besuch erhielt, und man kann heute wieder Nonnen in der Tracht der Birgittinerinnen – grau, mit weißen, gekreuzten Bändern auf dem schwarzen Kopfschleier – in der Stadt begegnen.

Information/Verbindungen/Adressen (Vorwahl Vadstena: 0143)

• *Information* **Vadstena Turistbyrå,** Slottet, 59280 Vadstena, ✆ 31570, 📠 31579, info@vadstena.com, Juli tgl. 10–19, Juni+Aug. bis 18 Uhr, Mai Mo–Fr 11–15 Uhr, 1. Hälfte Sept. Mo–Fr 10–16 Uhr, Sa+So 11–15 Uhr, übrige Zeit Mo–Fr 11–14 Uhr.

• *Verbindungen* **Bus:** Linie 610 nach Motala bzw. Ödeshög – z. T. über Borghamn und Alvastra –, stdl. mehrmals tgl., in Ödeshög Anschluss nach Gränna mit Linie 671, Mo–Fr 2- bis 3-mal tgl. Expressbus 840 nach Gränna, 1-mal tgl. Bushalteplatz an der Järnvägsgatan hinter dem Schloss.

Parken: Am Schloss und beim Kloster kostenlos.

• *Adressen* **Ärztliche Hilfe** Vårdcentralen, Jungfruvägen 5, ✆ 77000. **Apotheke** am Rådhustorget, ✆ 10009. **Postamt, Banken** und **Geschäfte** in der Storgatan.

Übernachten/Camping

• *Übernachten* **Starby Kungsgård,** Södra Infarten, ✆ 75100, 📠 75170. Konferenzhotel auf einem Gutshof unweit des Schlosses. Hier soll schon Gustav Vasa Logis genommen haben. DZ ab 1300 SEK.

Vadstena Klosterhotel, Klosterområdet, ✆ 31530, 📠 13648. Wohnen im historischen Ambiente. Zwei schöne Dependancen gehören zum Haus, Slottshotell und Slottsvillan an der Slottsgatan, beide mit gediegenen Zimmern. Das Frühstück wird in der Halle des Bjölbopalatset aus dem 13. Jh. serviert. DZ 1450 SEK.

Pensionat Solgården, Strågatan 3, ✆/📠 14350, Mai bis Sept. Schöne, alte Villa mit originell eingerichteten Zimmern, teils etwas überladen-kitschig, verschiedener Standard. DZ ab 700 SEK/Etagenbad.

27:ans Nattlogi, Storgatan 27, ✆ 76564. Gemütliche, kleinere Unterkunft in schönem Altbau an der Fußgängerzone. DZ ab 650 SEK/Etagenbad.

STF Vandrarhem Vadstena, Skänningegatan 20, ✆ 10302, 📠 10404, Mitte Juni bis Aug., übrige Zeit mit Vorbuchung. Schlicht-moderne Herberge nah der Durchgangsstraße. 215 SEK, DZ 580 SEK.

STF Vandrarhem Borghamn, Borghamnsvägen 1, ✆ 20368, 📠 20378, ganzj. Unterkunft am kleinen Hafen von Borghamn, guter Ausgangspunkt für den Omberg. Im Sommer hat das Hamncafé geöffnet. 185 SEK, DZ ab 500 SEK.

STF Vandrarhem Omberg/Stocklycke, 59993 Ödeshög, ✆ 0144–33044, ganzj. Idyllisch gelegene, gemütliche Herberge auf dem Omberg, idealer Ausgangspunkt für Wanderungen. Im Sommer auch Café-Restaurant (Mai bis Mitte Sept. tgl. 11–19 Uhr). 195 SEK, DZ ab 390 SEK.

• *Camping* **Vätterviksbadets Camping & Stugby,** ✆ 12730, 📠 14148, Mai bis Mitte Sept. Gut ausgestatteter Platz 3 km nördlich von Vadstena, zwischen Hauptstraße Nr. 50 und Vätternufer gelegen. Etliche straßennahe Stellplätze. Bade- und Surfstrand, Hütten/4 Pers ab 420 SEK, Gästezimmer 600 SEK.

Essen & Trinken

Restaurang Munkklostret, Klosterområde, ✆ 13000, Mo–Fr 11.30–22 Uhr, Sa 12–23, So bis 22 Uhr. Gourmetrestaurant im altertümlichen Ambiente des Klosters. Wen die à la carte-Preise schrecken, der sei auf das ebenfalls überdurchschnittlich gute Dagens verwiesen.

Restaurang Vadstena Valven, Storgatan 18, ✆ 12340, tgl. 11.30–22 Uhr. Lokal in altem Kaufmannshaus, wirbt etwas übertrieben mit „mittelalterlichem Flair“. Umfangreiche Karte, gehobene Preise.

Rådhuskällaren, Rådhustorget, ✆ 12170, tgl. 12–23 Uhr. Urig-gemütlich, bodenständige Küche, im Sommer viel Platz zum Draußensitzen auf dem Marktplatz.

Restaurang Wasa, Rådhustorget, ✆ 31220, tgl. 11.30–23 Uhr. Pub und Restaurant, mittags preiswertes Dagens.

Restaurang på Hörnet, Skänningegatan 11, ✆ 13170, Mo–Fr 17–1 Uhr, Sa 16–1 Uhr, So 15–1 Uhr. Beliebt als abendlicher Treffpunkt, Pub und à la carte-Restaurant.

Gamla Konditoriet, Storgatan 18, ✆ 10035, Mo–Fr 9–19, Sa bis 18 Uhr, So 11–18 Uhr. Alteingesessenes Café in der Fußgängerzone.

Aktivitäten

Tåkern: Der flache, von breiten Vegetationsgürteln umgebene See ist ein **Vogelparadies**, das man von folgenden Beobachtungstürmen aus einsehen kann: Glänäs im Süden, Hov im Osten und Svälinge im Norden, alle drei von den Hauptstraßen beschildert. Der See steht seit 1975 unter Naturschutz. Nachdem er zuvor zu verlanden drohte, wird der Wasserstand mittlerweile reguliert, und seine Größe hat sich damit auf etwa 25 km^2 eingependelt. Sein Nährstoffreichtum lockt alljährlich etwa 90 Vogelarten zur Brut an, und fast 250 Arten machen hier auf dem Durchzug im Frühjahr und Herbst Rast. Besonders groß sind die Bestände der Lachmöwe, von Blässhuhn und Höckerschwan sowie verschiedener Enten- und Gänsearten.

Rökstenen: Zwischen Alvastra und Väderstad ist bei der Kirche von Rök dieser **Runenstein** einen Besuch wert. Der mächtige Findling trägt eine lange, teils rätselhafte Inschrift und wurde um 800 von einem Wikingerhäuptling namens Varin zum Gedenken an seinen gestorbenen Sohn Vämod verfasst. Sie spielt auf verschiedene Helden und Götter an, vermutlich, um die Häuptlingssippe von ihnen abzuleiten. In einer kleinen, immer zugänglichen Ausstellung werden der Entstehungshintergrund erläutert (auch dt.+engl.) und die Inschrift im Original, lateinischer Transkription und schwedischer Übersetzung aufgeführt, ein Infokiosk hält eine gesprochene Version des Textes bereit (Rökstenens Utställning, ✆ 0142–71284, Mai bis Aug. Mo–Fr 9–16 Uhr, Sa+So 10–16 Uhr).

Boots- und Fahrradverleih beim Campingplatz.

Motala

Wasser, wohin man sich auch wendet. Von der geschützten Motalaviken bis zur sichelförmingen Sandbucht von Varamo erstreckt sich das Stadtgebiet entlang der Vätternküste. Es wird landeinwärts geteilt durch den breiten Motalastrom und das Kanalbett gleich daneben, nach Osten begrenzt das Ufer des Boren den Ort. Die Nähe zum Wasser trägt viel zu Motalas Attraktivität bei.

Das Städtchen verdankt seine Existenz dem Götakanal. Dessen Erbauer, Baltasar von Platen, wählte die geschützte Vätternbucht als Verwaltungszentrum der Kanalgesellschaft aus, initiierte die technischen Werkstätten Motala Verkstad und entwarf auch den Grundriss der Innenstadt, deren bogenförmige Straßen die Uferlinie der Bucht nachzeichnen.

Kanalspaziergang

Die kleine City grenzt an die Vätternpromenade; die schöne Lage am Ufer der Motalaviken macht sich das Touristenbüro im Folkets Hus zunutze – und hat Neuankömmlinge damit schon auf seiner Seite. Ein paar Schritte durch den Stadtpark führen zur Mündung von Fluss und Götakanal, wo die Gästebrücke mit Cafés und die Museen in den alten Hafenanlagen Besucher anziehen. Am Turistbyrå im ehemaligen **Kanalkontor** vorbei geht es über die Kanalbrücke hinweg. Die anschließende Strömbron von 1787 mit ihren neun Rundbögen ist sehenswert. Zwischen den Wasserläufen geht es nun den Verkstadvägen entlang, unter der Straßen- und Eisenbahnbrücke hindurch, dann den Treidelweg am Kanal entlang. Bald kommt auch der Fluss wieder in Sicht, der sich hier zum See **Hårstorpssjön** weitet. Ein winziges Inselchen ragt darin auf und markiert den Platz, an dem ehemals ein Hof lag. Als man 1921 den Fluss für ein Kraftwerk staute, wurden die dortigen Gebäude versetzt. Am Charlottenborgsvägen lohnt sich ein Abstecher über den Motalaström zum **Charlottenborg Slott**, Herrensitz von 1652 und heute ein Museum. Außer dem schönen Gebäude selbst kann man eine Sammlung mit Schnitzkunst,

Motala verdankt seine Existenz dem Göta-Kanal

etliche Puppenstuben, ein Schulzimmer und eine umfangreiche Vogelsammlung besichtigen (Di–Fr+So 13–16, Do bis 18 Uhr, ✆ 233591).

Weiter geht es zwischen den beiden Wasserläufen entlang, und wer sich bisher über deren Parallelität gewundert hat, findet nun bald den Grund dafür heraus: Eine mächtige Fallstufe im Motalaström macht jede Schifffahrt unmöglich und wird stattdessen von einem Kraftwerk genutzt. Beiderseits des Kanals liegt nun das alte Industriegelände von **Motala Verkstad** mit den mächtigen Werkshallen aus vergangenen Tagen. Hier wurde alles hergestellt, was zum Betrieb des Kanals und der Schiffe erforderlich war, vom Werkzeug bis zum Schleusentor. Dampfmaschinen und später Motorfahrzeuge wurden ebenso konstruiert wie ganze Brücken. Produkte von Motala Verkstad waren über die Grenzen Schwedens bekannt.

Ein kurzes Stück zurück erreicht man in der Nähe des alten Wirtshauses Berggrens Källare eine Fußgängerbrücke und über diese hinweg weitere Wohn- und Arbeitsstätten aus der Kanalbauzeit. In einem davon ist jüngst das informative **Museum Götakanal Utställning** eingezogen (✆ 202050, Mai–Aug. Mo–Fr 8.30–18 Uhr, Sa+So 8.30–13+14–18 Uhr). Das **Trockendock** liegt nicht weit davon, 1815 gebaut und genial ausgetüftelt, denn es lässt sich sowohl von selbst füllen wie auch leeren, Letzteres mittels eines unterirdischen Kanalsystems, mit dem das Wasser zum tiefer gelegenen Fluss transportiert wird. Wieder zwischen Kanal und Fluss, folgt man dem Treidelweg nun ein letztes Stück bis **Borenshult**. Zahlreiche Besucher versammeln sich im Sommer rings um die fünf Schleusenkammern, die den Kanal mit dem 15 m niedrigeren Boren verbinden und die pro Saison von etwa 5000 Passagier- und Privatbooten passiert werden. Zurück zum Ausgangspunkt verkehren Busse auf dem nahe gelegenen Linjevägen (301+ 302, beide 1- bis 2-mal stdl.). Wer Badezeug dabeihat und die Linie 301 nimmt, kann gleich bis Folkets Park weiterfahren. Dort beginnt **Varamobaden**, die lang gestreckte Sandbucht am Vättern, die an schönen Sommertagen von Badegästen und Surfern nur so wimmelt.

Ausflug nach Medevi Brunn

20 km nördlich von Motala liegt ein „Badeort“ ganz anderer Art. **Medevi Brunn** ist Schwedens ältestes Kurbad, 1678 um eine heilkräftige Quelle gegründet und zwei Jahrhunderte hindurch Treffpunkt der Adeligen und Reichen. Ein Ausflug hierher ist wie eine Reise in die Vergangenheit, wenn an Sommernachmittagen das Brunnsorkester in den Pavillons im Park aufspielt, das Publikum im verschnörkelten Ambiente des Schweitzeriet bei Kaffee und Kuchen sitzt, unter den Arkaden zur eingefassten Quelle spaziert, um sich den Gesundbrunnen dort in Becher füllen zu lassen, und sich abends zum Grötlunken, der Promenade mit Musikbegleitung versammelt. Die herrschaftlichen Villen der einstigen Stammgäste flankieren den Promenadenweg, die niedrigeren Herbergen der Dienstboten und Bauern liegen dahinter. Was nicht mehr in Privatbesitz ist, gehört zum Kurhotel, ebenso wie das traditionsreiche Wärdshus und der alte Speisesaal Brunnssalongen, heute nur zu besonderen Festlichkeiten geöffnet, die alte Apotheke und die Brunnskyrka. Nach Medevi kam man nicht nur der Gesundheit wegen – das leicht kohlensäurehaltige Wasser sollte gegen Krämpfe des Körpers wie der Seele helfen –, sondern auch zu gesellschaftlichen Zwecken. Hier traf man seinesgleichen, knüpfte und festigte Kontakte und widmete sich der Kultur. Dass die bessere Gesellschaft unter sich blieb, dafür sorgte nicht nur die Einteilung im Badehaus nach erster bis vierter Klasse, sondern anfangs auch die Vorschrift, nach der die niederen Stände nur zu bestimmten Zeiten am Brunnen zugelassen waren, Bauern um 5 Uhr morgens, Arme aus dem nahe gelegenen Lazarett nachts um 3 Uhr. (Intresseföreningen Medevi Brunn, ✆ 91453. Führungen tgl. 10+16 Uhr, Konzerte Mittsommer bis 1. So im Aug. Di–So 15–16 + 19.30–20.15 Uhr, tgl. 20.45–21.20 Uhr Grötlunk Marschkonsert.)

Kurkonzert in Medevi Brunn

Information/Verbindungen/Adressen (Vorwahl Motala: 0141)

- *Information* **Motala Turistbyrå,** Hamnen, 59123 Motala, ✆ 225254, ✆ 52103, turistbyran @motala.se, Juni bis Mitte Aug. Mo–Fr 9–19, Sa+ So 9.30–17 Uhr, übrige Zeit Mo–Fr 9–17 Uhr.
Dependance in Borensberg am Kanalhafen, ✆ 225874, Juli Mo–Fr 10–18 Uhr, Sa+So 12–16 Uhr, ab 2. Woche Juni + bis 3. Woche Aug. tgl. 12–16 Uhr.
- *Verbindungen* **Bus:** Linie 520 nach Borensberg, Vreta Kloster/Berg und Linköping, Linie 611 nach Vadstena, 629 nach Askersund über Medevi Brunn, alle mehrmals tgl. Expressbusse 52, 53+57 nach Linköping, Mo–Fr mehrmals tgl., Linie 840 nach Örebro bzw. Jönköping, 1-mal tgl., 855 nach Stockholm über Norrköping, Fr+So. **Zug:** Motala liegt auf der Zugstrecke Mjölby-Hallsberg, dort weitere Anschlüsse. Busterminal an der Repslagaregatan hinter

Folkets Hus, Bahnhof an der Platensgatan. **Parken:** Parkplätze am Kanalhafen, Folkets Hus und Skolgatan, Ecke Vätterpromenade.

• *Adressen* **Ärztliche Hilfe:** Vårdcentral, Mariebergsgatan 2a, ✆ 77000, dort auch **Apotheke**, ✆ 77846. Bispmotalagatan. **Bank** in der Repslagaregatan, um den Stora Torget liegen die Haupteinkaufsstraßen.

Wozu noch ans Mittelmeer fahren? Varamobaden

Übernachten/Camping

• *Übernachten* **Stadshotellet,** Stora Torget, Motala, ✆ 216400, ✆ 14605. Gediegenes Stadthotel im Zentrum. DZ 950 SEK.

Park Hotell, Platensgatan 27, ✆ 53500. Einfacheres, preiswertes Hotel in zentraler Lage. Der Name täuscht etwas, denn die Hauptstraßen sind nicht weit. Ab 550 SEK.

Bergsätter Vandrarhem, Herrefallsgatan 4, ✆ 57178, ganzj., Bus 302. Ruhig gelegene, kleinere Herberge, nicht weit vom Kanal. 195 SEK.

STF Vandrarhem Motala, Varamobaden, Skogsborgsgatan 1, ✆ 57436, ✆ 57435, Mitte Mai bis Mitte Aug., übrige Zeit mit Vorbuchung, Bus 310. Direkt am langen Sandstrand gelegen. Ab 185 SEK.

STF Vandrarhem Dockan, Motala Verkstad, Varvsgatan, ✆ 58854, Mitte Mai bis Aug. In der neu renovierten Werftarbeiterunterkunft wohnt man nun zu viert in kleinen Appartements mit eigener Küche. DZ 350 SEK.

Hotell Högbrunnen, Medevi Brunn, ✆ 91100, ✆ 91532. Unterkunft in den alten Kuranlagen, die Zimmer sind über verschiedene der historischen Gebäude verteilt. DZ ab 500 SEK. Angeschlossenes STF Vandrarhem, Mitte Juni bis 1. Woche Aug., 155 SEK.

STF Vandrarhem Borensberg/Göta Kanal, Gamla Glasbruket, ✆/✆ 40820, Mitte Mai bis Mitte Sept. Gemütliche Holzvilla am Kanal. 195 SEK, DZ 350 SEK.

• *Camping* **Z-Parkens Camping,** Månvägen, Motala, ✆ 211142, ✆ 217042, Mai bis Mitte Sept. Für den Platz spricht die Nähe zur herrlichen Strandbucht Varamobaden und dass er der einzige in der Umgebung ist, dagegen die oft drangvolle Enge auf der sportplatzähnlichen Wiese. Hütten/2 Pers. Ab 300 SEK.

Strandbadets Camping, Borensberg, ✆/✆ 40385, Mai bis 1. Woche Sept. Am Ufer des Boren südlich der Kanalmündung, Bade- und Surfstrand angrenzend. Hütten/4 Pers ab 400 SEK.

Essen & Trinken

Restaurang Sjöbris, Folkets Hus, ✆ 48054, Mo, Mi+Do 10–18, Di bis 22, Fr+Sa bis 24 Uhr, So 11–16 Uhr. Beliebtes Lokal mit schöner Außenterrasse zur Uferpromenade, Lunch und à la carte, auch Kuchen und Snacks.

Pub & Restaurang Hallen, Prästgatan 8, ✆ 53430, Mo–Do 11–14 + 18–22 Uhr, Fr 11–2 Uhr, Sa 18–2 Uhr. In der alten Markthalle wird mittags Lunchbuffet serviert, auch beliebt als abendlicher Treffpunkt.

Borenshults Slussar, ✆ 233566, Mitte Juni bis Aug. tgl. 9–21 Uhr. Café an den Schleusen. Serviert Waffeln, Eis und Smörgåsar.

Restaurang Bondmoran, Vintergatan 1, ✆ 51115, Mo–Fr 11–14 Uhr. Hier essen mittags die Arbeitskräfte aus dem angrenzenden Gewerbegebiet, bekannt gute Hausmannskost.

Vättershall Strandservering, Varamon, ✆ 58469, Juni bis Aug. tgl. 12–23 Uhr. Nett unter Bäumen gelegenes, einfaches Strandlokal, bietet kleine Gerichte, Kaffee und Kuchen.

Bei **Två Små Hus** am Gästehafen gibt es gutes Eis.

Medevi Wärdshus, Medevi Brunn, ✆ 91560, Mai bis Aug. tgl. 7–20 Uhr. Traditionelle schwedische Küche, auf hohem Niveau zubereitet, auch kleine Gerichte.

Aktivitäten

Bootstouren: Motala-Borensberg-Motala mit M/F Kung Sverker, Mitte Juni bis Mitte Aug. Di–Do, Sa+So 10.30 Uhr, Motala Kanaltrafik, ✆ 58506. Nach Karlsborg mit Katamaran VätternSnabben, ✆ 0505-61032; Auskunft über TI.

Kanuverleih bei den JH Skogsborg/Varamobaden und Borensberg, dort auch bei Fritid Ökd, ✆ 40058.

Tauchen bei Oxygene, Hamnen, ✆ 235610.

Fahrradverleih bei Velocipéde, Hamnen, ✆ 52111, bei Strandbadens Camping und der JH Borensberg.

Motala Motormuseum, Hamnen, ✆ 58888, Juni bis Aug. tgl. 10–20 Uhr, Mai+Sept. bis 18 Uhr, übrige Zeit Mo–Fr 8–15 Uhr, Sa+So 11–17 Uhr. Alle möglichen alten Vehikel werden hier ausgestellt, dazu eine Werkstatt, eine Tankstelle und ein Café im Stil der 50er Jahre.

Sveriges Rundradiomuseum i Motala, Radiovägen, ✆ 52202, Mai bis Aug. tgl. 11–16 Uhr. Ausstellung zur Geschichte des Radiosenders Motala, 1927 installiert. Wer schwindelfrei ist, kann eine Klettertour auf den hohen Sendemast der Station machen, Infos bei der TI.

Über Boren und Roxen zur Ostsee

Borenshult und Berg sind die populärsten Schleusentreppen des Götakanals zwischen Vättern und Ostsee. Dazwischen verläuft Schwedens „Blaues Band" durch die langgestreckten Seen Boren und Roxen, bevor eine letzte Kanaletappe zur Ostsee führt.

Berg

In Berg überwinden die sieben Kammern der um 1815 gebauten Karl Johans slussar fast 19 Höhenmeter. Auch wer mit dem Ausflugsdampfer hier durchkommt, hat genug Zeit, dem Trubel rings um den Kanal für eine Weile zu entkommen. Nur ein paar Gehminuten entfernt liegt die Kirche von **Vreta**, zu der im 12. Jh. das erste Nonnenkloster Schwedens gehörte. Die Grundmauern des Zisterzienserklosters inmitten eines romantischen Gartens sind noch vorhanden und lohnen wie die restaurierte Kirche einen Besuch. Im Kircheninneren wird ein Modell der ehemaligen Anlage ausgestellt (Juli bis Mitte Aug. tgl. 7.15–18 Uhr, übrige Zeit 7.15–16 Uhr).

Linköping

Östergötlands Hauptstadt am Südrand des Roxen ist ein Industriezentrum, Handels- und Verkehrsknotenpunkt. In der City ist außer der Domkirche und dem mehrfach umgebauten Schloss, heute Sitz der Bezirksregierung, wenig Altes erhalten, vieles musste Neubauten weichen. Doch sind die historischen Spuren nicht einfach ausgelöscht worden, sondern verpflanzt: In **Gamla Linköping** findet man eine Kleinstadt wie aus dem 19. Jh., bestehend aus fast 100 hierher versetzten Gebäuden, die einen kleinen Marktplatz und kopfsteingepflasterte Gassen säumen. Etliche der Häuser sind zugänglich, enthalten kleine Läden, Postamt und Apotheke, in anderen wird traditionelles Handwerk vorgeführt, ein Schulmuseum zeigt Klassenzimmer aus verschiedenen Jahrzehnten sowie die Lehrerwohnung, im Garten von Dahlgreens Café wird zum sonntäglichen Konzert aufgespielt und die Freilicht-

Gamla Linköping ist ein Städtchen wie aus dem 19. Jahrhundert

bühne Sjöbergska gibt im Sommer *Pettson och Findus.* (Gamla Linköping, Malmslättsvägen, ✆ 121110, ganzj., tgl. Die Geschäfte, Werkstätten und Museen haben unterschiedlich geöffnet, Kernzeit ca. 11–16 Uhr.)

Information/Verbindungen/Adressen (Vorwahl Linköping: 013)

• *Information* **Turistbyrån,** Quality Ekoxen Hotel, Klostergatan 68, 58223 Linköping, ✆ 206835, ℻ 121903, E-Mail: turist@ekoxen. se, ganztg., ganzj. Dependance in Berg bei der JH, Mitte Juni bis Mitte Aug. tgl. 12–20 Uhr.

• *Verbindungen* **Bus:** Linie 520 nach Motala, 522 nach Berg/Vreta Kloster, 511 nach Söderköping, alle stdl.-mehrmals tgl. Expressbusse nach Stockholm und Malmö via Jönköping. Div. Stadtbusse nach Östra Vallen (Gamla Linköping) ab Hbf. **Zug:** Verbindung nach Västervik, Kalmar, Stockholm und Malmö. **Flugzeug:** Verbindung nach Stockholm, Kopenhagen und Göteborg. Busterminal am Hbf., Järnvägsgatan.

Parken: In der City von Linköping kostenpflichtig, bei Gamla Linköping frei (Parkscheibe), in Berg rings um die Schleusen wenig Parkmöglichkeiten, großer Parkplatz am Vreta Kloster, kostenlos.

• *Adressen* **Ärztliche Hilfe** Universitetssjukhuset, Lasarettsgatan, ✆ 222000, dort auch **Apotheke**, Mo–Fr 8.30–21 Uhr, Sa+So 10–20 Uhr. **Banken, Geschäfte** und **Apotheke** in der Nygatan. **Polizeistation,** Garnisonsvägen, ✆ 246800. Riesiges **Einkaufszentrum** Tornby Köpcentrum an der E 6 im Norden der Stadt. **Apotheke** Svalan in Ljungsbro, ✆ 65395.

Übernachten/Camping

In Linköping liegen etliche Hotels an lauten Hauptverkehrsstraßen. Die folgenden Unterkünfte stellen die ruhigeren Ausnahmen dar.

• *Übernachten* **Quality Hotel Ekoxen,** Klostergatan 68, ✆ 252660, ℻ 121903. Riesig, modern, komfortabel und in schöner Parklage in der City, die Brasseri Britto ist berühmt für gute Küche. Ab 1000 SEK.

Good Evening Hotel, Hantverkaregatan 1, ✆ 129000, ℻ 138850. Helle, renovierte Zimmer, ruhige Innenstadtlage. DZ ab 600 SEK.

STF Vandrarhem Linköping, Klostergatan 52A, ✆ 149090, ℻ 148300, ganzj. Hotelstandard in den Zimmern, alle mit Küchenzeile und freundlich-moderner Einrichtung. Ab 210 SEK, auch DZ.

Mjellerumsgården, Stratomtavägen, Valla Fritidsområde, ✆ 122730, ganzj., Bus 211. Unweit von Gamla Linköping im Naherholungsgebiet Östra Valla, gemütlich-ländlich, passend zum Freilichtmuseum. Sommer-Café. 160 SEK.

Idingstad Säteri, ✆ 71273, 📠 71274. Stilvolles, altes Gutshaus am Südufer des Roxen, ca. 12 km nordöstlich von Linköping. DZ 840 SEK, in der alten Molkerei JH, 190 SEK.

STF Vandrarhem Bergs slussar, ✆ 60076, 📠 60502, Mai bis Aug. Im alten Hafenlagerhaus direkt an den Schleusen von Berg ist man mitten im Geschehen. 205 SEK.

Ljungsbro Vandrarhem, Hanorpsvägen, ✆ 206825, 📠 206895, Mai bis Aug., übrige Zeit mit Vorbuchung. Ruhig gelegene, gut ausgestattete Herberge, ca. 3 km nach Berg. 165 SEK.

• *Camping* **Glyttinge Camping,** Berggårdsvägen, ✆ 174928, 📠 175923, Mai bis Sept., Bus 201. 3 km nordwestlich von Linköping, an der Bahnlinie, Schwimmbad in der Nähe; der Platz ist gut ausgestattet, aber die Lage nur mäßig attraktiv.

Sandviks Camping, Vreta Kloster, ✆ 61470, 📠 61211, ganzj. Am Nordufer des Roxen, Badestrand. Hütten ab 250 SEK/4 Pers.

Essen & Trinken

Stångs pm & Co, Hamngatan, Linköping, ✆ 312100, Di–Fr 11.30–14 + 18–23 Uhr, Sa 18–23 Uhr. Am Anleger der Kinda-Kanalschiffe, mediterrane und moderne schwedische Küche, serviert im rustikalen Ambiente des alten Lagerhauses.

Gula Huset, Ågatan/Klostergatan, ✆ 138838, tgl. 11.30–22 Uhr, im Pub länger. Gemütliches Lokal für mittags wie abends, schwedische Hausmannskost, Vegetarisches und internationale Gerichte stehen auf der Karte.

Linds Café & Konditori, Stora Torget, ✆ 103190, tgl. 9–18 Uhr. Gute Auswahl an Gebäck, Smörgåsar und kleine Lunchgerichte.

Kanalkrogen, Berg, ✆ 60076, Mai bis Aug. tgl. 12–22 Uhr. Beliebtes Ausflugslokal direkt an den Schleusen.

Fröken Jenny's Café & Restaurang, Berg, ✆ 60855, Mai bis Aug. Mo–Fr 16–23 Uhr, Sa+So 11–23 Uhr. Neben der Schleusenbrücke, Terrasse. Kuchen, Eis, à la carte.

Kornettsgårdens Café, Flistad, ✆ 392226, Juni bis Mitte Aug. Di–Fr 11–16 Uhr, Sa+So 10–16 Uhr. Zwischen Flistad und Klockrike gelegen. Alter Landhandel mit origineller Einrichtung (Museum) und Café.

Aktivitäten

Tannefors Slussar, idyllisch gelegene Schleusen mit Sommercafé am Südrand der Stadt, lassen sich ab Nykvarn Sluss auf beschaulichen Spazierwegen (6 km) am Kanal entlang erreichen.

Bootstouren auf dem Götakanal von Berg nach Borensberg und zurück mit M/S Wasa Lejon Mai bis Sept. tgl. ab 10 Uhr, Royal Stockholm Cruise Line, ✆ 01–27801. Fahrten von Linköping nach Rimforsa auf dem Kindakanal, zurück per Bus/Zug bzw. umgekehrt, Juli bis 2. Woche Aug. tgl. ab 10 Uhr, Rederi AB Kind, ✆ 0141–233370.

Fahrradverleih bei Berg Vandrarhem und Glyttinge Camping.

Söderköping

Man mag kaum glauben, was die Stadtchronik behauptet: Hansekoggen auf dem winzigen Flüsschen mit dem großspurigen Namen Storån („großer Bach")? Die sich noch heute vollziehende Landhebung Skandinaviens wird für die Schrumpfung des einst schiffbaren Wasserlaufs verantwortlich gemacht. Zwar ersetzte später der Götakanal seine Funktion, doch für den alten Handelsort kam diese Entwicklung zu spät; längst hatte der nördliche Nachbar Norrköping ihm den Rang abgelaufen. Söderköping wird nun wieder von „Seeleuten" und anderen Besuchern angesteuert, doch kommen diese heute zum Vergnügen.

Das „Blaue Band" des Götakanals ist im Sommer Söderköpings Hauptstraße. An der Schleuse unterhalb der Steilfelsen des Ramunderberges treffen sich Segler und Spa-

In Söderköping spielt sich im Sommer alles Leben am Kanalufer ab

ziergänger, locken Cafés und Kneipen zum Einkehren. Wer von der Landseite anreist, passiert auf dem Weg von der E 22 zum Kanalhafen die Altstadt mit ihren hübschen Holzhäusern aus dem 19. Jh., den gemütlichen Rådhustorget und sollte von dort entlang der idyllisch bewachsenen Flussufer auch der **Laurenti kyrka** einen Besuch abstatten (tgl. 8–18 Uhr). Vor dem gotischen Ziegelbau ragt der markante Glockenturm auf, ein mit Holzschindeln bedecktes Gerüst aus dem 16. Jh. Daneben steht ein Runenstein aus dem 11. Jh., der ehemals in die Kirchenwand eingemauert war. Flussabwärts liegt **Söderköpings Brunn**, heute ein nostalgisches Hotel in schöner Parkanlage, im 18. Jh. ein beliebtes Kurbad, nachdem man auf eine heilkräftige Quelle gestoßen war. Zum Kanal sind es nur ein paar Schritte, und wer mehr Auslauf braucht, sollte von der Schleuse zum 90 m höher gelegenen Aussichtspunkt steigen.

Abstecher an die Küste

Nur wenige Kilometer östlich mündet der Kanal bei Mem in den Meeresarm Slätbaken, mit dem er die Ostsee erreicht. Bei **Stegeborg** liegt an der schmalsten Stelle des Fjords strategisch günstig die alte Festung gleichen Namens, zum Schutz der Stadt im 13. Jh. errichtet, später unter Gustav Vasa weiter ausgebaut, heute eine malerische Ruine mit beindruckendem Wehrturm und romantischem Kräutergarten (Führungen nach Absprache, ✆ 42001, Mai bis Sept.). Richtung Meer beginnen kurz vor **Sankt Anna** die Sackgassen. Durch den kleinen Schärenort erreicht man über Landengen und Brücken das Inselreich, das sich hier wie kaum irgendwo sonst aus unzähligen Eilanden und Felsbuckeln zusammensetzt. Nebenstraßen führen an zahlreichen Stellen an die verwinkelten Küsten heran, und ab **Tyrislöt** starten die Ausflugsboote in die faszinierende Welt aus Wasser und Fels, die sich bis nach Arkösund und Gryt erstreckt.

Information/Verbindungen/Adressen

Vorwahl Söderköping: **0121**

• *Information* **Söderköpings Turistbyrå, Stinsen,** Margaretagatan 19, 61480 Söderköping, ✆ 18160, 📠 15833, turistbyran@soderkoping.se, Mittsommer bis Juli Mo–Fr 10–19, Sa+So bis 16 Uhr, Mai bis Mittsommer+Aug. Mo–Fr 10–17, Sa bis 16 Uhr, übrige Zeit Mo–Fr 10–12+13–15 Uhr.

Dependance Sankt Anna Turiststuga, Gränsö, Norra Finnö, ✆ 51488, Juni bis Aug. tgl. 10–17 Uhr.

• *Verbindungen* **Bus:** Busstation an der Margaretagatan/E 22 neben der TI. Linie 450 u. a. nach Norrköping bzw. Valdemarsvik, stdl. bis mehrmals tgl., 452 nach Sankt Anna, mehrmals tgl., weiter bis Tyrislöt 2-mal tgl. Linie 454 nach Södra Finnö, Mo–Fr 2-mal tgl., mehrmals tgl. **Autofähren** pendeln bei Stegeborg über den Slätbaken, bei Kvarsebo über die Bråviken.

Parken: Großer, kostenloser Parkplatz an der Margaretagatan/E 22 bei der TI.

• *Adressen* **Ärztliche Hilfe** Vårdcentralen, Östra Rydsvägen, ✆ 34879, **Apotheke** Hagatorget 1, ✆ 13061, dort auch **Bank**. **Post** in der Knutssonsgatan 1.

Übernachten/Camping

• *Übernachten* **Hotel Söderköpings Brunn,** Skönbergsgatan 35, ✆ 10900, 📠 13941. Erstes Hotel am Platze, traditionsreich und komfortabel. Das Restaurant bietet neben den recht hochpreisigen À-la-carte-Angeboten auch günstigen Lunch, Mo–Fr 11.30–17 Uhr. DZ ab 850 SEK.

Granskogens Hotell, Skönberga, ✆ 12600, 📠 13995. Etwas außerhalb von Söderköping im Vorort Skönberga gelegenes Konferenzhotel, Zimmer mit verschiedenem Standard. DZ ab 710 SEK.

Slussens Rumsuthyrning, Slussgränd, ✆ 15546. Gästehaus in einer alten Kanalvilla an der Schleuse. DZ 500 SEK, Etagenbad.

Mangelgården, STF Vandrarhem Söderköping, Skönbergsgatan 48, ✆ 10213, Juni bis Aug., Mai+Sept. mit Vorbuchung. Gemütliches Holzhaus zwischen Grünanlagen, nicht weit zum Ort und Kanal. 205 SEK, DZ ab 410 SEK.

Kanalmagasinet i Mem, Hamnmagasinet, Söderköping, ✆ 20745, Mai bis Sept. Das

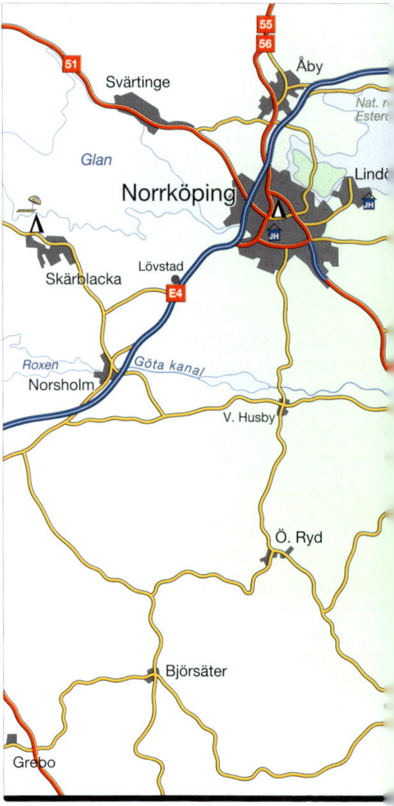

Holzgebäude an der Mündung des Götakanals wurde 1832 zur Einweihung der Wasserstraße als Festlokal gebaut und ist heute eine gemütliche Herberge mit Café in ruhiger Lage. Auf dem Radweg am Kanal sind es 6 km nach Söderköping, per Auto ist ein Umweg über Tåby nötig. 200 SEK.

Stegeborgs Trädgårdhotell, ✆ 42002, 📠 42006. Am Fähranleger und nah der Burgruine Stegeborg gelegenes, kleineres Hotel. DZ ab 940 SEK.

STF Vandrarhem Sankt Anna, Gamla Färjeläget, ✆ 51312, vor Saisonbeginn ✆ 08-57145851, 📠 08-57145853, Juni bis Aug. Am alten Fähranleger am Lagnösund, nette Holzvilla. 170 SEK.

• *Camping* **Korskullen Camping,** Erik Dahlbergs Gata, Söderköping, ✆ 21621. Auf dem Parkgelände neben der JH Mangelgården,

aber dicht an der E 22 und nicht unbedingt ruhig. Hütten/2 Pers. 350 SEK, FeHa/4 Pers. 800 SEK.

Stegeborgsgården Camping & Vandrarhem, Vikbolandet, ✆ 0125-51062, ✆ 51084, Mai bis Sept. Am Nordufer der Bucht Slätbaken beim Fähranleger. Badeplatz und Naturreservat angrenzend, Burgruine Stegeborg nicht weit. DZ 535 SEK.

Skärgårdens Camping Tyrislött, Sankt Anna, ✆ 52021, Mai bis Sept. Seine spektakuläre Lage auf einer Schärenhalbinsel von Norra Finnö macht den weitläufigen Platz entsprechend beliebt. Idealer Ausgangspunkt für Schärenausflüge per Boot, kleines Museum, Restaurant und herrliche Badestellen. Hütten/4 Pers. ab 400 SEK.

Weitere schön gelegene Campingplätze im Schärengebiet von Sankt Anna: **Kalvholms Camping, Källbuktens Camping** und **Mons Camping & Stugby.**

Essen & Trinken

Göta Källare, Bergsvägen 3, Söderköping, ✆ 15655, Mo–Fr 11–22 Uhr, Sa 13–22 Uhr, Pub Di–Sa 17–1 Uhr. Beliebtes Lokal an der Flaniermeile am Götakanal, im Restaurant internationale Küche.

Göta Salonger & Trädgård, Ågatan 53, ✆ 14800, Juni bis Aug. tgl. ab 12 Uhr. Restaurant, Café und Bar in verschnörkelter Kanalvilla mit schönem Garten.

La uva, Rådhustorget, ✆ 10338, tgl. 11–23

Uhr. Mediterrane Küche, Tapas, mittags auch schwedische Hausmannskost, nette Flussterrasse.

Café Lilla Kanalmagasin, Kanalhamnen, ✆ 13570, tgl. 11–18 Uhr. Gemütlich-uriges Café im alten Hafenlagerhaus am Kanal.

Café Lustgården, Forsemanska Gården, Ågatan 17, ✆ 21556, tgl. 11–20 Uhr. Im Innenhof des alten Handelshofes haben sich rings um den kleinen Pavillon Café und Kunsthandwerk etabliert.

Das beste **Eis** gibt es bei **Smultronstället** direkt an der Kanalschleuse; der Andrang ist bei Sommerwetter riesig.

Café Bottna, ✆ 40061, Mitte Juni bis Juli tgl. 12–18 Uhr, übrige Zeit Mi, Sa+So. Café mit hausgemachtem Kuchen und Kunsthandwerk, an der Straße zwischen Stegeborg und Sankt Anna gelegen.

Ebenfalls außerhalb von Söderköping: Restaurants bei den Campingplätzen Stegeborg, Tyrislöt und Mon, Cafés bei der Servicestation Tyrislöt, den JH in Mem und Sankt Anna, beim Fähranleger in Stegeborg.

Aktivitäten

Bootsausflüge: Söderköping-Arkösund mit M/S Vimman, Mitte Mai bis Mitte Sept. tgl. 10 Uhr, Reservierung nötig, Royal Stockholm Cruise Line, ✆ 011–127801, Söderköping-Harstena Mitte Juni bis 3. Woche Aug. So 9 Uhr, Söderköping-Stegeborg Sa 9.30 Uhr, M/F Lindön, Söderköpings Brunn, ✆ 10900.

Preiswerter sind die Touren ab den Küstenhäfen: Linjetrafiken verkehrt im Juli auf drei Routen ab Tyrislöt in den Schären; Infos und Reservierung über die TI. Auf der bewohnten Schäreninsel Harstena Restaurant, Kiosk und Bäckerei, außerdem einige Hütten beim Turistservice, ✆ 0123–42050. Von Gryt startet auch das Postboot in die Schären, Juli Mo–Fr 10.30 Uhr, Anmeldung ✆ 0708-392236, übrige Zeit Mo, Mi+Fr, Anmeldung und Infos bei der TI Valdemarsvik, ✆ 0123-12200.

Skärgårdsmuseum Tyrislöt, Sankt Anna, ✆ 52029, Mitte Juni bis Mitte Aug. tgl. 12–17 Uhr.

Bootsverleih bei den Schärencampingplätzen und der JH Sankt Anna, in Tyrislöt auch bei der Servicestation: Sankt Anna Skärgårds Kajakuthyrning, ✆ 52027.

Fahrradverleih in Söderköping beim Campingplatz und Slussens Rumuthyrning.

Norrköping

„Sveriges Manchester“ wird die Stadt an der inneren Bråviken gern genannt. Inzwischen sind die Textilfabriken und Spinnereien aufgegeben, die diesen Vergleich provozierten, und die Werksanlagen stellen nach umfangreichen Renovierungen Norrköpings wichtigstes Besucherziel, Gamla Industrilandskapet, dar.

Neben Papierherstellung und Metallverarbeitung gab es in Norrköping seit dem 17. Jh. Werkstätten, die Wollstoffe produzierten, später in zunehmendem Maße auch Baumwolle verarbeiteten. Manufakturen, Mühlen und Spinnereien bezogen ihre Energie aus dem Gefälle des wasserreichen Motalaström. Rings um das winzige Inselchen **Laxholmen** entwickelte sich das Industriegebiet beiderseits des Stromes zu einem der größten des Landes. Um 1850 kamen 80 % der schwedischen Textilprodukte aus Norrköping, und aus dieser Epoche stammen auch etliche der beeindruckenden Fabrikgebäude, darunter **Strykjärnet**, das „Bügeleisen“. Wie ein hoher Schiffsbug ragt es auf der Landspitze von Laxholmen auf. In den 1970er Jahren stellte die letzte Weberei ihren Betrieb ein; im Vergleich zu den Billiglohnländern waren die schwedischen Betriebe nicht mehr profitabel. Andere Nutzungsmöglichkeiten für das mitten im Stadtzentrum gelegene Industriegebiet wurden gesucht, doch die andernorts grassierende Abrisshysterie, der etwa in Stockholm ganze Stadtteile zum Opfer fielen, kam hier glücklicherweise nicht zum Ausbruch.

Stattdessen wurden die vorhandenen Gebäude mit neuem Leben gefüllt. Ein Teil gehört heute zum Campus Norrköping, einer Dependance der Universität Linkö-

Der Motalaström war in Norrköping Jahrhunderte lang der Quell aller Industrie

ping, mit etwa 5000 Studierenden und aufsteigender Tendenz. Ein Forschungsschwerpunkt hier ist der (Mikro-) Elektroniksektor, ein weiterer die Umwelttechnologie, aber auch Pädagogik lässt sich auf dem Campus Norrköping studieren. Andere Fabrikbauten beherbergen zeitgemäße Unternehmen, etwa der Telekommunikation, und Kultureinrichtungen wie Museen, Kongress- und Konzerthallen. Und wer in der Vorweihnachtszeit durch die Anlagen spaziert, wird wahrscheinlich besonders von Schwedens größten Adventskerzen beindruckt sein, den illuminierten Schornsteinen des Dampfkraftwerkes „Värmekyrka". Laxholmen erreicht man von der TI durch das Tor Holmentornet neben dem Konzert- und Kongresszentrum Louis de Geer, vorbei an der Värmekyrka und der Staustufe im Motalaström kommt man zu den Museen. Flussaufwärts liegen weitere Industriebauten beiderseits des Flusses; ein Faltblatt der TI informiert über ihre alte und neue Funktion (Museen s. Aktivitäten).

*Information/Verbindungen/Adressen (Vorwahl Norrköping: **011**)*

• *Information* **Destination Norrköping**, Dalsgatan 16, 60181 Norrköping, ✆ 155000, 📠 155074, info.destination@norrkoping.se, Mittsommer bis 1. Woche Aug. Mo–Fr10–18, Sa bis 14 Uhr, übrige Zeit Mo–Fr 10–17 Uhr.

• *Verbindungen* **Bus:** Buslinie 835 nach Nyköping und Stockholm, nach Söderköping und Kalmar, Linie 47–49 nach Linköping, 46 u. a. nach Söderköping, Linie 440 nach Arkösund, alle mehrmals tgl. **Zug:** Verbindungen nach Kolmården, Linköping, Motala, Stockholm und Kalmar.

Parken: Kostenpflichtig in der Innenstadt, südlich der Industrilandskapet an der Kvarngatan zentral und kostenlos.

• *Adressen* **Ärztliche Hilfe** Lasarettet i Norrköping, Gamla Övägen, ✆ 222000, **Apotheke** Hjorten, Handverkaregatan 24, ✆ 181360, Mo–Fr 9–21, Sa bis 20 Uhr, So 10–20 Uhr. **Polizeistation** Stockholmsvägen 4–6, ✆ 216000, **Post, Banken** und zahlreiche **Geschäfte** in der Fußgängerzone Drottningsgatan.

Übernachten/Camping

• *Übernachten Norrköping* **Elite Grand Hotel (5),** Tyska Torget 2, ✆ 364100, 📠 364101. Elegantes Stadthotel, DZ ab 1000 SEK.

Pronova Hotell (9), Norra Grytsgatan 10, ✆ 4424520, 📠 187606. In der alten Industrielandschaft am Fluss gelegenes, kleineres Konferenzhotel, jüngst renoviert. DZ ab 590 SEK.

Hotell Kneippen (2), Kneippgatan 7, ✆ 133060, 📠 167773. Gemütliches Mittelklassehotel im Pensionatsstil, in Laufweite zur City. DZ 590 SEK.

Hotel Centric (6), Gamla Rådhusgatan 18–20, ✆ 129030, 📠 180728. Zentrale, schöne Lage am Motalaström, geschmackvolle, geräumige Zimmer. DZ 640 SEK.

Hotell Isabell (4), Vattengränd 7, ✆ 169082. Preiswertes Cityhotel unweit des Bahnhofs. DZ ab 550 SEK.

Hörnans Vandrarhem (11), Hörngatan 1, ✆ 168271, 📠 168296, ganzj. Preiswert, zentral, in schönem Jahrhundertwendebau. Ab 170 SEK, DZ 550 SEK.

Turistgården (1), STF Vandrarhem Norrköping, Ingelstagatan 31, ✆ 101160, 📠 186863, ganzj. Ordentliche Herberge mit einfachem Hotelstandard in Laufweite zum Bahnhof. 175 SEK, DZ ab 350 SEK.

• *Übernachten außerhalb* **Fredgagården,** Getå, ✆ 62036, 📠 62114. Gemütliches Hotel an der Bråviken unweit des Kolmården Tierpark . 900 SEK.

STF Vandrarhem Abborreberg, Lindö, ✆ 319344, 📠 317930, Mai bis Sept. Idyllisch gelegene JH an der Bråviken, 5 km nördlich von Norrköping. 195 SEK, DZ ab 390 SEK.

• *Camping* **Himmelstalunds Camping (3),** Campingvägen, ✆ 171190, 📠 170987, ganzj. Stadtnaher Wiesenplatz am Fluss, gegenüber dem Naherholungsgebiet Himmelstalund. Hütten ab 450 SEK/4 Pers.

Kolmårdens Camping, ✆ 398250, 📠 397081, Mai bis Aug. Unweit des Tierparks an der Bodaviken gelegener, kinderfreundlicher Platz. Hütten/4 Pers. ab 545 SEK, Gästezimmer ab 490 SEK.

Mårängens Camping, Skärblacka, ✆ 59141, ganzj. Einfach ausgestatteter Wiesenplatz am Badesee Mårn.

Arkösunds Camping, Nordanskogsvägen, ✆ 0125–20341, Mai bis Aug. Strandnaher Platz an der Lindöviken, am Nordrand von Arkösund.

Essen & Trinken

In den Museen (s. Aktivitäten) finden sich fast überall nette Lunch-Cafés, außerdem:

Bistro Louis de Geer (10), Dalsgatan 15, Norrköping, ✆ 155060, Mo–Sa 11–14 Uhr. Auf dem kleinen Uferstreifen am Louis de Geer Kongresszentrum wird im Sommer preiswerter Lunch angeboten, beliebte Adresse bei den Angestellten der umliegenden Büros.

Guskelov (8), Dalsgatan 13, ✆ 186001, Mo–Fr 11.30–14 Uhr, Di–Sa 18–23 Uhr. Bewährt gute, mediterrane und schwedische Küche.

Källaren Bacchus (7), Gamla Torget 4, ✆ 100740, Di–So 18–23 Uhr. Uriger Pub und Restaurant in Kellergewölben aus dem 18. Jh.; Hausmannskost und internationale Küche, im Sommer wird auch draußen serviert.

• *Außerhalb* **Värdshuset Lövstad slott,** ✆ 335067, tgl. 11–22 Uhr. Gehobene Küche, herrschaftliches Ambiente. Das Schlösschen, das bis 1926 bewohnt war, liegt in einem herrlichen Garten unweit des Lövstadsjön (E 4), ca. 10 km südwestlich von Norrköping. Im Sommer Café in der Schmiede, Schlossführungen mehrmals tgl.

Café Stockstugan, Sköldviks Kursgård, Världens Ändevägen 105, Vikbolandet, ✆ 0125–20289, Mittsommer bis Mitte Aug. tgl. 12–19 Uhr. Am Südrad von Arkösund gelegenes Café mit herrlicher Aussicht auf die Schären.

Aktivitäten

Norrköping ist eine „Museumsstadt" mit zahlreichen Ausstellungsorten. Bis auf das Kunstmuseum sind alle folgenden kostenlos zu besichtigen.

Arbetets Museum, Strykjärnet, Laxholmen, ✆ 189800, tgl. 11–17 Uhr. Wechselnde Ausstellungen zum Thema Arbeit und Arbeiter, teils unterhaltsam, teils zum Nachdenken anregend, und originell zusammengestellt. Einige Themen waren in den letzten Jahren z. B. Musik der Arbeit, die Geschichte der Maschinenbedienerin Alva, die 35 Jahre im

Strykjärnet tätig war oder der schwedische Wohlfahrtsstaat (Folkhemmet) in den 1950er Jahren. Café Strykjärnet und Aussichts-Restaurant.

Norrköpings Stadsmuseum, Holmbrogränd, ✆ 152620, Di-Fr 10–17 Uhr, Sa+So 11–17 Uhr. Jenseits der Brücke am Strykjärnet verteilt sich das Stadtmuseum über mehrere Industriebauten. Verschiedene Handwerke werden anschaulich präsentiert, teils in eingerichteten Werkstätten. Der Textilindustrie ist ein anderer Teil gewidmet, die Maschinensäle sind noch original eingerichtet und können teils auch in Aktion besichtigt werden (Di+Fr 11+14 Uhr; Änderungen möglich!). Café mit lauschiger Flussterrasse.

Holmenmuseet, Strykbrädan, Laxholmen, ✆ 128992, Di+Do 9–12.30 Uhr. Das Museum ist der Geschichte der Papiermühle Holmens Bruk gewidmet, die von Louis de Geer 1609 gegründet wurde und bis 1986 hier produzierte. Die Papierherstellung wird während der Öffnungszeiten von ehemaligen Mitarbeitern vorgeführt.

Färgaregården, Värdshusgatan 8, ✆ 107641, Mai bis Aug. tgl. 10–20 Uhr. Freilichtmuseum in einem alten Färberhof, etwa 1 km flussaufwärts von Laxholmen. Gartencafé.

Hällristningsmuseet Himmlestalund, ✆ 165545, Mai bis Mitte Juni+Aug. tgl. 11–16 Uhr, Mitte Juni bis Juli tgl. 11–18 Uhr. Ausstellung zum Leben in der Bronzezeit und zum Entstehungshintergrund der Felsritzungen; gute Ergänzung zur Besichtigung der Hällristningar im angrenzenden Freizeitpark Himmelstalund. Lageplan im Museum erhältlich, im Juli Führungen, tgl. 14 Uhr, Café.

Norrköpings Konstmuseum, Kristinaplatsen, ✆ 152600, Mitte Mai bis Mitte Aug. Di+Do–So 12–16, Mi bis 20 Uhr, übrige Zeit Di+Do 11–20, Mi+Fr–So bis 17 Uhr. Schwerpunkte des Kunstmuseums liegen auf der schwedischen Malerei ab 1850 und der Moderne; die Sammlung schwedischer Kunst des 20. Jh. gilt als eine der besten des Landes. Skulpturengarten und Café.

Gegenüber lohnt auch die große, modern ausgestattete **Stadsbibliotek** einen Besuch, ein lebendiges Informationszentrum und überaus rege frequentiert. Södra Promenaden 105, ✆ 152665, Mo–Fr 8–21 Uhr, Sa 10–16 Uhr, So 12–16 Uhr. Café im Altbau Villa Swartz.

Karl Johans Park/Kaktusplantering, Drottninggatan. Anfang Juni werden hier 250 Kakteen ausgepflanzt und zu jährlich wechselnden „Bildern" zusammengestellt.

Folkparken Marielund, ✆ 106155, Mai bis Sept. 9–22 Uhr, bei Regen geschl. Typisch schwedischer Stadtpark für die Allgemeinheit, mit breitem Freizeitangebot von Minigolf und Boulebahn über Volleyballfelder bis zum riesigen Kinderspielplatz mit Planschbecken und BMX-Übungsstrecke (kostenloser Fahrradverleih).

M/S Moa verkehrt auf dem Bråviken zwischen Norrköping (Hamnbron), Esterön, Kolmården und Sandviken, 2. Woche Juni bis 1.Woche Aug. 2- bis 3-mal tgl.

Außerhalb Norrköpings:

Abborreberg, ein Vorort von Norrköping am Ufer der Bråviken, mit hübschen Wohnhäusern aus dem 19. Jh. lohnt einen kleinen Ausflug.

Hauptanziehungspunkt für kleine und große Besucher der Region ist **Kolmårdens Djurpark,** bei Krokek am Nordufer der Bråviken gelegen. Das riesige, waldreiche Areal teilt sich in mehrere Einrichtungen, den eigentlichen Zoo, einen Safaripark und das Delfinarium. In den großzügigen Gehegen und möglichst nah an ihren natürlichen Lebensbedingungen, werden einheimische und exotische Tiere gehalten und erforscht. ✆ 249000, Mai, Juni + Aug. tgl. 10–17 Uhr, Juli tgl. 9–18 Uhr, Sept. Sa+So 10–17 Uhr. Vor dem eigentlichen Tierpark liegt das Tropicarium, in dem u. a. Haie, Krokodile und Riesenschlangen wohnen. ✆ 395250, Mai bis Aug. jeweils 1 Std. länger als der Zoo, Sept. gleiche Zeiten, Okt. bis 3. Woche Dez. tgl. 10–16 Uhr.

Boots/Kanuverleih bei Kolmårdens- und Mårägens Camping und der JH Abborreberg.

Arkösund: Lohnendes Ausflugziel in den Schären, eine Autostunde von Norrköping entfernt. Das malerische Küstenörtchen ist bei Seglern äußerst beliebt, und im Sommer herrscht in den Gästehäfen, Cafés, an den Badeklippen und Stränden reger Betrieb.

Wandern auf dem Sörmlandsleden

Südlich von Nyköping schneidet der 50 km lange Meeresarm Bråviken ins Land ein. Bei **Uttervik** liegt ein abwechslungsreiches, einsames Küstenstück mit Aussichtspunkten und Badebuchten. Landeinwärts ist das waldreiche Hügelland rings um den alten Bergwerksort **Tunaberg/Koppartorp** von den Spuren des Erzabbaus geprägt. Beide Ziele lassen sich in der folgenden, 30 km langen Tageswanderung auf dem Sörmlandsleden verbinden (Kurztouren s. u.):

An der Kirche von Tunaberg, gleich neben dem Heimatmuseum im alten Grubengelände Koppartorp gelegen, kann man sich auf Infotafeln über das Wandergebiet orientieren. Unsere Route verläuft auf den Etappen 38 bis 41 des Sörmlandsleden, zuvor auf einem Teilstück des Radweges Näckrosleden, und ist durchgängig markiert:

Die Kirche im Rücken, geht es auf der Fahrstraße nach rechts, dem Radsymbol nach und durch die ländliche Siedlung. Sie endet bald, und im Nadelwald zweigt kurz darauf eine Schotterstraße und mit ihr die Fahrradroute links ab. Auf diesem wenig befahrenen Weg geht es noch ein Stück durch Wald, dann erreicht man im Wiesengelände eine T-Kreuzung und dort die Wanderroute, deren orangerote Markierungen ab jetzt die Strecke begleiten. Man wendet sich links, durchquert im

Zickzack die Feriensiedlung **Stora Uttervik** und hat nach etwa 1 Std. die Straßen hinter sich. Auf Forst- und Wanderwegen geht es nun Richtung Küste durch hügeliges Waldgebiet. Vorbei an der schmalen Bucht Lilla Uttervik wendet die Route sich hangaufwärts und erreicht bald die aussichtsreiche Kuppe **Gullängsberget**, wo ein Grabhügel aus der Wikingerzeit thront. Eine Weile geht es hoch über der Küste entlang, dann wieder bergab und zur Badebucht **Västra Koviken**, einer schönen Stelle für eine Pause nach etwa 3 Std. Weiter führen die Markierungen an der Küste entlang, die bald auch wieder felsiger wird. In einem dauernden Auf und Ab geht es durch urtümlichen Wald, durch den hier und da das Meer blitzt. Man passiert einen Windschutz und umläuft die nächste Bucht mit einem kleinen Bootsanleger, folgt dann weiter der Küste, bald über eine kleine Landzunge hinweg, einer alten Landestelle für Fischerboote. Dann führen die Markierungen landeinwärts und erreichen nach etwa 5 Std. bei **Dragsviken** den nächsten Etappenpunkt. Durch feuchtes Grünland und Wald führt die Route nach einer Weile zu einem Fahrweg, dann kommt der **Mellsjön** in Sicht, an dem man einen Parkplatz erreicht. Weiter durch Mischwald und altes Kulturland geht es durch hügeliges Terrain, in dem sich immer wieder schöne Ausblicke auf Wald, Seen und Küste eröffnen. Man quert die Straße beim **Överbosjön**, wandert ein Stück an seinem Ufer entlang und kommt zu einer Gabelung. Bei genügend Kondition sollte man die Variante über **Simonsberget** gehen, denn von diesem steilen Felsrücken sind die Aussichten noch einmal hervorragend. Für müde Füße gibt es die Möglichkeit, den Berg links unterhalb entlang senkrechter Kletterwände zu umgehen. Der Abstieg vom Simonsberget trifft auf einen Schotterweg, der nach links bergab durch das Grubengelände von **Koppartorp** mit dem Heimatmuseum führt. Nach etwa 8 Std. hat man bei der Kirche von Tunaberg seinen Ausgangspunkt wieder erreicht.

Gut markiert auf Stock und Stein

Eine schöne **Kurzwanderung** ab Tunaberg/Koppartorp ist die **Simonsbergs Rundslingan**, die aus den beiden Varianten über- und um den Berg besteht. Die Strecke nach **Kärrgruvan** führt durch das Erzabbaugebiet, dort ist ein kurzer Rundweg beschildert (Etappe 37–2 und Kärrgruvorna Rundslinga, 10 km), zurück lässt sich die Strecke auf Fahrwegen abkürzen. Vom Badeplatz Västra Kovik lohnt sich der Aufstieg zum Gullängsberget und zurück oder die Etappe zur Nachbarbucht ebenfalls als Kurztouren.

Information/Verbindungen/Adressen (Vorwahl Nävekvarn: 0155)

• *Information* **Nävekvarn:** Magasinet Gula Kvarn, ✆ 53520, Mitte Juni bis Mitte Aug. Sa–Do 13–18 Uhr, übrige Zeit Sa+So 11–16 Uhr. TI und Ausstellungen im alten Werksgebäude im Zentrum.

• *Verbindungen* **Bus** Linie 561 Nyköping und Nävekvarn mehrmals tgl.

Übernachten/Camping/Essen & Trinken

• *Übernachten* **Nävekvarns Vandrarhem,** Biblioteksvägen 1, ✆ 53644, Mai bis Sept. Man wohnt in den kleinen, ehemaligen Grubenarbeiterwohnungen. Ab 150 SEK.

Vibäcks Semesterhem, ✆ 51022, Buchung über SAAB Oxelösund, ✆ 209300, Juni bis Aug. Kleine Feriensiedlung mit Hütten, Badestrand und Bootshafen an der Bucht Marsviken. Anfahrt von der 53 Nyköping-Oxelösund Richtung Buskhyttan, dort Richtung Hummelvik. Ab 500 SEK 4 Pers./Wo.

• *Camping* **Bråvikens Camping,** Nävekvarn, ✆ 50430, Mai bis Sept. An der Bucht von Nävekvarn gelegen.

Am Anleger der Bråvikenfähre bei **Kvarsebo** einfache **Campmöglichkeit** am idyllischen Fjordufer hinter dem Café.

• *Essen & Trinken* **Hamnkrogen i Nävekvarn**, Gästhamn, ✆ 50430, So–Do 9–21 Uhr, Fr+Sa –24 Uhr. Café, Kiosk, Pub.

Aktivitäten

Koppartorp Gruvbyn och Hembygdsgård, ✆ 52345, Juni bis Aug. Mi 14–21 Uhr, Sa 12–18 Uhr, So 11–17 Uhr; Café. Die kleinen Werksarbeiterhütten und das Kontorgebäude der 1919 aufgegebenen Kupfergruben bilden den Kern des Museums. Im 18. Jh. boomte der seit dem Mittelalter hier betriebene Erzabbau, nachdem man die Schächte mittels Wassermühlen entwässern konnte. Die Eingänge zu den Grubenschächten rings herum sind zwar immer zu besichtigen, noch lohnender ist aber eine Führung (tel. anmelden). Besonders beeindruckend ist die Storgruvan von 1776 mit ihren steilen Hängen und dem tief unten liegenden Wasserauge. Gleich daneben liegt der Göransschacht; ein Erdrutsch hinterließ hier 1818 die Stora Dagsöppning, eine tiefe Senke. Die hölzerne Kirche von Tunaberg mit ihren mittelalterlichen Wandmalereien lohnt ebenfalls einen Besuch (Juni bis Aug. Mo–Fr 7–16 Uhr, Sa 10–18 Uhr).

Kanuverleih bei Vibäcks Semesterhem und Nävekvarns Uthyrningscenter, ✆ 50205. Dort auch Fahrradverleih und Bootstouren.

Nyköping

Weitläufige Industriehäfen, in der City Beton- und Glaskästen, dazwischen ein Netz breiter Verkehrsadern – Nyköping ist nicht unbedingt eine Ferienidylle, eher der Ort für das Alltägliche. Dass Nyköping eine der ältesten Städte Schwedens ist, sieht man nur noch in der Schlossruine **Nyköpingshus**, die auf das 13. Jh. zurückgeht. Dorthin zieht es Besucher allsommerlich zu dem historischen Spektakel Nyköpings Gästabud, das an den Machtkampf zwischen den Söhnen Magnus Ladulås' um die Thronfolge erinnert: Birger, der Älteste, lud seine beiden Brüder Erik und Valdemar 1317 zu einem Gastmahl nach Nyköpingshus ein, ließ sie hier gefangen nehmen und zu Tode hungern. Das Mittelalterfestival erfasst im Juli den gesamten Schlossbezirk, wenn dort Marktfrauen ihre Waren feilbieten, Reiter auf den Burgwällen patroullieren, Bauernlümmel auf dem Anger ihre Kräfte messen und der Ausrufer, von Kindern umringt, die königlichen Befehle verliest, bevor gegen Abend die Theatervorstellungen im Inneren der imposanten Ruine fortgesetzt werden. (Vorstellungen Juli Di–Fr 17.45 Uhr, Sa 15.45. Uhr, Karten bei der TI. Mittelaltermarkt rings um das Schloss jeweils 2 Std. vorher).

Der Nyköpingsån, an dessen Ufern auch der Schlosspark liegt, verbindet die City mit dem Hafen. Flussaufwärts wird das Wasser an einer beeindruckenden Felskante

Sehen und gesehen werden am Gästehafen von Nyköping

gestaut und speist dort seit einem Jahrhundert das Kraftwerk. Meerwärts liegt der Gästehafen, wo der Ostkai mit alten Lagerhäusern und Hafenkontor sich in eine beliebte Flaniermeile verwandelt hat.

Information/Verbindungen/Adressen (Vorwahl Nyköping: 0155)

- *Information* **Turism Nyköping,** Stadshuset, Stora Torget, 61183 Nyköping, ✆ 248200, 📠 248136, E-Mail: turism@nyko ping.se, Juni bis Aug. Mo–Fr 8–19 Uhr, Sa 10–16 Uhr, So 11–14 Uhr, übrige Zeit Mo–Fr 8–17 Uhr.
- *Verbindungen* **Bus:** Linie 554 nach Trosa via Studsvik/Nynäs, Linie 561 nach Tunaberg und Nävekvarn beide mehrmals tgl., Linie 715 nach Oxelösund, – bis 2-mal stdl. Busbahnhof Västra Kvarngatan/Järnvägsgatan, südlich vom Bahnhof. **Zug:** Verbindungen nach Norrköping, Linköping, Södertälje und Stockholm, mehrmals tgl.
Parken: Kostenpflichtig in der City, Parkgutscheine für Touristen bei der TI. Am Hafen kostenlos.
- *Adressen* **Ärztliche Hilfe** und **Apotheke** im Länslasarett, Länsmansvägen, ✆ 245000. **Polizeistation**, Länsrätt, Folkungavägen, ✆ 295400. **Post** Västra Trädårdsgatan/ Västra Storgatan, letztere ist die **Einkaufsstraße** Nr.1, dort auch Banken.

Übernachten/Camping

- *Übernachten* **Hotel Kompaniet,** Folkungavägen 1, ✆ 288020, 📠 281673. Große Nobelherberge der „Comfort Home"-Kette in schöner Lage am Fluss mit Blick auf den Schlosspark. DZ ab 925 SEK.
Hotell Wiktoria, Fruängsgatan 21, ✆ 217580, 📠 214447. Zentral und ruhig gelegenes Mittelklassehotel. DZ ab 690 SEK.
Nyköpings Vandrarhem, Brunnsgatan 2, ✆ 211810, 📠 248176, ganzj. Schönes, altes Holzhaus neben der Schlossruine.160 SEK
- *Camping* **Strandstuvikens Camping,** ✆/📠 97810, Mai bis 3. Woche Sept. Zwischen Nyköping und Oxelösund, Abzweig von der 53 bei Arnö. Gut ausgestatteter, baumbestandener Platz an flacher, sandiger Bade- und Surfbucht, kleines Naturreservat auf den angrenzenden Landzungen. Hütten 325 SEK/4 Pers.

Essen & Trinken

Restaurang Lotsen, Skeppsbron 11, ✆ 212103, Mo–Fr 16–2 Uhr, Sa+So 12–2 Uhr. Im alten Hamnkontor an der Flaniermeile, nostalgisch-maritimes Flair, schöne Außenterrasse zum Pier, internationale und schwedische Küche.

Rökeriet, Skepsbron, ✆ 213838, So–Do 11–1, Fr+Sa bis 2 Uhr. Fisch in allen Varianten, teils aus der eigenen Räucherei, serviert im urigen Lagerhausambiente. In der *Butik* auch zum Mitnehmen.

Restaurang Seaside, Vattensportens Hus, ✆ 217766, Juni bis Aug. Mo–Fr 11–23 Uhr, Sa+So 13–23 Uhr. Direkt am Gästehafen mit schöner Aussicht auf die Bucht, auf der Karte viel Fisch, auch Dagens Rätt.

Café Hellmans, Västra Trädgårdsgatan 20, ✆ 210525, Mo–Fr 7.30–18 Uhr, Sa 9–16 Uhr, So 10–16 Uhr. Gemütliches Lokal für tagsüber, Frühstücks- und Lunchbuffet, hausgemachter Kuchen, lauschiger Hofgarten.

Kumlins Konditori, Stora Torget, ✆ 210075, Mo–Fr 8.30–18 Uhr, Sa 9–16 Uhr, So 11–16 Uhr. Die alteingesessene Kaffeestube hat sich inzwischen zum neumodischen Bistro gewandelt, wo nach wie vor leckere Kuchen serviert werden, aber auch kleine Snacks.

Aktivitäten

Sörmlands Museum, Nyköpingshus, ✆ 245700, Mitte Mai bis Mitte Aug. tgl. 10–17 Uhr, übrige Zeit Di–So 11–17 Uhr. Ausstellungen zu Kultur und Geschichte der alten Residenz sowie die Kunsthalle sind hier untergebracht. Im Schlosspark lohnt sich auch ein Blick in die Tovastugan, heute Teil des gemütlichen Museumscafés, die für ein Bauernhaus des 17. Jh. ungewöhnlich reiche Wandmalereien aufweist.

M/S Labrador, ✆ 267100, kreuzt durch den Schärengarten nach Stendörren, Juni bis Aug. Di–Do 9 Uhr, ✆ 267100.

Kanuverleih in Nyköpings Gästehafen, ✆ 217230.

Oxelösund

Nur ein paar Kilometer sind es bis zum Hafen- und Industriestädtchen Oxelösund. Hat man sich durch die riesigen Hafenanlagen mit dem weithin sichtbaren Stahlwerk nicht abschrecken lassen, so gibt es hier ein paar reizvolle Ecken anzusteuern. Schon vor Einfahrt in den Ort liegt der Gutshof **Stjärnholm** am Wege. Die Gebäude dienen heute als Unterkunft und kirchliche Tagungsstätte, der herrliche Park ist bestückt mit den Skulpturen verschiedener Künstler und immer zugänglich.

Gamla Oxelösund, jenseits von Zentrum und Industrieanlagen auf dem äußersten Landzipfel gelegen, besteht aus einer Handvoll hübscher alter Häuser, ehemals Wohnstätten von Lotsen und Fischern. Das Domizil des „Mästarlotsen", 1870 im Schweizerhausstil erbaut, wird heute für Versammlungen genutzt, das kleinere Anwesen Grantorpet aus den 1850er Jahren ist Sitz des Skärgårdsmuseet, zu dessen Bestand außer dem Lotsenhof auch einige alte Boote gehören (✆ 36531, Juni bis Aug. Di–So 12–16 Uhr). Gleich daneben befindet sich Bygdegården, gemütliches Café mit viel Platz zum Draußensitzen, unterhalb liegt der älteste Hafen von Oxelösund, und darüber hinweg fällt der Blick auf Inseln und Meer.

Ein anderer Abstecher führt nach **Femöre**, nur durch einen schmalen Kanal vom Stadtgebiet getrennt. Der große Gästehafen und die schärengesäumte Badebucht Stenviksbadet sind die Ziele vieler Besucher, weiter draußen liegt der **Fiskehamn** mit Bootswerft, Fischräucherei und -lokal, an dessen Pier das markante, stählerne Kunstwerk Ståltheden aufragt. Dahinter lohnen sich Streifzüge über felsige Kuppen und Landzungen, etwa nach Femörehuvud, wo in die alte Leuchtturmwärterstube eine kleine Galerie eingezogen ist, rund um Femöre oder auch weiter nach Jogersö auf dem Sörmlandsleden.

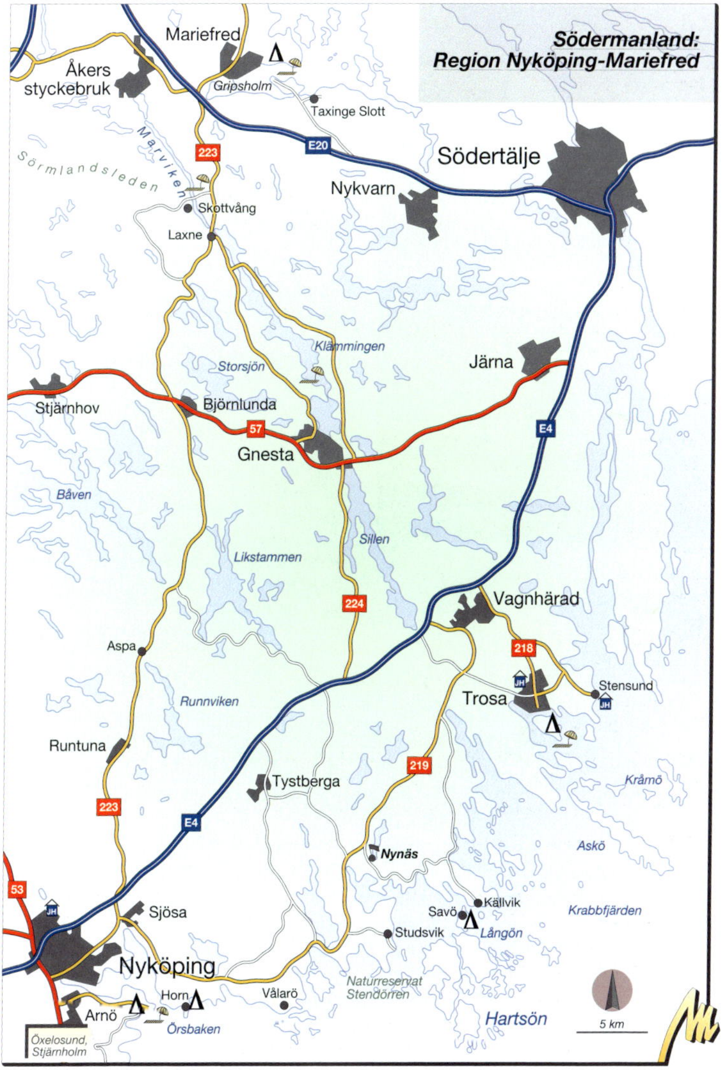

Vorwahl Oxelösund: **0155**

• *Information* Turist Information in der Bibliothek, Järntorget, ✆ 38170, Mo–Fr 12–19 Uhr, Sa 11–14, So 12–15 Uhr.

• *Übernachten* **Stiftsgården Stjärnholm,** ✆ 222700, 📠 223002. Kurz vor Oxelösund abseits der 53 gelegener alter Gutshof, der heute als Tagungsstätte und Unterkunft dient. Im öffentlich zugänglichen Park sind mittlerweile über 20 Skulpturen verschiedener Künstler aufgestellt und sollen weiter ergänzt werden. DZ ab 640 SEK, auch JH, 140 SEK.

Fels, Wald und Wasser in Stendörren

• *Camping* **Jogersö Camping,** Oxelösund, ☏/📠 38384, Jan. bis Sept. 3 km von Oxelösunds Zentrum entfernt, strandnah auf hübscher Schäreninsel (Brücke). Hütten 475 SEK/4 Pers.

• *Essen/Trinken* **Café Bygdegården,** ☏ 30422, Mo–Fr 10–20 Uhr, Sa+So 11–20 Uhr. Altes Lotsenhaus auf einem Schärenbuckel am Hafen von Gamla Oxelösund, serviert werden gute Hausmannskost und Selbstgebackenes.

Sailor, Fiskehamn, ☏ 34061, Juni bis Mitte Aug. tgl. 11–21 Uhr. Nettes Fischrestaurant in der dazu passenden Umgebung des Fischereihafens. Strömming in etlichen Variationen gehören zum Programm.

Restaurang Dahlins, Järntorget, ☏ 32240, Mo, Di+Do 11–22, Mi+Fr bis 1 Uhr, Sa 12–1 Uhr, So 12–22 Uhr. Nicht unbedingt idyllische Lage in Oxelösunds gesichtsloser „City", dafür ist aber das Preis-Leistungs-Verhältnis in Ordnung. Große Auswahl, sogar beim Dagens, auch Hausmannskost und Fisch.

• *Aktivitäten* **M/S Fiskeskär,** ☏ 34061, verkehrt ab Oxelösund, Femöre Marina zu den vorgelagerten Schäreninseln, Juli bis 1. Woche Aug. 2-mal tgl.

Kanuverleih bei Jogersö Camping.

Nach Trosa

Richtung Norden lohnt sich der Umweg auf der 219 entlang der Küste. Bei Studsvik liegt das **Naturreservat Stendörren**. Man sollte sich nicht über den regen Autoverkehr auf der schmalen, 6 km langen Zufahrt wundern, denn hierher kommen an schönen Sommertagen an die 3000 Besucher. Dennoch kann man sich unbesorgt in die Schlange einreihen, denn draußen in dem herrlichen Schärengebiet verläuft sich die Menschenmenge doch halbwegs. Es empfiehlt sich, zunächst bis zum letzten Parkplatz vorzufahren und von dort zum Naturum und der Bootsbrücke zu spazieren. Ein geschützter Ankerplatz zwischen Halbinseln und Schärenbuckeln tut sich hier auf, vom Meer durch eine schmale Einfahrt erreichbar, die „Steintür", die dem Gebiet seinen Namen gibt. Der Naturhafen war schon im Mittelalter bekannt und wird in einem Segelhandbuch von 1270 erstmals erwähnt. Heute ist er ein Magnet für die Freizeitkapitäne. Yachten ankern hinter der Felsnase, Kanuten erkunden jede Schärenklippe, und das Fährboot von Nyköping legt in einer schmalen Bucht an (siehe Nyköping). An Land lohnt sich der markierte Weg über die Schafweide zum diesseitigen „Türpfosten" hinauf, dann ein Stück durch lichten Nadelwald zum Aussichtsturm und wieder zum Parkplatz hinunter. Ein anderer Weg führt von dort am Fähranleger vorbei, über Hängebrücken und Schären zur Badeinsel Stora Krokholmen. Und weitere Buchten, Landzungen und Eilande lassen sich vom vorderen Parkplatz erkunden, wo ebenfalls Brückchen die Schärenwelt für Landratten erschließen. Wer wundert sich da noch über den sommerlichen Andrang in Stendörren. (Naturum, ☏ 0155-263180, Juni bis Aug. tgl. 10–18 Uhr, Mai+Sept. nur Sa+So, kleine Ausstellung zur Schärennatur, Kiosk.)

Nicht weit entfernt ist die nächste Sehenswürdigkeit ausgeschildert, der **Gutshof Nynäs**. Das Herrenhaus stammt aus dem 17. Jh. und weist noch zahlreiche Stilelemente dieser Zeit auf, darunter die beeindruckende Säulenhalle im Eingang. Das Mobiliar repräsentiert vor allem das 18. Jh. und wurde seitdem nicht wesentlich verändert. Heute sind die Gebäude, darunter auch Marstall und Orangerie, als Museum zugänglich. Durch das angrenzende Naturreservat führen Spazierwege und die Fernwanderroute Sörmlandsleden. (Nynäs Slott, ✆ 0155-261505, Mittsommer bis Mitte Aug. tgl. 12–16 Uhr, ab Mai + bis Mitte Sept. nur Sa+So)

Trosa

„Världens ände“, das Ende der Welt, wird Trosa auch genannt, seit Carl von Linné dem kleinen Handels- und Fischerort in den Schären diese Bezeichnung gab. Dafür ist hier im Sommer allerdings einiges los.

Der Ort beiderseits des idyllischen Flüsschens Trosaån hat sich viel altertümlichen Charme erhalten. Am Torget fällt die rote, turmbewehrte Ratsstube von 1725 ins Auge, heute Sitz der TI. Richtung Fluss säumen Gemüsekarren, Stände mit Blumen und Buden mit Räucherfisch die Straße, entlang der Västra- und Östra Långgatan und der Flusspromenaden schlendert man an niedrigen Holzhäusern vorbei, von denen so manches als Café eingerichtet ist. Motorboote haben ihre Liegeplätze an den gemauerten Ufern, und die Szenerie hat etwas Holländisches. Flussabwärts kommt man zum Hafen, flankiert von Restaurants und den Hamnbodarna, ehemaligen Lagerschuppen mit einer Ansammlung maritimer Läden und Verkaufsstände. Das jenseitige Pier mit seinen Werkshallen und Firmenschildern verrät aber, dass Trosa nicht nur eine sommerliche Touristen-Attraktion ist, sondern auch ein Ort zum Arbeiten und Leben. Rings um den alten Ortskern hat die lokale Bauindustrie nicht schlecht zu tun, denn die Einwohnerzahl in Trosa wächst. Der Ort kann sich zum Großraum Stockholm-Mälardalen rechnen, gerade nah genug zum Pendeln, aber weit genug entfernt von städtischer Hektik. Von wegen, „Världens ände“!

Information/Verbindungen/Adressen (Vorwahl Trosa: 0156)

• *Information* **Trosa Turism,** Rådhuset, Torget, ✆ 52222, ✆ 52223, turism@trosa.se, Juni bis Aug. Mo–Fr 9–19 Uhr, Sa+ So 10–15 Uhr, Mai 9–17 Uhr, Sa 10–15 Uhr.

• *Verbindungen* **Bus/Zug:** Zahlreiche Buslinien pendeln nach Vagnhärad, dort erreicht man die Zugverbindung Nyköping-Stockholm. Linie 551 nach Gnesta, 554 nach Nyköping via Studsvik und 702 nach Södertälje fahren mehrmals tgl. Busbahnhof Bustorget hinter dem Rathaus.

Parken: Am Hafen kostenlos, in der City bei den Supermärkten, teils mit Parkscheibe.

• *Adressen* **Ärztliche Hilfe** Vårdcentralen, Tomtaklintgatan 2, ✆ 53500, dort auch **Apotheke** Kronan, ✆ 12005. **Post** Högbergsgatan, gegenüber der Supermärkte am Busbahnhof. **Haupteinkaufsstraße** ist die Östra Långgatan.

Übernachten/Camping

• *Übernachten* **Trosa Stadshotell,** Västra Långgatan 19, ✆ 17070, ✆ 16696. Am Torget gelegen. Hinter der plüschig-nostalgischen Atmosphäre steckt ein moderner Angebotsmix aus komfortablen Zimmern, gehobener Küche, Wellness-Center und Konferenzräumen. DZ 1700 SEK, im Juli auch B & B, Preis auf Anfrage.

Bomans Hotel & Restaurang, Östra Hamnplan, ✆ 52500, ✆ 52510. Liebevoll restaurierte, ältere Holzgebäude am Hafen, darunter das Hamnmagasinet. DZ ab 1150 SEK. Der schöne Garten wird vom Restaurant und für sommerliche Musikveranstaltungen genutzt.

Trosa Stugby, Skärlagsvallens Idrottsplats, ✆ 12788, Mai bis Sept. Kleine Hüttenanlage am örtlichen Sportplatz, preiswert und zentral. 450 SEK/4 Pers.

Vandrarhemmet Snipan, Västra Långgatan 1, ✆/℻ 12142, ganzj. Neu renovierte Herberge, zentral am Westhafen. 180 SEK, DZ ab 400 SEK.

STF Vandrarhem Trosa, Stensunds Folkhögskola, ✆/℻ 53200, Mittsommer bis 1. Woche Aug. 6 km östlich von Trosa auf der Halbinsel bei Stensund. 195 SEK, auch DZ.

STF Vandrarhem Sävö, ✆/℻ 40346, Juni bis Aug. Südlich von Trosa auf einer kleinen Schäreninsel, Anfahrt ab der 219 nach Källvik. Vom Anleger dort kann man sich abholen lassen, Überfahrt 50 SEK. Die Insel ist ein Naturreservat, man wohnt in Ferienhausatmosphäre. 175 SEK.

• *Camping* **Trosa Havsbads Camping,** Havsuddsvägen, ✆ 12494, ℻ 12495, 4. Woche April bis Sept. Auf der Insel Öbolandet (Brücke), 3 km vom Zentrum entfernt. Schöne Lage in den Schären, Bade- und Surfstrand angrenzend. Hütten 425 SEK/4 Pers.

Horns Skärgårdscamping, ✆ 0155–225048, ganzj. Zwischen Stendörren und Nyköping (10 km) abseits der 219 an der Küste, kleiner Platz, nicht für Zelte geeignet. Hütten ab 280 SEK/2 Pers.

Essen & Trinken

Restaurang Fyren, Östra Hamnplan, ✆ 12200, Juni bis Aug. tgl. 11–24 Uhr. Große Auswahl, viel Fisch auf der Karte, mittlere Preise, etwas trubelig.

Restaurang Fina Fisken, Hamnen, ✆ 13847, Juni bis Aug. Di–Sa 18–21 Uhr, So 12–21 Uhr. Gute Fischgerichte, angenehme Atmosphäre, lauschiger Garten.

Svalins Spis, Torget 6, ✆ 12680, Mo–Do 15–21, Fr –22 Uhr, Sa 12–22, So –21 Uhr. Interessantes Lokal mit schwedisch-mediterraner Küche, am Fluss gelegen .

Mamsell Trosa, Västra Långgatan 9, ✆ 12749, Mo–Sa 11–15 Uhr. Gemütliches Lunchcafé, bekannt für Strömming und Smågåsar. Die kleine Bühne im Garten wird freitags ab 20 Uhr für Blues- und World Music-Konzerte genutzt

Hannas Café, Torget 3, ✆ 19120, tgl. 11–19 Uhr. Kleines, idyllisch am Fluss gelegenes Café.

Tre små rum, Östra Långgatan 8, ✆ 12151, tgl. 10–18 Uhr. Große Auswahl an leckeren Kuchen, in den „drei kleinen Zimmern" sitzt man im plüschigen Jahrhundertwendemilieu – dem vom 19. zum 20. wohlgemerkt.

Hamnbodarna, Hamnen, ✆ 16533, Mitte Juni bis Mitte Aug. tgl. 10–20 Uhr, ab Mai Mo–Fr 10–16, Sa+So bis 18 Uhr, 2. Hälfte Aug. tgl. 10–18 Uhr. Das kulinarische Angebot in der maritimen Ladenzeile wird von einem Eiscafé, einer Bäckerei, einer Fischbude und dem Schnellrestaurant Trålaren Windy – einem gestrandeten Kutter – abgedeckt.

Aktivitäten

Garvaregården, Östra Långgatan 14, ✆ 12220, Juni bis Mitte Aug. tgl. 10–15 Uhr. Alter Handwerkerhof aus dem 18. Jh. mit Ausstellung, Gartencafé und nostalgischem Laden. Hübsche Oase abseits des Trubels.

Das **Passagierboot Flora** fährt durch die Schären, ist allerdings schnell voll. Juli Di+Do 12 Uhr, jew. 2 Std., ✆ 10536.

Kanu/Boots- und Fahrradverleih beim Gästehafen, ✆ 16111, den JH Stensund und Sävö und dem Campingplatz Trosa, Bootsverleih beim Campingplatz Horn. Seetaugliche Kanus und geführte Touren auch bei Trosa Kajak, Gneisvägen 23, ✆ 0707-355600.

Mariefred

Tucholsky hatte Recht. Mariefred wäre wohl ein stilles, kleines Städtchen wie so viele, gäbe es nicht Schloss Gripsholm. Das ziegelrote, behäbige Vasa-Schloss auf der Landzunge im Mälaren ist eines der meistbesuchten Reiseziele Schwedens, und das nicht erst, seit Kurt Tucholsky es 1931 zum Schauplatz seines gleichnamigen Romans machte.

Ein Kloster bildete den Grundstein für Ort und Schloss. Pax Mariae, schwedisch Mariefred, ging 1527 wie alle Kirchengüter in den Besitz der Krone über. Gustav

Vasa ließ ein Jahrzehnt später auf den Grundmauern einer älteren Festung eine Residenz errichten, gebaut teils mit den Steinen der Klosteranlage, von der heute keine nennenswerten Spuren mehr zu finden sind.

Schloss Gripsholm

Über die Zugbrücke und durch den äußeren Burghof gelangt man in den eigentlichen Schlossbereich aus der Vasazeit. Auf drei Stockwerken wandert man durch die Geschichte des Schlosses und seiner Bewohner. Unten wurden der Astraksaal und die angrenzenden Räume nach vorherigen Umbauten 1890 wieder in einen möglichst ursprünglichen Stil zurückverwandelt. Die Gemälde in diesen Räumen – Teil der etwa 4000 Porträts umfassenden staatlichen Sammlung – stellen bedeutende Personen aus der Vasazeit bis um 1700 dar. Im zweiten Stock gelangt man in den Reichssaal, den größten Raum des Schlosses. Die Einrichtung dieser Hauptetage stammt weitgehend aus dem späten 18. Jh., der Zeit Gustavs III. Die angrenzenden Gemächer wurden als Wohnungen für die Schwester Gustavs, den König selbst und die Königin verwendet. Besonders auffallend ist der Runde Salon, den das Königspaar für besonders bedeutende Empfänge benutzte. Durch die Zimmerflucht setzt sich die Gemäldesammlung mit Werken aus dem 16.–18. Jh. fort und endet in der Westfälischen Galerie, benannt nach den Porträts der Unterhändler des Westfälischen Friedens, mit dem der 30-jährige Krieg 1648 in Münster beendet wurde.

Im dritten Geschoss, das im 18. Jh. ausgebaut wurde, befindet sich eine Hauptattraktion des Schlosses, das Theater Gustavs III. Man betritt das im Südturm untergebrachte Theater durch ein schmuckloses Vestibül und ist um so beeindruckter von der klassizistischen Pracht des kreisrunden Raumes. Auch ein Blick hinter die Kulissen und auf die im Nebenraum bewahrten Bühnenbilder ist möglich. Durch

Der Inbegriff des Vasa-Schlosses: Gripsholm

verschiedene Gästezimmer kann man der Porträtsammlung nun durch das 19. Jh. folgen, bevor es wieder hinunter ins erste Geschoss geht.

Geöffnet Mitte Mai bis Mitte Sept. tgl. 11–16 Uhr, Führungen auf Englisch, Mitte Juni bis Aug. tgl. 13 Uhr. Übrige Zeit Sa+So 12–15 Uhr. ✆ 10194.

Stadtspaziergang

Das hübsche Städtchen im „Schatten" von Schloss Gripsholm bekommt seinen Teil vom Besucherstrom ab. Durch den Schlosspark wandelt man am nostalgischen Bahnhof vorbei, an dem einzig der Museumszug hält. Rings um den Rådhustorget, an der Storgatan und an der Uferpromenade liegen Souvenierlädchen, Cafés, Restaurants und so manches ansprechende Gebäude aus dem 18. Jh., darunter auch der **Callanderska Gården**, in dem sich das Heimatmuseum befindet (✆ 12797, Mittsommer bis Mitte Aug. tgl. 13–16 Uhr). Auf der Landspitze davor fällt ein hölzerner Pavillon auf. Das historische Wartehäuschen markiert den Anleger des seit 1830 verkehrenden Liniendampfers, mit dem noch heute zahlreiche Besucher von Stockholm hierher kommen.

Information/Verbindungen/Adressen (Vorwahl Mariefred: 0159)

• *Information* **Mälareturism Strängnäs/ Mariefred,** Rådhuset, 64730 Mariefred, ✆ 29699, ✆ 29795, malarturism@strangnas.se, Juni bis Aug. Mo–Sa 10–18, So bis 16 Uhr, übrige Zeit Mo–Fr 9–15 Uhr, April, Mai + Sept. auch Sa+So12–16 Uhr.

• *Verbindungen* **Schiff:** Ohne eigenes Fahrzeug erreicht man Mariefred am einfachsten mit dem Ausflugsdampfer ab Stockholm, s. Aktivitäten. **Bus/Zug:** Busse fahren nach Läggesta, dort Zuganschluss nach Stockholm und Örebro, mehrmals tgl. 2-stdl., oder Linie 543 weiter bis Gnesta, – bis 2-mal tgl., dort Busanschluss nach Trosa und Nyköping, mehrmals tgl.

Parken: Großer, kostenloser Parkplatz vor dem Schloss.

• *Adressen* **Ärztliche Hilfe** Vårdcentralen, Solvändan, ✆ 29013. Dort auch **Apotheke**, ✆ 13560. **Post** Hammarvägen/yRuddamsgatan.

Übernachten/Camping

Mariefred ist eher auf Tagesbesucher eingerichtet als auf Übernachtungsgäste; es fehlt ein „Mittelfeld" bei den Unterkünften. Stärker als anderswo ist man auf die von der TI vermittelten Privatzimmer angewiesen.

• *Übernachten* **Gripsholms Wärdshus,** Kyrkogatan 1, ✆ 34750, ✆ 34777. Nobelhotel mit langer Tradition und jedem Komfort, individuell eingerichteten Zimmern und ausgezeichnetem Restaurant. DZ ab 1250 SEK.

Skäggesta Vandrarhem, 64060 Åkers Styckebruk, ✆/✆ 31680. Gemütliche Unterkunft, von parkartigem Garten umgeben, oft von Gruppen genutzt. Ab 110 SEK, auch DZ.

Malmgårdens Vandrarhem, Malmby, Stängnäs, ✆ 0152-25255, ✆ 34513. Ländlich gelegene Herberge, 3 km von Strängäs entfernt. 180 SEK.

• *Camping* **Mariefreds Camping,** Kalkudden, ✆ 13250, ✆ 10230, Mai bis 2. Woche Sept., teils baumbestandener Wiesenplatz, angrenzend kleiner Badestrand mit fantastischer Aussicht auf Schloss Gripsholm. Fußweg nach Mariefred, ca. 2 km. Hütten/4 Pers ab 350 SEK, FeHa/4 Pers. Ab 550 SEK, Gästezimmer 450 SEK.

Essen & Trinken

Strandrestaurang, Strandvägen 3, ✆ 13380, Mo–Fr 11.30–22 Uhr, Sa 12–23, So bis 22 Uhr. Schwedische und internationale Küche zu moderaten Preisen, auch Dagens. Auf der Terrasse schöner Blick über den Mälaren.

Conditori Fredman, Rådhustorget, ✆ 12110, Mo–Fr 9–18, Sa bis 14 Uhr. Süße, altertümliche Konditorei mit verlockender Kuchenauswahl.

Taxinge Slottscafé, ✆ 70114, Mai bis Aug. tgl. 12–18 Uhr, Sept. –16 Uhr, übrige Zeit Sa+So 12–16 Uhr. Das Landgut am Südrand der Gripsholmsviken ist berühmt für seinen herrlichen Park, noch mehr aber für die Kuchenauswahl im Schlosscafé: über 50 Sorten, alle hausgemacht. Seit 25 Jahren etabliert, ist das „Kakslottet" (Kuchenschloss) ein beliebtes Ausflugsziel der Stockholmer – an Sommerwochenenden ist die Schlange vorm Büffet endlos.

Aktivitäten

Grafikens Hus, Gripsholms Kungsladugård, ✆ 23160, Mai bis Aug. tgl. 11–17, übrige Zeit Mo geschl. In die königlichen Stallungen von einst ist das Grafikzentrum eingezogen, mit Werkstätten und wechselnden Ausstellungen.

Der **Dampfer Mariefred** verkehrt zwischen Stockholm und Mariefred, Mitte Juni bis Aug. Di–So. Als Tagestour hin- und zurück nur ab Stockholm möglich, Ångfartyget Mariefred, ✆ 08–6698850. Ein Museumszug pendelt zwischen Mariefred und Läggesta, Mittsommer bis 1. Woche Aug. mehrmals tgl., dort Anschluss an die Züge nach Stockholm, Museijärnvägen, ✆ 21000.

Kanu-, Boots- und Fahrradverleih beim Campingplatz. Kanuverleih bei Kanotkungen, ✆ 21635. Die Kanuzentrale liegt zwischen Läggesta Bahnhof und Åkers Styckebruk.

Kanuwandern auf den Marvikarna

Ein 40 km langer Kanuwanderweg auf schmalen Rinnenseen ist nach Vagnhärad beschildert. Bei **Åkers Styckebruk** setzt man auf der Westseite des Visnaren ein, paddelt knapp 2 km bis zur Südostbucht des weiten, insellosen Sees und kommt dort zur ersten Umtragestelle (40 m). Hier beginnt die herrliche Strecke auf den schmalen, von bewaldeten Felsufern begrenzten „Wildmarkseen" Marvikarna, die aus drei Abschnitten bestehen (insges. 8 km, 2 Umtragestellen à 50+20 m, mit Camps. Unterwegs Vogelschutzgebiete, zeitweilig ist dort Anlegen verboten). Motorboote sind hier nicht zugelassen, die Straßen weit entfernt, Kanuten haben diese Etappe ganz für sich. Auf der zweiten Landenge liegen beliebte Bade- und Picknickstellen, Spazierwege sind hier im **Naturreservat Marvikarna** ausgeschildert (Zufahrt ab Straße 223). Bei Laxne (Geschäft, Post) muss eine 300 m lange Passage getragen werden, um den 12 km langen, breiteren Klämmingen zu erreichen. Die Landschaft ändert sich allmählich, Wiesen, Äcker und Laubbäume lösen streckenweise den Nadelwald ab, die Uferzone ist meist felsig-steinig. Bei Klövet passiert man eine Straßenbrücke, dahinter hält man sich näher am nordöstlichen Ufer (links), passiert Landzungen und Buchten. Bei **Kattnäs** (Kiosk, Camp, Badestelle) verbindet der kurze, befahrbare Näskanalen den Klämmingen mit dem Frösjön, auf dem es nun 4 km weiter, um eine längliche Insel herum bis nach **Gnesta** geht (Geschäft, Bahnstation). Hier beginnt der Seeabfluss Sigtunaån, der auf 2,5 km zwar nur 1 m Höhe verliert, bei niedrigem Wasserstand aber dennoch nicht zu empfehlen ist; eine 900 m lange Umtragestrecke ist beschildert. Der folgende, lang gestreckte See **Sillen** gabelt sich voraus in zwei Arme; man hält sich links auf dem längeren, nordöstlichen. Die Ufer sind teils bewaldet, ab und zu gibt es einzelne Höfe und Wiesen, dazwischen immer wieder felsige Ufer. 12 km sind es bis zum Seeabfluss, dem Trosaån, auf dem man bis **Vagnhärad** (Geschäft, Camp, Bus nach Gnesta und Trosa) noch 3 km ungehindert paddeln kann. Die Aussetzstelle liegt 500 m nach einer Brücke. Flussabwärts bis Trosa führt die Strecke nun durch dichter besiedeltes Gebiet und ist zudem mit etlichen Hindernissen gespickt, sodass man häufig umtragen müsste. Sie wird deshalb nicht weiter zum Paddeln empfohlen.

Weite Aussicht vom Stadshuset über Stockholms Altstadt

Stockholm

Kommt man nach Stockholm, hat man möglicherweise ein bestimmtes Bild dieser Stadt im Gepäck: „Das Venedig des Nordens“, die Stadt Bellmans und Strindbergs. Stockholm ist aber auch moderne Großstadt; hier leben knapp 750.000 Menschen, das sind 8,4 % der Gesamtbevölkerung Schwedens, und wenn man den Großraum Stockholm zählt, käme man auf weit über eine Million Einwohner. Die Stadt ist längst über ihre einstigen Grenzen hinausgewachsen, lange schon ist in der dicht besiedelten Innenstadt nicht mehr ausreichend Platz, und wer hier oder in einem der angesagten Stadtviertel wohnen möchte, muss bereit sein, entsprechend viel Geld aufzuwenden. Die Mehrheit lebt heute in einem der Vororte oder ist auf die im so genannten „Millionenprogramm“ 1965–1975 entstandenen Satellitenstädte wie Kista, Tensta oder Rinkeby angewiesen. Letztere sind inzwischen keine reinen Wohnghettos mehr, in denen zwar immer noch ein beträchtlicher Teil der 20 % Stockholmer ausländischer Herkunft wohnt, sondern – wie vielerorts in der Stadt – vollzieht sich auch hier allmählich ein Wandel. So ist beispielsweise Kista attraktiver Standort für IT-Unternehmen geworden und hat den Beinamen „Kista Valley“ erhalten.

Knapp 242.000 Arbeitspendler machen sich täglich auf den Weg in die Hauptstadt, dazu kommen auf 1000 Einwohner 360 PKW. Das hohe Verkehrsaufkommen ist neben neuen Wohn- und Handelskonzepten einer der Gründe für zahlreiche geplante oder bereits stattfindende Bau- und Umbauarbeiten. Stockholm ist in jeder Hinsicht eine moderne Stadt, in der die Spuren ihrer Geschichte dennoch vielerorts präsent sind.

Stockholm: Eine Stadt entsteht

Stockholm war zunächst nur Stadsholmen, die Insel also, auf der das heutige Gamla Stan liegt. Der Name der Stadt, der sich aus *stock* (Baumstamm, Balken) und *holme* (kleine Insel) herleitet, verweist auf ihren Ursprung. Einer Legende zufolge ließ die Bevölkerung von Sigtuna, nach Birka im 10. Jh. wichtigstes Handelszentrum des Reiches, nach der Plünderung ihrer Stadt einen ausgehöhlten und mit einem Schatz gefüllten Stamm den Strom hinuntertreiben, um sich dort niederzulassen, wo er an Land gespült würde. Historiker warten mit einer Vielzahl anderer möglicher Interpretationen auf. So könnten die Balken oder Stämme Pfähle gewesen sein, die man zu Zwecken der Befestigung, Grenzmarkierung oder Verteidigung auf oder um Stadsholmen errichtete. Oder sie könnten aufgeschichtet eine Sperre im Stockholmsund dargestellt haben, die diesen einzigen Wasserweg von der Ostsee in den See Mälaren kontrollierbar machte. Ein weiterer für die Geschichte Stockholms wichtiger Name ist der Birger Jarls, der als Gründer der Stadt gefeiert wird. Schon vor dem 13. Jh. war durch Landhebung der heutige Norrström die einzige Zufahrt von der Ostsee in den Mälaren geworden, und der mächtige Jarl wollte „ein Schloss vor den See setzen". Die strategisch günstige Position von Stadsholmen erlaubte einerseits eine relativ leichte Verteidigung, andererseits konnte sie Ausgangspunkt sein für Expansionen nach Osten und für Handelsbeziehungen nach Europa. Ein Handelsvertrag, den Birger Jarl schon Mitte des 13. Jh. mit Lübeck und der Hanse schloss, begründete eine langwährende vitale Partnerschaft und lässt vermuten, dass der Jarl eine Wirtschaftspolitik mit Stockholm als Mittelpunkt zu schaffen begann. Fortan ging die Entwicklung des Ortes rasch vonstatten. Mit der Burg, die Birger Jarl dort errichten ließ, wo nun das Schloss steht, entstand auf Stadsholmen eine befestigte Stadt. Das exakte Gründungsdatum ist nicht bekannt, doch im Sommer des Jahres 1252 unterschrieb Birger Jarl zwei in „Stockholm" datierte Briefe.

Die günstigen Siedlungs- und Lebensbedingungen lockten viele Menschen in die Stadt, sodass sie bereits gegen Ende des Jahrhunderts als größte im Reich galt. Mitte des 15. Jh. hatte sie wohl bereits über 1000 Haushalte und zwischen 5000 und 6000 Einwohner; dabei mag sie einen modernen Betrachter eher an ein Fischerdorf erinnert haben als an das ökonomische, administrative und militärische Zentrum, das sie war. Schon Ende des 17. Jh. war die Einwohnerzahl auf ein Vielfaches angestiegen, und es gab nun keinen Zweifel mehr daran, dass Stockholm Hauptstadt war. Im Folgenden gestaltete sich die Entwicklung jedoch nicht immer konsistent, und die heutige Stadt lässt auch nur selten erahnen, dass sie z. B. um Ende des 18. und Anfang des 19. Jh. zu den schmutzigsten Städten in Europa zählte und ihren Bewohnern ein ausgesprochen unbekömmliches Lebensumfeld darbot. Die Infrastruktur wurde aber während der Industrialisierung deutlich verbessert, und der Lebensstandard ist heute relativ hoch. Nicht nur in Schweden hat Stockholm als Hauptstadt eine besondere Position inne, sondern auch europaweit. 1998 war sie Kulturhauptstadt, für 2002 ist die Jubliläumsfeier zu ihrem 750-jährigen Bestehen geplant.

Karte S. 230/231

Übernachten

1 Östra Reals Vandrarhem
2 Hotell Lilla Rådmannen
3 Kom Hotel
5 Colonial Hotel
6 Hotell August Strindberg
7 Art Hotel
8 Hotel Victoria Bentley
9 Hotell Bema
13 Queen's Hotel
14 City Backpackers Hostel
17 Hotell Örnsköld
19 Berns Hotel
20 Hotel Diplomat
23 Grand Hôtel
29 Af Chapman & Skeppshomen
33 Mälardrottningen
36 Rygerfjord Hotel & Hostel
37 Den Röda Båten
41 Hotell Anno 1647
43 Ersta konferens och hotell

Essen & Trinken

4 Saturnus
10 Oscars
12 Melanders
21 Berns
22 Operakällaren
23 Grand Hôtel
24 Wärdshuset Godthem
25 Fredsgatan 12
26 Wärdshuset Ulla Winbladh
27 Restaurang Hasselbacken
34 Den Gyldene Freden
38 Gondolen
39 Aguéli
40 Puck
42 Herman's

Cafés

16 Sturekatten
18 Vetekatten
28 Café Blå Porten
30 Chokladkoppen
31 Kaffekoppen
32 Grillska Huset
35 Sundbergs Konditori
44 Eclair

Nachtleben
11 Konditori Kungstornet
15 Café Madeleine
Karlaplan
Kommendörsgatan
Linnégatan
Karlavägen
Narvavägen
Banérgatan
Oxenstiernsg.
Nybrogatan
Sibyllegatan
Jungfrugatan
Östermalmstorg
Östermalms Saluhall
Grev Tureg.
Storgatan
Artillerigatan
Skeppargatan
Grevgatan
Historiska museet
Styrmansgatan
Grev Magnigatan
Torstenssonsg.
Banérg.
Ulrikagatan
Riddargatan
Kaptensgatan
Dram. teatern
Nybroplan
Strandvägen
Nobelparken
Djurgårdsbron
Nybroviken
Arsenalsgatan
Nybrokajen
Stallgatan
Blaseiholmsg.
S. Blasish. hamnen
Ladugårdslandsviken
Junibacken
Galärvarvsvägen
Djurgårdsvägen
Nordiska museet
Vasamuseet
ström
Nationalmuseum
Skeppsholmsbron
Slupskjulsvägen
Skeppsholmen
Folkmusikhuset
Svensksundsvägen
Långa Raden
Amiralsvägen
Östra Brobänken
Hazeliusporten
Wasahamnen
Liljevalchs konsthall
Falkenbergsg.
Gröna Lunds Tivoli
Kastellholmskajen
Strömmen
Österlånggatan
Skeppsbron
Katarinahissen
Klevgränd
Katarinavägen
Stadsgårdsleden
Fjällgatan
Svartensg
Karte Stockholm-Übersicht siehe hintere Umschlagklappe
150 m
Stockholm Zentrum

Malerischer Garten auf Kungsholmen

Kungsholmen und Stadshuset

Kungsholmen mag auf den Betrachter unspektakulär wirken, aber diese Unscheinbarkeit hat ihre Geschichte: Dieser Stadtteil wurde als letzter bebaut. Franziskanermönche, die dort z. B. Heuwiesen und Weiden, Fischerhütten und einen Ziegelbruch unterhielten, ließen sich vermutlich als erste hier nieder. Erst nachdem unter Gustav Vasa die Kirche enteignet worden und die Insel zunächst königlicher Jagdgrund gewesen war, kam Kungsholmen in städtischen Besitz, indem die Vormundsregierung Königin Kristinas der Stadt 1644 und 1647 große Teile schenkte. Viele Handwerker wurden angelockt, sich dort anzusiedeln, woran Hantverkargatan heute noch erinnert. So wurden beispielsweise Gerbereien von reichen Deutschen entlang des Wassers angelegt. Als 1672 Kungsholmsbron eingeweiht wurde, war sie mit ihren 800 m die längste Holzbrücke Europas. Trotz starker Bevölkerungszuwächse behielt die Insel ihren ländlichen Charakter bis ins 19. Jh. bei. Missernten und Notjahre auf dem Land sowie die Industrialisierung veranlassten schließlich viele Menschen dazu, in die Stadt zu ziehen, und Kungsholmen wurde zum Fabriken- und Arbeiterviertel. Daher nannte man es auch Svältholmen, die „Hungerinsel", und etwas später aufgrund der großen Dichte an Krankenhäusern außerdem Dysterholmen, „die düstere Insel". Mit dem Wegzug vieler Industrien und Krankenhäuser schon im frühen 20. Jh. wurde Kungsholmen allmählich zu dem beliebten Wohnviertel, das es heute ist.

Stadshuset ist Kungsholmens bekannteste Sehenswürdigkeit. Das 1923 fertig gestellte Gebäude des Architekten Ragnar Östberg ist nicht nur das Wahrzeichen der Stadt, sondern auch der Tagungsort der Lokalpolitiker. Der weithin sichtbare 106 m hohe Turm, an dessen Fuß Östberg einen Sarkophag platzierte, der Birger Jarls Grab darstellen soll, schließt mit einem kleinen Rundtempel ab. Auf diesem leuchten drei goldene Kronen, die das Thema der ehemaligen Burg „Tre Kronor" aufgreifen. Blå hallen, die Blaue Halle, überrascht den Besucher mit ihren roten Ziegelwänden: Ursprünglich hatte Östberg vorgehabt, sie blau zu verputzen, doch als er die schöne rote Backsteinmauer sah, änderte er seine Pläne spontan. Hier findet jedes Jahr am 10. Dezember das Bankett zum Nobelfest statt.

Adresse/Öffnungszeiten Hantverkargatan 1, ✆ 50829058. T-Centralen. Führungen engl.+dt. Mitte Juni bis Mitte Aug. tgl. 10, 11, 12, 14+15 Uhr, übrige Zeit tgl. 10, 11, 12 Uhr, Besteigung des Turms Mai bis Sept. tgl. 10–16.30 Uhr.

Norrmalm mit Vasastan

Über Sankt Eriksbron kommt man nach Vasastan, einem ebenfalls klassischen Wohnviertel. Es stand bereits im Mittelalter in Verbindung mit der von Birger Jarl gegründeten Stadt. 1288 schenkte König Magnus Ladulås, ein Sohn des Stadtgründers, einen Teil von Vasastan dem Klara-Nonnenkloster. Im Zuge von Gustav Vasas Reformmaßnahmen verlor das Kloster die Besitzungen jedoch wieder. Wie Södermalm erhielt auch Norrmalm durch eine Erweiterung des Stadtgebiets in den 1570er Jahren ähnliche Rechte wie Gamla Stan. Die Bevölkerung wuchs schnell, und so machte Karl IX. die nördliche Vorstadt 1602 zur selbstständigen Handelsstadt, doch bereits 1635 wurde sie wieder mit Stockholm vereint.

Norrmalm hat ein auffallend rechtwinkliges Straßensystem. Dieses geht zunächst auf Admiral Klas Fleming zurück, der es anlegen ließ, um der Stadt ein der Großmacht würdiges Gepräge zu verleihen. Das nördliche Vasastan behielt lange seinen ländlichen Charakter, doch mit der Industrialisierung entstand akuter Wohnungsmangel. Miserable soziale und sanitäre Verhältnisse waren die Folge, bis unter Justizrat Albert Lindhagen 1866 ein Vorschlag zum Ausbau des Straßennetzes gemacht wurde, um den Verkehr zu verbessern und der Stadt ein wenig ländliche „Frische und Wohlbehagen" zukommen zu lassen. Der zögerlichen Umsetzung des Planes folgte eine städtische Bauverordnung in den 1870er Jahren, die u. a. die Ausformung der Häuserblöcke festschrieb. Um 1890 entstand der Name Vasastaden. Heute lädt die große Odengatan vor allem Freunde antiker Wohnkunst zum Schaufensterbummeln ein. In den Seitenstraßen liegt eine Vielzahl kleiner gemütlicher Cafés für alle Geschmäcker und Altersstufen. Folgt man der Straße über den Verkehrsknotenpunkt Odenplan hinaus bis zur Kreuzung mit Sveavägen, gelangt man zur **Stadsbiblioteket**. Dieses international berühmte Bauwerk des Architekten Gunnar Asplund ist eine der besten Verkörperungen des skandinavischen Klassizismus der 1920er Jahre. Der wie ein Prozessionsweg geformte Eingang führt in den zylindrischen Bibliothekssaal; die Räume schmücken u. a. Kunstwerke von Ivar Johnsson und Nils Dardel.

Adresse/Öffnungszeiten Sveavägen 73, ✆ 50831100; T Rådmangatan o. Odenplan; Mo–Do 9–21 Uhr, Fr 9–18 Uhr, Sa+So 12–16 Uhr.

Der Bergpark Observatorielunden lädt zum Verweilen ein; die Aussicht über die Stadt ist den teilweise steilen Anstieg wert. An der Grenze zwischen Vasastan und Norrmalm liegt ein weiterer für Stockholm so charakteristischer Bergpark: **Tegnérlunden**. Hier steht das von Carl Eldh geschaffene Strindberg-Monument, welches den Künstler als antiken Helden interpretiert. Von Tegnérlunden ist es nicht mehr weit bis zu den Einkaufszentren der City. Doch Norrmalms Zentrum ist mehr als eine bloße Shoppingmeile: Wenn man die sanfte Steigung von Hamngatan hinaufschlendert, ahnt man nicht, dass sich hier einst der steile Bergrücken von Brunkebergsåsen erhob, den man abtrug, u. a. um mehr Siedlungsfläche zu erhalten. Der Brunkeberg war am 10. Oktober 1471 Schauplatz einer großen Schlacht, in der die

Stockholm Karte S. 230/231

Truppen des Dänenkönigs Christian I. denen Sten Stures unterlagen. An diesen Kampf erinnert noch heute die St. Georgs-Statue in der Altstadt. Sergels Torg ist auch Schauplatz eines noch gar nicht so alten Dramas, welches der Besucher kaum erahnt, obwohl sich das Ergebnis direkt vor seinen Augen manifestiert.

Das Klara-Viertel – ein Beispiel für die Bausünden der 1960er Jahre

Sergels Torg ist in seinem modernistischen Gewand in der Innenstadt einmalig, wenn auch nicht untypisch für die Stadtpolitik. Noch vor wenigen Jahrzehnten standen hier dicht gebaut die 350 Wohnhäuser und Arbeitsstätten des sehr lebendigen Arbeiterviertels Klara. So manches Gebäude war inzwischen baufällig geworden, der Slum war den Stadtvätern ein Dorn im Auge. Man wünschte sich eine moderne City, in der es Platz für Handel und Kommerz gab sowie für den ständig wachsenden Verkehr und die dringend benötigte U-Bahn. Für eine solche Stadtsanierung musste aber erst Platz geschaffen werden, da Stockholm im Gegensatz zu anderen europäischen Großstädten im 2. Weltkrieg nicht zerbombt worden war. Kaum jemand in Klara war sich der drohenden Abrissgefahr wirklich bewusst, und doch fielen 1951 die ersten Häuser, und die anderen folgten. Zeitzeugen berichten, dass eine zerbombte Stadt auch nicht schlimmer hätte aussehen können. Klara verschwand, und an seiner Stelle rissen Bagger „die Grube" in die Erde, eine riesige Baustelle, mit der die Stadt über Jahre hinweg lebte. Rückblickend erscheint es seltsam, dass nur die Ausgestaltung des neuen Platzes massiv kritisiert wurde, es gegen den Abriss eines ganzen Viertels jedoch kaum einen wahrnehmbaren Protest gegeben hatte. Später erst wurde man sich bewusst, dass ein wertvolles kulturhistorisches Erbe unwiderruflich verloren gegangen war.

Heute ist **Sergels Torg** akzeptierter und lebendiger Mittelpunkt der Stadt. Hier trifft man sich zu Verabredungen, hier haben Demonstrationen ihren Ausgangspunkt, und große Sportereignisse werden gerne zum Anlass für ein Bad im Brunnen um *pinnen*, „die Stange", genommen, wie die Stockholmer das 37,5 m hohe Monument „Kristallvertikalaccent" des Künstlers Edvin Öhrström nennen. Konzepte für eine neuerliche Umgestaltung „ihres" Platzes stoßen mittlerweile in der Bevölkerung auf vehemente Ablehnung. Sergels Torg ist geprägt von den fünf „Wolkenkratzern" der **Hötorgscity**, von denen der erste 1965 entstand. Im Jahr darauf wurde das große Kaufhaus Åhléns gebaut. Diesem Geschäfts- und Handelszentrum wollte man ein nicht-kommerzielles Gegengewicht setzen. Seit 1974 steht Hötorgscity das kommunal betriebene Kulturhaus **Kulturhuset** gegenüber. Etwa 1 Mio. Besucher nehmen jedes Jahr das Angebot dieses kulturellen Forums wahr. In seinen drei Galerien finden jährlich etwa 25 Ausstellungen statt, die, von einigen Ausnahmen abgesehen, kostenlos sind; der Hörsaal ist eine Bühne für zeitgenössische internationale Kultur; Kindern und Jugendlichen wird Raum für Kreativität gegeben; der Lesesaal mit seinen internationalen Zeitungen und Zeitschriften oder die vielen Sitzgelegenheiten bieten die Möglichkeit, sich auszuruhen oder zurückzuziehen. Im Café Panorama sind regelmäßig Autoren aus aller Welt zu Gast. Das Kulturhaus beherbergt auch das Stadttheater und die TI.

Adresse/Öffnungszeiten ✆ 50831508, T T-Centralen; Juni bis Aug. Di–Fr 11–18, Sa+So –16 Uhr, übrige Zeit jeweils 1 Std. länger.

An das alte Klara-Viertel erinnert heute noch die zwischen Sergels Torg und Hauptbahnhof gelegene Gemeindekirche **Klara kyrka**. Im 16. Jh. ließ Johan III. die jetzige

Kreuzkirche mit ihrem Turm errichten, nachdem eine Klosterkirche während der Reformation abgerissen worden war. Als die Kirche 1751 von einem Feuer verwüstet wurde, blieben Mauern und Gewölbe stehen, und man begann noch im selben Jahr, die Kirche wieder aufzubauen. Die jetzige, 116 m hohe Turmspitze stammt von 1884–86. Klara kyrka besitzt das größte Glockenspiel in Stockholm. Auf dem Friedhof befindet sich das Grab des volkstümlichen schwedischen Dichters Carl Michael Bellman.

Adresse/Öffnungszeiten Västra Kyrkogata; So–Fr 10–17 Uhr, Sa 10–18 Uhr.

Kristalvertikalaccent – Monument auf dem Sergels Torg

Unweit des Citycenters, nahe Sverigehuset, liegt der Park **Kungsträdgården** (T Kungsträdgården). Schon zu Gustav Vasas Zeiten war er der königliche Küchengarten, bis er im 18. Jh. als Park im französischen Barockstil der Allgemeinheit zugänglich gemacht wurde. Die Pracht wich unter Karl XIV. dann einem Exerzierplatz. Heute ist die Anlage wieder ein Park, in dem im Sommer Bänke und Eisstände und im Winter eine runde Schlittschuhbahn locken.

Bei Kungsträdgården liegt die **Königliche Oper.** An dieser Stelle wurde am 30. September 1782 das Operngebäude von Gustav III., einem besonderen Liebhaber der schönen Künste, eingeweiht, in dem dieser selbst dann am 16. März 1792 während eines Maskenballs ermordet wurde. Doch auch nach seinem Tod war die Oper weiterhin Stockholms musikalischer Tempel, bis sie 1892 abgerissen wurde, um für das heutige Opernhaus Platz zu machen. Dieses neue Opernhaus im neoklassischen Stil wurde am 19. September 1898 eingeweiht und 1989 umfassend renoviert. Deckengemälde u. a. von Vicke Andrén.

Adresse/Öffnungszeiten Jakobs Torg/Gustav Adolfs Torg, ✆ 248240. T Kungsträdgården. Führungen (nur Gruppen) Mo–Fr 9.30–10.30 Uhr u. 17–18 Uhr; Voranmeldung ✆ 230530, Mo–Fr 9–16 Uhr.

Museen auf Norrmalm

Nationalmuseum: Das Gebäude im florentinischen und venezianischen Renaissance-Stil liegt vor der Brücke zu Skeppsholmen und beherbergt das größte Kunstmuseum Schwedens. Hier werden Gemälde, Zeichnungen, Graphiken, Skulpturen und Kunsthandwerk schwedischer und internationaler Künstler vom Mittelalter bis ins frühe 20. Jh. ausgestellt. Der Schwerpunkt liegt auf schwedischer Malerei aus dem 18. u. 19. Jh.

Adresse/Öffnungszeiten Södra Blasieholmshamnen, ✆ 51954410, T Kungsträdgården. Mi–So 11–17 Uhr, Di bis 20 Uhr, übrige Zeit auch Do bis 20 Uhr.

Stockholm Karte S. 230/231

Strindbergsmuseet Blå Tornet: In diesem Haus, welches August Strindberg „blauer Turm“ nannte, wohnte der Künstler die letzten vier Jahre seines Lebens. Das Museum besteht aus Strindbergs rekonstruierter Wohnstätte mit Schlaf-, Ess- und Arbeitszimmer und der Bibliothek sowie einer Basisausstellung, die ihn als Verfasser, Dramaturgen, Maler und Fotografen zeigt; zudem Ausstellungen, Theater, Archiv und Bibliothek.

Adresse/Öffnungszeiten Drottninggatan 85, ✆ 4115354. T Rådmansgatan. Di 12–19 Uhr (Juni bis Aug. 12–16 Uhr), Mi–So 12–16 Uhr.

Hallwylska Museet: In ihrem original eingerichteten Wohnhaus wurde die Privatsammlung der Gräfin Wilhelmina von Hallwyl (1844–1930) mit Kunst- und Alltagsgegenständen untergebracht.

Adresse/Öffnungszeiten Hamngatan 4, ✆ 51955599. T Kungsträdgården o. Östermalmstorg. Juli bis Mitte Aug. Führungen tgl. zwischen 11 und 16 Uhr stündl., in Engl 13 Uhr, sonst Di–So zwischen 12 und 15 Uhr, Mi auch 18 Uhr.

Dansmuseet: Das Tanzmuseum ist weltweit das erste Museum und Forschungsinstitut für Tanz. Die Geschichte des Tanzes wird hier durch viele Medien anschaulich dokumentiert.

Adresse/Öffnungszeiten Gustav Adolfs Torg 22–24, ✆ 4417650. T Kungsträdgården. Juni bis Aug. tgl. 11–16 Uhr; Sept. bis Mai Di–Fr 11–16 Uhr, Sa+So 12–16 Uhr.

Östermalm

Direkt an Vasastan und Norrmalm angrenzend liegt Östermalm, einer der prächtigsten Stadtteile Stockholms. Albert Lindhagens Esplanadensystem hat hier in breiten, baumbestandenen Alleestraßen wie Karlavägen mit Karlaplan Ausdruck gefunden, und man erkennt die Vorbilder Berlin, Paris und Wien. Zahlreiche alte Häuser waren hierfür abgerissen worden, und an den breiten Boulevards reihten sich alsbald neue Mietshäuser im Palaststil, höher und stattlicher als alle bisherigen. Östermalm wurde binnen kurzem der bevorzugte Stadtteil des Stockholmer Bürgertums und ist bis heute Wohnviertel für die Wohlsituierten; manche Wohnung am Strandvägen hat an die 20 Zimmer und kostet bis zu 50.000 SEK/m^2.

Von Kungsträdgården gelangt man in wenigen Minuten durch den Berzelii Park zu **Kungliga Dramatiska Teatern**. Ursprünglich geht das königliche Theater wie Oper und Schwedische Akademie auf Gustaf III. zurück, der mit Hilfe der Kultur das Nationalgefühl seiner Untertanen stärken wollte. Das jetzige „Dramaten“, wie das Theater in Stockholm genannt wird, wurde 1901–08 von Fredrik Liljekvist erbaut und ist einer der wenigen Monumentalbauten der Stadt in kontinentalem Jugendstil. Die Fassadenreliefs stammen von Christian Eriksson, die Skulpturen im Portikus von Carl Milles und die Gemälde im Foyer von Carl Larsson.

Adresse Nybroplan, ✆ 6656100. T Östermalmstorg.

Mit der U-Bahn gelangt man zum Östermalmstorg, wo die Markthalle, **Östermalms Saluhall**, sehenswert ist (s. Einkaufen). Zwischen Humlegårdsgatan und Karlavägen liegt **Humlegården**, ein Park, dessen Ursprung bis ins Jahr 1619 zurückreicht, als Gustav II. Adolf einen „Hopfengarten“ für den königlichen Haushalt anlegen ließ. Seither diente er als Lustpark, Nutzgarten, Weidegrund und schließlich als öffentlicher Park mit Tanzplätzen und Karussells. Heute ist Humlegården eine der größten Grünoasen im Innenstadtbereich. Dominiert wird er von **Kungl. Biblioteket**, der schwedischen Nationalbibliothek, 1865–78 erbaut und mehrmals erweitert

Adresse/Öffnungszeiten ✆ 4634000, Mo–Do 9–20 Uhr, Fr 9–19 Uhr, Sa 10–17 Uhr.

Dramaten

Über Linnégatan kommt man von Humlegården zu **Historiska Museet**. Thema ist die schwedische Kulturgeschichte von der Steinzeit über die Zeit der Wikinger bis zum Mittelalter. Die Goldkammer zeigt einen Großteil der älteren Gold- und Silberschätze Schwedens; zu sehen sind u. a. drei Goldkragen aus der Zeit der Völkerwanderungen und der größte bewahrte Goldschatz des Landes, der 7 kg schwere Timboholmsskatten. Zudem bietet das Museum eine neue spannende Ausstellung über die Wikinger unter den Aspekten „Macht und Oberhoheit", „Land und Stadt", „Heidentum und Christentum"; zu der Ausstellung gehört auch die „Schatzkammer der Kinder", in der diese Archäologie und Geschichte hautnah erfahren können.

Adresse/Öffnungszeiten Narvavägen 13–17, ✆ 51955600. T Karlaplan. Mitte Mai bis Mitte Sept. tgl. 11–17 Uhr, übrige Zeit Di, Mi+ Fr–So 11–17 Uhr, Do 11–20 Uhr.

Vom Historischen Museum erreicht man zu Fuß das grüne **Ladugårdsgärdet** auf Norra Djurgården; alternativ mit dem Bus 69 von Sergels Torg. Auf Strandvägen und Djurgårdsbrunnsvägen gelangt man zur „Museumsstadt":

Museen auf Östermalm

Sjöhistoriska Museet: Das nationale Maritimmuseum dokumentiert den Versuch der Menschen, das Meer zu bezwingen und es sich zu Nutze zu machen. Große Modellsammlung.

Adresse/Öffnungszeiten Djurgårdsbrunnsvägen 24, ✆ 51954900. Mo–So 10–17 Uhr, Frühling u. Herbst Di bis 20.30 Uhr.

Tekniska Museet: Schwedische Technologie- und Industriegeschichte; zudem ein Science Center und Experimentstationen.

Adresse/Öffnungszeiten Museivägen 7, ✆ 4505600. Mo, Di, Do+Fr 10–17 Uhr, Mi 10–20 Uhr, Sa+So 11–17 Uhr).

Stockholm
Karte S. 230/231

Telemuseum: Die Geschichte der Telekommunikation von den Signalfeuern über Telegraphie bis zum Fernsehen; außerdem ein L. M. Ericsson-Erinnerungsraum.
Adresse/Öffnungszeiten wie Tekniska Museet.

Etnografiska Museet: Sammlungen über homo ludens aus Afrika, Asien, Australien, Ozeanien, den Amerikas und Grönland.
Adresse/Öffnungszeiten Djurgårdsbrunnsvägen 34, ✆ 51955900. Do–Di 10–17 Uhr, Mi 10–20 Uhr.

Unweit der Museumsstadt ragt **Kaknästornet** auf, ein 155 m hoher Aussichtsturm, von dem man bei klarer Sicht bis zu 60 km weit sehen kann. Das 1967 eingeweihte Gebäude ist nicht nur eines der höchsten Nordeuropas, sondern auch ein Beispiel für die Baukunst der 1960er Jahre.

Vom Kaknästurm aus erreicht man über Djurgårsbrunnsvägen und die anschließende Brücke eines der beliebtesten Ausflugsziele in der Stadt: Djurgården.

Djurgården

Wenn man heute von Djurgården spricht, so meint man in der Regel Södra Djurgården, die Insel zwischen Saltsjön und Djurgårdsbrunnsviken und Djurgårdsbrunnskanalen, welche zusammen mit Norra Djurgården auf dem Festland Teil von Ekoparken ist (s. auch Ausflüge). Djurgården ist heute ein Synonym für grüne Parklandschaft, Entspannung, Abenteuer sowie Aktivitäten für Alt und Jung. Früher war es allerdings in Besitz des Königs. Walmundsön, wie Södra Djurgården damals hieß, wurde bereits 1452 unter Karl Knutsson Eigentum der Krone, und 1540 kam auch der nördliche Teil hinzu. Der landwirtschaftlich interessierte Gustav Vasa nutzte es als Zuchtstätte und Weidegrund für königliche Pferde und Vieh, doch erst als König Johan III. 1576 begann, in eingezäunten und bewachten Gehegen Elchkälber zu zähmen, begann Djurgårdens Epoche als königlicher Tierpark und Jagdrevier. Im Zuge von Stadtentwicklung und Bevölkerungszunahme wurde allmählich ein Teil von Norra Djurgården zum Wohngebiet entwickelt und die Parklandschaft Södra Djurgården der Allgemeinheit zugänglich gemacht.

Djurgården lädt primär zu ausgedehnten Spaziergängen ein, die entlang Saltsjön und Djurgårdsbrunnskanalen um die gesamte Insel oder über einen der zahlreichen anderen Wege durch ihren grünen Kern führen können. Doch auch für Kultur- und Aktivitätshungrige gibt es eine Vielzahl an Möglichkeiten.
Anfahrt/Verbindungen Für Djurgården gilt grundsätzlich: Bus 44 o. 47, Straßenbahn von Norrmalmstorg oder Fähre von Slussen oder Nybrokajen.

Sehenswertes auf Djurgården

Gröna Lund: Buntes Tivoli seit 1883. Die klassischen Attraktionen, viele Bühnen und Sonderveranstaltungen sowie die kulturhistorisch interessanten Gebäude, von denen einige älter als das eigentliche Tivoli sind, garantieren Spaß und Unterhaltung für die ganze Familie. Ungewöhnlich ist die großartige Kulisse am Ufer von Djurgården; so hat man im Kettenkarussell das Gefühl, über das Wasser zu fliegen, und das altmodische Riesenrad, wenn es auch nicht so riesig ist, gewährt einen netten Ausblick über die Anlage und das Wasser.
Adresse/Öffnungszeiten Haupteingang Allmänna Gränd, ✆ 58750100. Juli bis Mitte Aug. tgl. 11–23 Uhr, Juni Mo–Sa 12–23, So –20 Uhr, ab Mitte Mai und bis Mitte Sept. wechselnde Öffnungszeiten, Kernzeit 17–20 Uhr.

Junibacken: In diesem Abenteuerland begegnen kleine und große Kinder vor allem Pippi und Co., aber auch vielen anderen Charakteren, die in der schwedischen Kinderbuchwelt zu Hause sind. Viel Spaß in der Villa Kunterbunt oder auf dem Geschichtenzug!

Adresse/Öffnungszeiten Galärparken, ✆ 58723000. Juli tgl. 9–19 Uhr, Juni u. Aug. tgl. 10–17 Uhr, übrige Zeit Di–So 10–17 Uhr, Sa+So 9-18 Uhr.

Rosendals Slott: Das Schloss wurde in den 1820er Jahren von König Karl XIV. Johan, dem ersten Bernadotte, errichtet und ist ein hervorragendes Beispiel für den in Schweden auch „Karl-Johan-Stil" genannten Empire-Stil.

Adresse/Öffnungszeiten Rosendalsvägen, ✆ 4026130. Juni bis Aug. tgl 12–15 Uhr, Sept. Sa+So 12–15 Uhr.

Prins Eugens Waldemarsudde: Das Haus des „Malerprinzen" Eugen (1865–1947) ist mittlerweile eines der beliebtesten Kunstmuseen des Landes; außerdem prachtvoller Park mit Blumen und Skulpturen sowie *Gamla Huset* mit einer Basisausstellung über Prinz Eugen.

Adresse/Öffnungszeiten Prins Eugens väg 6, ✆ 54583700. Sept. bis April Di, Mi+Fr 11–16 Uhr, Do 11–20 Uhr, Sa+So 11–17 Uhr, Mai bis Aug. Di+Mi u. Fr–So 11–17 Uhr, Do 11–20 Uhr.

Liljevalchs Konsthall: Kunst innen wie außen. Die Kunsthalle, eine 1916 eingeweihte Stiftung, wurde von Carl Milles im neoklassizistischen Stil gebaut. Auch die Skulptur „Der Bogenspanner" beim Eingang stammt von ihm. In den zwölf lichten Sälen wird in jährlich 4–6 Ausstellungen nordische und internationale bildende Kunst der letzten 100 Jahre gezeigt.

Adresse/Öffnungszeiten Djurgårdsvägen 60, ✆ 50831330. Juni bis Aug. Di–So 11–17 Uhr, übrige Zeit Di+Do 11–20 Uhr, Mi und Fr–So 11–17 Uhr; Führungen 14 Uhr.

Skansen ist wohl das bekannteste Ausflugsziel auf Djurgården. Das erste Freilichtmuseum der Welt wurde 1891 von dem Philologen Artur Hazelius gegründet, um

Erholung auf Djurgården

Stockholm Karte S. 230/231

traditionelle schwedische Volkskultur zu bewahren, die er durch die fortschreitende Industrialisierung gefährdet sah. So hatte er bereits 1870 damit begonnen, auf seinen Reisen einzelne Gegenstände zu sammeln – die Grundlage für das Nordische Museum (s. unten). Aber das allein genügte nicht den holistischen Zielen Hazelius', der Geschichte dadurch lebendig machen wollte, dass er ganze Häuser bzw. Gehöfte mit ihren traditionellen Ausstattungen und Bewohnern in ihrem natürlichen Umfeld darstellte. Auf Skansen entstand ein Schweden in Miniaturfor mat: Auf Spaziergängen zwischen Schonen und Lappland erlebt man Natur, Architektur und Kultur vom 14. bis zum 20. Jh. Vergessen Sie nicht, Pontus, dem Elchbullen, einen Besuch abzustatten und ein paar leckere Bullar in der Bäckerei zu erstehen.

Die Vasa

Adresse/Öffnungszeiten Haupteingang Djurgårdsslätten, ✆ 4428000. Tgl.: Parkgelände: Juni bis Aug. tgl. 10–22 Uhr Mai 10–20 Uhr, Sept. 10–17 Uhr, übrige Zeit tgl. 10–16 Uhr; kulturhistorische Häuser: Mai bis Sept. tgl. 11–17 Uhr, übrige Zeit 11–15 Uhr, nur wenige Häuser offen.

Nordiska Museet: Niemand kann das beeindruckende Gebäude hinter der Djurgårdsbrücke übersehen, das an ein Renaissance-Schloss erinnert. Ursprünglich hatte es übrigens viermal so groß werden sollen. Der bunte Eindruck wird verstärkt durch unterschiedliche schwedische Steintypen im Mauerwerk sowie die von Carl Eldh geschaffenen Reliefs und Skulpturen mit ihrer ausdrucksstarken Motivik. Wie Skansen wurde auch das 1907 eingeweihte Museum für nationale Kulturgeschichte von Artur Hazelius gegründet, der hoffte, es werde der Nachwelt die nationale Kultur bewahren und so den Patriotismus stärken. So vielfältig wie seine Architektur ist auch der Inhalt des Museums: Ausund dargestellt wird alles Erdenkliche von Samentradition, Volkstrachten, Puppen und schwedischen Heimen bis hin zu typisch schwedischen Sitten und Gebräuchen. Neben den permanenten gibt es auch interessante Themen-Ausstellungen. Besonders beliebt bei Kindern ist die Spielstube, in der sie das ländliche Leben im Schweden der 1890er Jahre nachahmen können.

Adresse/Öffnungszeiten Djurgårdsvägen 6–16, ✆ 51956000. Juni bis Aug. tgl. 10–17 Uhr, übrige Zeit 10–16 Uhr.

Vasamuseet: 1628 sank das Regalschiff Vasa. Nach seiner Bergung wurde es konserviert und restauriert und wird nun hier ausgestellt – 95 % des Schiffs sind Originalteile. Das eigens für das Schiff konzipierte Museum ist nahe der Stelle errichtet worden, wo es einst versank. Filme und zusätzliche Ausstellungen beleuchten verschiedene geschichtliche Aspekte.

Adresse/Öffnungszeiten Galärvarvet, ✆ 51 954800. 2. Woche Juni bis 3. Woche Aug. tgl. 9.30–19 Uhr, übrige Zeit Do–Di 10–17 Uhr, Mi 10–20 Uhr.

Die Vasa – 333 Jahre auf dem Grund

Die Vasa sollte Schweden ruhmreich in die Großmachtära voraussegeln – und hat nie den Stockholmer Hafen verlassen.

Unter der Regierung Gustav II. Adolf und seines Reichskanzlers Axel Oxenstierna vollzog sich der Wandel Stockholms von einer Handelsstadt zur königlichen Hauptstadt modernen Zuschnitts. Schweden wurde einer der effektivsten zentralregierten Staaten in Europa. Neben innenpolitischen Modernisierungsmaßnahmen betrieb der König eine Außenpolitik, die Schweden zur Großmacht machen sollte. Es war dieser Gustav II. Adolf, der Schweden 1630 in den 30-jährigen Krieg führte. Ihm war die Bedeutung der Seestreitkraft für Schweden bewusst: „Nächst Gott beruht das Wohlergehen des Reiches auf seiner Flotte." Um in den Ostseeanrainerstaaten Krieg führen und im Polnischen Krieg den Anspruch auf den schwedischen Thron gegen die polnische Seite des Vasageschlechts verteidigen zu können, musste die Flotte verstärkt werden. So wurden auf der Werft, die dem königlichen Schloss gegenüber auf Blasieholmen lag – etwa dort, wo heute das Grand Hôtel steht – zahlreiche Kriegsschiffe gebaut. Das führende Fahrzeug dieser Flotte sollte das königliche Kriegsschiff „Vasa" werden, die der König selbst 1625 bei dem holländischen Schiffsbauer Henrik Hybertsson in Auftrag gab. Mit einem Schiffsrumpf aus 1000 Eichen, 64 schweren Kanonen und sechs Sturmgeschützen auf zwei Batteriedecks, über 50 m hohen Masten und zahlreichen prachtvollen und symbolträchtigen Bildwerken war sie kräftiger gebaut, schwerer bestückt und reicher verziert als alle anderen – das prächtigste aller Kriegsschiffe sollte nicht nur Furcht einflößen, sondern auch imponieren. Nicht zuletzt sollte es die Stärke des schwedischen Königs demonstrieren: Am Hinterspiegel liest man die Initialen GARS – Gustavus Adolphus Rex Sueciae –, und das Galion schmückt ein zum Kampf bereiter Löwe, der den König selbst symbolisiert, da dieser von seinen Zeitgenossen der „Löwe des Nordens" genannt wurde. Dreieinhalb Jahre später, am 10. August 1628, lag das Schiff im Hafenwasser vor dem Schloss bereit, um zu seiner Jungfernfahrt auszulaufen. Viele Stockholmer waren zugegen, um dem Schauspiel beizuwohnen – und konnten zusehen, wie die Vasa nach kaum einer Seemeile vor Beckholmen mit gehissten Segeln langsam versank. 50 Menschen nahm sie mit in den Tod; nachhaltiger noch wirkte die Symbolträchtigkeit des Dramas. Die sofort eingeleitete Untersuchung ergab, dass das Schiff viel zu instabil im Wasser gelegen hatte, sodass eine leichte Böe ausgereicht hatte, es zum Kentern zu bringen. Es kam jedoch zu keiner Verurteilung: Der König, der die Maße genehmigt hatte, war unfehlbar, Hybertsson selbst im Jahr zuvor gestorben. Moderne Untersuchungen haben indes bestätigt, dass der Unterwasserteil im Verhältnis zu Rumpf, Takelage und Artillerie zu klein war. Am 25. August 1956 fand der Ingenieur Anders Franzén nach mehrjähriger systematischer Suche das Schiff. Und wieder waren zahlreiche Stockholmer anwesend, als es am 24. April 1961 endlich in einer aufsehenerregenden Bergungsaktion nach fast 333 Jahren vom Grund gehoben wurde.

Stockholm Karte S. 230/231

Skeppsholmen

Über Djurgårdsbron verlässt man Djurgården Richtung City. Entlang der Prachtstraße Strandvägen und Nybrokajen gelangt man zu Skeppsholmsbron, der Brücke, die Norrmalm mit der Insel Skeppsholmen verbindet (T Kungsträdgården).

Skeppsholmen mit ihrem „Anhang" Kastellholmen wurde 1640 Stützpunkt der Krie gsmarine. Das 1860 gebaute Nationalmuseum bildet mit dem gegenüberliegenden Schloss ein repräsentatives Panorama. Skeppsholmen, vielleicht am meisten für die schwimmende Jugendherberge „Af Chapman" bekannt, zeichnet sich heute besonders durch seine formschönen Gebäude in grüner Umgebung aus.

Moderna Museet: Skandinavische und internationale bildende Kunst aus dem 20. Jh.: Picasso, Matisse, Dardel, Bacon u. a. Neues Gebäude des spanischen Architekten Rafael Moneo.

Adresse/Öffnungszeiten ✆ 51955282, Di+Mi 10–20 Uhr, Do–So 11–18 Uhr.

Eine ganz besondere Institution nicht nur auf Skeppsholmen, sondern für ganz Stockholm ist **Föreningen Folkmusikhuset** (✆ 4119988). Die 1979 gegründete Vereinigung setzt sich für die Verbreitung von schwedischer Volksmusik und -tanz ein. Jeden Sonntag ab 18 Uhr bietet sie ein offenes Haus mit abendlichem Kaffeetrinken. Der Eintritt ist frei. Ab 18 Uhr steht gemeinsames Musizieren und Unterricht in Volkstanz auf dem Programm, ab 19 Uhr Gesang, ab 20 Uhr offener Tanz mit Spielleuten. Schwedischkenntnisse erforderlich!

Gamla Stan und Riddarholmen

Für Gamla Stan und Riddarholmen gilt: U-Bahnhaltestelle T Gamla Stan. Von Norrmalm führen mehrere Brücken nach Gamla Stan, dabei passiert man über Riksbron oder die Norrbro eine weitere Insel, Helgeandsholmen. Über Riksbron erhebt sich der Reichstag; unterhalb von Norrbro liegt der Eingang zu Stockholms **Medeltidsmuseum**. Hier wird man in das mittelalterliche Stockholm zurückversetzt.

Adresse/Öffnungszeiten Strömparterren, Norrbro, ✆ 50831790. Juli + Aug. Di–Do 11–18 Uhr, Fr–Mo 11–16 Uhr; übrige Zeit Do–Di 11–16, Mi –18 Uhr.

Gamla Stan, die Altstadt von Stockholm, ist der von Touristen wohl am stärksten frequentierte Teil der Stadt. Hier finden sich urige Gässchen und mittelalterlich anmutende Plätze. Hier wird Stockholms Geschichte vielleicht am deutlichsten lebendig – und besonders exzessiv kommerzialisiert. Als sich Birger Jarl Mitte des 13. Jh. daran machte, die Zufahrt in den Mälaren zu kontrollieren, setzte er auf diese Insel zwei Wachtürme, einen in den Süden und den anderen, „Kärnan", zusammen mit einer Burg in den Norden, dorthin, wo heute das königliche Schloss steht. Zwischen den Türmen wurden Mauern gezogen, innerhalb derer schnell eine feste Besiedlung entstand. Fortan wurde die Insel Stadsholmen genannt. Im Mittelalter war Stadsholmen jedoch deutlich kleiner als die heutige Altstadt. Die Straßen Västerlånggatan und Österlånggatan, welche entlang der ältesten Stadtmauer verliefen, demonstrieren dies anschaulich. Der spätere Bodenzuwachs kam durch die Landhebung und manuelle Auffüllarbeiten zustande.

Stockholm war vornehmlich eine Handelsstadt, woran Köpmangatan, 1350 die erste namentlich erwähnte Straße in Stockholm, erinnert. Sehr früh schon hatten sich auch deutsche Kaufleute dort niedergelassen und waren bald mit bedeutenden Privilegien versehen worden. Davon zeugen noch Straßen- und Platznamen im Viertel um **Tyska kyrkan**. In den ersten Jahrhunderten bestand die städtische Be-

Gamla Stan: Stortorget bei Nacht

bauung vorwiegend aus Holzhäusern, doch wegen der immerzu drohenden Brandgefahr wurden sie von Gustav Vasa 1552 verboten.

Wer heute abseits der bunten Touristenmeilen einen Blick vom mittelalterlichen Stockholm erhaschen möchte, sollte die großen Straßen verlassen und gemächlich die Prästgatan entlangspazieren; hier wurde der Maler Carl Larsson geboren. Von Prästgatan führt Mårten Trotzigs Gränd, eine an ihrer engsten Stelle nur etwa 90 cm breite Gasse, hinunter zum alten Handelsplatz Järntorget. Wer mehr über die mittelalterliche Stadt erfahren möchte, dem sei ein Besuch in Stockholms Medeltidsmuseum empfohlen.

Heute ist Gamla Stan vor allem ein sehr begehrtes Wohnviertel; wer sich seine Adresse hier sichern will, muss bereit und im Stande sein, die horrenden Wohnungspreise zu zahlen. So pittoresk seine alte Bebauung für den heutigen Geschmack ist, so sehr empfanden die Stadtväter sie seit dem 19. Jh. als Schandfleck. Ende der 1960er Jahre erwog man tatsächlich, Mietshäuser, die nicht den sanitären Standards entsprachen, abzureißen und sie durch moderne zu ersetzen. 20 Jahre zuvor waren ähnliche Pläne sogar ansatzweise in die Tat umgesetzt worden: Um Raum für die Stadtverwaltung zu schaffen, plante man, den gesamte Häuserblock um Klockgjutargränden, Kolmätargränden und Stenbastugränden niederzureißen. Man betrachtete es als unmöglich, die alte Bausubstanz des Viertels in den Neubau zu integrieren, und so war bereits ein Drittel der Gebäude abgerissen, als der Architekt Artur von Schmalensee mit seinem Vorschlag sowohl das Ministerium als auch die Denkmalspfleger zufriedenstellte: Innerhalb der bewahrten Randbebauung errichtete er um einen offenen Innenhof einen neuen Gebäudekranz. Auch wenn der klassizistisch anmutende **Kanslihusannexet** keinen ungeteilten Beifall fand, lohnt sich ein Abstecher schon wegen des gleichzeitig harmonischen und dramatischen Eindrucks, den man erhält, wenn man aus einer der engen Gassen in den weiten Raum des Hofes tritt.

Stockholm
Karte S. 230/231

Sehenswürdigkeiten in Gamla Stan

Stockholms Slott: An dieser Stelle stand einst die Burg „Tre Kronor“, die spätestens unter Gustav Vasa zur vornehmsten des Landes aufstieg. Der König ließ ihre Verteidigungsanlagen ausbauen, und aus der Burg wurde eine Festung. Diese wiederum verwandelte Gustav Vasas kulturell interessierter Sohn Johan III., dessen „höchste Lust“ das Bauen war, in ein Renaissance-Schloss. Als das Schloss am 7. Mai 1697 bis auf einen zuletzt gebauten Flügel niederbrannte, errichtete Nicodemus Tessin d. J. das neue Schloss 1754 in italienischem Stil. Teile des alten Tre Kronor sind noch in der Schlossmauer enthalten. Mit seinen 608 Zimmern ist die offizielle Residenz des Königs das größte königliche Schloss der Welt, welches noch entsprechend seinem ursprünglichen Repräsentationszweck genutzt wird. Neben den Repräsentationsräumen beherbergt es auch eine Reihe von Museen.

Adresse/Öffnungszeiten ✆ 4026130; Mai bis Aug. tgl. 10–16 Uhr, übrige Zeit Di–So 12–15 Uhr; engl. Führungen. Die Repräsentationsräume, Arbeitsplatz des Monarchenpaares, sind an manchen Tagen nicht zu besichtigen.

Representationsvåningarna: Zu ihnen gehören u. a. der Reichssaal, in dem der König bis 1975 jedes Jahr den Reichstag eröffnete, und prachtvolle Gemächer mit zeittypischem Inventar aus mehreren Jahrhunderten. (englische Führung 13.15 Uhr)

Skattkammaren: In der Schatzkammer im Gewölbe unter dem Schloss können die Reichsregalien bewundert werden; die ältesten stammen von Gustav Vasa. Die Regalien werden heute noch bei königlichen Taufen, Hochzeiten und Begräbnissen hervorgeholt. (englische Führung 12.15 Uhr)

Museum Tre Kronor: Beim Schlossbrand 1697 aus den Flammen gerettete sowie später bei Ausgrabungen entdeckte Gegenstände geben einen Einblick in das tägliche Leben auf dem mittelalterlichen Schloss (englische Führung 14.15 Uhr).

Gustav III:s Antikmuseum: Dieses Museum wurde bereits 1790 für die Allgemeinheit geöffnet. Es zeigt vorwiegend Skulpturen, die Gustav III. auf seiner Italienreise 1783–84 erwarb; sie sind noch genauso angeordnet wie Ende des 18. Jh. (englische Führung 13 Uhr, nur Mai bis Aug.)

Livsrustkammaren (Zeugkammer): Im 16. Jh. befand sich hier im Kellergewölbe noch die Waffenkammer, jetzt sind Rüstungen und Waffen Gustav Vasas, königliche Hochzeits- und Krönungsgewänder sowie Paradewagen ausgestellt – und das Pferd Streiff, welches Gustav II. Adolf in der Schlacht bei Lützen ritt.

Öffnungszeiten ✆ 51955544. Juni bis Aug. tgl. 10–17 Uhr, übrige Zeit Di+Mi u. Fr–So 11–17 Uhr, Do 11–20 Uhr.

Slottskyrkan: In der Schlosskirche richtet die königliche Familie kirchliche Zeremonien aus. Das Innere der Kirche wurde Mitte des 18. Jh. vollendet.

Öffnungszeiten ✆ 4026130. Momentan nur zu Gottesdiensten (So 11 Uhr).

Eine Hauptattraktion des Schlosses ist zweifelsohne die schon seit 1523 bestehende **Wachablösung**. Heute wechseln sich Regimenter aus ganz Schweden bei dieser Aufgabe ab. Parade mit Musikkorps durch die Stadt.

Zeiten April bis Okt. Mi+Sa 12.15 Uhr, So 13.15 Uhr; Juni bis Aug. Mo–Sa 12.15 Uhr, So 13.15 Uhr;. Parade mit Musik von Mynttorget: Nov. bis März Mi+Sa 12 Uhr, So 13 Uhr.

Storkyrkan: Unweit des Schlosses, zwischen Slottsbacken und Stortorget, steht der Dom zu Stockholm, die älteste Kirche der Stadt. Birger Jarl ließ vermutlich auf Stadsholmens höchstem Punkt eine kleine Kirche errichten; nachdem diese nieder-

Wachablösung mit Musik

gebrannt war, wurde an gleicher Stelle eine deutlich größere Kirche gebaut und 1306 eingeweiht. Sie wurde im Laufe der Jahrhunderte immer wieder baulich verändert. Der heutige Dom basiert auf dem in jener Zeit entstandenen spätgotischen Gebäude. In dieser prächtigen Kirche fällt besonders das von dem Lübecker Berndt Notke u. a. aus Eiche und Elchhorn geschaffene Standbild „St. Georg und der Drache" auf, von Sten Sture d. Ä. in Auftrag gegeben und 1489 eingeweiht. Einer weithin akzeptierten Interpretation zufolge stellt der Ritter Sten Sture selbst dar, der den dänischen Drachen König Christian I. besiegt und Stockholm so vor dem Untergang rettet: Während der Kalmarer Union gehörte der Reichsverweser Sten Sture zu den Kräften im Land, die sich für einen selbstständigen schwedischen Nationalstaat stark machten. Seine Auseinandersetzung mit Christian I. kulminierte am 10. Oktober 1471 in der Schlacht bei Brunkeberg. Dieses Mal war Sten Sture siegreich, doch unter Christians Sohn Hans musste er sich letztlich doch zurückziehen. Eine Kopie der Skulptur steht übrigens auf Köpmantorget. In einer Ecke nahe dem Ausgang hängt etwas versteckt „Vädersolstavlan". Dieses Bild stellt *vädersolar* dar, ein Lichtphänomen mit sechs Lichtringen und leuchtenden so genannten „Wettersonnen", welches man am 20. April 1535 am Himmel beobachten konnte. Die Bevölkerung sah in ihm ein schlechtes Omen und stürzte in die Kirchen. Der Reformator und Prediger Olaus Petri ließ die Wettersonnen als Bild verewigen; im Dom hängt allerdings eine in den 1630er Jahren erstellte Kopie des Originals. Heute ist der Dom, in dem am 19. Juni 1976 das Köngspaar Carl XVI. Gustaf und Silvia getraut wurden, die Gemeindekirche von Gamla Stan.

Öffnungszeiten tgl. 9–16 Uhr.

Stortorget ist lebhafter Mittelpunkt Gamla Stans. Wo heute zahlreiche Cafés rund um den Platz zu einer beschaulichen Pause locken, trug sich vor mehr als 500 Jahren Schreckliches zu:

Stockholm Karte S. 230/231

Das Stockholmer Blutbad

Der aus der Kalmarer Union entstandene Konflikt zwischen Separatisten und Unionisten eskalierte im Jahre 1520 im so genannten Stockholmer Blutbad. Dem Anschein nach war eine Versöhnung im Unionskonflikt zustande gekommen, doch er schwelte unter der Oberfläche weiter. Das wusste auch der dänische König Christian II., dem die Stockholmer Ratsherren am 4. November widerwillig als Erbkönig hatten huldigen müssen. Der Frieden wurde mit einem mehrtägigen Fest auf dem Schloss gefeiert. Um die Mittagszeit des 7. November wurden plötzlich die Türen geschlossen und anwesenden ehemaligen Anhängern Stures, der 1517 Erzbischof Gustav Trolle gestürzt hatte, wegen antichristlicher Verschwörung und Ketzerei der Prozess gemacht. 82 Menschen wurden am folgenden Tag auf Stortorget hingerichtet. Einem Bericht zufolge blieben die Leichen noch mehrere Tage dort liegen, sodass ihr Blut mit dem Regenwasser die steilen Gassen hinuntergespült worden sein soll.

An der Nordseite von Stortorget, wo ehemals die Ratsstube stand, erhebt sich heute **Börsen**. Bis August 2004 beherbergte sie eine Sonderausstellung zum 100-jährigen Jubiläum der Nobelpreisverleihung. Bei Drucklegung war noch unklar, ob hieraus ein dauerhaftes Nobelmuseum werden wird.

Die prächtige **Tyska kyrkan** ist nicht nur für Deutsche einen Besuch wert. Früh schon besaßen die in der Stadt ansässigen deutschen Kaufleute einen privilegierten Status, und 1571 wurde ihnen von Johan III. die Gründung einer muttersprachlichen Kirchengemeinde gewährt, die ihre Finanzen selbst verwalten und ihre Pfarrer aus Deutschland berufen durfte. Damit entstand die erste deutsche Gemeinde im Ausland. Ab 1576 feierte sie ihre Gottesdienste im Haus der früheren St. Gertrud-Gilde, das sie 30 Jahre lang mit der finnischen Gemeinde teilten, bis Karl IX. es ihnen 1607 überließ. 1638–42 wurde die Kapelle von Hans Jacob Kristler zu ihrer heutigen Form, einer zweischiffigen Hallenkirche, erweitert. Der Turmhahn, der nun den Eingang der prächtigen Kirche schmückt, fiel während des großen Brandes 1878 von der Turmspitze. Die kunstvollen farbenprächtigen Fenster wurden erst in den Jahren nach dem Brand eingesetzt. Augenblicklich hat die deutsche Gemeinde etwa 1800 Mitglieder.

Adresse/Öffnungszeiten Svartmangatan 16, Mai bis Sept. tgl. 12–16 Uhr, übrige Zeit Sa+So 12–16 Uhr.

Richtung Riddarholmen über Myntgatan passiert man **Riddarhuset**. An diesem Gebäude, im 17. Jh. als Versammlungsort und Verwaltungszentrum für Ritterschaft und Adel geschaffen, arbeiteten sukzessive vier Architekten, unter ihnen die namhaften Jean und Simon de la Vallée. 2325 Wappen und eine einzigartige Porzellansammlung sind u. a. zu sehen.

Adresse/Öffnungszeiten Riddarhustorget 10, ✆ 7233990; tgl. 11.30–12.30 Uhr.

Riddarholmen

Über Riddarholmsbron gelangt man nach Riddarholmen. Heute wohnt auf der Insel niemand mehr, aber jeden Morgen um 8 Uhr bevölkert sie sich, wenn zahlreiche Angestellte sich zu ihrem Arbeitsplatz bei den hier angesiedelten Gerichten und Behörden begeben.

Blick auf Riddarholmen

Bei Stadtgründung lag die Insel noch außerhalb der Mauern und war Weidegrund für Ziegen. 1268 kamen Franziskanermönche nach Stockholm, die 1280 auf Riddarholmen ein Kloster zu errichten begannen. Diese Mönche nannte man in Schweden *gråmunkar*, graue Mönche, und fortan hieß die Insel Gråmunkeholmen. Während der Reformation unter Gustav Vasa wurde das Kloster eingezogen und der Nordwesten der Insel zu Verteidigungszwecken befestigt. Zwei Türme wurden gebaut, von denen der eine heute den unteren Teil von Birger Jarltstorn ausmacht, und der andere in Wrangelska Palatset integriert ist. Als Schweden im 17. Jh. zur Großmacht avancierte und viele Prachtbauten in der Stadt entstanden, gestatteten Gustav II. Adolf und Königin Kristina einigen adeligen Gefolgsmännern, auf der Insel ihre Paläste zu erbauen. Von nun an hieß sie Riddarholmen, die Ritterinsel.

Auf **Birger Jarls Torg** erhebt sich die Statue des mutmaßlichen Stadtgründers. Geradeaus blickt man auf **Wrangelska Palatset**, von Nicodemus Tessin d. Ä. in der zweiten Hälfte des 17. Jh. erbaut; hierhin zog die königliche Familie vorübergehend nach dem Schlossbrand von 1697. Linker Hand steht **Riddarholmskyrkan,** deren durchbrochener Turm weithin sichtbar ist. Sie wurde um 1300 erbaut und ist heute das einzige in seiner Ganzheit bewahrte mittelalterliche Gebäude der Stadt. Ursprünglich eine Franziskanerkirche, fungierte sie ab Beginn des 14. Jh. als Grabeskirche der schwedischen Könige. Als letzter wurde hier 1950 Gustaf V. beigesetzt.

Öffnungszeiten ✆ 4026130, Sept. Sa+So 12–15 Uhr, Mai bis Aug. tgl. 10–16 Uhr; engl. Führungen 13 Uhr

Bei schönem Wetter ist es herrlich, sich auf eine der Bänke auf **Evert Taubes Terrass** zu setzen und seinen Blick frei über Riddarfjärden und Stadshuset gleiten zu lassen, wie es der Barde dort selbst, in Bronze gegossen, auch tut.

Södermalm

Über Brücken waren die Vororte im Norden und Süden mit Stadsholmen verbunden. Vor allem diejenigen, die nicht das bürgerliche Recht besaßen, sich in der Stadt niederzulassen, siedelten auf Norrmalm und Södermalm.

Stockholm
Karte S. 230/231

Auf Söder

„Södermalm“ wird bereits in einem Brief von 1288 erwähnt, doch noch lange bis ins 17. Jh. hinein nannte man es gemeinhin „Åsön“, nach dem südlichen Ausläufer von Brunkebergsåsen. Bereits im Mittelalter entstand eine einfache Bebauung entlang krummer, sich windender Steige. Obwohl Södermalm ab Mitte des 13. Jh. zu Stockholm gehörte, durften dort erst ab 1573 Handel und andere Geschäfte betrieben werden, Rechte, die bis dahin Stadsholmen vorbehalten gewesen waren. Nach Södermalm wurde hauptsächlich alles Übelriechende, Gefährliche oder sonstwie Störende und Unangenehme verlegt, etwa Kranken- und Armenhäuser oder Richtplätze und Armenfriedhöfe. Als Admiral Klas Fleming unter Gustav II. Adolf in den Vororten ein rechtwinkliges Straßennetz anlegen ließ, erhielt Södermalm die Struktur, die es heute noch prägt. Im 18. Jh. entstanden hier größere Industriebetriebe, und als Stockholm im Zuge der Industrialisierung im 19. Jh. ein kräftiges Bevölkerungswachstum erfuhr, entstand auf Södermalm eine teilweise sehr dichte Bebauung mit *kåkar*, baufälligen Häuschen der Arbeiterschicht. 1880 trat auch für Södermalm Albert Lindhagens Straßenregulierungsplan in Kraft, dennoch war es um den Wohnstandard in den Vierteln um Vita bergen besonders schlecht bestellt. Erst im 20. Jh. verbesserten sich die Verhältnisse dort, gleichzeitig erkannte man aber auch den kulturhistorischen Wert der alten Viertel, sodass auf Stigbergsgatan und im Trakt um die Sofia kyrka bis heute einige Häuser bewahrt worden sind. Moderner Wohnungsbau zeichnet sich hier durch die Verbindung von Ästhetik mit Zweckmäßigkeit aus, etwa in der Gegend um Södra Station.

Auf Söder, wie die Anwohner ihren Stadtteil heute liebevoll nennen, hat sich ein Wandel vollzogen: Früher ein Stadtteil für die sozial Benachteiligten, ist es heute Lieblingskind der Jungen, Coolen und der Neu-Bohème. Seine kulturelle Dichte wird vielleicht nur noch durch die hohe Anzahl an Cafés übertroffen Man trifft sich gerne in einem der vielen Cafés auf Bondegatan oder Skånegatan; an warmen Sonnentagen erfreut sich Nytorget besonderer Beliebtheit, wegen seines Spielplatzes nicht zuletzt auch bei Eltern mit Kindern. Dem Publikum entsprechend besitzt Södermalm mit Hornsgatan und Götgatan außerdem einige der beliebtesten Einkaufsstrecken der Stadt.

Södermalm erreicht man aus der Stadt kommend über **Slussen**. Der höhere Wasserstand des Mälaren machte bereits im 17. Jh. eine Schleuse erforderlich; das mittlerweile wieder sanierungsbedürftige Nachfolgemodell aus den 1930er Jahren ist ein komplexes Verkehrskarussell, das manche als genial bezeichnen – wenn sie es endlich das erste Mal bezwungen haben. Eine Wasserschleuse ist Slussen nach wie vor auch und wird von den Stockholmern gerne „Scheidungsgraben" genannt wegen der ehelichen Dramen, die sich hier alljährlich während der Sportbootsaison abspielen.

Erreicht man dann Södermalm, kann man nicht umhin, die 38 m hohe Aufzuganlage **Katarinahissen** zu bemerken. Bei seinem Bau 1883 dazu gedacht, den Aufstieg auf die steilen Hügel von Södermalm zu erleichtern, ist der Fahrstuhl heute eine Attraktion der Stadt. Wer die 5 Kronen Fahrpreis sparen möchte, erreicht die Anhöhen auch über Treppen und Gassen.
Öffnungszeiten Mo–Sa 7.30–22 Uhr, So 10–22 Uhr.

Einen guten Eindruck vom Spektrum des heutigen Södermalm erhält man, wenn man sich z. B. von Södra Station durch die neue Anlage Fatbursparken zu **Medborgarplatsen** und von dort auf Götgatan begibt. Hier sollte man auf die andere Straßenseite wechseln und rechter Hand den futuristischen Anblick der Veranstaltungsarena „**Globen**", des mit seinen 110 m Durchmesser bis heute größten sphärischen Gebäudes der Welt, auf sich wirken lassen. Am oberen Ende von Götgatan angelangt, biegt man rechts in die Gasse Urvädersgränd ab und erreicht so **Katarina Gångbro**. Die Brücke über dem hängenden Restaurant „Gondolen" bietet einen atemberaubenden Blick über die Stockholmer Innenstadt. Auf die Brücke gelangt man auch per Aufzug (s. o.). Nur wenige Meter von ihr entfernt befindet sich **Mosebacke Torg**, ein alter Platz mit einnehmendem Charme.

> „Es war ein Abend Anfang Mai. Der kleine Park auf Mosebacke war für das Publikum noch nicht geöffnet, und die Beete waren noch nicht umgegraben; ... Die Spatzen sammelten allen möglichen Plunder, den sie dann unter den Dachpfannen der Navigationsschule versteckten; sie schleppten sich mit Stücken von den Raketenhülsen vom letzten Herbstfeuerwerk, ... Sie entdeckten Mullfetzen in Lauben und holten auch wohl zwischen den Splittern eines Bankfußes Haarbüschel von Hunden hervor, die sich seit dem Josephinentage im vorigen Jahr nicht mehr hier gebalgt hatten. ... Die Sonne aber stand über Liljeholm und schoss ganze Strahlenbündel gegen Osten ..."
>
> *(August Strindberg, Das Rote Zimmer)*

Weiter über Svartensgatan stößt man auf Katarina Kyrkobacke, und hat rechts einen malerischen Blick auf die Katarina-Kirche. Der Weg links hinunter über die kopfsteingepflasterte Gasse und die anschließende Holztreppe eröffnet eine weite Sicht auf Gamla Stan. Geht man am Fuße der Treppe auf Glasbruksgatan nach rechts bis Nytorgsgatan und von ihr ab in die 2. Straße links, steht man auf Mäster Mikaels Gata. Ursprünglich war diese Straße ein Teil von Fjällgatan, doch nachdem die große Renstiernas Gata 1910 in den Fels gesprengt worden war, erhielt sie 1939 ihren jetzigen Namen nach Mikael Reisuer, dem Henker der Stadt 1635–50, der in dieser Straße wohnte. Mäster Mikaels Leben endete übrigens auf tragische Weise mit seiner eigenen Hinrichtung. Die Häuser in dieser Straße stammen allerdings aus der Zeit nach dem großen Brand der Katarina-Kirche im Jahr 1723. An Nr. 10 vorbei gelangt man über eine Art Trampelpfad zu Albert Engströms Trappor, an deren Fuße man Renstiernas Gata überquert, dann ihr einige Meter rechts hinunter folgt und so zu den hölzernen Mamsell Josabeths Trappor kommt, die hinauf zu Stigbergsgatan, Fjällgatans armer „Hinterstube“, führen. Dieses Viertel hieß einst „Justitia“, ein Name, der an den Galgen erinnert, der hier bis Ende des 17. Jh. stand. Stigbergsgatans älterer Teil hat noch seinen alten Straßenbelag. Mittlerweile sind alle *kåkar* bis auf eines saniert: die windschiefe Nr. 21, **Blockmakarens Hus**, gehört nun zum Stadsmuseum. Ein Stück weiter oben liegt linker Hand auf dem Hang **Stigbergstäppan** ein Gartenbereich, der zum Ausruhen einlädt. Weiter die Treppen Sista Styverns Trappor hinunter gelangt man zu Fjällgatan, einem *der* Aussichtspunkte der Stadt. Vor dem Krankenhaus genießt man einen einzigartigen Panoramablick. Von Fjällgatan gelangt man wieder auf Renstiernas Gata, und von hier folgt man Katarinavägen bis Slussen.

Weitere Anziehungspunkte auf Söder

Auf dem „Buckel“ von Hornsgatan reihen sich verschiedene kleine Galerien aneinander.

Stockholms Stadsmuseum: Viele Modelle, anschauliches Material und diverse Ausstellungen führen durch die Geschichte der Stadt.

Adresse/Öffnungszeiten Ryssgården, Slussen, ✆ 50831600. T Slussen. Di+Mi u. Fr–So 11–17 Uhr, Do 11–19 Uhr.

Hobby och Leksaksmuseet: Dieses Museum entführt in die bunte Welt des Spielzeugs: Puppen, Spiele, Dampfmaschinen, mechanisches Spielzeug, eine fahrbereite Modelleisenbahnanlage in H0 u. v. m. Außerdem gibt es regelmäßig Kindertheater.

Adresse/Öffnungszeiten Mariatorget 1c, ✆ 6416100 o. 6404492. T Mariatorget. Di–Fr 10–16 Uhr, Sa+So 12–16 Uhr.

Information/Verbindungen/Adressen

Die beste Reisezeit für Stockholm ist Mai bis September, da das kulturelle Angebot sowie Ausflugsmöglichkeiten in dieser Zeit am sichersten bestehen; an Mittsommer ist vielerorts geschlossen.

• *Information* **Telefon:** Wenn nicht anders angegeben, gilt die Vorwahl 08.

Touristeninformation: Tourist Centre, Kulturhuset, Sergels Torg 1, 10327 Stockholm, ✆ 50828508, 📠 50828509, info@svb.stockholm.se. Juni bis Aug. Mo–Fr 9–19, Sa –17 Uhr, So 10–16 Uhr, übrige Zeit Mo–Fr 9–18 Uhr, Sa+So 10–15, Mai+Sept. –16 Uhr. Filiale Hotellcentralen im Hauptbahnhof, Vasagatan. Juni bis Aug. tgl. 8–20 Uhr, Mai+Sept. tgl. 9–18 Uhr, übrige Zeit Mo–Sa 9–18 Uhr, So 12–16 Uhr. Hier können Sie sich über günstige Paketangebote informieren. TI speziell für Behinderte gibt es unter ✆ 55064130. Touristik-Homepage der Stadt: www.stockholmtown.com. Aktuelle Informationen und Adressen gibt es im kostenlosen monatlichen Magazin „What's On“ (schwed./ engl.).

Diplomatische Vertretungen: Deutschland: Förbundsrepubliken Tysklands Ambassad, Skarpögatan 9, ✆ 6701500. Österreich: Österrikes Ambassad, Kommendörsgatan 35, ✆ 6651770. Schweiz: Schweiziska Ambassaden, Birger Jarlsgatan 64, ✆ 6767900.

• *Verbindungen* **An- und Abreise:** Mit dem Auto über die E 4 oder E 18. Züge kommen am Hauptbahnhof *Centralstationen/T-Centralen* an (Haupteingang Vasagatan). Mit dem Bus von Deutschland z. B. Deutsche

Touring oder Eurolines; Ankunft Busbahnhof Cityterminalen auf Klarabergsviadukten (neben T-Centralen). Internationaler Flughafen ist Arlanda (✆ 7976000); weiter in die Innenstadt mit dem Zug *Arlanda Express* (✆ 58889000) zu T-Centralen, mehrmals stdl., Dauer 20 Min., 180 SEK; mit dem Bus, *Flygbuss*, (✆ 6001000) zu Cityterminalen, mehrmals stdl., Fahrzeit ca. 1 Stunde, 89 SEK; mit dem Taxi (✆ s. u.) um die 400 SEK. **Transport:** Taxi: Als die sichersten gelten Taxi Kurir (✆ 300000), Taxi Stockholm (✆ 150000), Taxi 020 (✆ 020-939393) und Taxi-Card (✆ 970000). Taxi Kurir und TaxiCard haben auch Frauentaxis.

Parken: Parkplätze in Stockholms Innenstadt sind rar und teuer, man muss mit bis zu 60 SEK/h rechnen; mit der Stockholm-Karte sind die Parkautomaten kostenfrei. Eine Alternative sind die zahlreichen Parkhäuser. Nach Möglichkeit lässt man das Auto stehen; einige Hotels bieten ihren Gästen hoteleigene Garagen.

Fahrradverleih: Manche Hotels, Jugendherbergen und Campingplätze haben einen eigenen Fahrradverleih; sonst z. B. Cykel- och mopeduthyrningen, Strandvägen/ Kajplats 24, ✆ 6607959; Servicedepån (auch Tandems), Kungsholmsgatan 34, ✆ 6510066; Skepp O'Hoj, Galärvarvsvägen 10, ✆ 6605757; Sport Recycle, Birger Jarlsgatan 37, ✆ 231011.

Öffentlicher Verkehr: Knotenpunkte für die Verkehrsmittel des Stockholmer Verkehrsverbunds (SL) sind T-Centralen, Slussen, Odenplan, Fridhemsplan, Gullmarsplan, Tekniska Högskolan, Danderyds Sjukhus und Liljeholmen. Informationen zu Verkehrsmitteln, Strecken und Zeiten erhält man unter ✆ 6001000 oder in einem der zahlreichen SL-Center, z. B. Sergels Torg, T-Centralen (Mo–Fr 7–18.30 Uhr, Sa+So 10–17 Uhr) oder Slussen, Saltsjöbanan (Mo–Fr 7–18 Uhr, Sa 10–17 Uhr). Hier, an U-Bahn-Schaltern oder im *Pressbyrå* kann man vorab Fahrausweise erwerben: Will man mehrmals fahren, empfehlen sich *rabattremsor*, Rabattkupons mit 10 (80 SEK) oder 20 Streifen (145 SEK); für eine Fahrt *inom tullarna*, im Innenstadtbereich, werden mindestens zwei Streifen abgestempelt. Wer während seines Aufenthalts in Stockholm viel und/oder weitere Strecken mit SL fahren möchte, für den lohnen sich die Zeitkarten: 1-dygnskort (24 h) 95 SEK, 3-dygnskort (72 h) 180 SEK (gewährt freien Eintritt zu Kaknästornet und Gröna Lund sowie den halben Eintrittspreis für Skansen) oder 30 Tage für 600 SEK. Bei den *dygnskort* bitte angeben, ab wann sie gelten sollen. Die U-Bahn, *tunnelbana* oder *t-bana*, hat ein sehr regelmäßig bedientes Netz, auch in die Vororte. Mit ihren vielen künstlerisch ausgestalteten Bahnhöfen gilt sie außerdem als die längste Kunstausstellung der Welt; regelmäßig werden „Kunstfahrten" angeboten, für die nur ein gültiger Fahrausweis benötigt wird – nähere Informationen in den SL-Centern. Eine gute Alternative zur U-Bahn sind die Busse 1, 3 und 4, die weite Teile der Stadt befahren. Nach Djurgården fährt man besonders nett mit Djurgårdslinjen, der Museumsstraßenbahn (ab Norrmalmstorg; April bis 4. Woche Mai u. Sept. bis Mitte Dez. Sa+So, 4. Woche Mai bis letzte Woche Aug. auch Mo–Fr), oder der Fähre Djurgårdsfärjan (alle 15–20 Min ab Slussen, im Sommer auch ab Nybroplan). Beide akzeptieren die SL-Zeitkarten (aber nicht die Stockholm-Karte), sonst 20 SEK pro Fahrt. Das nähere Umland erreicht man gut mit den SL-Pendelzügen oder den SJ-Zügen.

Die im Text mit T angegebenen U-Bahn-Haltestellen beziehen sich auf den nächs-

Fatbursparken nahe Medborgarplatsen

Stockholm
Karte S. 230/231

ten Bahnhof; manchmal schließen sich noch ein Fußweg und/oder weitere Verkehrsmittel an. Dort, wo kein U-Bahnhof in der Nähe liegt, wird eine andere Verkehrsverbindung genannt.

Stockholmskarte: Eine besonders komfortable Möglichkeit, die vielen Seiten Stockholms zu entdecken, stellt die Stockholmskarte (Stockholmskortet) dar, mit welcher man eine Vielzahl an Angeboten kostenlos nutzen kann: Eintritt und Zugang zu über 75 Museen und anderen Attraktionen, Sightseeingtouren mit dem Boot, Fahren mit den öffentlichen Nahverkehrsmitteln, Parken an Parkautomaten (jedoch nicht in Parkhäusern!) und weitere Bonusangebote. Man kann sie für eine Dauer von 24 h (260/100 SEK), 48 h (390/140 SEK) oder 72 h (540/190 SEK) erstehen (Erwachsene/Kinder; der Kauf einer Kinderkarte ist an den einer Erwachsenenkarte gebunden – maximal zwei Kinderkarten pro Erwachsenenkarte); Gültigkeit ab erster Nutzung. Erhältlich u. a. in den Touristeninformationen, SL-Centern sowie in einigen Hotels, Jugendherbergen und Campingplätzen (bitte erfragen).

• *Diverses* **Geldwechsel:** Bei allen Banken oder bei Forex (Mo–Fr 8–21 Uhr, z. B. Centralstationen oder Sverigehuset).

Notruf: 112.

Ärztliche/Medizinische Hilfe: 24 Uhr-Apotheke: Apotek C. W. Scheele, Klarabergsgatan 64, ✆ 4548130.

Zahnärztlicher Notdienst: Sankt Eriks sjukhus, Polhemsgatan 48, ✆ 54551220.

Krankenhaus: Karolinska sjukhuset, Solna, Karolinska Vägen, ✆ 51770000.

Polizei: Rund um die Uhr geöffnete Wachen sind Kungsholmsgatan 37 und Torkel Knutssonsgatan 20, ✆ 4010000.

Fundsachen: bei der Polizei, Bergsgatan 39, ✆ 4010788; Centralstationen, *Tillvaratagna effekter*, ✆ 7622550; SL, Klara Östra Kyrkogata 4, ✆ 4126960, Mo–Fr 10–17 Uhr.

Post: Centralstationen, ✆ 7812425, Mo–Fr 7–22 Uhr, Sa+So 10–19 Uhr.

Aktivitäten

• *Nachtleben/Unterhaltung* „Wir treffen uns am Pilz." Nach den Treppen am Sergels Torg ist *Svampen*, der Betonpilz auf dem Stureplan, wohl häufigster Treffpunkt. In den eher exklusiven Bars und Nachtclubs auf und um den Stureplan in Östermalm (T Östermalmstorg) findet sich vor allem jüngeres Publikum. Die Klientel mittleren Alters zieht es mehr ins Nachtleben an und um Kungsträdgården (T Kungsträdgården). Weniger schick geht es auf Södermalm in den Lokalen um Medborgarplatsen und im Viertel um die Straßen Bondegatan und Skånegatan zu (T Medborgarplatsen).

Eine Institution sind in Stockholm **Wallmans Nöjen,** in denen das Personal nicht nur Getränke und Speisen, sondern auch Showeinlagen serviert. Bestellung eines der hochpreisigen Menüs Voraussetzung. Um angemessene Kleidung wird gebeten. So früh wie möglich reservieren!

Wallmans Salonger, Teatergatan 3, ✆ 6116622. T Kungsträdgården. Show mit Glitzer und Glamour und Musicaleinschlag. Nach der Show Nachtclub und Casino. Mindestalter 25 Jahre. Di–Do 19–01 Uhr, Fr+Sa 19–03 Uhr, So+Mo für Gesellschaften nach Voranmeldung.

Golden Hits, Kungsgatan 29, ✆ 232015. T Hötorget. Mo 19–23 Uhr, Di+Mi 19–01 Uhr, Do 19–2 Uhr, Fr+Sa 19–3 Uhr. Zeittypische Hits und Lookalikes von den 20ern bis heute. Nachtclub mit Disco und Karaoke ab 23 Uhr; Mindestalter 25 Jahre.

Engelen Steakhouse & Pub, Kornhamnstorg 59 B, ✆ 6116200. T Gamla Stan. Mo–Sa 16–3 Uhr, So 17–3 Uhr; nur Heiligabend geschlossen. Auch zu Wallmans Nöjen gehörend, hat Engelen, ein anderes Konzept: Hier spielen Coverbands alles von Rock und Pop bis Jazz und Musical. Montags Stand-up Comedy und Theatersport. In den Gewölben des alten Gebäudes, einst Schwedens erste Apotheke aus Königin Kristinas Regierungszeit, tanzt man im Nachtklub Kolingen, in den 70ern eine der angesagtesten Discos der Stadt.

Mosebacke Etablissement, Sa+So 12–16 Uhr Brunch mit Live-Jazz. Mosebacke Torg 3, ✆ 55609890. T Slussen. Mo–Mi 17–1 Uhr, Do+Fr 17–2 Uhr, Sa 12–2 Uhr, So 12–1 Uhr Abwechslungsreiches Programm von Disco bis Live-Acts verschiedenster Richtungen.

Jazzclub Fasching, Kungsgatan 63, ✆ 216267. T Hötorget. Sa–Mi ab 19 Uhr, Do+Fr ab 17 Uhr (After Work, freier Eintritt). Voller Club mit gemischtem Publikum. Live-Musik verschiedener Richtungen, Konzertbeginn Fr+Sa ab 21 Uhr, sonst ab 20 Uhr. Fr+Sa wärmt ein Jazz-DJ das Publikum vor

Strandvägen

dem Konzert von 19–21 Uhr auf (hierzu freier Eintritt). Mindestalter Mo–Do 18, Fr–So 20 Jahre.

Stampen, Stora Nygatan 5 (Eingang Stora Gråmunkegränd), ✆ 205793. T Gamla Stan. Mo–Do 20–1 Uhr, Fr+Sa 20–2 Uhr, So 14–17 Uhr. Jeden Tag spielen andere Künstler live Rock, Blues oder Jazz. Mo Bluesabend (freier Eintritt); Do–So Tanz zu Live-Musik im Keller. Gemischtes Publikum, aber eher mittleren Alters.

Hard Rock Café, Sveavägen 75, ✆ 54549400; T Rådmangatan o. Odenplan; So–Do 11–24 Uhr, Fr 11–3 Uhr, Sa 11–1 Uhr.

• *Kulturelles* (Veranstaltungen bitte der Tagespresse oder den Programmen entnehmen): Ticket-Hotline BiljettDirekt 077–1707070 (vorbestellte Tickets können in Sverigehuset abgeholt werden); Vorverkaufsstellen z. B. Sverigehuset, Hamngatan 27, Tickets für Rock- und Popkonzerte bei Box Office in Palmhuset Norrmalmstorg oder Mega Skivakademin auf Sergelgatan 2.

Konserthuset, Hötorget 8, ✆ 102110. T Hötorget. Klassische Musik. Hausorkester sind die Königlichen Stockholmer Philharmoniker.

Nybrokajen 11/Rikskonserter, Nybrokajen 11, ✆ 4071700. T Kungsträdgården. Der Fokus der Schwedischen Musikakademie liegt auf klassischer und zeitgenössischer Musik, Jazz und Volksmusik.

Stallet, Stallgatan 7, ✆ 4071700. T Kungsträdgården. Auf der Rückseite von Nybrokajen 11. Stallet hat seinen Schwerpunkt auf Volks- und Weltmusik. Jeden Freitag Welt-Tanzhaus: Unterricht und Tanz zu Live-Musik.

Circus, Djurgårdsslätten, ✆ 6601020. Bus 44 o. 47. Eine Institution in Stockholm; Musicals und mehr.

Operan, Jakobs Torg 4, ✆ 248240. Die königliche Oper in Stockholm.

Folkoperan, Hornsgatan 72, ✆ 6160750. T Mariatorget. Oper bekannt für ihre unkonventionellen Inszenierungen.

Dramaten, Nybroplan, ✆ 6670680. T Kungsträdgården oder Östermalmstorg. Das Königliche Dramatische Theater Stockholms hat mehrere Bühnen unterschiedlicher Größe und Ausrichtung.

Stockholms Stadsteater, Sergels Torg, ✆ 50620200. In Kulturhuset. Darstellende Kunst verschiedener Art auf mehreren Bühnen.

Für Kleinkinder: **Dockteatern** Tittut, Lundagatan 33 (Södermalm), ✆ 7207599. T Zinkensdamm. Bezauberndes Theater für jüngere Kinder (Mindestalter 2 bzw. 3 Jahre) mit Puppen aller Art.

Stockholm Karte S. 230/231

Kinos (ausländische Filme im Original mit Untertiteln): In Stockholm gibt es viele Multiplexe mit allem Komfort und praktisch allen Filmen. Zum Beispiel:

Filmstaden Sergel, Hötorget, ✆ 7896060. T Hötorget.

Filmstaden Söder, Medborgarplatsen, ✆ 7896060. T Medborgarplatsen.

Zita, Birger Jarlsgatan 37, ✆ 54527255. T Östermalmstorg. Ältestes noch betriebenes Kino der Stadt.

Sture, Birger Jarlsgatan 41, ✆ 6788548. Besonderheit ist das Baby-Kino: Jeden 2. Freitag um 11 Uhr können Eltern Filme in babyfreundlicher Umgebung sehen. Wichtig: Tickets eine Vorstellung im Voraus bestellen und spätestens am Mo vorher abholen.

Cosmonova, Naturhistoriska Riksmuseet, Frescativägen 40, ✆ 51955130. T Universitetet. Di–So 10–19 Uhr. Dokumentarfilme hautnah im größten Filmformat der Welt. Mindestalter 5 Jahre.

• *Freiluft-Aktivitäten* Stockholm besteht zu je einem Drittel aus Stadt, Grünfläche und Wasser, die alle eine Vielzahl an Angeboten und Möglichkeiten bereithalten.

Angeln: Infolge eines Erlasses der Königin Kristina ist es in Stockholm erlaubt, in den an das Schloss angrenzenden Gewässern ohne Schein zu angeln.

Schwimmen: Die Stadt ist bekannt dafür, dass man in ihren Gewässern schwimmen kann. Grundsätzlich ist das Wasser in der Innenstadt zwar sauber genug, aber hier liegen die Abgase auf der Wasseroberfläche, sodass Baden nicht empfehlenswert ist. Stattdessen nutzt man die Freiluftbäder **Långholmens Klippbad** oder **Långholmens Strandbad** (✆ 50811000, T Hornstull), **Smedsuddsbadet** in Rålambshovsparken auf Kungsholmen (✆ 50808000, T Thorildsplan) oder das kinderfreundliche **Brunnsviksbadet** in Frescati (✆ 50810000, T Universitetet).

Sollte das Wetter nicht mitspielen, gibt es das Sport- und Abenteuerschwimmbad **Eriksdalsbadet,** Hammarby Slussväg 20, ✆ 50840250. T Skanstull. Mo–Do 6.30–21 Uhr, Fr –20 Uhr, Sa 9–17 Uhr, So 9–18 Uhr.

Ein Schwimmbad mit Verwöhnfaktor ist **Centralbadet,** Drottninggatan 88, ✆ 242402. Das 1904 vom Jugendstilarchitekten Wilhelm Klemming geschaffene Schwimmbad war zu seiner Zeit einzigartig, und bietet auch heute noch neben Kurbehandlungen ein einmaliges Ambiente. Juni bis Aug. Mo–Fr ab 7 Uhr, Sa ab 10 Uhr; Sept. bis Mai Mo–Fr ab 6 Uhr, Sa+So ab 8 Uhr; immer bis 20.30 Uhr.

• *Sightseeing* **Open Top Tours,** ✆ 6860612. 130 SEK. Stadtrundfahrten in Cabrio-Doppeldeckerbussen (bei schlechtem Wetter mit Dach) nach dem Hop-on/Hop-off-Prinzip; Führung in 8 Sprachen über Kopfhörer. Touren April bis Oktober im 20-Minuten-Takt. Erster Bus 9.20 Uhr ab Sverigehuset, dann Strandvägen (Ausflugsboote), Vasa-Museum, Skansen, Djurgårdsbron, Stureplan, Königliches Schloss, Fjällgatan, Slussen, Mynttorget, Strömkajen (Ausflugsboote), Gustav Adolf Torg, Stadshuset, Klara Mälarstrand (Ausflugsboote), T-Centralen.

City Sightseeing, ✆ 5871430. Verschiedene Touren in komfortablen Bussen:

Stockholm Panorama: tgl 2. Woche April bis Juni +2. Woche Sept. bis Mitte Okt. 10, 12+14 Uhr, ab Mitte Juni auch 10.30 Uhr, ab 1. Woche Mai bis Ende Juni und Mitte bis Ende Sept. auch 13 Uhr; Ende Juni bis 1. Woche Sept. auch 15+17 Uhr; Mitte Okt. bis Dez. (nicht Weihnachten) tgl 10+13 Uhr, Sa+So auch 11.30 Uhr. Ab Königl. Oper. Mehrspr. Führung (Kopfhörer) zu Sehenswürdigkeiten in allen Stadtteilen. Dauer ca. 1,5 Std.; 150 SEK.

Königliches Stockholm: täglich 2. Aprilwoche bis Mitte Oktober 10 Uhr. Die Tour beginnt mit der Panorama-Tour und endet mit einem Rundgang durch Gamla Stan und das Schloss. Kopfhörer u. Guide. Dauer ca. 3 Std.; 260 SEK.

Stockholm zu Wasser und zu Land: April bis Mitte Oktober wie. „Stockholm Panorama"; Mitte Oktober bis Ende Dezember (nicht an Weihnachten) tgl 10 Uhr. Nach der Panorama-Tour im Bus geht es per Boot um die Insel Djurgården und zum Grand Hôtel. Führung über Kopfhörer. Dauer ca. 2,5 Std.; 260 SEK.

Zu Fuß durch Gamla Stan: tgl 2. Woche Juni bis Mitte Aug. 11.30+14.30 Uhr ab Königl. Oper. Engl. Führung. Dauer ca. 1,5 Std.; 85 SEK.

Mit Pferd und Kutsche durch Gamla Stan: tgl Juli bis Mitte Aug. ab Mynttorget 12–16.30 Uhr im Halbstundentakt. Engl. Führung. Dauer 45 min.; 80 SEK.

Touren mit dem Boot bietet Stockholm Sightseeing, ✆ 58714020:

Unter den Brücken von Stockholm: ab Strömkajen, 10 Min später ab Nybroplan. 1. Woche Mai bis 1. Woche Juni und Mitte Sept. 10–16 Uhr stdl., Juni und 3. Woche Aug. bis 1. Woche Sept. bis 18 Uhr;Juli bis

Auf Djurholmen

3. Woche Aug. bis 20 Uhr. Okt. Sa+So 11+13 Uhr ab Strömkajen. Führung über Kopfhörer. Viele Facetten der Stadt werden gezeigt. Dauer ca. 2 Std.; 140 SEK. Für gute Sicht frühzeitig kommen und Fensterplatz sichern.

Rund um Djurgården: ab Strömkajen, ab Ende April auch 10 Min. später ab Nybroplan. 2. Hälfte April stdl. 10.30–15.30 Uhr; bis 1. Woche Sept. bis 18.30; bis Mitte Okt. bis 15.30, nur ab Strömkajen; bis 23. Dezember bis 13.30 Uhr, nur ab Strömkajen. Lauschige Tour entlang Strandvägen und um die grüne Insel. Kopfhörer. Dauer ca. 1 Std.; 90 SEK.

Individuelles Sightseeing bieten ausgebildete Taxiguides bei Taxi 020. Bei Buchung bitte Sprache angeben: ✆ 7892496 (Mo–Fr 9–17 Uhr) o. 6329070 (übrige Zeit). Ab 480 SEK für 1–4 Personen.

Ausflüge

Ekoparken: Der erste Nationalstadtpark der Welt besteht hauptsächlich aus den drei königlichen Parks Djurgården, Ulriksdal und Haga:

Hagaparken, nördlich der Innenstadt, lädt zu Kurzausflügen und ausgedehnten Spaziergängen ein. Der Park wurde von Gustav III. geschaffen; seinen Traum, ein schwedisches Versailles, konnte er vor seiner Ermordung aber nicht mehr vollenden. Seine Liebe zu Gärten fand in der englischen Parkanlage Ausdruck, die auch die zeitgenössischen philosophischen Ideen über das Verhältnis des Menschen zur Natur widerspiegelt. Im Park stehen u. a.

Koppartälten, von Louis Jean Desprez in Form von römischen Heereszelten entworfene und 1787 als Quartier für die Leibwache errichtete Gebäude mit einer Fassade aus bemaltem Kupferblech,

der **Echotempel,** der als sommerlicher Speiseraum für den König gedacht war,

der **Pavillon** Gustavs III. (✆ 4026130; Führungen Mitte Mai bis Aug. Di–So, Sept. Sa+So 12–15 Uhr), der von Louis Masreliez für den kulturliebenden König in römischem Antikstil eingerichtet wurde,

Haga Slott aus dem frühen 19. Jh., Kinderstube des jetzigen Königs Carl XVI. Gustaf und seiner vier Schwestern,

Fjärilshuset (✆ 7303981; Juni bis Sept. Di–Fr 10–16 Uhr, Sa+So 11–17.30 Uhr, übrige Zeit Di–Fr 10–15 Uhr, Sa+So 11–16 Uhr), wo Schmetterlinge und Vögel in einem 2000 m^2 großen tropischen Regenwald frei umherfliegen,

Stockholm Karte S. 230/231

Bergianska Trädgården, Frescati, ✆ 162853. T Universitetet. tgl. 11–17 Uhr, das Victoria-Haus mit der Victoria-Wasserlilie nur Mai bis Sept. Botanischer Garten, der auf eine Stiftung der Brüder Bergius 1791 zurückgeht. Heute Forschungsstätte für die Universität sowie Rekreationsgelände für die Öffentlichkeit.

Durch Teile von Ekoparken und angrenzende Gebiete führen **Bootstouren,** ✆ 58714040:

„Brunnsviken runt": Juli bis Mitte Aug. Mo–So stdl 10–15 Uhr ab und zurück zu Haga Forum über Bergianska Trädgården, Sjöstugan, SAS, Fjärilshuset und Haga Slott; Hop-on/Hop-off; 40 SEK.

Stockholm – Edsviken: Mitte Mai bis Mitte Sept. Sa+So (nicht Mittsommer), ab 10 Uhr von Nybroplan. Die Tour führt über Millesgården, Ulriksdals Slott aus dem 17. Jh., die geplante Gartenstadt und Wissenschaftspark Silverdal, die ehemalige Wikinger-Wohnstatt Bergendal und Edsberg Slott und Park aus dem 17./18. Jh. Zurück an Nybroplan 16 Uhr. 150 SEK.

Nahe bei Ekoparken liegt **Millesgården,** Herserudsvägen 32, Lidingö, ✆ 4467590. T Ropsten, dann Direktbus 207 zu Millesgården bzw. Bus 201, 202, 204–206 o. Lidingötåget nach Torsvik. Mai bis Sept. tgl. 10–17 Uhr, Okt. bis April Di–Fr 12–16 Uhr, Sa+So 11–17 Uhr. Das Haus mit Terrassen und Parklandschaft war Wohnsitz von Carl Milles und bietet eine weite Aussicht auf Stockholm. Zu besichtigen sind die wichtigsten Werke des Künstlers sowie Einrichtungs- und Gartenkunst.

Carl Eldhs Ateljémuseum: Carl Eldh, ebenfalls ein bekannter schwedischer Skulptör, hatte seine große Schaffensphase zu Beginn des 20. Jh. Viele seiner Werke sind wie die Milles' vielerorts in Stockholm zu finden. Sein in Bellevueparken gelegenes Atelier, von Ragnar Östberg, dem Architekten von Stadshuset, entworfen, ist heute Museum, in dem man nicht nur seine Skulpturen sehen, sondern auch die Schritte von der Skizze zum vollendeten Werk verfolgen kann: Lögebodavägen 10, ✆ 6126560. T Odenplan. Juni bis Aug. Di–So 12–16 Uhr; April, Mai, Sept. + Okt. Sa+So 12–16 Uhr; engl. Führungen 13.30 Uhr.

See Mälaren:

Die **Bootstour „Mälarens Kungsled"** (✆ 58714000) verknüpft die Themen „Wikinger", „Könige" und „Dampfboote" miteinander; von Stockholm zu Islandsbron in Uppsala mit Aufenthalt und Spezialprogramm in Sigtuna und Skokloster. Juli bis 1. Woche Aug. Mi+Sa 9.30 Uhr ab Stadshusbron, Ankunft Uppsala 18.30; ab 525 SEK; Rückreise per Zug.

Drottningholm: T Brommaplan, dann Bus 301–323 o. Boot von Stadshusbron tgl. Mai bis 1. Woche Sept. ab 9.30 Uhr in regelmäßigem Takt.

Drottningholms Slott, Lovö: Das Schloss wurde im 17. Jh. von Nicodemus Tessin d. Ä. im Auftrag Hedvig Eleonoras gebaut. Seit 1981 wohnt hier die königliche Familie. ✆ 4026280. Mai bis Aug. Mo–So 10–16.30 Uhr, Sept. tgl. sowie Okt. bis April Sa+So 12–15.30 Uhr. Dt. Führungen 2. Woche Juni bis Aug. tgl. 11 u. 13 Uhr. Ab Stadshusbron Touren mit der M/S Prins Carl Philip dt. Führung, 2. Woche Juni bis Mitte Aug. 11+13 Uhr, 260 SEK.

Im Park von Drottningholm befindet sich auch **Kina Slott.** Von König Adolf Fredrik 1753 heimlich als Geburtstagsgeschenk für seine Ehefrau Lovisa Ulrika errichtetes Lustschloss mit Einrichtung in europäischem Rokoko und Chinoiserien. (✆ 4026270, Mai bis Aug. 11–16.30 Uhr, Sept. 12–15.30 Uhr).

Ebenfalls im Park befindet sich **Drottningholms Slottsteater,** das älteste in seiner ursprünglichen Form bewahrte und noch mit seiner Originalmaschinerie betriebene Theater der Welt. Es wurde von C. F. Adelcrantz ebenfalls für Hedvig Eleonora erbaut und erlebte seine Glanzzeit unter Gustav III. Seit 1922 wieder regelmäßig Vorstellungen. (✆ 7590406. Tgl. Mai 12–16.30 Uhr, Juni bis Aug. 11–16.30, Sept. 13–15.30 Uhr; halbstdl. Führungen, auch dt.).

Wer mehr von der Insel und ihren Sehenswürdigkeiten sehen und erfahren möchte, kann sich auf den 18 km langen Rundweg begeben, der beim Schlosspark seinen Ausgangspunkt hat. Karte und Wegbeschreibung sind am Kiosk beim Schloss erhältlich.

Björkö: Auf dieser Mälareninsel gründete der Sveakönig Birka Mitte des 8. Jh. die Stadt **Birka,** die bald schon ein internationales Handelszentrum wurde. Ausgrabungen und ein Museum dokumentieren die Stadt, die als erste Stadt Schwedens gilt und gegen Ende des 10. Jh. verlassen wurde. Birkamuseet, ✆ 56051445. Ende April bis 3. Woche Sept. Mo–Fr 10–16 Uhr, Sa+So bis 17 Uhr, Juli bis Mitte Aug. tgl. 10–18.30 Uhr. Mit dem Boot (Strömma, ✆ 58714000) tgl. 10 Uhr ab Stadshusbron, Juli bis Mitte Aug. auch 14 Uhr; 220 SEK; kommt man mit dem

Schloss Drottningholm

Boot, sind im Fahrpreis Eintrittskarte und Führung inbegriffen.

Skokloster Slott: Von dem luxusliebenden Feldmarschall Carl Gustaf Wrangel in Schwedens Großmachtzeit erbautes Barockschloss mit Originaleinrichtung in 77 Räumen auf 2130 m²: Die Bauarbeiten wurden jedoch niemals beendet, sodass ein Raum noch genauso aussieht, wie ihn die Bauarbeiter vor 300 Jahren verlassen haben. (Skokloster, ✆ 018-386077. Zug bis Bålsta, dann Bus 894; im Sommer auch mit dem Boot, welches „Mälarens Kungsled" (s. o.) befährt – Rückfahrt dann per Zug. Führungen April, Sept.+Okt. Mo–Fr 13 Uhr, Sa+So 12–15 Uhr; Mai bis Aug. tgl. 11–16 Uhr; übrige Zeit nach Vereinbarung.

Sigtuna ist die älteste, heute noch bewohnte Stadt Schwedens, die um 980 n.Chr. von König Erik Segersäll am Ufer des Mälaren gegründet wurde. Der mittelalterliche Bebauungsplan ist im Stadtkern erhalten geblieben. An den Wegrändern stehen Runensteine aus dem späten 10. bis späten 12. Jh., die ursprünglich wohl die Stadtgrenzen markierten oder als Grabsteine dienten. Das älteste noch bestehende Gebäude der Stadt ist Mariakyrkan, eine Kirche aus dem späten 13. Jh.; Mo–So 9–17 Uhr. Gleich daneben steht die Ruine von St. Olof. Im mittelalterlichen Stadtkern liegt auch das **Sigtuna Museum.** Gezeigt werden in der Basisausstellung die Entwicklung der Stadt und die neuesten Funde. (Stora gatan 55, ✆ 59783870. Juni bis Aug. tgl., Sept. Di–So 12–16 Uhr). Zu den Museen der Stadt gehören auch das kleine Rathaus von 1744 an Stora Torget (Mai + Sept. Sa+So, Juni bis Aug. tgl. 12–16 Uhr) sowie Lundströmska gården, ein Bürgerhaus aus der letzten Jahrhundertwende (Mai + Sept. Sa+So, Juni bis Aug. tgl. 12–16 Uhr). Anfahrt: Pendelzug nach Märsta, dann Bus 570, 575 oder 584; im Sommer auch mit dem Boot, welches „Mälarens Kungsled" (s. o.) befährt – Rückfahrt dann per Zug.

Schärengarten: Ausflüge auf die zahlreichen Inseln des Schärengartens bieten folgende Unternehmen an:

Cinderellabåtarna, ✆ 58714050. Ab Strandvägen.

Strömma Kanalbolaget, ✆ 58714000. Ab Nybroplan.

Waxholmsbolaget, ✆ 6795830. Ab Strömkajen. Waxholmsbolaget bietet im Sommer einen Tagestrip auf dem traditionellen Dampfschiff M/S Norrskär die klassische Fährroute entlang; über Sandhamn. Abfahrt 10.30 Uhr, Rückkehr 19.45 Uhr. 190 SEK. Mit Waxholmsbolagets *Båtluffarkort*, der „Walzkarte", kann man den Schärengarten 16 Tage lang auf allen Booten des Unternehmens bereisen. 300 SEK. Wer nicht soviel Zeit hat, kann einen Ausflug nach Vaxholmen in Erwägung ziehen; die Fahrtzeit beträgt nur etwa eine Stunde.

Stockholm Karte S. 230/231

Übernachten (Karten S. 230/231 und Umschlagklappe hinten)

• *Hotels* Stockholm ist ein recht teures Pflaster. Erträglich werden die Preise dadurch, dass inzwischen auch in der Hauptstadt etliche Hotels im Sommer billiger werden. Es empfiehlt sich, rechtzeitig vor der Reise die Unterkunftsfrage zu klären. Die folgenden sind von teuer bis preiswert sortiert.

Grand Hôtel (23), S. Blasieholmen 8, ✆ 6793500, ℻ 6118686. T Kungsträdgården. Traditionsreiches Haus und eine der feudalsten Adressen in Stockholm. In unmittelbarer Nachbarschaft des Nationalmuseums und der Oper, mit Aussicht auf das königliche Schloss und Gamla Stan. DZ ab 3500 SEK.

Hotel Diplomat (20), Strandvägen 7C, ✆ 4596800, ℻ 4596820. T Östermalmstorg. Elegantes Wohnen in einem der Prachtbauten an Stockholms erster Adresse wie einst der städtische Adel. DZ ab 2245 SEK.

Berns Hotel (19), Näckströmsgatan 8, ✆ 56632250, ℻ 6793561. T Kungsträdgården. Sehr zentrale, ruhige Lage am Berzelii Park. Als Teil des berühmten Berns ein Hotel für den exklusiven Anspruch. Modernes, aber warmes Interieur. DZ ab 2800 SEK.

Hotel Birger Jarl (54), Tulegatan 8, ✆ 6741800, ℻ 6737366. T Rådmansgatan. Zentral an Birger Jarlsgatan gelegen. In diesem Hotel mit gehobenem Anspruch begegnen sich schwedische Tradition und Moderne und das ganze Spektrum nordischer Farben schafft entspannte Harmonie. Von schwedischen Designern entworfene Zimmer sind in den unterschiedlichsten Stilen gehalten, von „Miss Dottie" bis „In Ruhe wohnen". DZ ab 1000 SEK.

Hotel Brunnen (49), Surbrunnsgatan 38, ✆ 150420, ℻ 158865. T Odenplan. Liegt zentral in einer ruhigeren Parallelstraße zu Odengatan. Anheimelndes Hotel mit gemütlichem Foyer in englischem Stil (aber nicht rauchfrei!), altmodisch gehaltenen Zimmern und hellen, modernen Badezimmern. DZ ab 1000 SEK.

Hotell Lilla Rådmannen (2), Rådmansgatan 67, ✆ 50621500, ℻ 50621515. T Rådmansgatan. Freundliches Hotel mit angenehmer Atmosphäre. Ruhig, aber zentral gelegen. DZ ab 1100 SEK.

Kom Hotel (3), Döbelnsgatan 17, ✆ 4122300, ℻ 4122310. T Rådmansgatan. Liegt nahe der Johannes kyrka. Der Gewinn dieses freundlichen, modernen CVJM-Hotels geht ungekürzt an verschiedene Kinder- und Jugendprojekte. DZ ab 1180 SEK.

Hotel Victoria Bentley (8), Drottninggatan 77, ✆ 141395, ℻ 212492. T Hötorget. Gleich an der beliebten Einkaufs- und Bummelstraße, Haus mit Jahrhundertwendeflair und gemütlicher Einrichtung. DZ ab 800 SEK.

Zinkensdamm hotell och vandrarhem (67), Zinkens väg 20, ✆ 6168110, ℻ 6168120. T Zinkensdamm. Ruhig und recht zentral auf Söder. Im schwedischen Holzhausstil um einen Innenhof erbaut, ist das Hotel außen wie innen von warmer Gemütlichkeit geprägt. DZ ab 1155 SEK, JH ab 220 SEK.

Acapulco Hotell (70), Bjurholmsplan 23, ✆ 7023300, ℻ 7023301. T Skanstull. Alternative besonders für Familien und sonstige Kleingruppen (bis 5 Pers.): Appartement-Hotel in einem Wohnviertel auf Södermalm mit Selbstversorgerküche und Hotel-Service. 2 Pers. ab 1025 SEK.

Långholmen hotell och vandrarhem (61), Gamla Kronohäktet, Långholmsmuren 20, ✆ 6680500, ℻ 7208575. T Hornstull. Für Gäste mit Sinn für Makabres. Im ehemaligen Staatsgefängnis sind Hotel und Jugendherberge in ruhiger Lage auf der grünen Insel Långholmen untergebracht. Die besondere Architektur ist unverkennbar in der hellen, modernen Anlage bewahrt worden: Man wohnt in, allerdings sehr komfortablen, Zellen. DZ ab 1155 SEK, JH ab 240 SEK.

Hotell Örnsköld (17), Nybrogatan 6, ✆ 6670285, ℻ 6676991. T Östermalmstorg. Das kleine, gemütliche, etwas altmodische Hotel liegt sehr zentral gleich hinter Dramatiska teatern. Nicht am Eingang vorbeilaufen oder von der Leuchtschrift abschrecken lassen! DZ ab 975 SEK.

Hotell August Strindberg (6), Tegnérgatan 38, ✆ 325006, ℻ 209085. T Rådmansgatan. Ruhiges und gemütliches Hotel nahe Tegnérlunden. Alle Zimmer gehen auf den hübsch begrünten Innenhof. Gehabstand in die City und zum Hauptbahnhof. DZ ab 1000 SEK.

Hotell Gustav Vasa (53), Västmannagatan 61, ✆ 343801, ℻ 307372. T Odenplan. Sehr zentral bei Odenplan und der Einkaufsstraße Odengatan gegenüber der Gustav Vasa kyrka gelegen. Komfortable, heimelige Zimmer. DZ ab 775 SEK.

Mälardrottningen, Riddarholmen (33), ✆ 54518780, ℻ 243676. T Gamla Stan. Die

Blick über die Altstadt

ehemalige Luxusyacht von Barbara Hutton liegt am Ufer von Riddarholmen zu Füßen von Riddarholmskyrkan und Wrangelska Palatset mit schönstem Ausblick auf Stadshuset und Västerbron. DZ ab 1030 SEK.

Hotell Anno 1647 (41), Mariagränd 3, ✆ 4421680, ℻ 4421647. T Slussen. Das traditionsreiche Hotel liegt auf Södermalm nahe dem Verkehrsknotenpunkt Slussen und überblickt Gamla Stan und den Stockholmsund. Gebäude von 1647 bzw. Mitte 18. Jh. Bezaubernder, typisch Stockholmer Patio und behagliche Zimmer mit gehoben ländlichem Ambiente. DZ ab 995 SEK.

Hotell Haga (45), Hagagatan 29, ✆ 54547300, ℻ 54547333. T Odenplan. Einfaches, freundliches Hotel in Vasastaden; Grünflächen und Einkaufsstraße Odengatan in Laufweite. DZ ab 800 SEK.

Art Hotel (7), Johannesgatan 12, ✆ 4023760, ℻ 4023770. T Hötorget. Ruhig im Herzen eines traditionellen Stockholmer Quartiers in unmittelbarer grüner Nachbarschaft der Johannes kyrka gelegen. Laufen Sie nicht am Eingang vorbei, es ist die Tür mit der Flagge. Behaglich schlichte Zimmer, einladender kleiner Patio. Eigentlich ein Künstlerhotel, nimmt es Touristen nur kurzfristig auf; im Juli auch mit Reservierung. Küche für Selbstverpflegung vorhanden. DZ ab 950 SEK.

Hotell Bema (9), Upplandsgatan 13, ✆ 232675, ℻ 205338. T Rådmansgatan. Etwas einfacheres Hotel in schöner Lage direkt an Tegnérlunden. DZ ab 700 SEK.

Columbus Hotell (65), Tjärhovsgatan 11, ✆ 6441717, ℻ 7020764. T Medborgarplatsen. Ein Kleinod in zentraler und ruhiger Lage auf Södermalm gleich an der Katarina-Kirche. An seine Vergangenheit als Gefängnis erinnert nur noch ein kleiner Schaukasten im Treppenhaus. Die gemütlichen und jüngst renovierten Zimmer sind mit viel Holz und ruhigen Farben im schwedischen Bauernstil gehalten. Großer Innenhof. DZ (ekonomi; Bettzeug mitbringen) ab 900 SEK.

Queen's Hotel (13), Drottninggatan 71A, ✆ 249460, ℻ 217620. T Hötorget. Der runde Treppenaufgang mit schmiedeeisernem Aufzug und Jugenstil-Fenstern stimmt ein auf die charmante Atomsphäre des kleinen Hotels im Herzen der City. DZ ab 780 SEK.

Ersta konferens och hotell (43), Erstagatan 1 K, ✆ 7146341, ℻ 7146351. T Medborgarplatsen. Eine Perle auf Södermalm. Liegt in unmittelbarer Nähe von Fjällgatan. Gerade renoviert, bietet die rollstuhl- und allergiegerechte Anlage, Teil der Ersta Diakoniegesellschaft, schlichte, wohnliche Zimmer in freundlicher und ruhiger Umgebung. Eingeschränkte Zeiten zugunsten niedriger Preise: Frühstück Mo–Fr 6.30–8.00 Uhr, Sa–

Stockholm
Karte S. 230/231

So 8.00–9.30 Uhr; Rezeption Mo–Fr 8.00–18.00 Uhr, Sa+So 8.00–15.00 Uhr. Übrige Zeit Absprache nötig. DZ ab 860 SEK.

Wasa Park Hotel (55), S:t Eriksplan 1, ✆ 54545300, 📠 54545301. T S:t. Eriksplan. Kleineres, gemütliches Hotel mit einfachem Standard, DZ ab 600 SEK.

Vanadis Hotel & Bad (47), Sveavägen 142, ✆ 301211, 📠 312391. Bus Nr. 52 bis Frejgatan. Schlicht-moderne Unterkunft, grenzt an das Vanadisbaden, zu dem man freien Eintritt hat (Mai–Sept.). Die preiswerteren Zimmer sind winzig, teils gehen die Fenster auf den Korridor. DZ ohne Frühstück ab 500 SEK, regulärer Hotelstandard kostet etwa das Doppelte.

Colonial Hotel (5), Västmanngatan 13, ✆ 217630, 📠 217690. T Rådmansgatan. Das ehemalige Hostel mitt i City hat Standard und Namen geändert. Hotel-DZ 800 SEK, einfache DZ (eigenes Bettzeug mitbringen) incl. Frühstück 590 SEK, im Mehrbettzimmer 245 SEK.

Den Röda Båten (37), Söder Mälarstrand, Kajplats 6, ✆ 6444385, 📠 6413733. T Slussen. Zwei ältere Hotelschiffe vor Södermalm, eins davon ein ehemaliges Dampfschiff der Göta-Kanalflotte. Man sollte seefest sein! DZ-Kajüten z.T. mit WC und Dusche: ab 915 SEK. Auch JH-Unterkunft (ohne Selbstversorgerküche), ab 195 SEK, DZ 490 SEK.

Rygerfjord Hotel & Hostel (36), Södermälarstrand, Kajplats 11–14, ✆ 840830, 📠 840730. T Slussen. Wohnen auf dem Wasser, entweder in Kabinen mit Hotelstandard oder auf JH-Niveau. Ab 195 SEK, DZ ab 450 SEK.

• *Jugendherbergen* **Långholmen hotell och vandrarhem (61),** vgl. „Hotels". Ganzjährig; im Sommer und an Wochenenden 254, sonst 26 Betten. Ab 240 SEK.

Zinkensdamm hotell och vandrarhem (67), vgl. „Hotels". Die Jugendherberge ist außen wie innen von schwedisch schlichter Gemütlichkeit geprägt. Ganzjährig. Ab 220 SEK.

Af Chapman & Skeppshomen (29), Flaggmansvägen 8, ✆ 4632266, 📠 6117155. T Kungsträdgården. Mitte Jan. bis Mitte Dez. (Juli und Aug. keine Gruppen).Die wohl begehrteste Jugendherberge in Stockholm! Liegt zentral und grün auf bzw. vor der Insel Skeppsholmen. Im gelben Haupthaus auf dem Festland befinden sich die Rezeption und 154 Betten, weitere 136 Betten in Kajüten auf dem gegenüber vor Anker liegenden Dreimaster, einem Wahrzeichen der Stadt. Kurzfristig sind nur Restplätze zu bekommen; wer sicher gehen und vor allem ein Bett auf dem Schiff ergattern möchte, sollte so lang wie irgend möglich im Voraus buchen. Ab 185 SEK.

City Backpackers Hostel (14), Upplandsgatan 2A, ✆ 206920, 📠 100464. Bus 47, 53+69 bis Norra Bantorget (400 m vom Hbf). JH in stilvollem Jahrhundertwendebau, gut ausgestattet und zentral. Ab 180 SEK, DZ 490 SEK.

Östra Reals Vandrarhem (1), Karlavägen 78, ✆/📠 Sommer: 6641114, übrige Zeit 6643006. T Karlaplan. Mitte Juni bis Mitte Aug. In den Sommerferien wird das alte Schulhaus des Gymnasiums Östermalms zur einfachen Unterkunft. 195 SEK, keine Selbstversorgerküche.

Backpackers Inn, Banérsgatan 56, T Karlaplan, ✆ 6607515, 📠 6654039, 3. Woche Juni bis 1. Woche Aug. Wenn nichts anderes zu bekommen ist, wohnt man in dieser großen Herberge zumindest noch recht zentral. Allerdings befinden sich die meisten Betten in Schlafsälen. Ab 165 SEK.

Camping (Karte S. 230/231 und Umschlagklappe hinten)

Östermalms Citycamping (46), Fiskartorpsvägen 2, ✆ 102903, 📠 214412. T Stadion. Juli bis Mitte Aug. Stockholms zentralster Campingplatz, liegt günstig zwischen Innenstadt und Norra Djurgårdens Parklandschaft. Rollstuhlgerecht.

Långholmens Husbilscamping/Autocamper (62), Långholmen, ✆ 6691890, 📠 7148885. T Hornstull. Ende Juni bis Ende Aug. Spezialplatz für Wohnmobile in grüner und recht zentraler Lage auf der Insel Långholmen in Stockholms innerstädtischem Bereich.

Klubbensborg Camping, Klubbensborg, Klubbensborgvägen 27, Hägersten, ✆ 6461255, 📠 6464545. T Mälarhöjden. Juni bis Aug. 9 km westlich von der City. Kleiner, ruhiger Campingplatz auf einer kleinen Mälarhalbinsel mit Häusern aus dem 17.–18. Jh. Haus „Tvärvillan"/6 Pers. 4500 SEK/Woche.

Ängby Camping, Blackebergsvägen 24, Bromma, ✆ 370420, 📠 378226. T Ängbyplan. Ganzjährig. 10 km westlich von Stockholms Zentrum. Familienfreundlicher Platz, in grüner Umgebung am Mälaren beim Strandbad Ängby gelegen. 2 km zum nächsten

Ort. Gästezimmer ab 400 SEK, Hütten/4 Pers. ab 450 SEK.

Bredäng Camping, Stora Sällskapets väg, Skärholmen, ✆ 977071, 📠 7087262. T Bredäng. Mitte April bis Ende Okt. 10 km südwestlich vom Zentrum Stockholms. Typisch schwedischer Familienplatz mit Aussicht über den Mälaren, nahe dem Strandbad Mälarhöjdsbadet gelegen. 4-Sterne-Servicehaus. Rollstuhlgerecht. Gästezimmer ab 450 SEK, FeHa/4Pers. ab 650 SEK, JH-Unterkunft ab 150 SEK.

Bed & Breakfast-Adressen vermittelt die TI.

Essen & Trinken (Karte S. 230/231 und Umschlagklappe hinten)

Die dichte und abwechslungsreiche Gastronomiekultur in Stockholm findet sich konzentriert in Hallen wie **Söderhallarna** an Medborgarplatsen, T Medborgarplatsen (Mo–Mi 10–18 Uhr, Do+Fr 10–19 Uhr, Sa. 10–16 Uhr; erweiterte Öffnungszeiten für die Gastronomie), **Kungshallen**, Kungsgatan 44 gegenüber Hötorget, T Hötorget (unten: Mo–Sa 11–22 Uhr, So 12–22 Uhr; oben: Mo–Fr 9–23 Uhr, Sa 11–23, So 12–23 Uhr) oder **Östermalms Saluhall** am Östermalmstorg, T Östermalmstorg (Mo–Fr 9.30–18, Sa 9.30–16 Uhr) sowie in individuellen Lokalitäten, z. B.:

• *Café-Konditoreien* **Gunnarsons Specialkonditori (71),** Götgatan 92, ✆ 6419111. T Skanstull. Gunnarsons auf Södermalm gibt es seit 1946. Hier finden Sie eine breite klassische Palette schwedischer Backwaren in solider Qualität. Mo–Do 7–21.30 Uhr, Fr 7–20 Uhr, Sa 7.30–18 Uhr, So 10–18 Uhr.

Henry's Coffee (68), Åsögatan 116, ✆ 615 8372. T Medborgarplatsen. Mi–Fr 16–21 Uhr, Sa+So 13–17 Uhr. Alternatives, internationales Café mit orientalischem Einschlag; warme, entspannte Atmosphäre; fair gehandelte Produkte. Wird von der Jugend des Roten Kreuz betrieben. Jeden Do ab 19 Uhr Happening (Theater, Poesie, Stand-up-Comedy etc.).

Eclair (44), Hornsgatan 104, ✆ 6695559. T Zinkensdamm. Mo–Fr 7–18 Uhr, Sa 8.30–15 Uhr. Schlichte, kleine *kvarterskonditori*. Hierhin kommen die Anwohner für frische Backwaren und einen kleinen Plausch. Am besten früh morgens kommen, wenn die *vetebullar* frisch gebacken sind! Einige einfache Sitzgelegenheiten vorh.

Chokladkoppen (30), Stortorget 20, ✆ 203170. T Gamla Stan. Sommer Mo-So 9–23 Uhr, übrige Zeit So–Do 10–22, Fr+Sa 9–23 Uhr. Kleines heterofreundliches schwul-lesbisches Café im Herzen von Gamla Stan. Der warme, unprätentiöse Purismus der Einrichtung komplementiert die reichhaltige Fülle der angebotenen Leckereien. Eher alternatives Publikum.

Kaffekoppen (31), Stortorget 18, ✆ 203170. T Gamla Stan. Mo–Fr 9–22 Uhr, Sa+So 8–23, im Juli 8–24 Uhr. Wer es etwas rustikaler mag, geht nach nebenan. Hat einen gemütlichen Kellerraum mit Gewölbe.

Grillska Huset (32), Stortorget 3, ✆ 7878605. T Gamla Stan. Mo–Fr 9–18 Uhr, Sa+So 11–18 Uhr. Etwas ruhiger geht es in den anheimelnden Räumen dieses Cafés zu. Außerdem tut man hier noch Gutes, denn das Café sowie die angrenzende *brödbod* (Mo–Fr 8–18 Uhr, Sa 9–16 Uhr) gehören zu Stockholms Stadsmission.

Sundbergs Konditori (35), Järntorget 83, ✆ 106735. T Gamla Stan. Sommer 7.30–22 Uhr, übrige Zeit 7.30–20 Uhr. Die nach eigener Aussage älteste Konditorei Stockholms. Das Café in klassischer Wiener Kaffeehaus-Tradition besteht seit 1789 und ist seither immer beliebter Treffpunkt gewesen. Glanzstück ist der kupferne Kaffeesamowar.

Café Valand (51), Surbrunnsgatan 48, ✆ 300476. T Odenplan. Mo–Fr 8–19 Uhr, Sa+So 9–19 Uhr. Der Eigentümer, die Küche und die Einrichtung aus hellem Holz des 50er-Jahre-Cafés sind über Jahrzehnte gleich geblieben.

Rosendals Trädgårdscafé (59), Rosendalsterrassen 12, ✆ 54581270. Bus 47. Mai bis Sept. Mo–Fr 11–17 Uhr, Sa+So 11–18 Uhr, Okt u. März Di–So 11–16 Uhr, April Di–So 11–17 Uhr, Nov Fr–So 11–16 Uhr. In einem der Gewächshäuser im Garten von Rosendal auf Djurgården werden in diesem Café biodynamische Speisen serviert. Im Sommer sitzt man draußen unter den Apfelbäumen.

Café Blå Porten (28), Djurgårdsvägen 64, ✆ 6627162. Bus 44 o. 47. Mo, Mi u. Fr–Sa 11–19 Uhr, Di+Do 11–21 Uhr. Dieses gemütliche Café mit großem Patio liegt in einer Nische Wand an Wand zu Liljevalchs Konsthall.

Sturekatten (16), Riddargatan 4, ✆ 6111612. T Östermalmstorg. Mo–Fr 8–20 Uhr, Sa 9–18 Uhr, So 11–18 Uhr. Klassisches Café mit Jahrhundwende-Flair und einem Hauch von

Plüsch. Im Sommer auch Tische im Innenhof. Solides Angebot.

Vetekatten (18), Kungsgatan 55, ✆ 208405. T T-Centralen. Mo–Fr 7.30–20 Uhr, Sa 9–17 Uhr, So 12–17 Uhr. Dieses große Café im klassischen Stil eines Teesalons ist beliebt bei Stockholmern und Touristen.

Muffin C° (57), Fridhemsgatan 3, ✆ 6518800. T Fridhemsplan. Mo–Do 9–19 Uhr, Fr–So 9–17 Uhr. In einer reinen Wohnsiedlung auf Kungsholmen bekommt man in diesem modern schlichten Café die größten Muffins, die man sich vorstellen kann. Tendenziell jüngeres Publikum.

„Nachtcafés“:

Café Madeleine (15), Jakobsbergsgatan 1, ✆ 6113794. T Östermalmstorg. Mo–Do 7–22 Uhr, Fr 7–23 Uhr, Sa 9–23 Uhr, So 10–22 Uhr. Café in unmittelbarer Nähe zur Nachtclubmeile beim Stureplan.

Konditori Kungstornet (11), Kungsgatan 28, ✆ 206643. Mo–Do 7–22.30 Uhr, Fr 7–23.30 Uhr, Sa 8–23.30 Uhr, So 10–21.30 Uhr. Solides Café.

• *Café-Bistros/Kneipen* **Zucchero (66),** Borgmästargatan 7, ✆ 6442287. T Medborgarplatsen. Mo-So 11.30–22 Uhr. Liegt etwas abseits der üblichen Touristenwege, aber der Weg lohnt sich: Das italienische Bistro im 50er-Jahre-Ambiente mit *funkis*-Einrichtung und viel Plastik wurde 2000 zum besten Café in Stockholm gewählt.

Puck (40), Hornsgatan 32, ✆ 6411030. T Slussen. Mo–So 10–18 Uhr. Liegt auf dem „Buckel“ inmitten der kleinen Galerien. „Neubohemische“ Atmosphäre, große Auswahl an Süßem und Pikantem.

Aguéli Café & Galleri (39), Blecktornsgränd 9, ✆ 6413381. T Mariatorget. Di–So 11–17 Uhr. In diesem Bistro gibt es jede 2. Woche eine neue Ausstellung, abends Kunst von Poesie über Musik bis kabarettistische Unterhaltung (das Programm erhält man hier). Vorwiegend Publikum mittleren Alters.

Oscars (10), Narvavägen 32, ✆ 6625226. T Karlaplan. Mo–Fr 8–19 Uhr, Sa-So 10–18 Uhr. Kein rauchfreies, aber ansonsten gesundheitsbewusstes Bistro mit einem Touch 50er-Jahre.

Saturnus (4), Eriksbergsgatan 6, ✆ 6117700. T Östermalstorg. Mo–Fr 8–0 Uhr, Sa+So 10–18 Uhr. Schlichtes Bistro nahe Humlegården. Besonderheit: übergroße leckere *vetebullar* mit mächtiger Füllung.

Sirap (50), Surbrunnsgatan 31, ✆ 6129419. T Odenplan. Mo–Fr 9–19 Uhr, Sa+So 11–19 Uhr. Angesagtes Bistro mit leichter und leckerer Küche. Sa+So Brunch 11–18.30 Uhr. Eher junges und trendiges Publikum.

Sandys (52), Karlbergsvägen 16/Odenplan, ✆ 348174. T Odenplan. Mo–Fr 7.30–19 Uhr, Sa+So 11–17 Uhr. In lichter puristischer Atmosphäre bietet Sandys eine bewusste Alternative zu herkömmlichen Fastfood-Ketten: Leichte Gerichte und Snacks werden frisch zubereitet, Cookies und Brot selbst gebacken. Weitere Filialen in der Stadt.

• *Restaurants* (um sicher zu gehen, nach Möglichkeit rechtzeitig reservieren):

Restaurang Salt (58), Hantverkargatan 34, ✆ 6521100. T Rådhuset. Mo+Di 16–0 Uhr, Mi–Fr 16–01 Uhr. Hier wird es schwedisch: ein Dalapferd als Türknauf, Elche an der falunroten Wand und schwedische Musik im Hintergrund. Schwedische Küche zu gehobenen Preisen.

Wärdshuset Godthem (24), Rosendalsvägen 9, ✆ 6610722. Bus 44 o. 47. Mo 11.30–22 Uhr, Di–Do 11.30–23 Uhr, Fr 11.30–0 Uhr, Sa 13–24 Uhr, So 13–22 Uhr (letzter Einlass eine Stunde früher). Charmantes Haus aus dem 19. Jh. mit Aussicht auf Djurgårdsbrunnsviken. Spezialität ist das *plankstek*, ein Steak-Gericht auf einem Eichenbrett serviert (alternativ mit Lachs). Gehobene Preise.

Wärdshuset Ulla Winbladh (26), Rosendalsvägen 8, ✆ 6630571. Bus 44 o. 47. Mo 11.30–22 Uhr, Di–Fr 11.30–23 Uhr, Sa 13–23 Uhr, So 13–22 Uhr. Das Restaurant ist benannt nach einer Geliebten von Carl Michael Bellman. Ehemals eine Konditorei, beherbergt das Gebäude von 1897 heute ein klassisch schwedisches Restaurant gehobenen Anspruchs mit entsprechenden Preisen.

Clas på hörnet (48), Surbrunnsgatan 20, ✆ 165136. T Tekniska Högskolan. Mo–Fr 11.30–22 Uhr, Sa 17–22 Uhr, So 15–21 Uhr. Klassisch schwedische Küche gehobenen Anspruchs in einem Gasthof aus dem 18. Jh. Obere Preisklasse.

Restaurang Hasselbacken (27), Hazeliusbacken 20, ✆ 51734307. Bus 44 o. 47. Mo–Fr 17–22 Uhr, Sa 13–22 Uhr, So 13–16 Uhr. Schwedische Speisen in nordisch elegantem Ambiente. Gehobene/obere Preisklasse. Jan. bis Ende Mai und Sept. bis Ende Nov. Sa+So 13–16 Uhr. Brunch für 175 SEK.

Den Gyldene Freden (34), Österlånggatan 51, ✆ 249760. T Gamla Stan. Mo–Fr 17–24 Uhr, Sa 13–24 Uhr. Eine Stockholmer Institution in Gamla Stan; in der Geschichte dieses traditionsreichen Hauses von 1722 erscheinen so illustre Persönlichkeiten wie

Markttag auf Hötorget

Carl Michael Bellman und Selma Lagerlöf. Anders Zorn war einst Eigentümer des Restaurants und hinterließ es der Schwedischen Akademie. Bei allen Restaurations- und Erweiterungsarbeiten am Restaurant wurde sorgfältig darauf geachtet, seine Authentizität zu bewahren. Klassische schwedische Küche mit gehobenem Anspruch. Obere Preisklasse.

Gondolen (38), Stadsgården 6, ✆ 6417090. T Slussen. Mo–Fr 11.30–0.30 Uhr, Sa 13–0.30 Uhr. Die Restaurantgondel „hängt" unter der Brücke zu Katarinahissen. Stark nachgefragt wegen seiner ausgefallenen Lage über der Stadt und seiner besonderen Aussicht – mindestens eine Woche im Voraus reservieren! Edles Club-Ambiente mit Bar. Abends isst man im Speisesaal um die Ecke preiswerter, aber ohne Aussicht. International inspirierte schwedische Küche. Obere Preisklasse.

Melanders (12), Östermalms Saluhall, Humlegårdsgatan 1–3, ✆ 6631690. T Östermalmstorg. Beliebte Lokalität in Östermalms Saluhall. Serviert werden vor allem Fisch, Schalentiere und Wild mit frischen Zutaten aus der Markthalle. Das Restaurant „eine Treppe höher" (Mo–Sa 17–23 Uhr) bietet gediegen edles Ambiente; gehobene Preise. Im rustikalen Bar-Bistro (Mo–Do 11.30–23 Uhr, Fr 11.30–24 Uhr, Sa 12–24 Uhr) wird Lunch serviert; Speisen in etwas abgespeckter Form zu etwas abgespeckten Preisen.

Kajplats 9 (60), Norr Mälarstrand, Kajplats 9, ✆ 6524545. T Rådhuset. Mo–Fr 11.30–23 Uhr, Sa 17–23 Uhr. Gehabstand zu Stadshuset. Feinste Genüsse in rustikaler Gemütlichkeit mit offenem Kamin. International beeinflusste schwedische Küche vorwiegend mit Fisch, Schalentieren und Meeresfrüchten. Absolut obere Preisklasse.

Fredsgatan 12 (25), Fredsgatan 12, ✆ 248052. T Kungsträdgården. Mo–Fr 11.30–14 Uhr und 17–01 Uhr, Sa 17–01 Uhr. Klassische Küche in sehr elegantem Ambiente. Serviert werden auf vorherige Anfrage auch vegetarische und vegane Gerichte. Obere Preisklasse.

• *Vegetarisch/Vegan* **Herman's (42),** Fjällgatan 23a, ✆ 6439480. T Slussen. Mo–Fr 11–20.30 Uhr, Sa+So 12–20 Uhr. Vegetarisches Restaurant und Gartencafé mit herrlicher Aussicht. Deckengewölbe, warme Farben und Lampions verbreiten Gemütlichkeit. Internationale süße und pikante Leckerheiten, auch vegane; keine stärkeren Getränke als das sehr leichte Bier Folköl. Niedrige/gemäßigte Preise.

Chutney (69), Katarina Bangatan 17, ✆ 6403010. T Medborgarplatsen. Mo–Fr 11–22 Uhr, Sa 12–22 Uhr, So 13–21 Uhr. Freundlich-alternatives Souterrain-Restaurant. Ausgewiesene vegane und vegetarische Speisen. Tendenziell jüngeres Publikum. Niedrige/gemäßigte Preise.

Govindas (56), Fridhemsgatan 22, ✆ 6549002. T Fridhemsplan. Mo–Fr 11–19 Uhr, Sa 12–19 Uhr. Govindas Restaurant ist Teil des „Hare Krishna Centers für höhere Ausbildung", aber im Speisesaal ist davon bis auf die Hintergrundmusik nichts zu merken. Begrünte Kantinen-Atmosphäre; einfache, aber sehr leckere Curry-Gerichte mit Salat, Brot und Lassi. Es wird fließend Englisch gesprochen; bitte keinen Alkohol oder nicht-vegetarische Speisen mitbringen. Gemischtes Publikum. Niedrige Preise.

• *Restaurants mit Bars* **Operakällaren (22),** Karl XII:s Torg, ✆ 6765800. T Kungsträdgården. Mo-So 17–22 Uhr; Mitte Juli bis Mitte Aug. und 25. Dez. bis 6. Jan. geschlossen. Schon Gustav III. war hier zu Gast. Der feudale Opernkeller ist im Operngebäude untergebracht und hat eine bis 1787 zurückreichende Tradition. Die klassische Küche ist mit einem Michelin-Stern ausgezeichnet. Obere Preisklasse. Angemessene Garderobe wird erbeten. Stilvolle Hausmannskost in etwas rustikalerem Ambiente und zu mäßigeren Preisen findet man um die Ecke in **Bakfickan,** der Hinterstube, ✆ 6765809; Mo–Sa 11.30–24 Uhr. In **Operabaren,** ✆ 6765805, bietet die Originaleinrichtung von 1904 eine Mischung aus Jugendstil und englischem Herrenclub; Mo–Sa 12–1 Uhr, So 17–24 Uhr. Im **Café Opera,** ✆ 6765807, werden in gepflegter Umgebung Mo–Fr von 14.30–16 Uhr ein Kuchenbüffet aufgedeckt und 17–19.30 Uhr Abendessen serviert. Bis 3 Uhr nachts ist es ein beliebter Nachtclub; Mindestalter 23 Jahre; Mo–Sa 12–1 Uhr, So 17–24 Uhr.

Berns (21), Berzelii Park, ✆ 56632222. T Kungsträdgården. Restaurant: Mo–Fr 11.30–14.30 Uhr u. 17.30–23 Uhr, Sa 17.30–23 Uhr; klassische Küche mit neuen Einflüssen; obere Preisklasse; Do–Sa Live-Musik; Brunch Sa+So 11.30–16 Uhr. Bar und Lounge: Mo–Mi 11.30–1 Uhr, Do–Sa 11.30–2 Uhr, So 11.30–24 Uhr; Do–Sa Unterhaltung durch DJs; Mindestalter 18 Jahre. Berns war einst Schauplatz für August Strindbergs Roman „Das Rote Zimmer".

Half Way Inn (64), Swedenborgsgatan 6, ✆ 6419443. T Mariatorget. So–Di 15–0 Uhr, Mi-Sa 15–1 Uhr. Gegenüber der U-Bahnhaltestelle. Gediegen rustikaler schottischer Pub mit viel lokalem Publikum mittleren Alters. Mehrere Biersorten, auch kontinentale! Abends Hausmannskost. Niedrige/gemäßigte Preise.

• *Smörgåsbord* **Grand Hôtel (23),** S. Blasieholmshamnen 8, ✆ 6793500. Mai bis Aug. Mo–Fr 12–13 Uhr u. 18–22 Uhr, Sa+So 13–16 Uhr u. 18–22 Uhr; übrige Zeit Mo–Fr 18–22 Uhr, Sa+So 13–16 Uhr u. 18–22 Uhr. Gehobene Preise.

Einkaufen

Geschäfte sind mit einzelnen Abweichungen Mo–Sa 11–17 Uhr geöffnet, in der City auch So.

In Stockholm finden sie alle ihr Mekka, die fashion victims und Familienväter, Angel-Enthusiasten und Touristen. Hier leben sie ihren Einkaufsrausch aus:

• *Einkaufszonen* **Södermalm:** Haupteinkaufsstraßen sind Hornsgatan und Götgatan. Hier sowie im Viertel um Skånegatan und Nytorgsgatan finden Sie eine Fülle an individuellen Geschäften. Im Einkaufszentrum Söderhallarna an Medborgarplatsen finden Sie einige Bekleidungs- und andere Geschäfte. Am eindrucksvollsten ist jedoch die Markthalle im Erdgeschoss.

Östermalm: In diesem traditionell gutbürgerlichen und wohlhabenderen Stadtteil finden Sie eine reiche Auswahl an bekannten und exklusiven Marken und Designerlabels auf und um Biblioteksgatan, Stureplan, Birger Jarlsgatan, Humlegårdsgatan, Nybrogatan und Grev Turegatan. Passagen: Fältöversten am Karlaplan 13 und Sturegallerian auf Grev Turegatan 9 (Eingang auch vom Stureplan).

Norrmalm: Auf und um Hamngatan, Norrlandsgatan, Kungsgatan, Drottninggatan und rund um Sergels Torg erstreckt sich die wichtigste Einkaufszone. Hier finden sich Filialen fast aller großen Bekleidungs- und Schuhketten sowie diverse Läden für Einrichtung, technisches Zubehör und Bücher; außerdem die Einkaufspassagen **Adam & Eva** auf Drottninggatan 68, **Gallerian** auf Hamngatan 37 und **PK-Huset** auf Hamngatan 14. Daneben liegt das Edel-Kaufhaus **NK** (Nordiska Kompaniet), eines der Wahrzeichen der Stadt mit seiner beleuchteten Uhr auf dem Dach. Das 1902 von Josef Sachs gegründete NK wurde schnell

In den Schären von Stockholm

als „das große Kaufhaus" bekannt; das noble Ambiente hat seinen Preis. Alternativ dazu gibt es **Åhléns City**, Klarabergsgatan 50 (T T-Centralen, Ausgang Sergels Torg), das nach eigener Aussage größte Kaufhaus Schwedens, oder **PUB** an Hötorget, eines der ältesten Warenhäuser der Stadt.

Vasastaden: Auf Odengatan und um den Odenplan befinden sich eine Reihe kleinerer unterschiedlicher Läden, besonders aber eine große Anzahl Antiquitätengeschäfte mit unterschiedlichen Schwerpunkten.

Besucher finden vielleicht diese Vorschläge interessant:

• *Kleidung* **Designtorget Mode,** Götgatan 31. Im Untergeschoss von Designtorget verkaufen junge und noch unetablierte schwedische Designer ihre Kleider, Schuhe und Accessoires zu etwas niedrigeren Preisen.

sneakers'n'stuff, Åsögatan 136. Hippe Streetwear und das vielleicht größte Angebot trendiger Sneakers in Stockholm. Hier können Sie sich oder Ihren Kindern ein ganz eigenes Södermalm-T-Shirt kaufen.

Gudrun Sjödén, Regeringsgatan 30. Bunte, alternative Mode und Textilien der schwedischen Designerin.

• *Second Hand* **Judits Second Hand,** Hornsgatan 75. Boutique mit sorgfältig ausgewählter Designerkleidung oder was danach aussieht. Nicht ganz billig.

Lisa Larsson, Bondegatan 48. Sorgfältig ausgewählte Kleidung mit Anspruch; entsprechende Preise.

Sko dig, Hagagatan 4. Verkauft werden ausschließlich Schuhe in diesem Laden in Vasastaden.

• *Möbel, Deko und Handwerk* **IKEA,** Kungens kurva, Skärholmen. T Skärholmen. Auch So geöffnet. Gratisbus ab Ecke Regeringsgatan/Jakobsbergsgatan wochentags stdl. 11–17 Uhr.

Jacksons, Tyska Brinken 20. Hier findet man ausgewählte Second Hand-Möbel sowie vielerlei Objekte aus dem letzten Jh. und Namen wie Anna Boberg, Erik-Gunnar Asplund, Alvar Aalto, Kaare Klint u. v. m. Mehr Galerie als Laden; die meisten Stücke liegen auf Lager und sind nach Voranmeldung (✆ 4118587) zu besichtigen.

Clark's Case, Hornsgatan 68. Cooles, aber Teures im Stil der 50er bis 70er Jahre.

Svenskt Hantverk, Kungsgatan 55. Großes Geschäft mit geschmackvollem schwedischem Kunsthandwerk. Hier ist auch die schwedische Nationaltracht erhältlich.

Galleri Hantverket, Götgatan 63. Galerie mit individuellem Kunsthandwerk.

• *Buchläden und Antiquariate* **Akademiebokhandeln,** Mäster Samuelsgatan 32.

Größter Buchhandel in Stockholm; auf den meisten Büchern niedrigere Preise für Studierende. Wurde gerade renoviert und hat seither ein kleines ladeneigenes Café.

Söderbokhandeln, Götgatan 37. Bis unter die Decken vollgestopfter, gemütlicher Buchladen.

Sweden Bookshop, Sverigehuset, Hamngatan 27. Der Buchladen im 1. Stock hat Literatur in mehreren Sprachen zu fast allem, was mit Schweden zu tun hat. Großes Angebot an schwedischer Kinderliteratur in mehreren Sprachen; allerdings hochpreisig.

Alvglans, Folkungagatan 84. Etwas abgelegen, aber der Weg lohnt sich für alle Comic-Fans: schwedische und amerikanische Serien, Mangas, Videos und Zubehör.

Bokmagasinet, Hornsgatan 80. Vielseitiger und nicht zu teurer Buchladen mit Antiquariat.

Rönnells, Birger Jarlsgatan 32. Großes Antiquariat auf zwei Ebenen. Ordentlich und wohlsortiert; weites Angebot an Fachliteratur.

• *Verschiedenes* **Coctail,** Skånegatan 71. Hipper Kitsch – Ufos, Jesus und Elvis.

Ljunggrens, Köpmangatan 3. Schreibwarenladen mit altmodischem Flair; verkauft werden handgeschöpftes Papier, Siegel und Lack, Karten u. v. m.

Kartcentrum, Vasagatan 16; gegenüber T-Centralen. Großes Angebot an geographischen Karten; auch Reiseführer.

Fiskarnas Redskapshandel, Sankt Paulsgatan 2–4. Alles für den Angelsport.

Clas Ohlsson, Gallerian, Hamngatan 37. Der große Versandhandel vertreibt alle denkbaren Gerätschaften für Haus, Hof und Freizeit. Hier findet man das gesamte Sortiment.

MJ – Hobby Experten, Hantverkargatan 26. Fachgeschäft für Modelleisenbahnen mit großem Angebot an schwedischen Modellen.

Naturkompaniet, Kungsgatan 26. Outdoor Ausstatter mit großem Fjällräven-Angebot.

• *Märkte/Flohmärkte* **Hötorget,** Mo–Sa bieten Händler ihre Waren feil. Farbenprächtiges Angebot an Früchten, Gemüse und Blumen!

Hötorgshallen, Hötorget. Markthalle mit Delikatessen aus der ganzen Welt.

Östermalms Saluhall, Östermalmstorg. Ein Paradies für alle Sinne. In dieser Markthalle aus dem späten 19. Jh. verführen feinste Delikatessen zu einem kleinen Imbiss.

Skärholmens loppmarknad, P-huset, Skärholmen. T Skärholmen. Der größte Flohmarkt der Stadt findet tgl. statt: Mo–Fr 11–18 Uhr, Sa 9–15 Uhr, So 10–15 Uhr. Für gute Funde besonders am Wochenende möglichst früh da sein! Am Wochenende wird Eintritt verlangt (Sa 15 SEK, So 10 SEK) und dürfen keine Kinderwagen auf den Markt selbst mitgenommen werden (es ist jedoch möglich, sich vor Ort Schlösser auszuleihen und den Kinderwagen anzuschließen).

Ausflug nach Uppsala

Die alte Bischofsstadt erreicht man per Zug mehrmals stündlich ab Stockholm. Mit Uppsala verbindet man wohl am ehesten zwei Dinge: die Universität und Carl von Linnés Schaffen.

Die **Universität** von 1477 genießt neben Lund das höchste Ansehen im Lande, und so ist das Stadtbild geprägt von den zahlreichen Studenten. Das Universitätsgebäude im Universitetsparken kann besichtigt werden.

Öffnungszeiten ✆ 018-4717571 Mo–Fr 10–16 Uhr, Mitte Juni bis letzte Woche Aug. Mo–Fr 14 Uhr, engl. Führung, Tickets im Museum Gustavianum.

Die **Universitätsbibliothek Carolina Rediviva** besteht seit 1841, als das Gustavianum für die Büchermasse zu klein geworden war. Die Bibliotheksräume sind nur für Studenten zugänglich, aber eine öffentliche Ausstellung zeigt eine Sammlung an außergewöhnlichen Drucken und Handschriften, darunter auch Schwedens wertvollster Buchschatz, die vermutlich Anfang des 6. Jh. in gotischer Schrift verfasste Silberbibel.

Adresse/Öffnungszeiten Dag Hammarskjöldsväg 1, ✆ 018-4713900, Mitte Juni bis Mitte Aug. Mo–Fr 9–17 Uhr, Sa 10–17 Uhr, So 11–17 Uhr, übrige Zeit Mo–Fr 9–20 Uhr, Sa 10–16 Uhr, bis Mitte Sept. auch So 11–16 Uhr.

Von der Bibliothek lohnt sich ein Abstecher zum **Schloss**, dessen Bau Mitte des 16. Jh. von Gustav Vasa begonnen wurde, das aber erst 1757 seine jetzige Form erhielt.

Öffnungszeiten ✆ 272484. Nur auf Führungen geöffnet: Juni bis Aug. tgl. 13+15 Uhr.

Das älteste Universitätsgebäude ist das **Museum Gustavianum**, wo sich eine Sammlung über die Epochen der Universität und deren Wissenschaftsgeschichte findet; Hauptattraktion ist das anatomische Theater.

Adresse/Öffnungszeiten Akademigatan 3, ✆ 018-4717571 Mitte Mai bis Mitte Sept. tgl. 11–17 Uhr, übrige Zeit Di–So 11–16 Uhr.

Dem Gustavianum gegenüber liegt der **Dom** zu Uppsala, das Reichsheiligtum Schwedens, erzbischöfliche Kirche und auch heute noch Gemeindekirche. Das Bauwerk im gotischen Stil ist die größte Kathedrale Skandinaviens, 1260 gegründet und nach seiner Fertigstellung 1435 eingeweiht. In einem Sarkophag befinden sich die vermeintlichen Überreste und die Krone des hier gestorbenen schwedischen Nationalheiligen St. Erik. Auch Carl von Linné und Gustav Vasa liegen hier begraben. (tgl. 8–18 Uhr; engl. Führungen Juli bis Mitte Aug. Mo–Sa 14 Uhr.) Zum Dom gehört ein **Museum**, die Schatzkammer, mit einer Sammlung an Textilen und aus Metall verfertigten Gegenständen. Besonders hervorzuheben sind z. B. das Schwert Gustav Vasas, Stickereien aus dem Atelier des Albertus Pictor, die Sture-Kleider von 1567 und die einzige erhaltene mittelalterliche Damenprachtrobe, das goldene Kleid Königin Margaretas.

Öffnungszeiten ✆ 018-187201, Mai bis Sept. Mo–Sa 10–17 Uhr, So 12.30–15 Uhr; übrige Zeit Sa+So 12.30–15 Uhr.

Auf den Spuren Carl von Linnés, der seine Studienzeit hier verbrachte und 1741 selbst zum Professor an der Universität ernannt wurde, wandelt man im **Linnémuseum**, dem original eingerichteten Wohnhaus des Wissenschaftlers. An derselben Adresse zu besichtigen ist auch der **Linnégarten**; Schwedens ältester botanischer Garten wurde nach Linnés eigenen Plänen von 1754 wiederhergestellt.

Adresse/Öffnungszeiten Museum: Svartbäcksgatan 27, ✆ 018-136540. Juni bis Mitte Sept. Di–So 12–16 Uhr. Garten: ✆ 109490, Mai bis Aug. tgl. 9–21 Uhr, Sept. bis 19 Uhr.

Etwas außerhalb des Zentrums liegt **Gamla Uppsala**, erreichbar mit Bus Nr. 2, 20, 24 oder 54. Inmitten der Kulturlandschaft liegen drei ca. 1500 Jahre alte stattliche Grabhügel, die einer Legende zufolge über Aun, Egil und Adil aufgeschichtet wurden, um die Macht des göttlichen Königreichs zu demonstrieren. Die Wikinger verehrten diese Hügel als Symbol für ein vergangenes goldenes Zeitalter, in dem die Könige des Nordens noch aus dem göttlichen Ynglingageschlecht hervorgegangen waren. Adam von Bremen schrieb im 11. Jh. von heidnischen Menschenopfern in einem sagenumwobenen goldgeschmückten Tempel, der aber aller Wahrscheinlichkeit nach nie existiert hat. Das **Historische Zentrum** dokumentiert in seiner Ausstellung Geschichte und Mythen.

Adresse/Öffnungszeiten Disavägen, ✆ 018-239300, Mai bis Aug. tgl. 10–17 Uhr, ab Mitte April + bis Sept. Di–So 10–16 Uhr, übrige Zeit Mi, Sa+So 12–15 Uhr. dt.+ engl. Führungen. Wanderungen mit Archäologen rund um die Königshügel Mai bis Aug. tgl. 14 Uhr, übrige Zeit nur So.

Unweit des Historischen Zentrums befindet sich die **Kirche** zu Alt-Uppsala, die 1164 zur Domkirche für das neu gegründete Erzbistum Uppsala erhoben wurde, bevor sie diesen Status an den heutigen Dom abtrat.

Öffnungszeiten ✆ 187052, April bis Sept. tgl. 9–18 Uhr, übrige Zeit 9–16 Uhr.

Stockholm
Karte S. 230/231

Verlagsprogramm

Deutschland
- Allgäu
- Altmühltal
- Berlin & Umgebung
- *MM-City* Berlin
- Bodensee
- Franken
- Fränkische Schweiz
- Mainfranken
- Nürnberg, Fürth, Erlangen
- Ostseeküste – von Lübeck bis Kiel
- Schwäbische Alb

Niederlande
- *MM-City* Amsterdam
- Niederlande
- Nordholland – Küste, IJsselmeer, Amsterdam

Nord(west)europa
- England
- Südengland
- *MM-City* London
- Schottland
- Irland
- Island
- Norwegen
- Südnorwegen
- Südschweden

Osteuropa
- Baltische Länder
- Polen
- Polnische Ostseeküste
- *MM-City* Prag
- Westböhmen & Bäderdreieck
- Ungarn

Balkan
- Mittel- und Süddalmatien
- Kroatische Inseln & Küste
- Nordkroatien – Kvarner Bucht
- Slowenien & Istrien

Griechenland
- Amorgos & Kleine Ostkykladen
- Athen & Attika
- Chalkidiki
- Griechenland
- Griechische Inseln
- Karpathos
- Kefalonia & Ithaka
- Korfu
- Kos
- Kreta
- Kreta – der Osten
- Kreta – der Westen
- Kykladen
- Lesbos
- Naxos
- Nord- u. Mittelgriechenland
- Paros/Antiparos
- Peloponnes
- Rhodos
- Samos
- Santorini
- Skiathos, Skopelos, Alonnisos, Skyros – Nördl. Sporaden
- Thassos, Samothraki
- Zakynthos

Türkei
- *MM-City* Istanbul
- Türkei – gesamt
- Türkei – Mittelmeerküste
- Türkei – Südküste
- Türkei – Westküste
- Türkische Riviera – Kappadokien

Frankreich
- Bretagne
- Côte d'Azur
- Elsass
- Haute-Provence
- Korsika
- Languedoc-Roussillon
- *MM-City* Paris
- Provence & Côte d'Azur
- Südfrankreich
- Südwestfrankreich

Italien
- Apulien
- Chianti – Florenz, Siena
- Dolomiten – Südtirol Ost
- Elba
- Gardasee
- Golf von Neapel
- Italien
- Italienische Riviera & Cinque Terre
- Kalabrien & Basilikata
- Liparische Inseln
- Marken
- Oberitalien
- Oberitalienische Seen
- *MM-City* Rom
- Rom & Latium
- Sardinien
- Sizilien
- Südtirol
- Südtoscana
- Toscana
- Umbrien
- *MM-City* Venedig
- Venetien & Friaul

Nordafrika u. Vorderer Orient
- Ägypten
- Sinai & Rotes Meer
- Tunesien

Spanien
- Andalusien
- *MM-City* Barcelona
- Costa Brava
- Costa de la Luz
- Ibiza
- Katalonien
- Madrid & Umgebung
- Mallorca
- Nordspanien
- Spanien

Kanarische Inseln
- Gomera
- Gran Canaria
- *MM-Touring* Gran Canaria
- Lanzarote
- La Palma
- *MM-Touring* La Palma
- Teneriffa
- *MM-Touring* Teneriffa

Portugal
- Algarve
- Azoren
- Madeira
- *MM-City* Lissabon
- Lissabon & Umgebung
- Portugal

Lateinamerika
- Dominikanische Republik
- Ecuador

Österreich
- *MM-City* Wien

Schweiz
- Genferseeregion
- Tessin

Malta
- Malta, Gozo, Comino

Zypern
- Zypern

Aktuelle Informationen zu allen Reiseführern finden Sie im Internet unter www.michael-mueller-verlag.de

Gerne schicken wir Ihnen auch das aktuelle Verlagsprogramm zu.

Michael Müller Verlag GmbH, Gerberei 19, 91054 Erlangen, Tel. 0 91 31 / 81 28 08-0; Fax 0 91 31 / 20 75 41; E-Mail: mmv@michael-mueller-verlag.de

Sach- und Personenregister

Geographisches Register